O SEGREDO DOS NOMES DE DEUS

تم بحمد الله

MUḤYIDDĪN
IBN ʿARABĪ

O SEGREDO DOS NOMES DE DEUS

(edição bilíngue português-árabe)

Introdução, edição crítica e notas
PABLO BENEITO

tradução
SERGIO RIZEK

da versão francesa de
PABLO BENEITO e NASSIM MOTEBASSEM

ATTAR EDITORIAL
SÃO PAULO, 2019

Edição e tradução: *Sergio Rizek*
Revisão crítica: *Tami Buzaid*
Edição do texto árabe: *Pablo Beneito*
Revisão: *Lucas Haas Cordeiro*
Projeto gráfico: *Silvana de Barros Panzoldo*
Ilustração da capa: *Caligrafia árabe estilo tuluth com os 99 nomes de Deus*

DADOS INTERNACIONAIS DE CATALOGAÇÃO NA PUBLICAÇÃO (CIP)
(CÂMARA BRASILEIRA DO LIVRO, SP, BRASIL)

'Arabi, Ibn, 1165-1240
O segredo dos nomes de Deus = Kitāb kasf al-ma'nà 'an sirr asmā' Allāh al-husnà / Ibn 'Arabi ; introdução, edição crítica e notas Pablo Beneito ; tradução Sergio Rizek ; da versão francesa de Pablo Beneito Nassim Motabassem. -- Adamantina, SP : Attar Editorial, 2019.

ISBN: 978-85-85115-46-3

Edição bilíngue: português/árabe.
Título original: Le secret des nomes de Dieu

1. Deus - Nome - Islamismo I. Beneito, Pablo. II. Título. III. Título: Kitāb kasf al-ma'nà 'an sirr asmā' Allāh al-husnà.

19-31567 CDD-297.211

ÍNDICES PARA CATÁLOGO SISTEMÁTICO:
1. Deus : Nome : Islamismo 297.211
Cibele Maria Dias - Bibliotecária - CRB-8/9427

Impressão: *Forma Certa*
Papel: *Pólen soft 80 gr.*
Tipologia: *Times Translit e Sitka*
Tiragem: *300 exemplares*

ATTAR EDITORIAL
rua Madre Mazzarello, 336 05454-040 - São Paulo - SP
fone: (11) 3021 2199 whatsapp: (11) 95040 3560
attar@attar.com.br www.attar.com.br

بسم الله الرحمن الرحيم

"Ó Tu que os signos fazes descer!
Tu que revelas as mensagens *proféticas*!
Desvela-me os rastros de *Teus* nomes!"

(Ibn 'Arabī, *Futūḥāt makkiyya*. I, p.3, 1.17)

"Disse o Profeta: 'Fui enviado para aperfeiçoar os nobres traços de caráter (*makārim al-aḫlāq*)'. Assim, aquele que se submete às nobres qualidades, mesmo sem ter consciência disso, segue uma lei de seu Senhor [...]. Aperfeiçoar os nobres traços de caráter consiste em despojá-los de tudo o que, *eventualmente*, pode envilecê-los, pois os caracteres somente são vis por acidente, sendo nobres em essência".

(Ibn 'Arabī, *Fut.* II, p. 562, lss. 7 e 10-11; trad. Claude Addas, em *Ibn 'Arabī et le voyage sans retour*, Le Seuil, Paris, 1996)

Nota à edição brasileira

A presente edição buscou ser fiel à tradução francesa publicada em 2010 pela Éditions Albouraq. No entanto, foi de grande valia o cotejo com a tradução espanhola, a primeira em língua ocidental, publicada pela Editora Regional de Murcia em 1997, que serviu de base para a fixação do texto francês. Refizemos, assim, o caminho percorrido pelos tradutores ao francês em sua revisão, suas correções, supressões e acréscimos à edição espanhola. Contamos ainda, ao longo deste trabalho, com sugestões pontuais de Pablo Beneito. Por estes motivos, decidimos incluir entre colchetes algumas variantes de tradução que não constam no original francês, muitas delas retomadas do texto espanhol e que, esperamos, possam contribuir para o entendimento do leitor de língua portuguesa.

Manifestamos aqui nossa gratidão aos amigos que contribuíram para a realização desta edição: Tami Buzaid, por sua preciosa revisão crítica; Mamede Mustafa Jarouche, pela solicitude com que nos ajudou com o texto árabe e as transliterações; Inesita Machado, que nos auxiliou na tradução de passagens capitais do texto francês; Lucas Haas Cordeiro, pela leitura atenta; Silvana Panzoldo, pelo projeto gráfico e diagramação; Bia Machado pelo constante apoio e aconselhamento; e José Jorge de Carvalho e Eduardo Machado pelo incansável incentivo.

Dedicamos este livro à memória de Vitória Peres e Ricardo Rizek.

Sumário

INTRODUÇÃO 13

I. PRELIMINARES 13

1. Sobre o autor 13
2. Sobre o significado dos Nomes de Deus 14
3. Sobre a prática da recordação dos Nomes 17

II. OS COMENTÁRIOS AOS NOMES DA ENUMERAÇÃO (*ASMĀ' AL-IḤṢĀ'*) NA OBRA DE IBN 'ARABĪ 19

1. *Kašf al-maʿnà* 19
    1.1 *Muqaddima* 21
    1.2 O conhecimento dos Nomes: dependência, realização e caracterização 21
    1.3 Conclusão 24
    1.3.1 Sobre a dedicatória a *Šaraf al-Dīn al-Ḥamawī* e seu contexto 24
    1.3.2 A datação do tratado 27
2. O capítulo 558 de *Futūḥāt makkiyya* 29

III. A INFLUÊNCIA DO *KAŠF AL-MAʿNÀ* NA OBRA DE *IBN ṬĀHIR* 30

1. Influência sobre o *Laṭā'if al-iʿlām* 30
2. Comentário sobre *Kašf al-maʿnà* no *Taḏkirat alfawā'id* 33

IV. SOBRE A EDIÇÃO 34

1. Critérios de edição 34
2. Sobre a tradução 36

TABELA DE TRANSLITERAÇÃO DAS LETRAS ÁRABES 38

DESVELAMENTO DO SIGNIFICADO DO SEGREDO DOS MAIS BELOS NOMES DE DEUS 39

INTRODUÇÃO 41

OS NOMES DIVINOS: DEPENDÊNCIA, REALIZAÇÃO E ADOÇÃO 48

ORDEM DOS NOMES 48

CONCLUSÃO 262

COMENTÁRIO A *OS MAIS BELOS NOMES DIVINOS* 263

I. INTRODUÇÃO 265

II. ORDEM DOS NOMES 268

III. TRADUÇÃO 270

ÍNDICE DE CORRESPONDÊNCIAS 305

ÍNDICE DE VERSÍCULOS CORÂNICOS CITADOS NOS TEXTOS DO *ŠARḤ E KAŠF* 309

SINAIS, SIGLAS E ABREVIATURAS UTILIZADAS 314

BIBLIOGRAFIA 317

INTRODUÇÃO

I. PRELIMINARES

O que significa cada um dos chamados "mais belos nomes de Deus"? Qual é a necessidade do ser humano com relação a cada um deles em particular, e em que consiste a adoção de seus traços característicos?

Com a maestria que caracteriza seus ensinamentos – nos quais teoria e prática são indissociáveis –, o autor responde a estas e a outras questões nos comentários dos nomes, que são oferecidos ao leitor nesta obra traduzida integralmente.

Nos parágrafos seguintes, a fim de deixar o texto menos carregado, preferi em geral evitar notas e referências, que poderão ser encontradas mais adiante.

1. Sobre o autor

Poucas autoridades do mundo islâmico tiveram uma relevância e uma repercussão comparáveis às do grande mestre andalu z Muḥyiddīn **Ibn (al-)ʿArabī**, também chamado **al-Šayḫ al-Akbar** ("O Maior dos Mestres"). O autor nasceu na cidade de Múrcia no ano 560 da Hégira (1165 d.C) e, consagrado à vida espiritual desde a sua juventude, tornou--se um dos mais destacados expoentes do sufismo.

Após longas viagens pelo Ocidente e o Oriente islâmicos, durante as quais difundiu amplamente seus ensinamentos, morreu no ano 638 da Hégira (1240 d.C.), na cidade de Damasco, onde está enterrado numa mesquita edificada em sua homenagem, a qual, bem como o bairro em que se encontra, leva o seu nome.

Sua vastíssima obra, estimada em mais de 300 títulos, deixou uma marca determinante e duradoura no pensamento islâmico dos últimos sete séculos como demonstram, entre outras coisas, a continuidade e a importância da produção literária de seus numerosos discípulos e comentadores em todo o âmbito geográfico do Islam.

Nos dias de hoje, seu ensinamento ainda goza de grande vitalidade, refletida no interesse que suas obras e os ensaios sobre seu pensamento e sua poesia despertam nos místicos, intelectuais e artistas do mundo inteiro.

Como atualmente dispomos de ótimas biografias sobre *al-Šayḫ al-Akbar* – sendo a obra de Claude Addas, *Ibn 'Arabī o la búsqueda del Azufre,* a mais correta e completa delas – e como trata-se de um autor amplamente conhecido, limitei-me a incluir nesta obra as referências biobibliográficas necessárias a algumas seções, remetendo, em outros casos, a fontes pertinentes sobre o tema.

2. Sobre o significado dos nomes de Deus

Por que se dá tanta importância, no sufismo, ao conhecimento dos mais belos nomes de Deus e à prática que consiste em sua rememoração (*ḏikr*)?

Segundo um *hadith*[1] frequentemente evocado por Ibn 'Arabī, Adão foi criado à imagem de Deus. Na *antropovisão* sufi, o Homem Perfeito – partícipe da natureza adâmica original e da "Realidade Muḥammadiana"

1. O termo *hadith* (pl. *hadiths*), ou em árabe *ḥadīṯ* (pl. *aḥādīṯ*), será usado ao longo de todo o texto. Refere-se aos ditos, sentenças e condutas do Profeta Muḥammad, transmitidos à parte do Corão, que formam a *Suna* (ár. *Sunnah*) ou Tradição, sua vida e práticas diárias. Nos textos, é comum se intercalar o termo *hadith* com "tradição". Como exceção de todos os termos e nomes árabes transliterados nesta edição, optou-se

preexistente – é a síntese microcósmica da criação, espelho no qual a Realidade divina Se contempla, e a pupila pela qual Ela (a Realidade) vê.

Segundo outro *hadith* frequentemente citado pelo **Šayḫ**, Deus era um Tesouro Oculto e quis ser conhecido. Criou o homem para que O conhecesse e esta é, portanto, a finalidade principal do ser humano: conhecer o Onisciente. Essa função cognitiva é indissociável da realização do amor divino. Mas o homem não pode de maneira alguma amar ou conhecer positivamente seu Criador enquanto Essência transcendente inconcebível. Através da revelação, Deus ensinou ao homem Seus mais belos nomes para que com eles O invoque e d'Ele se recorde.

Por Seu amor e Sua compaixão, Allāh – "Oculto" como Essência incognoscível – epifaniza-Se no cosmos, no homem e no Livro revelado, lugares de Sua manifestação, dando-se a conhecer ao ser humano como "Manifesto". Seus nomes – que Ibn 'Arabī considera "relações" (*nisab*) – permitem ao homem chegar a conhecê-Lo em Sua similaridade e ter conhecimento de Sua incomparabilidade, conciliando imanência e transcendência numa via intermediária que consiste na reunião dos opostos.

Portanto, os nomes são o meio criativo pelo qual Deus revela-Se numa infinidade de *onomatofanias*: manifestações das propriedades de Seus nomes no cosmos.

O Um dá-se a conhecer na multiplicidade por meio de Seus nomes. Todos os nomes designam o Único e referem-se, portanto, a uma só e mesma Essência, mas cada um de Seus nomes manifesta distintos efeitos na Criação, incessantemente renovada a cada instante. Segundo os ensinamentos do Šayḫ, as teofanias nunca se repetem.

Conforme sua predisposição e receptividade, o homem tem a possibilidade de adotar as qualidades dos diversos nomes do Um-Múltiplo,

---

por manter, para maior fluidez e simplicidade, a forma já dicionarizada *hadith(s)* ao invés da forma com a transliteração fiel ao árabe *ḥadīṯ* (pl. *aḥādīṯ*). Cf. também, mais adiante, a nota 31 (N.E.).

reintegrando-os a sua Unidade essencial, por meio de sua concentração e aspiração espiritual e da compreensividade de seu coração.

É fundamental compreender que a adoção das qualidades dos nomes não implica apropriação. O homem é receptáculo, "lugar" onde os efeitos dos nomes se manifestam; partícipe dos atributos com os quais, pela graça da providência divina, ele se reveste, como servo adorador de Deus. Somente quando o homem contempla a condição senhorial dos nomes e está verdadeiramente consciente de que tudo d'Ele procede e a Ele retorna, podemos então falar propriamente de revestimento, pois se o servo atribui a si mesmo a manifestação de determinada qualidade, isso não é adoção [ou caracterização] (*taḫalluq*), mas pretensão vã e ilusória.

Em última instância, quando o místico realiza o mistério da Unicidade do Ser – em virtude do qual Deus é Amor, Amante e Amado – ele vive e percebe toda manifestação como teofania, de tal modo que pode chegar a perceber Deus em todas as coisas, sem que isso signifique a abolição de sua condição de servo ou a anulação da multiplicidade dos graus da existência.

É preciso compreender que os nomes configuram o mundo de referências do desenvolvimento humano potencial e regem os diversos aspectos e protótipos do aperfeiçoamento espiritual. As várias tipologias psicológicas e as múltiplas modalidades de conhecimento e de realização respondem, neste sentido, à diversidade das possíveis relações que se estabelecem com os nomes. Segundo sua predisposição, um homem pode ser especialmente receptivo ao influxo de um ou vários nomes. Os efeitos do nome senhorial que determina sua modalidade espiritual particular, intimamente vinculado ao interior secreto do servo, nele se manifestarão de modo predominante.

Disse Ibn 'Arabī: "O sufismo (*taṣawwuf*) é a adesão à *cortesia espiritual*, à boa conduta (*ādāb*), tanto externa (*ẓāhir*) como internamente (*bāṭin*), prescrita na Revelação. Essas boas condutas são traços de caráter divinos (*aḫlāq ilāhiyya*). O termo aplica-se também ao cultivo das nobres qualidades e ao abandono das vãs".[2]

O modelo ideal de desenvolvimento consistiria em chegar a fazer-se receptivo ao conjunto dos nomes, atualizando seus nobres traços distintivos em harmonia e reintegrando-os em sua Unidade essencial. Isso equivaleria a realizar a perfeita condição de servo de *Allāh*, o nome *totalizador* que compreende todos os demais, e permitiria ao homem que atingiu a perfeição recuperar seu teomorfismo original.

Diante de necessidades particulares – expressas nas seções do *Kašf al-maʿnà* denominadas "dependência" –, o aspirante recorre ao nome específico que procura para a satisfação de tais necessidades, seja em explícita recordação verbal – interna ou externa – ou por meio da linguagem implícita de seu estado.

Os itens chamados de *taʿalluq* exprimem indiretamente um "pedido", ou "súplica" (*su'āl*). No comentário sobre *al-Ḫāliq*, o Šayḫ diz: "Uma vez formulado o pedido (*su'āl*) do que foi mencionado no item sobre a dependência... (12-3)". Ele diz também no comentário sobre o nome *al-Ḥakam*: "Assim, o nome se torna um atributo do servo – que ele mesmo pediu (*istawhaba*), na *expressão de sua* dependência (*taʿalluq*), *que a qualidade desse nome lhe seja concedida* (29-3)".

3. Sobre a prática da recordação dos Nomes

No sufismo, os iniciados exercitam-se na recordação (*ḏikr*) de Deus recorrendo, entre outras coisas, a diversas práticas relacionadas aos nomes, segundo as recomendações gerais da tradição ou sob as instruções particulares de seus mestres. A mais extensa consiste na enumeração de uma das quatro listas tradicionais dos 99 nomes, ou na repetição – mais frequente –

---

2. Cf. Ibn 'Arabī, *Iṣṭilāḥāt aš-Šayḫ al-Akbar Muḥyī-l-Dīn Ibn al-'Arabī: Muʿjam iṣṭilāḥāt al-ṣūfiyya*, introd. e ed. de Bassām 'Abd al-Wahhāb al-Jābī. Dār al-Imām Muslim, Beirute, 1990, 80 pp. (pp. 74-75).

de uma sequência ou de só um de Seus nomes, seja de maneira exteriormente audível, seja interiormente, em silêncio. As recitações podem ser acompanhadas ou não de movimentos físicos ritmados, conscientização da respiração ou sincronia de determinados ritmos e métodos respiratórios, assim como de audições, visualizações ou outros recursos técnicos.

Os nomes utilizados na prece [ou súplica] (*duʿā'*) ou na meditação podem ser evocados – em geral, com o artigo definido (*al-*) – ou invocados – precedidos da partícula de vocativo *yā* e sem o artigo (p. ex. *yā karīm* em vez de *al-karīm*) –, tanto espontânea quanto premeditadamente, segundo a livre inspiração ou por meio de diversas sequências numéricas estabelecidas – 99, 33, dos valores numéricos das letras do sistema *abjad*,[3] etc. –, utilizando-se de algum instrumento como o chamado *subḥa* – similar ao rosário, geralmente com 99 contas – ou então sem instrumento algum.

Evidentemente, o *ḏikr* não consiste numa repetição mecânica. Trata-se de uma recordação consciente na qual, a cada novo alento, o sentido, a experiência, o "sabor" e o "saber" de cada nome são incessantemente renovados na vivência[4] do estado contemplativo graças à ilimitada criatividade divina.

No domínio intermediário da Imaginação ativa – o mundo da alma, união do corpo e do espírito –, o espiritual e o inteligível tomam forma sensível, o corpo se espiritualiza, os opostos se unem, o sonho se torna

---

3. Correspondência entre a ordem ou a sequência das letras do alfabeto árabe e os números, com a qual mensagens podem ser cifradas, similarmente à Cabala. O nome do sistema (*abjad*) é composto pelas quatro primeiras letras do alfabeto árabe: *alif*, *bā'*, *jīm* e *dāl*, nesta ordem (N.E.).

4. O termo "vivência", observa Beneito, é empregado por Ortega y Gasset para traduzir o alemão "*erlebnis*", que significa "fazer a experiência de algo e de seu conteúdo". Em outras palavras, vivência é "tudo aquilo que chega com tal imediatez a meu *eu* que passa a integrá-lo". O mesmo sentido deve ser considerado quanto ao neologismo "vivencial", empregado mais adiante (N.E.).

espelho, contempla-se o invisível e o anjo da revelação comunica aos profetas a Palavra divina.

Quando o gnóstico interioriza um dos nomes de Deus em seu coração – órgão da Imaginação criativa – as qualidades do Nome atualizam-se nele, manifestando seus efeitos na oração teofânica, de modo que o servo, ao encontrar em si mesmo as marcas do nome que no momento rege sua relação existencial particular com a Realidade, possa conhecer seu Senhor no íntimo secreto de sua consciência profunda.

II. OS COMENTÁRIOS AOS NOMES DA ENUMERAÇÃO (*ASMĀ' AL-IḤṢĀ'*) NA OBRA DE IBN 'ARABĪ

Este volume apresenta a tradução integral com as notas de dois dos três textos (dois deles na mesma obra) em que o Šayḫ Al-Akbar comenta o significado dos 99 nomes de Deus. Ainda que toda a obra akbariana possa ser considerada, de certo modo, um incessante e vastíssimo comentário sobre os nomes, só são encontrados comentários sistemáticos de Ibn 'Arabī sobre os 99 nomes em duas de suas obras: *Kašf al-ma'nà* e *Futūḥāt makkiyya*, como foi sugerido.

1. *Kašf al-ma'nà*

O *Kitāb Kašf al-ma'nà 'an sirr asmā' Allāh al-ḥusnà,* obra editada, traduzida e anotada neste volume é, cronologicamente, bem anterior a *Futūḥāt makkiyya*. Uma primeira versão foi redigida na juventude andaluz do autor (v. *infra*, "A datação do tratado"). O texto de *Kašf* apresenta uma introdução, 99 capítulos e uma breve conclusão.

Apesar de algumas cópias manuscritas conterem títulos alternativos (*Šarḥ...*, *Manāfi'...*), fica claro, após a comparação dos textos e das informações disponíveis, que o título original completo do tratado é este: "Livro do desvelamento do significado do segredo dos mais belos nomes de Deus".

O Šayḫ escolhe títulos precisos e significativos para suas obras, que oferecem ao leitor dados essenciais relativos à natureza, à fonte ou inclusive ao lugar de sua inspiração, seu conteúdo temático e sua intencionalidade.

A leitura atenta deste título em particular pode oferecer-nos algumas chaves que nos permitirão abordar o tratado de maneira adequada. Se considerarmos o significado técnico de seus termos, o título fornecerá, de certo modo, os elementos exigidos para uma predisposição adequada.

Na primeira parte, "Desvelamento do significado", ao usar o termo *kašf*, o mestre nos informa de que não estamos diante de uma obra erudita de compilação ou transmissão tradicional esotérica, e sim diante de um tratado propriamente sufi, redigido não meramente como resultado do esforço pessoal e do estudo das tradições e referências escritas no qual se funda o discurso do autor, mas como fruto, essencialmente, de sua própria descoberta cognitiva e *vivencial*[5] a partir da experiência do desvelamento místico.

O que se desvela, conforme especifica a segunda parte do título, é o significado do segredo dos mais belos nomes de Deus, o que indica que o autor vai tratar não dos nomes de Deus em geral – que são inumeráveis –, mas dos 99 nomes, transmitidos em uma das enumerações tradicionais, com os quais Deus nomeou a Si mesmo no Corão ou na Suna.

Mas a qual "segredo" o termo *sirr* se refere aqui? A resposta parece encontrar-se na única referência explícita a este tratado que – à parte dos listados de suas obras – figura em um escrito do Šayḫ.

Em *Tadbīrāt ilāhiyya*, Ibn ʿArabī comenta ao tratar da condição humana da vice-regência: "Convém, pois, que este vice-regente (*ḫalīfa*)

5. V. nota 4.

adote as qualidades dos nomes de Quem o encarregou da *vice-regência*, de modo que isto se manifeste em sua maneira de governar e em seus atos. Já explicamos o significado da adoção dos nomes senhoriais (*asmā' rabbāniyya*) em nosso livro *Kašf al-maʿnà ʿan sirr asmā' Allāh al-ḥusnà*".[6]

Assim, Ibn ʿArabī chama de "nomes senhoriais" os "Belíssimos Nomes" (*al-asmā' al-ḥusnà*). A noção de "segredo" contida no título do tratado parece referir-se precisamente ao tema da adoção dos Nomes senhoriais por parte do servo. Observe-se que o título não diz: "desvelamento dos significados dos segredos dos nomes...", mas faz uso do singular. A própria estrutura da obra parece esclarecer a questão.

1.1 *Muqaddima*

A "Introdução" (*muqaddima*) aparece nas dez cópias consultadas (e na tradução ao turco otomano conservada na Biblioteca Suleymaniyye; ms. Haci Mahmud 4210/2b-41b); trata-se de uma apresentação propriamente temática e estrutural, com classificações e definições relativas aos nomes, em contraste ao estilo alusivo e poético do precedente.

Convém ressaltar que, nesta introdução, o Šayḫ resolve de modo magistral e conciliador a tradicional polêmica sobre a identidade do nome e do Nomeado: o nome é o Nomeado se por nomes se entendem os Nomes primordiais; mas não é o Nomeado se por nomes se entendem os nomes dos Nomes – isto é, os nomes daqueles Nomes primordiais – que são os nomes geralmente conhecidos, compostos de letras e sons.

1.2 O conhecimento dos nomes: dependência, realização e adoção

A segunda parte constitui o corpo central da obra: o Šayḫ a intitula "O conhecimento (*maʿrifa*) dos nomes divinos (*asmā' ilāhiyya*) segundo [as perspectivas de] a relação de dependência (*taʿalluq*), a realização (*taḥaqquq*) e a adoção ou caracterização (*taḫalluq*)".

---

6. Cf. *al-Tadbīrāt al-ilāhiyya*, ed. Nyberg, cap. V, p. 145.

Nesta triplicidade – e no aspecto da adoção em particular – reside, parece-me, o que o autor denomina, no título da obra, o segredo dos nomes: a unicidade destas três perspectivas interdependentes, cuja relação poderia ser representada por um triângulo equilátero.

Há uma obra literária anterior que, a meu ver, ainda que nenhum testemunho o demonstre, serviu a Ibn 'Arabī como fonte de inspiração para conceber a estrutura de *Kašf al-ma'nà*. Trata-se do penúltimo dos aforismos (nº 163) de um dos opúsculos de Abū Madyan Šu'ayb, intitulado *Uns al-waḥīd wa-nuzhat al-murīd*,[7] editado por Vincent Cornell, no qual este grande mestre magrebino de Ibn 'Arabī diz: "Nos nomes de Allāh – Louvado seja – há *três aspectos*: relação de *dependência* (*ta'alluq*),[8] adoção (*taḫalluq*) e realização (*taḥaqquq*).[9] O *ta'alluq* é a apreensão (*šu'ūr*) do significado do nome; o *taḫalluq* consiste em que subsista [ou se manifeste] em ti o significado do nome, e o *taḥaqquq* em que te aniquiles em seu significado".

Ainda que ambos os mestres nunca tenham se encontrado fisicamente, o reconhecimento e a admiração que Ibn 'Arabī professa em relação a Abū Madyan – uma das mais relevantes figuras na história do sufismo magrebino, cujos ensinamentos foram amplamente difundidos na Andaluzia por intermédio de seus numerosos e inspirados discípulos –, leva-me a considerar a possibilidade de que este aforismo breve e original tenha propiciado a gênesis de *Kašf al-ma'nà*. Devo assinalar que, de fato, em nenhuma outra fonte literária anterior a Ibn 'Arabī encontrei expressão semelhante a esta tripla perspectiva dos nomes. Isto parece

---

7. V. Vincent J.Cornell, *The Way of Abū Madyan: The works of Abū Madyan Shu'ayb*, Cambridge, 1996, p.149.

8. A qual corresponde à necessidade (*iftiqār*) e pode ser entendida também como "codependência" ou "interrelação".

9. V. Cornell traduz estes três termos, respectivamente, por "attachment", "unintended consequence" e "certainty". *Ibid*., p. 148.

indicar que nos encontramos claramente diante de uma obra de inspiração magrebino-andaluz.

Não obstante, fica claro que, depois de haver assimilado o significado e a relação dos três termos em questão, Ibn ‘Arabī – como é comum em seus escritos – realiza em sua recepção uma transformação terminológica substancial, adaptando-os à sua própria *logosofia*.

Esta tripla perspectiva é, dos pontos de vista estrutural e epistemológico, a contribuição mais original desta obra akbariana à história do comentário dos nomes divinos. Como já indiquei, não tenho conhecimento da existência de nenhuma obra anterior ou posterior a esta que claramente descreva os nomes divinos nestas três perspectivas simultaneamente. Cada tratado sobre o tema se centra, ainda que sem empregar os mesmos termos, em uma ou duas de tais possibilidades, por vezes apresentando-as em conjunto sem diferenciá-las de modo sistemático.

De fato, todos os comentários sobre os nomes podem ser classificados a partir destes conceitos segundo a perspectiva ou as perspectivas predominantes em cada um deles. A súplica [prece] (*du‘ā’*) com os nomes costuma responder à modalidade de *ta‘alluq* (por exemplo, a escrita por Ibn ‘Abbād de Ronda); outros comentários tratam da questão sob a perspectiva exclusiva do *taḥaqquq* (por exemplo, o *Šarḥ* de Ibn ‘Arabī), sob a perspectiva exclusiva do *taḫalluq* (por exemplo, o comentário sobre os *‘abādila* de ‘Abd al-Razzāq Qāšānī ou outros do gênero),[10] ou a partir das duas perspectivas (por exemplo, os comentários de Ġazālī, Ibn Barrajān, ‘Alī Hamadānī ou Ibn Ṭāhir nos quais são associados, com

---

10. V. J. Nurbakhsh, *Sufi symbolism: volume VII*, Londres, 1993, pp.95-138, onde o autor traduz um comentário sobre os *‘Abādila* de uma obra em persa de Šāh Ni‘mat Allāh Walī, *Rasā’il*, 4 vols, Teerã, 1978, editada por ele mesmo, que é na realidade uma parte da tradução integral para o persa (v. vol IV, pp. 1-184) da obra *Iṣṭilāḥāt al-Ṣūfiyya* de Qāšānī (edição Muḥammad Kamāl Ibrāhīm, Cairo, 1981), à qual Šāh Ni‘mat Allāh Walī acrescenta alguns versos próprios (observa-se que nos versos acrescentados ao parágrafo consagrado a ‘Abd Allāh ele faz menção a si mesmo).

outras denominações, *taḥaqquq* e *taḫalluq*, seja em seções separadas ou – como no último caso – conjuntamente).

Gostaria de acrescentar que, ao analisar seus respectivos comentários dos nomes, tive a oportunidade de comprovar que Ibn ʻArabī, depois de haver assimilado as obras de Ġazālī ou de Ibn Barrajān, entre outros, transcendeu as formulações precedentes e, guiado sempre pelas diretrizes de sua realização pessoal interior, elaborou uma terminologia e uma *logovisão* próprias que, ainda que firmemente enraizadas na tradição, são bastante originais em sua configuração e concepção.

Em contrapartida, pode-se salientar, contudo, que pensadores posteriores da Escola akbariana – Qāšānī, Hamadānī, Ibn Ṭāhir, entre tantos grandes autores – geralmente baseiam suas próprias considerações nas de Ibn ʻArabī. Sem que isto implique na falta de verdadeira "originalidade".

1.3 Conclusão

A importância da conclusão reside no fato de nos informar do lugar e da data em que o manuscrito que serviu de base para esta edição foi copiado, e nos permite também saber quem era o principal destinatário ao qual esta cópia foi dedicada.

1.3.1 Sobre a dedicatória a *Šaraf al-Dīn al-Ḥamawī* e seu contexto

A cópia é direcionada a um dos companheiros e discípulos de Ibn ʻArabī que assistia regularmente às reuniões que o Šayḫ al-Akbar celebrava em Damasco. No entanto, não há nenhum comentário que negue a tese exposta mais adiante de uma presumível origem andaluz da primeira redação do tratado, posteriormente "dedicado" a seu discípulo Šaraf al-Dīn al-Ḥamawī.

Pouco sabemos acerca do alfaqui e imame Šaraf al-Dīn Abū Muḥammad ʻAbd al-Wāḥid b. Abū Bakr b. Sulaymān al-Ḥamawī, a quem Ibn ʻArabī chama "nosso companheiro" (*ṣāḥibu-nā*).

Graças aos certificados de audição (*samā'*)[11] dos exemplares autógrafos de *Futūḥāt makkiyya* sabemos que Šaraf al-Dīn al-Ḥamawī assistiu com regularidade em Damasco e mesmo na casa do mestre – ao menos durante o ano 633 H./1235 – às leituras da segunda e definitiva redação da obra, que começaram em 632/1234 e foram concluídas em 636/1238 (cf. Evkaf Musesi, 1845-1881 – agora Türk Islam Eserleri Müzesi – que contém 71 *samā'*; R.G.[12]: 135, p. 204).

No certificado no 1 estão na lista de "ouvintes" Abū Bakr b. Sulaymān al-Ḥamawī e seu filho Jamāl al-Dīn, respectivamente pai e irmão de Šaraf al-Dīn.

Nas respectivas listas dos números 2, 6 e 9 aparece como ouvinte somente o nome do pai Abū Bakr b. Sulaymān b. 'Alī al-Ḥamawī. No número 10, no entanto, somente aparece como leitor e como escriba Aḥmad b. Abū Bakr b. Sulaymān al-Ḥamawī, presumivelmente o mesmo que no nº 1 foi chamado de Jamāl al-Dīn, irmão de Šaraf al-Dīn. No 14 também aparece somente Aḥmad como leitor.

No 15, no 17 e no 20 reaparece como ouvinte somente o pai, mas nos certificados 22, 23, 25 e 30 ambos os filhos aparecem como ouvintes juntos com seu pai. Ademais, nos certificados 37, 40-42 e 46-54, o nome de um neto de Abū Bakr se soma aos anteriores. Trata-se do filho de Šaraf- al-Dīn, chamado Muḥammad b. 'Abd al-Wāḥid al-Ḥamawī.

Todos estes certificados estão datados de 633 H. (dez anos depois da dedicatória deste tratado). Nenhum membro da família aparece nos certificados posteriores datados entre os anos 634/1236 e 640/1242 (e só faltam certificados do ano 638/1240). Tampouco se menciona qualquer um deles em nenhum outro capítulo de *Histoire et classification.*

---

11. Relações das pessoas presentes como ouvintes de cada palestra ou, em árabe, de cada audição (*samā'*).

12. Repertório Geral das obras de Ibn 'Arabī, realizado por Osman Yahya em sua *Histoire et classification de l'oeuvre d'Ibn 'Arabī*, Damasco, 1964. A abreviação RG é seguida de um número correspondente ao número sob o qual a obra aparece no repertório de O. Yahya.

Temos, pois, membros de três gerações da família Ḥamawī de Damasco que frequentaram – às vezes conjuntamente – as célebres leituras na casa de Ibn ʿArabī em 633/1235. As listas de ouvintes nos certificados datados daquele ano frequentemente contêm mais de trinta nomes. Entre eles aparecem cinco andaluzes: ʿAbd Allāh b. Muḥammad b. Aḥmad al-Andalusī [al-Mayūrqī] (18 menções); Ibrāhīm b. Muḥammad b. Muḥammad [al-Anṣārī] al-Qurṭubī (17 menções); ʿAlī b. Aḥmad b. ʿAlī al-Qurṭubī (sete); Muḥammad b. Muḥammad b. Jumʿa al-Balansī (duas); Ḥasan b. Rājiḥ b. ʿAbd al-Razzāq al-Qurṭubī (uma).

Abū Bakr b. Sulaymān b. ʿAlī al-Ḥamawī, o mais velho desta linhagem de ouvintes das leituras e audições de Damasco, era pregador (*wāʿiẓ*) em uma das mesquitas de Damasco. Morto em 649/1251 aos 90 anos.

Jalāl al-Dīn Aḥmad b. Abū Bakr b. Sulaymān b. ʿAlī al-Ḥamawī, filho deste último, nasceu em 600 H./1202 e morreu no ano 687/1289.[13]

Šaraf al-Dīn ʿAbd al-Wāḥid b. Abū Bakr b. Sulaymān b. ʿAlī al-Ḥamawī, irmão do anterior, a pedido do qual Ibn ʿArabī dita o tratado, foi pregador (*wāʿiẓ*) como seu pai. Já era alfaqui e imame, segundo testemunho de Ibn ʿArabī, no momento em que o ditado foi concluído. Morreu 37 anos lunares mais tarde, em 658/1260.[14]

Seu filho Muḥammad b. ʿAbd al-Wāḥid b. Abū Bakr b. Sulaymān b. ʿAlī al-Ḥamawī devia ser ainda criança quando assistia às audições de *Futūḥāt makkiyya*. Este fato não é de modo algum extraordinário, pois é comum a presença de crianças nas reuniões dos sufis.[15]

---

13. Cf. C. Addas, *Quête*, pp. 311-312.

14. Cf. C. Addas, *Quête*, p. 312.

15. Sobre a presença de outras crianças nas audições de *Futūḥāt*, v. *Quête*, p. 312 (nota 4) e 313. Sobre a presença de crianças nas sessões de leitura em geral, v. G. VAJDA, *La Transmission du savoir en Islam*, Londres, 1983, pp. 4-5. Tive a ocasião de comprovar pessoalmente em visitas a homens e mulheres considerados mestres sufis contemporâneos de diversos países (especialmente na Turquia) que, em nossos dias, é habitual a presença de crianças nas reuniões sufis. Até onde pude observar, sua relação com o guia espiritual não difere ostensivamente da relação dos adultos e, em boa medida, as crianças participam com atenção e interesse das atividades grupais.

1.3.2 A datação do tratado

O fato de tratar-se de um ditado (*imlā'*) parece sugerir que o copista do original escreve conforme o ditado do próprio Šayḫ. No último fólio do manuscrito C este ditado está datado do ano 621 H./1224 d.C.

No quadro cronológico elaborado por C. Addas figuram apenas, como eventos biográficos de Ibn ʿArabī durante o ano 621/1224, após sua instalação definitiva em Damasco, as referências aos certificados de audição (*samāʿ*) assinados pelo próprio autor, relativos à leitura de oito de suas obras.[16] Não obstante, vejamos agora, para uma datação aproximada da redação original do tratado, as referências que Ibn ʿArabī faz ao *Kašf al-maʿnà* em outras obras – em particular no *Tadbīrāt* e *K. al-Azal*.

Segundo O. Yahya (cf. R.G. 338), Ibn ʿArabī menciona o *Kašf* – com o título alternativo de *K. al-Asmā'* – no *K. al-Azal* – redigido em Jerusalém em 601 H./1203 (cf. RG: 68), isto é, vinte anos antes do ditado do *Kašf* em Damasco –, o que faz supor que o *Kašf* é anterior a 601/1203 (V. *K. al-Azal*, em *Rasā'il Ibn ʿArabī*, ed. Hyderabad, 1948).

Em todo caso, a menção ao *K. al-Azal* é muito vaga – "e ao tema dos nomes... dediquei um livro (*wa-bāb al-asmā'... afradnā la-hu kitāb*)" –, e entre as obras de Ibn ʿArabī conta-se também o *K. al-Asmā'* – com a variante *K. al-Fajj wa-huwa kitāb al-asmā'* – do qual não se conhece nenhuma cópia, mas que é mencionado nos repertórios de obras de Ibn ʿArabī (*Fihris*, no 161, e *Ijāza*, no 172) ao mesmo tempo em que *Kašf al-maʿnà* é mencionado separadamente, como uma obra distinta (*Fihris*, no 17, e *Ijāza*, no 17). Portanto, esta referência não deve ser considerada sem reservas, para a datação do *Kašf*.

---

16. As referências das oito obras são recolhidas por O. Yahya em seu Repertório Geral. V. RG: 26, 219, 386, 418, 462, 551, 689, 834. O copista de todas as cópias autografadas datadas do ano 621 H./1223 é sempre Ayyūb b. Badr b. Manṣūr. Cf. Pablo Beneito, *El secreto de los nombres de Dios*, pp. xxxv-xxxviii ('Certificados de audición del 621 H.').

Resta-nos, pois, a referência de *Tadbīrāt ilāhiyya*, já citada antes, na qual o Šayḫ comenta com maior precisão: "... Já explicamos o significado da adoção dos nomes senhoriais (*asmā' rabbāniyya*) em nosso livro *Kašf al-maʿnà ʿan sirr asmā' Allāh al-ḥusnà*".[17]

Após avaliar diversas alternativas, aponto para a possibilidade de que o manuscrito base para a edição de *Kašf al-maʿnà*, datado no mês do Ramadã do ano 621 da Hégira – isto é, entre meados de setembro e outubro de 1224 d.C. – na Grande Mesquita de Damasco, seja cópia de uma cópia direta presumivelmente verificada pelo autor e talvez caligrafada pelo escriba Ayyūb b. Badr al-Muqrī (Mansûr), que, nesse mesmo ano, segundo os certificados de audição correspondentes (v. nota *supra*), copia na casa damascena de Ibn ʿArabī – ou na mesquita citada – pelo menos oito tratados do Šayḫ. Não obstante, *Kašf al-maʿnà* é mencionado na obra *Tadbīrāt ilāhiyya* e, como mostrei, é frequente que em cópias sucessivas de um mesmo tratado registre-se não a data do original, mas unicamente a data de realização da cópia.

Ibn ʿArabī precisa no começo de *Tadbīrāt*[18] que escreveu esta obra em Morón de la Frontera (*Mawrūr*), durante quatro dias, a pedido de seu amigo Abū Muḥammad al-Mawrūrī. A redação desta obra é, pois, necessariamente anterior à redação de *Mašāhid al-asrār* em 590 H./1192, onde *Tadbīrāt* é mencionado em duas ocasiões.[19]

Portanto, pode-se deduzir que a redação de *Kašf al-maʿnà* foi anterior a 590/1194 d.C., e corresponde, assim, ao período andaluz de Ibn ʿArabī.[20]

A partir destes dados, podemos concluir que *Kašf al-maʿnà* teria sido redigido originalmente na Andaluzia, anteriormente à redação de

---

17. Cf. *Tadbīrāt*, ed. Nyberg, cap. V, p. 145.

18. *Idem*, p. 120.

19. Cf. Ibn ʿArabī, *Las Contemplaciones de los Mistérios* (*Mašāhid al-asrār*), ed. e trad. de S. Ḥakīm e P. Beneito, ERM, Murcia, 1994, pp. iii e iv.

20. Sobre a datação de *Tadbīrāt* e as precauções exigidas sobre a datação das obras de Ibn ʿArabī, v. C. Addas, *Quête*, p. 160, nota 3. V. também O. Yahya, RG: 716.

Tadbīrāt e *Mašāhid*, e, em seguida, levado ao Oriente pelo autor, que posteriormente dedicaria-o a Šaraf al-Dīn al-Ḥamawī, um de seus companheiros na Via espiritual.

Desse modo, conforme essa hipótese, Ibn ʿArabī teria redigido uma primeira redação do *Kašf* há pouco mais de oito séculos, quando contava menos 30 anos de idade. Cabe acrescentar que, apesar de a obra já conter referências a todos os temas principais de seu pensamento, seu estilo reflete – por sua concisão, sua ordem metódica e sua relativa cautela doutrinal – a juventude do autor.

2. O capítulo 558 de *Futūḥāt makkiyya*

O segundo e mais importante comentário sobre os nomes encontra-se, sem dúvida, em *Futūḥāt makkiyya*, cujo capítulo 558, um dos mais extensos da obra, contém uma das mais amplas exposições acerca dos nomes produzidas na literatura sufi – considerados aqui como presenças divinas (*ḥaḍarāt*) –; a composição mais extensa realizada posteriormente ao enorme *Šarḥ asmāʾ Allāh al-ḥusnà* de Ibn Barrajān de Sevilha e, de qualquer forma, a que representa a maior diversidade de perspectivas e interpretações originais.[21]

Na seção que conclui este capítulo de *Futūḥāt*, intitulada "A Presença das Presenças que reúne os mais belos nomes" (*Ḥaḍrat al-ḥaḍarāt al-jāmiʿa li-l-asmāʾ al-ḥusnà*), há um comentário completo e sistemático dos 99 nomes que difere tanto em estrutura como em conteúdo do precedente, mais extenso. Dado que não segue a mesma lista de nomes do comentário que o precede, não é, portanto, uma síntese, mas pode ser considerado independente. Neste volume refiro-me a ele pelo nome de *Šarḥ*. A última parte desta seção é o segundo texto traduzido aqui e,

21. W. Chittick fez uma breve apresentação geral deste capítulo na obra coletiva Chodkiewicz, M. *et al.*, *Les Illuminations de La Mecque*, Sindbad, Paris, 1988, pp. 108-116, em que ele traduz boa parte do comentário relativo ao nome *Allāh*.

como antes indiquei, pode-se considerar um comentário dos nomes na perspectiva do *taḥaqquq*.

O texto do capítulo 558 de *al-Futūḥāt al-makkiyya* (RG: 135) foi traduzido a partir do ms. autógrafo de Ibn ʿArabī, Evkaf Müsezi 1845-1881 (código em vigor) do Türk-Islam Eserleri Müsezi de Istambul,[22] correspondente aos dois volumes (1876-1877) que contêm o capítulo 558.

III. A INFLUÊNCIA DO *KAŠF AL-MAʿNÀ* NA OBRA DE IBN ṬĀHIR

1. Influência sobre o *Laṭā'if al-iʿlām*

O verdadeiro autor da obra de terminologia sufi intitulada *Laṭā'if al-iʿlām*,[23] chamado Ibn Ṭāhir, é o mesmo que escreveu uma outra grande obra inédita intitulada *Taḏkirat al-fawā'id*.[24] Dediquei um estudo específico à identidade e às obras de Ibn Ṭāhir no qual abordei a questão da influência do *Kašf al-maʿnà* sobre os escritos desse autor akbariano.[25]

---

22. Vol. 1876: No fol. 1a começa o livro nº 32 de *Fut.*, *Šarḥ al-asmā' al-ḥusnà*. Este vol. vai até *ḥaḍrat al-ḥikma*. Tem 126 fols. *samāʿ* e data no fol. 126a.
– Vol. 1877: Livro 33; de *Ḥaḍrat al-wadd* até o final do capítulo; 127 fls.; *samāʿ* no fol. 127a. A seção *Ḥaḍrat al-ḥaḍarāt al-jāmiʿa...* (que inclui o Šarḥ) começa no fol. 111º. O capítulo traduzido aqui ocupa os fólios 119a-127a deste volume. O cap. 559 da obra começa no livro 34 (vol. 1878). Mais dados sobre esta cópia autógrafa podem ser encontrados na edição realizada por O. Yahya.

23. A obra foi atribuída a ʿAbd al-Razzāq al-Qāšānī, *Laṭā'if al-iʿlām fī išārāt ahl al-ilhām*, editada por Saʿīd ʿAbd al-Fattāḥ, Dār al-kutub al-miṣriyya, Cairo, II vols. 1416/1996.

24. Manuscrito Carullah Efendi 992/1 a-404b, conservado na Biblioteca Suleymaniyye de Istambul.

25. V. Pablo Beneito, "An Unknown Akbarian of the Thirteenth-Fourteenth Century: Ibn Ṭāhir, the Author of *Laṭā'if al-iʿlām*, and His Works", ASAFAS Special Paper, nº 3, Kyoto University, Kyoto, 2000, pp. 10-11 e 30-31.

No *Laṭā'if al-i'lām* existem numerosas ocorrências de termos técnicos relativos aos conceitos de *ta'alluq*, *taḥaqquq* e *taḫalluq*, inspirados tanto no *Kašf* quanto no *Futūḥāt makkiyya*. Assim, o autor descreve a "dependência" nestes termos: "A dependência dos nomes divinos (*al-ta'alluq bi-l-asmā' al-ilāhiyya*) significa a relação de necessidade (*ta'alluq iftiqār*) em virtude da qual tudo o que não é o Real, tanto as essências de todos os possíveis quanto seus atos ou atributos, necessita de Seus nomes, Louvado seja Ele (...)" (*Laṭā'if* I, p. 334).

Isto seria o *ta'alluq* comum (*ta'alluq al-'āmma*) que Ibn Ṭāhir opõe ao que chama de *ta'alluq al-ḫāṣṣa*, relação de dependência da elite espiritual com os Nomes divinos, definida como o "conhecimento por parte do servo (*ma'rifat al-'abd)* de sua necessidade *ontológica* da totalidade dos Nomes divinos, conhecimento em função do qual ele solicita que seus efeitos (*āṯār:* os efeitos dos Nomes) manifestem-se nele e pelo qual ele lhes atribui tudo o que dele e nele se manifesta, respondendo a cada um conforme a atitude que lhe convém : agradecimento, paciência, (...) etc." (*Laṭā'if* I, p. 334).

O autor distingue no *Laṭā'if* a verificação (*taḥqīq*) da realização (*taḥaqquq*). O termo *taḥqīq* faz referência à "visão do Real, através dos belíssimos Nomes e dos sublimes atributos que Lhe convêm, pela qual *o servo* apreende que Ele é Subsistente por Si mesmo (*qā'im bi-nafsi-Hi*), que somente Ele faz subsistir tudo o que não é Ele, e que o Ser com *todas* as perfeições da existência só pertence realmente e originalmente a Ele, e só pode ser atribuído de modo metafórico ao que não é Ele" (*Laṭā'if* I, p. 315).

Quanto à "realização dos Nomes divinos" (*taḥaqquq*), esta consiste em "aperfeiçoar seu conhecimento e sua aplicação prática (*kamāl al-'ilm wa-l-'amal bi-hā*)". Mas o autor também observa outro significado do termo *taḥaqquq*, segundo o qual "a realização consiste em que o homem tenha conhecimento do fato de que os nomes de Deus possam ser considerados sob três perspectivas: dependência, realização e adoção" (*Laṭā'if* I, p. 316).

Por outro lado, a adoção da caracterização dos nomes divinos (*taḫalluq*) consiste, segundo o autor, em que "o servo atualize-os (*qiyām al-ʿabd bi-hā*) de acordo com o que convém à condição de sua servidão, de modo que tanto sua servidão quanto a condição senhorial *do nome cujos efeitos se manifestam* realizem-se plenamente" (*Laṭā'if* I, p. 316).

Ao tratar da *iḥṣā'*, ou enumeração abrangente dos nomes divinos, Ibn Ṭāhir comenta o significado do *hadith* dos 99 nomes segundo o qual "aquele que os enumera (*man aḥṣā-hā*) entrará no Paraíso" (*Laṭā'if* I, p.173). A expressão "aquele que os enumera" significa, segundo ele, "aquele que os compreende ou conhece seu significado", "que professa *realmente* que Deus aplicou a Si mesmo esses nomes", bem como "aquele que acrescenta ao seu conhecimento a prática que deriva de tal conhecimento", que é descrita pelo autor neste artigo, de modo detalhado, em termos próprios à doutrina da unicidade do Ser.

Doravante, é a conclusão dessa seção que nos interessa, que serve de prólogo às três subpartes seguintes, e na qual o autor explica que "os mestres da Via (*šuyūḫ al-ṭarīqa*) classificaram três modalidades distintas da *iḥṣā'* (segundo o significado já exposto) correspondendo à dependência, à realização e à adoção. Ele acrescenta que "quem quer que compreenda os nomes divinos por uma ou outra dessas três modalidades entrará no Paraíso", isto é, no paraíso correspondente a cada modalidade, pois, à enumeração segundo a modalidade da dependência (*iḥṣā' al-asmā' taʿalluqan*) corresponde o Paraíso das obras (*jannat al-aʿmāl*); à enumeração segundo a modalidade da realização (*iḥṣā' al-asmā' taḥaqquqan*) corresponde o Paraíso do dom de graça (*jannat al-imtinān*); à enumeração da modalidade da adoção (*iḥṣā' al-asmā' taḫalluqan*) corresponde o Paraíso da herança (*jannat al-mīrāṯ*).

O autor define separadamente esses três tipos de *iḥṣā'* (I, pp. 174-75) e seus paraísos correspondentes (I, pp. 395-96). Para concluir, limitar-me-ei a citar sua definição da modalidade do *taḫalluq*: "A enumeração segundo a modalidade da adoção consiste na aspiração ascencional (*taṭallu'*) por meio da qual a entidade espiritual (*al-rūḥ al-rūḥāniyya*) volta-se às realidades desses nomes, de seus significados e de seus atributos, bem como à adoção e à caracterização por cada um deles de acordo com a instrução que figura no dito do Profeta: "Adotem os traços característicos de Allāh". Em função dessa enumeração e da compreensão de que resulta essa adoção *dos traços dos Nomes, o servo* entra no Paraíso da Herança, ao qual alude Sua Palavra – Louvado seja Ele: "Estes são os herdeiros (*wāriṯūn*)" (C. 23: 10).

Outras definições de termos relativos às noções de *ta'alluq*, *taḥaqquq* e *taḫalluq* podem ser facilmente localizadas no índice do *Laṭā'if*.

O comentário sobre os *'Abādila* contido no *Laṭā'if* (vol. II, pp. 104--146) também é amplamente inspirado no *Kašf al-ma'nà* – e não no *K. al-'Abādila,* como considerou o editor egípcio. As definições que aí figuram reproduzem frequentemente, e às vezes literalmente, os comentários de Ibn 'Arabī nas seções relativas à adoção; assim, por exemplo, os comentários dos nomes *'Abd al-Raḥmān, 'Abd al-Raḥīm, 'Abd al- Malik, 'Abd al-Mu'min*, etc.

Portanto, pode-se considerar que o conjunto das passagens do *Laṭā'if* influenciadas pelo *Kašf al-ma'nà* constituem uma espécie de glosa desse tratado de Ibn 'Arabī, fonte de inspiração dos tratados posteriores do gênero dos *'abādila.*

2. Comentário sobre *Kašf al-ma'nà* no *Taḏkirat alfawā'id*

O capítulo nº 58 (fols 73a-105a) desse tratado inédito de Ibn Ṭāhir intitulado *Taḏkirat al-fawā'id é uma apresentação integral dos* 99 nomes divinos. Esse capítulo inclui uma introdução sobre a visão do Senhor durante a ascensão (*mi'rāj*), o Homem Perfeito (*al-insān al-kāmil*) e o teomorfismo original do homem, "sua forma adâmica" (*ṣūra ādamiyya*) criada à imagem de Deus, e 99 seções correspondendo aos Nomes na mesma ordem seguida em *Kašf*, aquela da lista tradicional de Walīd.

Trata-se de fato de um comentário amplo e detalhado sobre os Nomes nas perspectivas do *taḥaqquq* e do *taḫalluq*, tão diretamente inspirado nas seções correspondentes de *Kašf al-maʿnà* que ele pode ser considerado, em última análise, como um comentário ao tratado do Šayḫ al-Akbar, ainda que este seja explicitamente mencionado apenas duas vezes.[26]

Na obra, a seção de cada comentário consagrado à realização (*taḥaqquq*) da parte do servo é em geral introduzida pela expressão "do ponto de vista da ciência" (*min jihat al-ʿilm*) e, do mesmo modo, a seção consagrada à adoção (*taḫalluq*) é introduzida pela expressão "do ponto de vista da prática" (*min jihat al-ʿamal*).

Diferentemente dos capítulos precedentes, este está completo e pode ser lido em sua totalidade.

Ainda que ele mantenha uma relação evidente com os capítulos precedentes, este capítulo 58 pode ser considerado, por sua extensão, estrutura e unidade temática, como uma obra independente.

Recorremos constantemente a esse comentário para esclarecer a leitura de certas passagens do *Kašf*.

IV. SOBRE A EDIÇÃO

1. Critérios de edição

Na edição de *Kašf al-maʿnà* foram usadas seis cópias manuscritas, todas elas completas e em bom estado de conservação.

---

26. No fol. 74a ele é chamado de Šayḫ al-šuyūḫ Abū ʿAbd Allāh Muḥyī l-Dīn Muḥammad Ibn al-ʿArabī.
No fol. 78a-bis, no comentário do nome *al-Ḫāliq*, Ibn Ṭāhir diz: "O autor do *Futūḥāt* disse...".

As referências das seis cópias completas que comparei para a edição crítica do *Kitāb kašf al-maʿnà ʿan sirr asmāʾ Allāh al-ḥusnà* (RG: 338) são mencionadas abaixo, com as siglas correspondentes. Variantes do título: *K. Šarḥ al-asmāʾ al-ḥusnà; Manāfiʿ al-asmāʾ al-ḥusnà*. Exceto pelo ms. I, os cinco mss. estão na Biblioteca Suleymaniyye de Istambul, cujos responsáveis tiveram a amabilidade de me facilitar as cópias microfilmadas, além da consulta direta. Trata-se dos manuscritos B (Beyazid 1314/1b-19b), C (Carullah 2097/89a-113b) que serviu como base, E (Esad Ef. 1448/ 9a-23a), F (Fatih 5298/68a-81b), I (Indian Office Library –Arabic Loth 658/1a-22a) e Y (Yeni Cami 705/1a-19a).

Apesar de ter usado a cópia C como ms. base no texto da edição, optei com frequência por leituras alternativas de outras cópias, escolhendo em cada caso a que considerei mais provável e correta.

Ocasionalmente foi acrescentado ao texto árabe algum termo ou partícula entre parênteses a fim de corrigir o texto de alguma cópia – no caso de anotações ou variantes no começo e no fim do texto – ou de facilitar a leitura. Os títulos entre parênteses também são acrescentados, (*muqaddima*, *ḫitām al-kitāb*...).

A pontuação, ausente nos manuscritos, foi acrescentada a partir da interpretação do texto, da qual ela depende.

Nas notas da edição espanhola que não aparecem aqui, as variantes, adições e omissões das diversas cópias manuscritas, e todas as correções efetuadas foram registradas, com exceção das correções ortográficas que são realizadas de maneira sistemática, seguindo as normas estabelecidas atualmente.

Os *hadiths*, as citações corânicas e todas as citações literárias em geral foram colocadas entre aspas. As citações corânicas foram vocalizadas e sua referência é dada em notas. No entanto, as referências dos *hadiths*, dos versos e de outras citações literárias devem ser consultadas nas correspondentes notas à tradução.

Por outro lado, na tradução, quer seja de caráter explicativo ou para facilitar a leitura, todo acréscimo está em itálico, ou então, para completar uma citação, entre colchetes. O texto omitido na tradução ou na citação parcial de um versículo é indicado pelo sinal [...]. Os capítulos correspondentes aos nomes sucessivos foram enumerados com o objetivo de facilitar sua localização e a consulta de sua tradução correspondente.

O índice de versículos corânicos permitirá ao leitor checar alguns dos escritos referidos nos quais o autor baseou seus comentários.

Muitos outros aspectos e temas de interesse poderiam ser aqui tratados, mas, por questão de espaço, pareceu-me conveniente reservar-lhes um tratamento mais extenso e detalhado numa próxima publicação sobre os nomes.

Antes deste trabalho, especificamente dedicado ao comentário dos nomes em Ibn 'Arabī, o tema dos nomes de Deus foi objeto de excelentes estudos gerais de conjunto, entre os quais se destacam *Le noms divins en Islam* de D. Guimaret e o *Traité sur les noms divins* de Al-Rāzī.[27]

Remeto às obras citadas nas notas, a fim de convidar os interessados a obterem mais informação sobre este assunto. Para completar esse trabalho prévio, seria desejável poder contar, no futuro, com um estudo monográfico dos nomes divinos no sufismo. Para tão ampla tarefa, desejo contribuir com esta e outras colaborações em preparação.

2. Sobre a tradução

Esta obra foi traduzida primeiramente para o espanhol, com a edição do texto árabe original inédito. (V. Ibn ʿArabī, *El secreto de los Nombres de Dios*, introdução, edição, tradução e notas de Pablo Beneito, Editoria Regional de Murcia, Murcia, 1996 – 2ª edição revista, 1997).

27. Introdução, tradução e notas de Maurice Gloton, edições Al-Bouraq, Beyrouth, 2000.

Em janeiro de 2010, foi impressa a versão francesa (Ibn ʿArabī, *Le Secret des Noms de Dieu.* Introduction, édicion critique et notes de Pablo Beneito, Les Éditions Albouraq – Héritage Spirituel –, Beyrouth--Liban, 2010), para a qual revisei a versão original de minha tradução para o espanhol, confrontando-a sistematicamente com o texto árabe para que a tradução ao francês se adaptasse ainda mais à formulação e ao sentido do texto original. Foram introduzidas numerosas modificações, tanto na tradução quanto nas notas de rodapé, acrescentando, suprimindo ou corrigindo tudo o que nos pareceu necessário, com o objetivo de atualizar a obra.

Esta revisão, necessária após alguns anos, foi incorporada à edição francesa [aqui vertida ao português] que temos o prazer de oferecer ao leitor, e nos permitiu apresentar esta edição como a referência do texto traduzido mais autorizada e mais recomendada atualmente. Entretanto, não consideramos útil reproduzir na introdução algumas partes puramente técnicas, como aquelas relativas aos manuscritos utilizados pela edição crítica. Assim, recomendamos a versão espanhola para consulta.

Para facilitar uma leitura comparada, esta edição também apresenta o texto árabe do *Kašf* e do *Šarḥ*, da edição precedente. No caso do texto árabe do *Šarḥ*, apresenta-se a edição fac-símile (em tamanho reduzido) de suas páginas, nas quais, especialmente, pode-se apreciar a escrita do Šayḫ, de traços marcadamente magrebinos.

Aqui, apresenta-se o texto árabe da edição precedente sem as notas críticas, de pouco interesse geral, que o leitor poderá também consultar na edição espanhola ou ainda na mais recente reedição em fac-símile iraniana: Ibn ʿArabī, *Kašf al-maʿnà ʿan sirr asmāʾ Allāh al-ḥusnà*, ed. P. Beneito, Qom, 1419 H./1999.

TABELA DE TRANSLITERAÇÃO DAS LETRAS ÁRABES

ب	B/b	ت	T/t
ث	Ṯ/ṯ	ج	J/j
ح	Ḥ/ḥ	خ	Ḫ/ḫ
د	D/d	ذ	Ḏ/ḏ
ر	R/r	ز	Z/z
س	S/s	ش	Š/š
ص	Ṣ/ṣ	ض	Ḍ/ḍ
ط	Ṭ/ṭ	ظ	Ẓ/ẓ
ع	ʻ	غ	Ġ/ġ
ف	F/f	ق	Q/q
ك	K/k	ل	L/l
م	M/m	ن	N/n
ه	H/h	ا	Ā/ā
ء	ʼ	ى	à
ي	Ī/ī vogal longa y/Y semivogal	و	Ū/ū vogal longa w/W semivogal

DESVELAMENTO
DO SIGNIFICADO DO SEGREDO
DOS MAIS BELOS NOMES DE DEUS

(Kitāb kašf al-maʿnà ʿan sirr asmāʾ Allāh al-ḥusnà)

INTRODUÇÃO

Allāh – Enaltecido seja – disse: "Deus possui os mais belos nomes (*al-asmā' al-ḥusnà*). Utilizai-os, então, para invocá-Lo [...]"[28] (C. 7:180). Isto[29] é uma prova (*dalīl*) de que Ele – Glorificado seja – já os especificou[30] para nós em Seu Livro e *naquilo que nos comunicou* por meio da língua de Seu Enviado – que a bênção e a paz estejam com ele. *Os nomes*, tal como verifica o comunicado *profético*,[31] "são 99".

---

28. O versículo continua dizendo: "... e afastai-vos daqueles que profanam Seus nomes, pois eles serão retribuídos em função de suas obras". V. também a expressão "possui os mais belos nomes", em C. 17:110, 20:8 e 59:24.

29. Isto é, a ordem de que Ele seja invocado por meio de Seus mais belos nomes. Tal ordem pressupõe que o homem tem acesso ao conhecimento destes nomes, o que indica que foram formulados expressamente em Seu Livro, o Corão, ou nos Hadiths transmitidos por Muḥammad, o Enviado. A esse respeito, v. a menção que Ibn ʿArabī faz ao estudo realizado por Ibn Ḥazm de Córdoba em seu *K. al-Muḥallà*, onde assinala um total de oitenta e três nomes verificados no texto da revelação. Ibn ʿArabī consagra um poema a esta lista de Ibn Ḥazm, dedicando um verso – terminado sempre com o nome *Allāh* – a cada um dos oitenta e três nomes, entre os quais se contam alguns dos nomes pouco usuais – *Muḥsān, Musaʿʿir, Sayyid, Rafīq, Witr*, etc. – que Ibn ʿArabī comentará extensamente no cap. 558 de *Futūḥāt*. Nesta pesquisa, duas edições de *Futūḥāt* são citadas: Ibn ʿArabī, *al-Futūḥāt al- makkiyya*, Cairo, 1329 p., (IV vols.) (abrev. *infra Fut.*); a edição crítica de O. Yahya, Cairo, 1392/1972 (os XIV primeiros volumes – dos trinta e sete que conteria a edição completa – foram consultados; eles correspondem aos volumes I e II da edição cairota – (abrev. *infra Fut.* [OY]). Cf. Ibn ʿArabī, *al-Dīwān al-Kabīr*, ed. Bombay, s. d., pp. 107-110.

30. Isto é, já os determinou e os mencionou (*taʿyīn*).

31. Os *hadiths*, tradições islâmicas relativas a feitos e ditos extracorânicos do Profeta e seus companheiros mais próximos, que formam a Suna ou Tradição, são denominados

Não obstante, não pudemos chegar a determiná-los (*ta'yīn*) de maneira perfeita, em seu conjunto, *em nenhum texto.*[32]

Os nomes do Verdadeiro (*al-Ḥaqq*) – Enaltecido seja – podem ser classificados em duas categorias:

(1) Os nomes que Ele nos ensinou e (2) aqueles que reservou para Si em Sua ciência do oculto e nenhuma de Suas criaturas (*ḫalq*)[33] conhece, conforme é citado no autêntico *hadith.*[34]

Os nomes que Ele nos ensinou podem ser classificados, por sua vez, em dois grupos:

---

com frequência como "notícias", isto é, "comunicados" ou "informes". O *hadith* aqui citado é um comunicado (*ḫabar*) do Profeta acerca dos 99 nomes. Cf. Muslim, *Ḏikr* 5 e 6; Buḫārī, *Tawḥīd* 16, *Šurūṭ* 17, *Da'awāt* 69; Tirmiḏī, *Da'awāt* 82; Ibn Māja, *Du'ā'* 10. Sobre os *hadiths* relativos aos nomes em geral, v. Wensinck, A. J. *et al.*, *Concordance et indices de la tradition musulmane*, Brill, Leiden, 1936-1969 (abrev. *infra: Concordance*), vol. II, pp. 550-552. Ibn 'Arabī cita este *hadith* com relativa frequência: *Fut.* I: 667; X: 470; XII: 373 e 374; XIII: 579; XIV: 205; etc. Sobre o *hadith* dos 99 nomes e as diferentes listas transmitidas, v. Gimaret, D., *Les noms divins en Islam*, Cerf, Paris, 1988 (abrev. *infra: Noms*), pp. 51-68.

32. No Corão, os 99 nomes não aparecem de modo explícito (v. *supra* nota 29). Por outro lado, as diversas listas tradicionais nas quais os 99 nomes são enumerados diferem entre si, de modo que as diferentes versões não podem ser consideradas exclusivamente definitivas. Segundo outros mss., "Não pudemos determiná-los em seu conjunto, senão por meio de uma tradição fidedigna (*ṣaḥīḥ*)", o que remeterá ao *hadith* mencionado na nota anterior.

33. Ou então, segundo o ms. C, "e não ensinou a nenhuma de Suas criaturas".

34. Refere-se à tradição, citada com frequência pelo próprio Ibn 'Arabī e outros autores, na qual o Profeta recomenda àqueles que sofrem a seguinte invocação: "Meu Deus! (...) Peço-te por cada um dos Nomes com os quais chamaste a Ti mesmo, os que revelaste em Teu Livro ou ensinaste a alguma de Tuas criaturas ou reservaste para Ti em Tua ciência do oculto (*aw istaṯarta bi-hi fī 'ilm al-ġayb 'inda-Ka*), que faças que o Corão se torne a primavera de meu coração, a luz de meu peito, que libere minha tristeza e dissipe meu pesar". Cf. Ġazālī Abū Ḥāmid, *Al-Maqṣad al-asnā' fī šarḥ ma'ānī asmā' Allāh al-ḥusnà*, ed. e introd. de F. A. Shehadi), Dār al-Mashriq, Beirute, 1971 (abrev. *infra Maqṣad*), pp. 182-183. Para outras referências, v. *Noms*, p. 52. Vejam-se, ademais, as citações de Ibn 'Arabī em *Fut.* IV: 228; VI: 452; IX: 173; XII: 207 e 434.

(1.1) Os nomes que pertencem à categoria dos nomes próprios, como Seu nome "Allāh", e (1.2) os nomes que correspondem à categoria dos epítetos (*nuʿūt*).

Os nomes que pertencem à categoria dos epítetos se dividem, por sua vez, *quanto a seu significado*, em duas categorias, quais sejam:

(1.1.1) Nomes que designam qualidades de incomparabilidade (*ṣifāt tanzīh*) ou (1.1.2) nomes que designam qualidades de atos (*ṣifāt afʿāl*).

Os nomes divinos (*asmā' ilāhiyya*) dividem-se, desse modo, nas duas categorias *mencionadas*:[35]

(2) Os nomes cujo conhecimento exclusivo Ele reservou para Si – Glorificado seja – em Sua onisciência (*ʿilm*), privando dele a Sua criação (*ḫalq*), e (1) os nomes que Ele ensinou a Seus servos.

Os nomes que ensinou a Seus servos se subdividem, por sua vez, em duas categorias:

(1.a) Os nomes que o comum (*ʿāmma*) de Seus servos conhece, que são os que estão à disposição da maioria das pessoas, e (1.b) aqueles que somente a elite (*ḫawāṣṣ*)[36] de Seus servos conhece, como o Nome

---

35. O autor insiste nesta divisão para adotar outra perspectiva. Agora trata-se especificamente dos nomes divinos com relação aos homens enquanto servos de Deus. Sigo a mesma numeração utilizada acima, apesar do autor ter invertido a ordem dos termos. Na primeira classificação, as subcategorias são de ordem linguística; nesta segunda, de ordem gnoseológica.

36. Evidentemente, esta elite se distingue do resto dos servos pela elevação de sua condição espiritual, não por fatores sócio-culturais externos. Na tradição sufi, existe, de fato, uma hierarquia espiritual, mas esta hierarquização, entendida como resultado da vontade divina, tem um caráter funcional e não responde a critérios teóricos extra-espirituais. Não se trata, afinal, de nenhum tipo de preconceito de classe ou elitismo sócio-político ou cultural, nem de uma hierarquia pública religiosa ou jurídica com poder executivo convencional. A distinção espiritual, na perspectiva do sufismo, é efeito da graça divina e propicia ao homem não o poder arbitrário, mas a oportunidade de realizar de maneira mais profunda e completa sua condição essencial de servo adorador de Deus. Sobre as hierarquias espirituais no sufismo, v. Chodkiewicz, M., *Le Sceau des Saints: Prophétie et sainteté dans la doctrine d'Ibn ʿArabî*, Gallimard, Paris, 1986 (abrev. *infra Sceau*), pp. 111-143.

Supremo (*al-ism al-aʿẓam*)[37] ou o conjunto dos *noventa e nove nomes* da enumeração (*iḥṣā'*)[38] e outros semelhantes ou de outra classe.

Allāh permitiu que se manifestassem externamente as entidades (*aʿyān*) e as propriedades (*aḥkām*) dos nomes que ensinou a Seus servos (1), mas Ele manteve ocultas as entidades dos nomes que reservou para Si sem *dá-los a conhecer* à Sua criação (2), mostrando somente suas propriedades (*aḥkām*) nas teofanias (*tajalliyāt*), onde quer que estas se manifestem. O Legislador (*al-Šāriʿ*) faz alusão a elas, conforme o que Muslim transmitiu sobre o assunto,[39] ao referir-se à metamorfose (*taḥawwul*) e à transformação (*tabaddul*) divina nas formas (*ṣuwar*) *imaginais diversas e sucessivas nas quais Deus se mostrará diante de Seus servos* na teofania que ocorrerá *no Dia da* Ressurreição (*al-tajallī fī l-qiyāma*).

Os seres humanos (*nās*), com relação a estas teofanias, pertencem a um destes dois grupos: (1) o dos que têm conhecimento de que estas teofanias procedem destes nomes *cujas entidades não se manifestam* e (2) o grupo daqueles que não têm conhecimento disto.

---

37. Os *hadiths* relativos ao Nome Supremo de Allāh podem ser encontrados nas recompilações de Ibn Māja, *Duʿā'* 9; al-Dārimī, *Faḍā'il al-qur'ān* 14 e 15; e Ibn Ḥanbal VI, p. 461. Sobre a questão do Nome Supremo, v. *Noms*, pp. 85-94.

38. Isto é, os mencionados no *hadith* dos 99 nomes (v. *supra* nota 31), transmitido por Abū Hurayra, cujo texto diz: "Os nomes de Allāh são 99, cem menos um, pois Ele é ímpar e ama o ímpar. Quem os enumerar (*aḥṣà*) entrará no Paraíso".

39. Muslim, *Īmān*, 81: 299 e 302. V. também Buḫārī, *Tawḥīd*, 23 e 24, *Riqāq*, 52. Mais referências em Graham, W., *Divine Word and Prophetic Word in Early Islam*, Mouton, La Haye, 1977, (abrev. *infra Divine Word*), pp. 134-35, e *Concordance*, I, p. 348 (versões de Ibn Māja, Tirmiḏī, Ibn Ḥanbal e Dārimī). Sobre o tema da visão de Deus e os *hadiths* relacionados com a questão, v. o estudo detalhado e tradução de J. Morris, "Seeking God's Face", *JOURNAL OF THE MUHYIDDIN IBN 'ARABI SOCIETY*, Oxford (abrev. *infra JMIAS*), XVI, 1994, pp. 1-38, e, sobre esta tradição em particular, pp. 20-24. V. também a nota de O. Yahya em *Fut.* I, p. 498. Ibn ʿArabī cita ou alude a este *hadith* com frequência em suas obras. Veja-se, p. ex., *Fut.* I: 339, IV: 250-251, 289, 411, 582 e 642, V: 289 e VIII: 745. V. *infra*, 83-2, nota 478.

Ao servo competem *três aspectos* dos nomes do Verdadeiro (*al-Ḥaqq*): dependência, realização e adoção:

(1) A dependência (*taʿalluq*) corresponde à tua indigência *ontológica* absoluta com respeito aos nomes, enquanto estes se referem à Essência *divina*.

(2) A realização ou *verificação* (*taḥaqquq*) consiste no conhecimento (*maʿrifa*) dos significados de Seus nomes no que concerne a Ele – Glorificado seja – e no que concerne a ti.

(3) A caracterização, a adoção ou *o revestimento com os traços característicos de Seus nomes* (*taḫalluq*)[40] consiste em que estes sejam atribuídos a ti, segundo o que te convém *em virtude de tua condição*, do mesmo modo que são atribuídos a Ele – Glorificado seja – segundo o que Lhe convém.

Todos os Seus nomes – Exaltado seja – são suscetíveis de realização e adoção, com a exceção do nome *Allāh*, segundo o critério dos que consideram que este pertence à categoria dos nomes próprios privativos (*majrà ʿalamiyya*). *Quem segue tal parecer* afirma que *o nome Allāh* é suscetível exclusivamente de *taʿalluq, isto é, que deve ser considerado unicamente em seu aspecto de "relação de dependência"*, posto que, como já dissemos, significa a Essência[41] *divina* incluindo a totalidade das fases da divindade.

Os Nomes primordiais da Realidade *divina* (*asmā' al-Ḥaqq al-qadīma*) – Enaltecido seja –, com os quais Se referiu a Si mesmo como

---

40. Mais adiante, no capítulo dedicado ao nome *Allāh* (v. 1-3), Ibn ʿArabī explica que o *taḫalluq* é "a aquisição dos atributos extrínsecos de Deus (*iktisāb al-nuʿūt*)". Sobre a "adoção dos traços divinos", v. W. Chittick, "Assuming the [Character] Traits of God", *The Sufi Path of Knowledge (Ibn 'Arabî's Metaphysics of Imagination)*, SUNY, New York, 1989 (abrev. *infra Sufi Path*), pp. 21-22 e 283-86.

41. Lit. "seu significado (*madlūl*) é a Essência". Se o nome Allāh for considerado somente como significante da Essência, então não é suscetível de *taḥaqquq*, já que Seu significado é incognoscível, nem de *taḫalluq*, pois não tem qualidades definidas cujos traços possam ser adotados.

Falante (*mutakallim*) *na revelação*, não podem ser descritos por meio da derivação etimológica (*ištiqāq*), nem pela anterioridade (*taqaddum*) ou pela posterioridade (*ta'aḫḫur*),[42] e não estão nem condicionados (*mukayyafa*) nem limitados (*maḥdūda*).

Quanto aos nomes que nos chegaram e com os quais O invocamos, estes são, na realidade, os nomes daqueles Nomes. Estes sim são os nomes suscetíveis de derivação etimológica (*ištiqāq*). Esta é possível, de fato, a partir dos nomes dos inteligíveis (*asmā' al-ma'ānī*), não a partir dos inteligíveis (*ma'ānī*) *em si*.

Às vezes, é possível que os nomes dos significados (*ma'ānī*) sejam derivados (*muštaqqa*) destes nomes, isto é, dos nomes dos Nomes. Estes nomes que estão à nossa disposição são os que remetem aos significados,

---

42. Isto se refere, por um lado, a que Sua Palavra eterna e Seus Nomes primordiais não dependem de pontos de articulação anteriores ou posteriores e, por outro lado, ao fato de que Seu discurso transcende a temporalidade. Ao falar da palavra divina, o Šayḫ se refere à Palavra eterna, não à articulação da voz nem à escrita das letras. Ele diz neste sentido:
"Não se deve atribuir ao Fazedor (*al-Bāri'*) – Glorificado seja – a execução das vozes e as letras em si, pois está acima de tal atribuição. Um de Seus atributos essenciais é, na verdade, a fala. Mas Ele é Falante (*mutakallim*) em sentido absoluto (*'alà-l-iṭlāq*) pela Palavra eterna (*kalām qadīm*), que é o atributo inteligível (*ṣifa ma'nà*) que Ele mesmo confere à Sua Essência e do qual não se pode dizer que seja Ele, nem que seja outro além d'Ele [...]. Assim, Sua Palavra (*kalām*) está além da articulação da voz e das letras e acima da anterioridade ou da posterioridade, ao mesmo tempo em que, de fato, toda palavra que se manifesta na existência é contingente e, portanto, Sua criação e Sua produção [...]. Estas palavras são, na realidade, palavras da alma (*kalām al-nafs*), e os vocábulos, as grafias, os símbolos e as alusões são somente seus sinais indicativos, mas não o discurso (*kalām*) em si. [...] Será que alguém pode considerar inverossímil este discurso sem voz ou signo algum, quando, de maneira análoga, sem letra ou voz, fala consigo mesmo interiormente? Na realidade, esta é verdadeiramente a 'palavra', e a língua é tão somente sua intérprete". [...] Por isso "o árabe [...] diz: 'A palavra (*kalām*) está no coração e a língua existe somente como indício e prova dela'". Cf. Ibn 'Arabī, *Las Contemplaciones de los Misterios (Mašāhid al-asrār)*, ed. e trad. S. Ḥakīm e P. Beneito, ERM, Murcia, 1994 (abrev.*infra Contemplaciones*), pp. x-xi. Sobre a atribuição deste último verso ao poeta al-Aḫṭal (m. 640) ou ao poeta Ibn al-Ṣamṣām, v. *Fut.* II (ed. OY), p. 528.

segundo a propriedade da significação (*ḥukm al-dalāla*), e não os Nomes primordiais (*asmā' qadīma*).

Desse modo, quem sustenta que o nome (*ism*) não é o nomeado (*musammà*) se refere a estes; aos nomes dos Nomes (*asmā' al- asmā'*), que são *somente* vocábulos (*alfāẓ*) e apelidos (*alqāb*).

Quem, ao contrário, sustenta que o nome é o nomeado se refere aos Nomes eternos (*asmā' qadīma*), pois *na perspectiva* da unicidade *essencial* (*waḥdāniyya*) de todos os sentidos (*wujūh*) não há pluralidade (*ta'dād*).[43]

[O conhecimento (*ma'rifa*) dos nomes divinos (*asmā' ilāhiyya*) é abordado aqui em três perspectivas: relação de dependência (*ta'alluq*), realização (*taḥaqquq*) e adoção (*taḫalluq*)].

---

43. Lit. "não há enumeração", isto é, não há nenhuma pluralidade (*ta'addud*) ou diversidade real de aspectos de um nome que podem ser enumerados separadamente como realidades distintas, pois cada nome, se considerado em sua unidade essencial (*waḥdāniyya*), é indivisível. Não obstante, epistemologicamente, o estudo dos nomes pode ser abordado de três perspectivas diversas, pois a distinção de três aspectos não implica uma pluralidade de realidades.

OS NOMES DIVINOS: DEPENDÊNCIA, REALIZAÇÃO E ADOÇÃO

ORDEM DOS NOMES[44]

Kitāb kašf al-maʿnà ʿan sirr asmāʾ Allāh al-ḥusnà

[1] *Allāh*
[2] *ar-Raḥmān*
[3] *ar-Raḥīm*
[4] *al-Malik*
[5] *al-Quddūs*
[6] *as-Salām*
[7] *al-Muʾmin*
[8] *al-Muhaymin*
[9] *al-ʿAzīz*
[10] *al-Jabbār*
[11] *al-Mutakabbir*
[12] *al-Ḫāliq*
[13] *al-Bāriʾ*
[14] *al-Muṣawwir*
[15] *al-Ġaffār*
[16] *al-Qahhār*
[17] *al-Wahhāb*
[18] *ar-Razzāq*
[19] *al-Fattāḥ*
[20] *al-ʿAlīm*
[21] *al-Qābiḍ*
[22] *al-Bāsiṭ*
[23] *al-Ḫāfiḍ*
[24] *ar-Rāfiʿ*
[25] *al-Muʿizz*
[26] *al-Muḏill*
[27] *as-Samīʿ*
[28] *al-Baṣīr*
[29] *al-Ḥakam*
[30] *al-ʿAdl*
[31] *al-Laṭīf*
[32] *al-Ḫabīr*
[33] *al-Ḥalīm*
[34] *al-ʿAẓīm*
[35] *al-Ġafūr*
[36] *aš-Šakūr*
[37] *al-ʿAlī*
[38] *al-Kabīr*
[39] *al-Ḥafīẓ*
[40] *al-Muqīt*
[41] *al-Ḥasīb*
[42] *al-Jalīl*

---

44. Esta lista foi adicionada para facilitar a localização dos nomes e não aparece nos manuscritos. V. também o índice de correspondências. Na lista acima, no artigo definido em árabe ال (al-) que antecede os nomes iniciados por consoantes ditas solares em árabe, ou seja, ن ل ظ ط ض ص ش س ز ر ذ د ث ب, por convenção de pronúncia que deve ser observada, o l não é pronunciado e, sim, em seu lugar, a letra solar que inicia a palavra seguinte, que é desta forma duplicada (por exemplo, diante de "r", o "l" se pronuncia "r"). Esta lista apresenta, assim, a pronúncia correta de cada nome. Entretanto, na continuação do tratado, a assimilação do "l" não aparece e este é mantido na transliteração.

[43] *al-Karīm*
[44] *ar-Raqīb*
[45] *al-Mujīb*
[46] *al-Wāsiʿ*
[47] *al-Ḥakīm*
[48] *al-Wadūd*
[49] *al-Majīd*
[50] *al-Bāʿiṯ*
[51] *aš-Šahīd*
[52] *al-Ḥaqq*
[53] *al-Waqīl*
[54] *al-Qawī*
[55] *al-Matīn*
[56] *al-Walī*
[57] *al-Ḥamīd*
[58] *al-Muḥṣī*
[59] *al-Mubdi'*
[60] *al-Muʿīd*
[61] *al-Muḥyī*
[62] *al-Mumīt*
[63] *al-Ḥayy*
[64] *al-Qayyūm*
[65] *al-Wājid*
[66] *al-Mājid*
[67] *al-Wāḥid*
[68] *aṣ-Ṣamad*
[69] *al-Qādir*
[70] *al-Muqtadir*
[71] *al-Muqaddim*
[72] *al-Mu'aḫḫir*
[73] *al-Awwal*
[74] *al-Āḫir*
[75] *aẓ-Ẓāhir*
[76] *al-Bāṭin*
[77] *al-Barr*
[78] *at-Tawwāb*
[79] *al-Muntaqim*
[80] *al-ʿAfū*
[81] *ar-Ra'ūf*
[82] *Mālik al-mulk*
[83] *Ḏū-l-jalāl wa-l-ikrām*
[84] *al-Wālī*
[85] *al-Mutaʿālī*
[86] *al-Muqsiṭ*
[87] *al-Jāmiʿ*
[88] *al-Ġanī*
[89] *al-Muġnī*
[90] *al-Māniʿ*
[91] *aḍ-Ḍārr*
[92] *an-Nāfiʿ*
[93] *an-Nūr*
[94] *al-Hādī*
[95] *al-Badīʿ*
[96] *al-Bāqī*
[97] *al-Wāriṯ*
[98] *ar-Rašīd*
[99] *aṣ-Ṣabūr*

الله

[1] Allāh[45]

Quem considera que este termo – a palavra "Allāh" – está dentro da categoria (*manzila*) de nome próprio (*ism ʿalam*), argumentando que *o nome Allāh* pode receber qualificativos (*nuʿūt*), mas que em nenhum caso pode-se qualificar com ele, nega então *a possibilidade da* adoção de suas características, pois a adoção (*taḫalluq*) consiste em adquirir as qualidades (*iktisāb al-nuʿūt*)[46] *de um nome*. Por outro lado, quem considera que *o termo Allāh* é o nome da soma dos atributos divinos (*majmūʿ*

---

45. Excepcionalmente, o capítulo correspondente a este nome conta com uma introdução preliminar anteposta ao item do *taʿalluq*. Salvo o breve comentário inserido antes do capítulo 83-1, este é o único caso.
O Šayḫ, com a atitude conciliadora e compreensiva que caracteriza seu magistério, explica a compatibilidade dos diversos postulados relativos a este nome – postulados cuja aparente oposição se deve à diversidade das perspectivas, não excludentes, mas complementares – e justifica a inclusão do *taḫalluq* prevenindo, assim, possíveis objeções doutrinais.

46. Ao utilizar o termo *iktisāb*, Ibn ʿArabī alude ao fato de que a vontade do servo está presente no revestimento com os atributos extrínsecos (*nuʿūt*) de um nome, já que este revestimento é "adquirido", conseguido com esforço, não infuso.
A tradução do termo *naʿt*, pl. *nuʿūt* suscita algumas dificuldades. Como termo gramatical significa "adjetivo, qualificativo, epíteto". O nome de ação *naʿt* significa "dar um adjetivo ao substantivo". Como termo técnico da teologia, *naʿt*, pl. *nuʿūt*, costuma ser traduzido por "atributo extrínseco" em contraposição a *ṣifa*, pl. *ṣifāt*, "atributo intrínseco". Neste trecho, passa-se de uma noção puramente gramatical "o nome Allāh não pode funcionar como adjetivo de um substantivo" a uma noção extragramatical. Na expressão *iktisāb al-nuʿūt*, equivalente aqui à expressão *taḫalluq bi-l-aḫlāq*, *nuʿūt* seria sinônimo de *aḫlāq*, "características, traços de caráter, qualidades descritíveis de um nome".
Este trânsito de uma realidade gramatical a uma realidade que poderia parecer extralinguística não é estranho se se considera que, da perspectiva da *logovisão* do sufismo akbarino, todos os seres, existenciados pelo *fiat* criador (*kun*), são palavras de Deus. Nesse sentido, não há nenhuma realidade puramente extralinguística e toda linguagem é, de certo modo, metalinguagem. A "aquisição de qualidades" implica, pois, de alguma maneira, uma relação gramatical.

al-ṣifāt al-ilāhiyya)[47] aceita a possibilidade de que o servo possa revestir-se de suas características,[48] como sucede em relação ao resto dos nomes divinos.

1. **Dependência (*taʿalluq*):**

A dependência deste nome consiste em que Ele te é necessário (*iftiqār*) enquanto soma (*jamʿ*) de tudo aquilo de que é lícito te ocupares, dentro do limite prescrito pela Lei (*ḥadd mašrūʿ*), sem que nada de concreto seja especificado (*taḫṣīṣ*).

2. **Realização (*taḥaqquq*):**

A verificação deste nome consiste no conhecimento *essencial* (*maʿrifa*) daquilo que corresponde necessariamente ao significado (*madlūl*) deste nome, daquilo que não se pode atribuir-Lhe de modo algum, e daquilo que seria permitido *atribuir-Lhe*, como considera quem postula uma possibilidade (*imkān*) com relação a Ele[49] – Exaltado seja.

Outro aspecto da verificação deste nome é o conhecimento (*maʿrifa*), dentre a soma (*majmūʿ*) *da totalidade dos atributos divinos* que este nome designa, daquilo que nos pode ser atribuído da maneira adequada que convém à nossa condição.

---

47. O nome onicompreensivo "Allāh", relativo à Essência, reúne e compreende o conjunto de todos os nomes divinos. É o nome *totalizador*, "sinônimo" de cada um dos nomes divinos como nomes relativos à Essência, não como nomes distintivos. Cf. *Fut.* IV, cap. 558, pp. 196-198, sobre o nome *Allāh*; trad parcial de W. Chittick em Chodkiewicz, M. *et al.*, *Les Illuminations de La Mecque. Textes choisis / The Meccan Illuminations*, Sindbad, Paris (abrev. *infra Illuminations*), pp. 108-116.

48. Lit. "aceita o *taḫalluq* deste nome (*jawwaza l-taḫalluq bi-hā*)", legitima-o.

49. Aqui "possibilidade" (*imkān*) parece referir-se, conforme sugere o recurso do autor à expressão *bi-l-naẓar ilay-Hi* – onde o termo *naẓar* pode significar "olhar", ou então, "consideração especulativa" –, a uma possibilidade especulativa, resultado do juízo racional e do pensamento discursivo fundado na interpretação racional do Corão ou da Suna. Também poderia aludir-se nesta frase a uma possibilidade apreendida pela experiência visionária.

3. Caracterização [ou Adoção] (*taḫalluq*):

O revestimento deste nome consiste em realizar, *na concentração de* tua compreensibilidade (*jamʿiyya*),[50] a soma *de todos os aspectos* (*majmūʿ*) do significado (*madlūl*) deste nome, tanto com respeito aos nomes que não são conhecidos como quanto aos nomes que se podem conhecer, de modo que, por um lado, (1) tuas qualidades, tua *condição* e teus atributos passem despercebidos no mundo (*ʿālam*);[51] por outro lado, (2.1) possas exercer influxo[52] em todo o cosmos e também (2.2) no não-cosmos (*ġayr al-ʿālam*)[53] em virtude de uma relação especial

---

50. Como termo técnico, *jamʿiyya* – da mesma raiz que *majmūʿ* – pode ser traduzido, segundo o contexto, por "concentração" ou "onicompreensibilidade". Cf., p. ex., Chittick, *Sufi Path* (v. índice).

51. Lit. "que tu sejas de qualidade (*naʿt*) e de atributo (*ṣifa*) desconhecidos". Alusão implícita à célebre sentença de Abū Yazīd al-Basṭāmī (m. 857 ou 874). "Em certa ocasião lhe perguntaram: Como te encontras esta manhã? Abū Yazīd respondeu: Para mim não há nem manhã nem tarde. Manhã e tarde são para quem está condicionado pelo atributo (*ṣifa*) e eu não tenho atributo algum". Cf. *Fut.* I: 684. V. *Encyclopédie de l'Islam* (2ª edição) (abrev. *infra EI²*), I, pp. 166-67.

52. O autor usa o part. at. *mu'ṯṯir*, "o que exerce influência".
O *taḫalluq* do nome *Allāh* combina os dois aspectos definidores da condição dos chamados malāmitas (ou malāmatis), aqueles que ocultam sua condição de modo que sua capacidade para exercer influência no mundo permaneça ignorada. Ibn ʿArabī considera esta a mais elevada forma de santidade. Cf. Chodkiewicz, M., *Un océan sans rivage: Ibn ʿArabī, le Livre et la Loi*, Ed. du Seuil, Paris, 1992 (abrev. *infra Océan*), pp. 70-72; Asín Palacios M., *El Islam Cristianizado: Estudio del sufismo a través de las obras de Abenarabí de Murcia*, Madrid 1931 (1ª edição); Hiperión, Madrid, 1981 (abrev. *infra IC*), pp. 452-455.

53. O termo *ʿālam* "cosmos" ["criação"] opõe-se a *ġayr al-ʿālam* "o não-cosmos". O cosmos é denominado com frequência por Ibn ʿArabī *mā siwā Allāh*, "outro que Allāh", pois o cosmos – tanto no sentido macrocósmico, o universo, como no sentido microcósmico, o Homem Perfeito – é a teofania de Deus e ao mesmo tempo O oculta e O revela. Cabe entender que, inversamente, a expressão "o não-cosmos" pode se referir-se a Deus? Em estilo alusivo, Ibn ʿArabī sugere que o servo que atinge este revestimento (*taḫalluq*) pode exercer influência em seu Senhor por meio da prece (*duʿā'*). O fundamento corânico desta ideia é o versículo 40:60, no qual o Senhor assegura a Seu servo a resposta à invocação ou prece (*duʿā'*). Não obstante, esta "relação especial" (*nisba ḫāṣṣa*) de resposta ou satisfação imediata à demanda – Ibn ʿArabī

(*nisba ḫaṣṣa) expressa na passagem "Vosso Senhor disse*: 'Invocai-me e Eu vos atenderei! [...]'" (C. 40:60),[54] que não tem caráter geral;[55] e, enfim, (3) *em realizares a condição pela qual* tu és o propósito [sentido] (*maqṣūd)* do cosmos.[56]

Quem alcança estes graus (*marātib*) se reveste, assim, das características do nome *Allāh*, não quanto à sua condição de nome próprio (*'alamiyya*), mas em relação ao conceito (*mafhūm*) daquilo que serve para descrever Seu significado (*madlūl*), enquanto passível de qualificação.

---

precisa mais adiante – não é generalizável, mas privativa. Este versículo corânico não generaliza o "compromisso" divino à resposta. A obrigatoriedade da resposta não tem caráter absoluto porque Deus somente se compromete a responder àqueles que *verdadeiramente* O invocam, isto é, a quem realiza plenamente a condição de servo de Allāh, ao Homem Perfeito (*Insān kāmil*). V. 45-2 (*al-Mujīb*) e *Fut.* IV, pp. 255-256.

54. O versículo completo diz: "E vosso Senhor disse: 'Invocai-Me e Eu vos atenderei! Por certo, os que se ensoberbecem ao Me servirem entrarão no tártaro humilhados'". V. também Mt 7:7.

55. Lit. "mas não é generalizável", em voz passiva, ou então, "não generaliza", na ativa, isto é, Deus não generaliza neste versículo o compromisso de responder, dirigido somente aos servos de seu Senhor, a quem se refere a expressão "vosso Senhor", e não inclui aqueles que "levados por seu orgulho recusam-se a Me servir". É, pois, o Senhor (*Rabb*) do servo quem lhe responde, o que se refere à condição do senhorio (*rubūbiyya*), não à função da divindade (*ulūhiyya).* Pode ser entendido também que a invocação e a resposta não têm caráter absoluto e geral, isto é, nem aquela se dirige à divindade absoluta (*ulūha*) – ou ao nome *Allāh* como nome onicompreensivo –, nem a resposta procede dela, mas ambas estão relacionadas com um atributo específico da divindade, com um de Seus nomes.

56. O autor usa de novo um part. passivo, *maqṣūd*, "propósito, objetivo, sentido, significado". O Homem Perfeito, o Servo de Deus, é *maqṣūd li-l-'ālam*, o propósito, o significado e a finalidade da criação. Sobre a extensão do termo "servo" (*'abd*), v. Ḥakīm, S., *al-Mu'jam al-ṣūfī*, Ed. Dandara, Beirute, 1981 (abrev. *infra Mu'jam*), pp. 765-771. Sobre as noções de *'abd*, *'ubūda* e *'ubūdiyya*, v. também *Océan*, pp. 152-160.
Há três aspectos da adoção das características do nome *Allāh*. O Servo de *Allāh* é:
(1) *majhūl* (*al-na't wa-l-waṣf*) *fī l-'ālam*: desconhecido no cosmos com respeito a seus atributos;
(2) *mu'aṯṯir* (2.1) *fī l-'ālam* (2.2) *wa-ġayr al-'ālam*: capaz de exercer influxo (2.1) no cosmos e (2.2) e "no não-cosmos", isto é, pela *ijāba* ou resposta divina à súplica;
(3) *maqṣūd li-l-'ālam*: o sentido da criação.

Assim como é impossível que este nome seja usado na invocação de modo absoluto (*muṭlaq*), sem a restrição (*taqyīd*) de algum estado (*ḥāl*) em particular que a condicione, ainda que esta não se formule explicitamente na linguagem articulada (*nuṭq*), do mesmo modo é impossível que alguém se proponha a adoção dos atributos deste nome de modo absoluto e incondicionado sem a delimitação (*taqyīd*) de algum estado particular que a condicione, ainda que esta não se manifeste em uma formulação verbal (*nuṭq*)[57] explícita de quem procura (*qāṣid*)[58] *tal revestimento*.

De fato, é próprio da condição (*šarṭ*) de quem está revestido das qualidades deste nome (*mutaḫalliq*) que tenha tal conhecimento (*maʿrifa*) do estado *interno* (*ḥāl*) de cada aspirante (*qāṣid*), que seja capaz de determinar (*taʿyīn*) *a qual dos atributos divinos compreendidos no nome Allāh se dirige especificamente sua invocação*, e se não o tivesse, então não estaria realmente revestido *das qualidades* deste nome.

---

57. A formulação verbal não é imprescindível, pois a especificação do propósito pode expressar-se por meio do que Ibn ʿArabī denomina a "língua do estado" (*lisān al-ḥāl*).

58. Isto é, daquele que invoca Deus com o nome *Allāh* com o propósito de revestir-se de algum de Seus atributos divinos. Depois de haver usado antes o part. passado da raiz *q-ṣ-d* na forma I, o autor usa agora nesta frase a correspondente forma verbal e o part. at., *qāṣid*. Trata-se de uma alusão linguística típica do intrincado estilo akbariano. O Servo de *Allāh*, o Homem Perfeito, a Realidade Muḥammadiana, é o sentido do cosmos (*maqṣūd li-l-ʿālam*). O homem é, por um lado, o que procura (*qāṣid*) e, por outro lado, o procurado (*maqṣūd*). Assim, de certo modo, o homem está à procura do Homem. O homem é *al-qāṣid al-maqṣūd*, o buscador e o objeto de sua busca. O Homem é o sentido do homem.

الرَّحْمٰنُ

[2] Al-Raḥmān

O Onicompassivo, o Onimisericordioso[59]

1. Dependência (*ta'alluq*):

Tens necessidade (*iftiqār*) deste nome para atualizar (*taḥṣīl*)[60] o nome que o mundo da criação (*'ālam al-ẖalq*) ignora em ti sem *que* o Mundo do Mandato (*'ālam al-amr*)[61] *o ignore.*

---

59. Em árabe, o Nome *al-Raḥmān*, como Nome privativo de Deus, não se pode atribuir, como acontece com o caso do nome *Allāh*, a ninguém mais que a Ele. A tradução deste Nome divino pede, pois, um prefixo *oni-* que confere ao nome em português o mesmo caráter privativo que tem em árabe, pois somente de Deus pode-se dizer que seja Onimisericordioso, Onicompassivo. Estas traduções de *al-Raḥmān* expressam, por um lado, a pobreza e a necessidade de todos os seres com respeito ao Alento criador do Misericordioso (*nafas al-Raḥmān*) e, por outro lado, à mútua relação de paixão, cordial e compassiva, estabelecida *ipso facto* com todos eles sem exceção.

60. A forma verbal *ḥaṣṣala*, forma II de raiz *ḥ-ṣ-l*, cujo nome de ação é *taḥṣīl*, é usada frequentemente neste tratado, especialmente nos itens do *ta'alluq* e do *taẖalluq*: significa "adquirir, lograr, alcançar", mas também "resumir, compendiar, concentrar", isto é, atualizar algo (por exemplo, um estado espiritual). Na terminologia akbariana, como acontece com tantos outros, este termo adota, pois, um significado técnico. A expressão *taḥṣīl al-ism* designa, segundo se desprende de seu uso nesta obra, uma experiência real de conhecimento na qual o contemplativo alcança a percepção mística do Nome (*taḥṣīl al-ism*), isto é, atualiza-a, acede ao conhecimento intuitivo, imediato e direto de seu vínculo (*ta'alluq*) com o Nome em questão.

61. Ou então, "... que o mundo das criaturas oculta de ti, ao estar abaixo do Mundo do Mandato". O mundo das criaturas ou o mundo do homem (*ẖalq*), enquanto criatura por excelência, é ontologicamente inferior ao Mundo da Ordem, o reino do *fiat* divino (*kun*), o imperativo existenciador por cujo efeito os seres adquirem existência. O uso da partícula *dūna*, que pode significar tanto "sem" como "por baixo de", permite as duas interpretações propostas.
Qāšānī define assim os domínios do Poder, da Ordem e do Reino:
"O Mundo do Poder coercitivo (*jabarūt*) é o domínio dos Nomes e dos Atributos

2. Realização (*taḥaqquq*):

Este nome, como o nome *Allāh*, pertence – por sua significação (*dalāla*)[62] – à categoria dos nomes próprios privativos (*asmā' al-a'lām*), de modo que pode receber qualificativos, mas não se pode qualificar com ele. *Ao ouvir este nome, os árabes contemporâneos ao Profeta* perguntaram: "E o que é *al-Raḥmān*?" (C. 25:60),[63] e assim expressaram sua ignorância,[64] pois se este vocábulo (*lafẓa*) fosse próprio de sua

---

divinos", enquanto "o Mundo da Soberania (*malakūt*), *também chamado* o Mundo da Ordem (*'ālam al-amr*) ou Mundo do Mistério [i.e. invisível] (*'ālam al-ġayb*) é o domínio dos espíritos e das espiritualidades (*rūḥāniyyāt*), que existem pela Ordem de Deus (*al-Ḥaqq*) sem intermediário material (*mādda*) ou temporal algum (*mudda*)", por oposição ao "Mundo da Criação" (*'ālam al-ḫalq*) *chamado do mesmo modo* Mundo do Reino (*mulk*) ou Mundo do Testemunho [i.e. visível] (*'ālam al-šahāda*), que é o mundo dos corpos (*ajsām*) e das corporeidades (*jismāniyyāt*), o qual existe como consequência [lit. 'depois de'] da Ordem *em extensão de* matéria (*mādda*) e tempo (*mudda*) [ou então, 'da Ordem *que impõe* a matéria e o tempo']". Cf. Qāšānī, 'Abd al-Razzāq, *Iṣṭilāḥāt al-ṣūfiyya*, Cairo, 1981 (abrev. *infra Iṣṭilāḥāt*), p. 106, def. 284-286.
Segundo Jurjānī, o *malakūt*, a Realeza absoluta, o Mundo angelical ou Mundo do Mandato é "o Mundo do Mistério (*'ālam al-ġayb*), morada reservada aos espíritos e às almas", enquanto o *mulk*, o Reino, o Mundo das Criaturas "é o mundo do testemunho constituído pelas realidades naturais perceptíveis, tais como o Trono *divino* ou o Pedestal ou todo corpo (composto de calor, frio, umidade e sequidão) que se aprecie pelo livre exercício da faculdade imaginativa autônoma...". Cf. Jurjānī, 'Alī b. Muḥammad, *Kitāb al-Ta'rīfat*, trad. de M. Gloton, Teerã, 1994 (abrev. *infra Ta'rīfāt*), p. 402, def. 1652 e 1655.

62. Sobre a significação e as modalidades de referência da expressão ao significado que ele comporta, v. *Ta'rīfāt*, pp. 198-199, def. 741 e 742.

63. O versículo completo diz: "Quando lhes foi dito: 'Prosternai-vos diante do Onicompassivo!', eles disseram: 'E o que é 'o Onicompassivo' (*al-Raḥmān*)? Temos de nos prosternar diante do que tu ordenas?' E isto agrava sua aversão". V. C. 17:110.
A resposta interrogativa destas pessoas questiona, pois, sobre a quididade ou realidade (*māhiyya*) do [chamado] *raḥmān* e não sobre quem ele é; neste caso a pergunta teria sido *wa-man*: "e quem é?". Cf. Rāzī, Faḫr al-Dīn, *Traité sur les noms*, trad. e notas de M. Gloton, Dervy-Livres, Paris, 1986 (vol. I) e 1988 (vol. II) (abrev. *infra Traité sur les noms*), p. 38, nota 3.

64. A expressão (*ankarū-hū*) tem inclusive certo caráter de negação: "eles o desmentiram".

língua, seria *dedutível analogicamente* por derivação etimológica (*ištiqāq*), e então eles não o teriam ignorado; e se lhes tivesse parecido familiar e conhecido como o nome *Allāh*, tampouco o teriam desconhecido. Nesse sentido, quando lhes foi dito: "Adorai a Allāh!" (C. 7:59)[65] não perguntaram o que era Allāh, mas, como é próprio dos associadores (*šurakā'*),[66] disseram em sua defesa: "Nós só os adoramos (i.e., os ídolos) para que eles nos aproximem mais de Allāh" (C. 39:3).[67] Por tudo isso, incluímos este nome na categoria dos nomes próprios, pois, ainda que se trate de um termo derivado do nome *raḥma*,[68] "compaixão", os árabes não conheciam esta palavra – *al-Raḥmān como nome determinado* – precedida das letras *alif* e *lām* do artigo (i.e. *al-*). Esta palavra foi transmitida em regência nominal unicamente dentro da expressão *raḥmān al-yamāma*,[69] e não sei se o *impostor Maslama* adotou este

---

65. O versículo completo diz: "Enviamos Noé a seu povo. Ele disse: 'Ó meu povo! Adorai a Allāh! Não tenhais outro deus que não seja Ele. Temo por vós o castigo de um dia terrível'" (C. 7:59).

66. Politeístas ou idólatras que "associam" outros deuses à divindade.

67. O texto completo do versículo diz: "Ora, não é de Allāh a pura devoção? E os que tomam protetores [i.e. divindades pagãs] além d'Ele dizem: – 'Só os adoramos para que nos aproximem mais de Allāh' –... Por certo, Allāh julgará entre eles naquilo em que divergem. Allāh não guia quem mente, quem é ingrato".

68. Sobre a tese de Ṯa'lab, segundo a qual este nome seria de origem hebraica, v. Guimaret, *Noms*, 375-377 e Rāzī, *Traité sur les noms*, II, pp. 14-18 (argumentação de Ṯa'lab e refutação de Rāzī).

69. Referências sobre este apelativo – ao que parece porque predicava em nome de *al-Raḥmān* na Arábia Central – concedido ao chamado Maslama ou Musaylima, contemporâneo ao Profeta, podem ser encontradas no estudo de Rodinson, *Mahomet*, 3ª ed., Paris, 1975, p. 149 e em *Noms*, p. 376.
Realmente, o Nome *al-Raḥmān*, no Corão, é usado sempre com artigo definido e, diferentemente de *raḥīm*, somente para designar *Allāh*.
Não obstante, segundo escreve Rodinson, "este era o nome, sabemo-lo agora pelas inscrições, que os Sudarábicos atribuíam ao Deus dos judeus e ao Deus Pai da Trindade cristã, segundo o uso aramaico e hebraico, sob a forma *Raḥmānān*, isto é, com o artigo sudarábico aglutinado no fim da palavra: o Clemente" (cf. *Mahomet*, p. 92).
Se se aceita que o termo estava em uso para designar a divindade nos meios judaicos

nome antes ou depois de o Profeta transmitir o nome *al-Raḥmān na revelação*.

Quem refuta a existência *do nome al-Raḥmān* com o artigo *alif lām*, *considere, não obstante*, que no escrito que Salomão dirigiu a Bilqīs se diz: "Em nome de Allāh, o Onicompassivo (*al-Raḥmān*), o Misericordioso" (C. 27:30). Portanto, afirmamos que o artigo determina o significado *do Nome*, de modo que não o consideramos indeterminado.[70] O que temos exposto a este respeito refere-se unicamente à palavra *al-Raḥmān* na língua árabe.

Do mesmo modo, quando o Profeta – que a bênção e a paz estejam com ele – redigiu o escrito entre ele e os associadores, ele disse: "em Nome de Deus, o Onicompassivo (*al-Raḥmān*), o Misericordioso", e os associadores disseram: "Não conhecemos *al-Raḥmān*", e escreveram somente "em Teu nome, nosso Senhor".

Entre aquilo que confirma que se trata de um nome pertencente à categoria dos nomes próprios encontra-se Sua Palavra, Enaltecida seja: "Dize: 'Invocai a Allāh ou invocai a al-Raḥmān, a quem quer que chameis,[71] d'Ele são os mais belos nomes'" (C. 17:110). Desse modo, *a*

---

e cristãos da Arábia, então há de se pensar que a recusa dos politeístas – como assinala Guimaret – "em admitir este modo de designar a divindade suprema, não se devia ao fato de que ela fosse desconhecida e incompreensível, mas simplesmente por se tratar de uma utilização estrangeira, e no que lhes diz respeito, preferiam ater-se ao nome de *Allāh* que eles utilizavam desde sempre" (*Noms*, p. 376; cf. J. Jomier, "Le nom divin 'al-Raḥmān' dans le Coran", *Mélanges Massignon*, Damasco, 1975, II, pp. 365-366).

Assim como Rāzī, entre outros autores, assinala que "Musaylima o impostor se autodenominava *al-raḥmān*" (cf. *Traité sur les noms*, trad. Gloton, II, p. 17), Ibn ʿArabī também comenta que o impostor (*kaḏḏāb*) Maslama era chamado *raḥmān* (cf. *Fut*. II:221-223). Sobre este personagem, pretendido profeta dos Bani Ḥanīfa em Yamāma, v. o artigo de F. Buhl em *EI*[2] e as referências de O. Yahya em *Fut*. II, p. 524.

70. O autor tem em mente diversas acepções de uma mesma forma verbal (forma IV, raiz *n-k-r*) que significa tanto "desconhecer", "negar" e "desmentir" como "considerar indeterminado".

71. Isto é, "Qualquer um de ambos os nomes que useis em vossa invocação".

revelação divina ensina que o significado (*madlūl*) do nome *Allāh* é idêntico ao significado do nome *al-Raḥmān*, por isso disse: "Ele possui..." e não "eles dois têm..." e, como consequência, a relação do servo com respeito a este nome, quanto à realização, é igual à relação que tem com respeito ao nome *Allāh*, sobre o qual já se falou.

Por outro lado, a verificação do servo (*taḥaqquq al-ʿabd*) em relação a este nome, aspecto pelo qual se distingue do nome *Allāh*, consiste em que tenha, por via da Face privativa[72] da Realidade divina (*wajh al-Ḥaqq*), *conhecimento de* um nome relativo a este que, entre ele e seu Senhor[73], nenhum outro senão Allāh – Enaltecido seja – pode chegar a conhecer. Com efeito, se este aparecesse de modo manifesto, recairia sobre ele a negação (*inkār*), como ocorreu no caso do nome *al-Raḥmān*.

Perguntou-se a um dos gnósticos: "Quantos são os substitutos (*abdāl*)?".[74] "Quarenta almas (*nafs*)" – respondeu. Então lhe foi perguntado:

---

72. V. Stephen Hirtenstein, "Between the Secret Chamber and the Well-trodden Path. Ibn ʿArabī's exposition of the *wajh al-ḫāṣṣ*", *JMIAS*, XVIII, 1995, pp. 41-56.

73. Isto é, na relação teopática. Sobre a relação do servo e seu Senhor v. Corbin, *Imaginación*, pp. 169-170 e 361-362/Corbin, H., *L'Imagination créatrice dans le soufisme d'Ibn ʿArabī*, 2ª edição, Flammarion, 1958 (abrev. *infra Imagination*), pp. 114-115 e 238-239. "Tudo o que se manifesta para os sentidos é, pois, a forma de uma realidade ideal do mundo do Mistério, um rosto (*wajh*) dentre os rostos de Deus, isto é, dos nomes divinos. Saber isto é ter a visão intuitiva das significações místicas (*kašf maʿnawī*)". *Ibid*., p.262/ *Imagination,* p.174.

74. Ibn ʿArabī assinala que "os substitutos (*abdāl*) propriamente ditos são sete" ...", mas o Povo de Deus também chamou de *abdāl* os homens de Rajab [um dos quatro meses sagrados do Islām], que são quarenta, e desse modo chamaram de *abdāl* os doze... Quem se refere ao rajabitas diz que são quarenta pois *em cada momento* eles são quarenta". Cf. *Fut.* XI: 274 e 277. Para mais referências acerca dos *abdāl,* v. M. Chodkiewicz, *Sceau*, pp. 1115-1117 e 129-135; e sobre a categoria espiritual dos quarenta *rajabiyyūn*, rajabitas ou "homens do mês de *Rajab*", *ibid*., p.132. Assim, os *abdāl* são sete. Em cada um dos sete Climas terrestres há um *badal* que o governa como representante de um profeta: Abraão, Moisés, Aarão, Idrīs, José, Jesus ou Adão, respectivamente. Os *abdāl* possuem o conhecimento dos planetas e de suas moradas e têm, em virtude de suas funções, nomes correspondentes a sete Atributos divinos: ʿAbd al-Ḥayy (Servo do Vivente), ʿAbd al-ʿAlīm, ʿAbd al-Wadūd, ʿAbd al-Qādir, ʿAbd al-Šakūr, ʿAbd al-Samīʿ

"Por que não disseste quarenta homens (*rajul*)?" – "Porque entre eles pode haver também mulheres (*nisā'*)".[75]

"Cada um deles ignora *o conhecimento particular* do outro".[76] *A referência a este desconhecimento* quando *um deles* se manifesta a seu companheiro (*ṣāḥib*) alude a este nome privativo (*al-ism al-ḫāṣṣ*)[77] que

---

e ʿAbd al-Baṣīr. Cf. Ibn ʿArabī, *La parure des 'abdāl'*, trad. francesa de M. Vâlsan, Paris, 1992 (1ª ed. 1950), pp. 40-41. Para mais referências sobre os *abdāl*, v. M. Chodkiewicz, *Sceau*, pp. 115-17 e 129-3, e sobre a categoria espiritual dos quarenta *rajabiyyūn*, "rajabis" ou "homens do mês de *Rajab*", *Idem*, p. 132.

75. Esta mesma citação pode ser encontrada em *Fut.* XI: 273 (onde se precisa que o autor é um dos *abdāl*) e 277; e III: 634. V. Murata S., *The Tao of Islam*, SUNY, New York, 1992 (abrev. *infra Tao*), "Manliness and Chivalry", p. 268, onde também se traduz esta citação de *Fut.* Nesta obra se trata amplamente da questão da masculinidade ou hombridade (*rajūliyya*), o cavalheirismo espiritual do qual participam indistintamente homens e mulheres. Referindo-se a uma mulher sufi, Ibn ʿArabī comenta: "Eu nunca vi nada mais cavalheiresco do que ela em nosso tempo". V. Ibn ʿArabī, *Sufis of Andalusia*, trad. R.W.J. Austin, Beshara Publications, 1971 (abrev. *infra Sufis*), p. 154, nº 64. Ele precisa em outras passagens: "E a respeito de tudo o que mencionamos de tais homens, chamando-os 'homens' (*rijāl*), entenda-se que em tal denominação se inclui as mulheres" (*Fut.* II, p.7). "Em cada uma das categorias que mencionamos contam-se homens e mulheres" (*Fut.* II, p.26). "Homens e mulheres participam de todos os graus, incluindo o da função de Pólo (*quṭbiyya*)" (*Fut.* III, p.89).

76. Nas citações que encontrei do evento anterior não aparece esta última frase que considero independente. A julgar pelo texto que segue, trata-se provavelmente de um fragmento de *hadith*, mas não foi possível localizá-lo. Nesta frase, que o autor introduz de modo abrupto, o verbo está na forma IV normal de raiz *n-k-r* (V. nota 70). Esta frase poderia também fazer alusão à distinção entre as ciências de Moisés e de Ḫiḍr: "Se Mūsā soubesse o que sabia Ḫiḍr, este não lhe teria dito: ...o que tu não abarcas (na ciência) por via de Notificação (divina)"; em outras palavras: "Eu possuo, no que me diz respeito, uma ciência da qual não obtiveste o gosto, da mesma forma que tu possuis uma ciência que eu não conheço"; "ele se exprimiu de modo equivalente". Ibn ʿArabī, *Le livre des chatons des sagesses*, trad. Charles André Gilis, ed. Al-Bouraq, Paris, 1998, vol. II, p. 650. V. C. 18: 60-82.

77. O nome específico e privativo do Senhor pessoal que rege a alma (*nafs*) de cada servo estabelece com ele uma relação teopática particular. Por sua singularidade, este nome – ou a modalidade espiritual e cognitiva que comporta – pode-se tornar irreconhecível e incompreensível a outro místico de condição diversa. Ibn ʿArabī dedica numerosos comentários desta história de Moisés e da questão do *inkār* [a negação] entre os contemplativos, v. p. ex., *Fut.* I: 15, 64 e 79.

há entre cada um deles e seu Senhor *pessoal, pelo qual se diferenciam uns dos outros*. Tal é o caso da aparição de Ḫiḍr a Moisés – com ambos esteja a paz –, que *repetidamente* censurou aquele (Ḫiḍr) *desaprovando* sua conduta por não a compreender.[78]

3. Caracterização (*taḫalluq*):

A adoção dos traços deste nome é igual à adoção dos traços do nome *Allāh*, acerca do qual já se tratou, salvo que este nome, como nome derivado,[79] não pertence à categoria do nome Allāh, que não é derivado de *nenhum outro*.

A este nome corresponde a graça geral (*raḥma al-ʿāmma*) que é a graça da existenciação (*raḥma al-īǧād*), segundo Sua Palavra – Enaltecida seja –: "E Minha graça compreende todas as coisas" (C. 7:156), na qual faz extensivo seu alcance.

Desta graça universal procede a compaixão (*raḥma*) pela qual os seres existentes (*mawjūdāt*) experienciam a todo o momento uma mútua simpatia e, cada um, uma compaixão por si mesmo. *No entanto*, Sua Palavra – Enaltecida seja – "... Eu a prescreverei [lit. 'a escreverei']" (C. 7:156)[80] procede do nome *al-Raḥīm*, o Misericordioso, questão na qual diferimos do parecer dos muʿtazilitas.[81]

---

78. V. C. 18: 60-82, onde se relata a história do encontro entre Moisés e seu companheiro, tradicionalmente identificado com Ḫaḍir/Ḫiḍr.

79. Lit. "... este nome, ao estar impregnado de um aroma (*rā'iḥa*) de derivação...". Trata-se, realmente, de uma forma intensiva (*faʿlān*) [um dos esquemas morfológicos nominais possíveis na língua árabe] derivada de *raḥma*.

80. O texto completo do versículo citado diz: "E prescreve-nos boas coisas, nesta vida e na outra. Por certo, voltamo-nos a Ti arrependidos. Disse Allāh: 'Inflijo Meu castigo a quem quero, mas Minha misericórdia abrange todas as coisas'. Então, irei prescrevê-la aos piedosos e deem a *zakāh*, e aos que creiam em Nossos sinais..." (C. 7:156).

81. Escola que surgiu no século VIII (século II da Hégira) que adotou a lógica, a filosofia e o racionalismo como instrumentos da teologia dialética a fim de defender o Islām contra o Cristianismo, o Maniqueísmo e outras formas de pensameno estranhas à doutrina islâmica (N.E.).

É próprio da adoção dos traços *deste nome* que o servo tenha compaixão de tudo o que não é *Allāh*, sem distinção nem separação alguma, da maneira que a universalidade (*'umūm*) exige dele, sem que isso dependa de nenhuma imposição legal (*maḏamma šar'iyya*). Disse Abraão – com ele esteja a paz – "Eu aprendi a generosidade (*karam*) de meu Senhor".[82] E Allāh é o que concede a graça da retidão.

---

82. Não encontrei esta citação nos repertórios consultados. Parece tratar-se de um *hadith*. Este texto também é citado na obra atribuida a Qāšānī, intitulada *Laṭā'if al-i'lām*, Cairo, 1996, Vol. II, p. 107, em que o autor acrescenta: "Ele os provê, ainda que adorem outro além d'Ele". Poderia tratar-se de uma tradição rabínica.

الرحيم

[3] Al-Raḥīm

O Misericordioso

1. Dependência (*ta'alluq*):

Necessitas deste nome para obter a graça especial (*raḥma ḫāṣṣa*) que consiste na felicidade eterna. (*sa'ādat al-abad*).

2. Realização (*taḥaqquq*):

A Essência *divina* pede que haja corrupção[83] e saúde na existência, mas a manifestação do Vingador não tem prioridade alguma sobre a do Agraciador (*al-Mun'im*). Compreende, então! Este nome está relacionado a todo bem (*ḫayr*) que não contém um mal (*ḍarar*) implícito e a todo mal *aparente* em cujo interior se encontra um bem.

E é possível *entender* que a este nome corresponda *Sua Palavra*: "... e a prescreveremos àqueles que têm temor reverente..." (C. 7:156),[84] *pela qual Allāh* indicou que *esta graça* é limitada e está restrita (*muqayyada*), depois de ter manifestado a absoluta incondicionalidade universal *da graça geral*. Assim, a sua relação (*nisba*) com respeito ao servo depende desta limitação (*ḥadd*).

---

83. O termo *balā'* significa "pesar", "prova", "decomposição". Esta noção de pena ou prova, tão frequente nos textos akbarianos, há de compreender-se à luz de seu significado e sua função alquímica no processo de transmutação espiritual.

84. V. *supra*, 2-2, nota 80.

3. Caracterização (*taḫalluq*):

A adoção dos traços deste nome consiste na compaixão do servo (*raḥmat al-ʿabd*) com todo aquele a quem a Realidade *divina* (*al-Ḥaqq*) ordenou-lhe que se compadecesse, *mas não com todos e em qualquer circunstância, conforme expresso em Sua Palavra*: "Por respeito à Lei de Deus, não manifesteis compaixão (*ra'fa*) para com eles" (C. 24:2).[85] *Também foi transmitido que* "quando *o Profeta* se encolerizava *em favor da causa de* Allāh, nada resistia à sua cólera" *e que* "Allāh manifestará cólera (*ġaḍab*) no Dia da Ressurreição".[86]

---

85. Este versículo refere-se aos adúlteros.

86. Traduz-se *yawm al-qiyāma* como "o Dia da Ressurreição". Trata-se da reunião das almas cujos corpos ultratumulares estarão em pé, em posição ereta, na hora do Juízo.
O *hadith*, citado também em *Fut.* V: 324 e *Fut.* VIII: 545, diz: "Allāh manifestará, no Dia da Ressurreição, uma cólera (*ġaḍab*) como nunca antes havia manifestado, nem voltará a manifestar depois". V. Tirmiḏī, *Qiyāma* 10; Muslim, *Īmām* 327; Buḫārī, *Anbiyā'* 3; Ibn Ḥanbal, 2: 493. Cf. *Concordance*, IV, p. 522.

الْمَلِكُ

[4] Al-Malik

O Rei, o Soberano

1. Dependência (*ta'alluq*):

Necessitas *d'Ele* para pedir a ajuda e a confirmação (*ta'yīd*) do Verdadeiro Rei Soberano – Exaltado seja – nas obras que Ele te confiou como *Seu vice-regente, segundo Sua Palavra*: "Por certo, farei, na terra, um vice-regente (*ḫalīfa*)" (C. 2:30),[87] *e segundo o hadith*: "e cada um de vós governa".[88]

2. Realização (*taḥaqquq*):

O Rei é Aquele cujo mandato (*amr*) se cumpre eficazmente se a ele Sua vontade vai unida; aquele para quem nada do que queira executar em Seu reino soberano (*mulk*) se torna difícil.

Este nome guarda esta mesma relação com o servo *enquanto Rei*.

---

87. O versículo completo diz: "E quando teu Senhor disse aos anjos: 'Por certo, farei na terra um sucessor (*ḫalīfa*)', eles disseram: 'Porás nela quem semeará a corrupção e derramará o sangue, enquanto nós Te glorificamos e proclamamos Tua santidade?'. Ele disse: 'Eu sei o que vós não sabeis'". V. também o versículo seguinte (2:31), onde se refere que Allāh "ensinou a Adão todos os nomes...". O conhecimento dos nomes está, nesta passagem, vinculado à função de *ḫalīfa*. Sobre a noção de vice-regência (*ḫilāfa*), "a função de *ḫalīfa*", v. *Mu'jam*, pp. 239-248.

88. "... e é responsável por sua vigilância". Isto é, está aos cuidados de si mesmo e de tudo que lhe foi encarregado como depositário de seu corpo adâmico na terra. Sobre a relação entre terra e corpo, v. *Fut*. I, cap. 8, pp. 126-131, traduzido por H. Corbin, *Cuerpo espiritual y tierra celeste*, Siruela, Madrid, 1996, pp. 159-167. Sobre este *hadith*, v. S. Ḥakīm, *Mu'jam*, p. 1260.

3. Caracterização (*taḫalluq*):

Quando a vontade do servo é a vontade da Realidade divina (*irādat al-Ḥaqq*), acontece necessariamente aquilo que ele quer (*murād*), de modo que o nome de Rei verdadeiramente lhe convém, *pois Ele disse*: "*O servo* não cessa de se aproximar de Mim por meio de obras supererrogatórias (*nawāfil*) até que Eu seja seu ouvido, sua visão, sua mão e seu sustento".[89]

Aquele que necessita de Allāh[90] é ele mesmo necessário a todas as coisas *em virtude da* realidade da vice-regência (*ḥaqīqat al-istiḫlāf*), segundo Sua Palavra: "...diante do que criei com Minhas mãos" (C. 38:75)[91] e o dito do Profeta – que a bênção e a paz estejam com ele –: "Allāh criou Adão segundo Sua forma".[92]

---

89. Buḫārī, *Riqāq* 38; Ibn Ḥanbal, VI: 256. Sobre este *hadith qudsī*, isto é, Palavra divina – ainda que extracorânica – posta na boca do Profeta, v. Graham, *Divine Word*, pp. 98, 173, e Morris, "Seeking God's Face", *JMIAS*, XVI, p. 17 e nota 24. Na versão mais corrente, diz o *hadith*: "O Enviado de Allāh – que a bênção e a paz estejam com ele – disse: 'Eu declaro a guerra a quem se opõe a um de Meus amigos. Nada Me agrada mais, como meio para Meu servo se aproximar de Mim, do que as obras que lhe prescrevi. E o Meu servo continua a se aproximar de Mim por suas obras de devoção livremente demonstradas (*nawāfil*), até que Eu o ame, e quando Eu o amo, Eu sou então o ouvido com o que escuta, a visão com que vê, a mão com que segura e o pé com que caminha. Se Me pede, dou-lhe com acréscimo; se em Mim busca refúgio, Eu o amparo. Eu não hesito frente a nada do que faço e, por causa de Minha recusa em fazer-lhe mal, tenho todo o cuidado para com a alma do crente que não admite a morte". V. também 69-3.

Ibn ʿArabī cita ou alude a diversas versões deste *hadith* com muita frequência. V. p. ex., *Fut.* II: 166 e p. 512 (68); III: 315; IV: 582; V: 268, 465, 475, 478, 554, 572; VI: 107, 203, 215, 309; VII: 109, 306, 425, 738; VIII: 322, 702 (com o termo *mu'ayyad* usado em 4-3); IX: 114, 127, 331, 517; X: 211; XI: 113, 160, 344, 475, 489; XII: 203, 260, 354, 404; XIII: 13, 43, 100, 113, 322, 538, 542, 570; XIV: 3, 4, 8, 54, 118.

90. Isto é, o servo por excelência ou Homem Universal, representante ou delegado de Deus na terra.

91. O versículo completo diz: "Disse Allāh: 'Ó Lúcifer! O que é que te impediu de prosternar-te diante do que criei com Minhas duas mãos? Acaso foi tua altivez ou te contas entre os arrogantes?'". V. *Šarḥ*, nº 54 (*al-Ḥaqq*).

92. Isto é, "à Sua imagem (*ʿalà ṣūrati-Hi*)". Sobre este *hadith qudsī* e suas fontes v. *Divine Word*, p. 151, e *Fut.* I (OY), pp. 497-498. Ibn ʿArabī o cita ou alude a ele com

Ocasionalmente, o nome *Malik* pode adotar o significado de *šadīd*, *isto é*, "*Forte*", "*Implacável*", "*Intenso*", sendo então, nesta acepção, um qualificativo especial (*waṣf ḫāṣṣ*) do Rei em relação a Seu domínio (*mulk*), *o reino da criação*. Ibn al-Ḫaṭīm *usou neste sentido uma forma verbal da mesma raiz lexical (m-l-k) quando*, ao descrever um arremesso, disse em um verso:

"Intensifiquei a força (*malaktu*) de minha mão e encurtei a distância".[93]

---

frequência. V. p. ex.: *Miškāt*, p. 16; *Fut.* I: 498 (e 386 onde se cita a versão *ḫuliqa Ādamu ʿalà ṣūrat al-Raḥmān*): II: 122, 199, 207, 208, 363, 460; III: 218B, 291; IV: 230; V: 539; VI: 171, 694; VIII: 573; X: 123, 367, 479; XI: 160, 253; XII: 175, 191, 221, 455; XIII: 87, 98, 99, 101 (comentário), 153, 345, 390 (comentário esotérico), 420, 470, 531, 534, 547, 554, 557; XIV: 389, 401.

93. O termo *malaktu* é usado com o sentido de *šadadtu*, "fortaleci". Primeiro hemistíquio, em metro *ṭawīl*, de um verso do poeta épico Qays Ibn al-Ḫaṭīm al-Awsī. V. *Dīwān Qays Ibn al-Ḫaṭīm*, ed. Nāṣir al-Dīn al-Asad, Dār Ṣādir, Beirute, 3ª ed., 1991, p. 46. V. também a obra de al-Marzūqī (Aḥmad b. Muḥammad), *Šarḥ dīwān al-ḥamāsa*, ed. de Aḥmad Amīn e ʿAbd al-Salām Hārūn, IV. vols., Cairo, 1951-1956, vol. 1, pp. 183-188 (nº 36); e na obra de al-Tabrīzī, *Šarḥ al-ḥamāsa*, al-Maktaba al--Azhariyya, Cairo, 1913, vol. 1, p. 35. V. *Lisān al-ʿarab*, "m-l-k", vol. X, p. 495, onde o verso é mencionado.
O segundo hemistíquio deste mesmo verso diz: "até que dava para ver através dela o que atrás havia" (*yarà qā'imun min dūni-hā mā warā'a-hā*). V. a explicação de al--Marzūqī, *op. cit.*, p.184.
Este mesmo verso é citado em *Fut.* II: 607 e XII: 17, onde também o autor trata do *taḫalluq* do nome *al-Malik* com o significado de *šadīd*.

القُدُّوس

[5] Al-Quddūs

O Santo

1. **Dependência (*taʿalluq*):**

Necessitas deste nome para santificar (*taqdīs*) tua essência (*ḏāt*), purificando-a daquilo que te foi ordenado transcender *com impecabilidade* tanto em disposição de caráter (*ḫuluq*) como em obra (*fiʿl*).

2. **Realização (*taḥaqquq*):**

O Santo é Aquele cuja essência sublime transcende o que não pode de modo algum a Ele ser atribuído.

3. **Caracterização (*taḫalluq*):**

Consiste em assumires a transcendência (*tanzīh*) de tua essência, tanto na ordem inteligível (*maʿnà*) como na sensível (*ḥiss*), tanto em síntese (*jumla*) como em modo distintivo (*tafṣīl*), em relação ao que envolve os fúteis traços de caráter (*safsāf al-aḫlāq*),[94] os erros censuráveis quanto ao cumprimento da Lei (*maḏāmm šarʿiyya*) e as limitadas disposições espirituais que não aspiram posição de proximidade (*al-makāna al-zulfà*), em razão de Sua Palavra: "Não Me contêm nem Minha terra nem Meu céu, mas Me compreende o coração de Meu servo fiel".[95]

---

94. A expressão *safsāf al-aḫlāq*, "más maneiras", "descortesias", opõe-se à noção de *makārim al-aḫlāq*, "nobres traços de caráter" e à noção de *adab*, "cortesia espiritual".

95. Ibn ʿArabī cita este *hadith* com relativa frequência. V. p., ex., *Fut.* III: 291; IV: 238, 441, 444; V: 128, 171, 399, 472; VI: 97 (comentário esotérico), 312, 439; VII: 182; VIII: 696; IX: 86, 314; X: 7, 8, 22.

O Santíssimo (*al-Quddūs*) não estabelece vínculo de privilégio (*ta'alluq iḫtiṣāṣī*)[96] senão com o santificado (*muqaddas*). Portanto, santifica tua essência.

V. Ġazālī, *Iḥyā' 'ulūm al-dīn*, Cairo, 1939, (*Bāb ajā'ib al-qalb*), vol. III, p. 14, onde o editor comenta que desconhece a fonte deste *hadith*.
Um *hadith* de Ibn 'Umar diz assim: "Alguém perguntou: 'Ó Enviado de Allāh! Onde está Allāh? Na terra ou no céu?'. Ele respondeu: 'Nos corações dos Seus servos fiéis'". Cf. *Fut*. III (OY), p. 325, nota 1.

96. Termo técnico composto, puramente akbariano, que significa aqui o vínculo exclusivo especial, a privilegiada relação de codependência com que Deus, enquanto Santo – ou outro de Seus nomes –, distingue o servo em quem tal qualidade divina – ou outra – torna-se manifesta.

السلام

[6] Al-Salām

A Paz, a Saúde, a Salvação, a Integridade, a Salvaguarda

1. Dependência (*ta'alluq*):

Necessitas deste nome para salvaguardar a saúde ou a integridade (*salāma*) de tua essência de tudo o que aconteça que te vincule ao defeito (*'ayb*) e, se for o caso, para que te livre e te preserve *da possibilidade* de que este perdure e se consolide.

2. Realização (*taḥaqquq*):

A Paz (*al-Salām*) é a isenção e a imunidade (*barā'*) a tudo o que não é possível atribuir-Lhe.

3. Caracterização (*taḫalluq*):

A diferença entre este nome e o nome *al-Quddūs*, o Santo, consiste em que *a assunção da* transcendência (*tanzīh*), no que diz respeito ao servo, só é possível uma vez que este já se tenha santificado com respeito àquilo que convém purificar-se, enquanto que a Paz (*al-Salām*), além de poder ocorrer da mesma forma, pode também proteger, desde o princípio, o servo da persistência do defeito. Este aspecto, a salvaguarda (*salām*) que protege da continuidade (*istimrār*) do defeito, é o que convém como revestimento de traços característicos *deste nome*, e o que, desde a origem, é uma disposição de caráter (*ḫuluq*) por providência divina (*'ināya ilāhiyya*).

المؤمن

[7] Al-Mu'min

O Fiel, o Protetor, o Crente, o Fidedigno,
Aquele que procura e confirma a fé

1. Dependência (*ta'alluq*):

Necessitas d'Ele para que te concedas a fé sincera (*taṣdīq*) no que Ele revelou, de modo que sejas verdadeiro crente (*muṣaddiq*), pois o significado deste nome é *al-Muṣaddiq*, "o que crê e declara verídico".

Do mesmo modo, precisas que *o Protetor* te dê a força (*quwwa*) que permite ser concedida, a partir de ti, a segurança (*amān*) a cada alma (*nafs*)[97] conforme a medida de honra (*'irḍ*), riqueza (*māl*) e sangue (*dam*) que lhe corresponda.

2. Realização (*taḥaqquq*):

O Fidedigno (*mu'min*) é Aquele que confirma a veracidade de Seus profetas, quanto ao que declararam transmitir de Sua parte, através *da manifestação do* Milagre (*mu'jiza*) pela via especial (*ṭarīq ḫāṣṣ*), quando alcançam a morada da veracidade apostólica (*ṣidq rasūlī*).

Então, Ele é (1) o Confirmador (*muṣaddiq*) *que verifica a sinceridade de Seus enviados* e é também (2) o que confere segurança (*amān*) à alma (*nafs*) de quem Ele quer dentre Seus servos.

O nome al-Mu'min guarda essa mesma relação (*nisba*) com o servo.

---

97. Ou então, "em cada alento" (*nafas*).

3. Caracterização (*taḫalluq*)

Quando o servo corrobora e declara verídico todo comunicado (*ḫabar*) *revelado* no cosmos (*ʿālam*), é então um crente fiel (*mu'min*), pois, *conforme Sua Palavra*: "Allāh vos criou, bem como ao que fazeis" (C. 37:96); Sua confirmação da veracidade (*taṣdīq*) é universal, e quando as almas (*nufūs*) estão confiadas (*aminat*) àquilo que poderia prejudicar, seja em relação a si mesmas ou a outras coisas, Ele lhes fornece, sem demora, a segurança (*amān*), *protegendo-as*; é por isso mesmo *mu'min*, "protetor" *contra* "aqueles que molestam a Allāh e a Seu Enviado..." (C. 33:57).[98]

---

98. V. *infra* 99-2 (*al-Ṣabūr*) e *Šarḥ*, nº 99 (*al-Ṣabūr*).

المهيمن

[8] Al-Muhaymin

O Protetor, o Amparador, o Vigilante, o Zelador, a Testemunha

1. Dependência (*ta'alluq*):

Necessitas d'Ele para que te incluas na comunidade (*umma*) de Muḥammad – que a bênção e a paz estejam com ele –, *a comunidade dos* que sinceramente o declaram verdadeiro.

2. Realização (*taḥaqquq*):

A função do amparo divino (*muhayminiyya*) consiste na supervisão, em dar testemunho de *todas* as coisas (*al-šahāda 'alà-l-ašyā'*), protegendo-as e zelando por elas, pois estão implicitamente contidos *neste nome aqueles do* Preservador (*al-Ḥafīẓ*) e o Vigilante (*al-Raqīb*), uma vez que "testemunho presencial" (*šuhūd*) quer dizer preservação (*ḥifẓ*) e observância atenta (*murā'āt*) de tudo o que acontece, sejam movimentos (*ḥarakāt*) ou repousos (*sakanāt*).

3. Caracterização (*taḫalluq*):

Consiste na aceitação de Sua Palavra: "*Assim fizemos de vós uma comunidade (umma) intermediária*, para que sejais testemunhas (*šuhadā'*) dos homens (*nās*)" (C. 2:143). E isto se refere a todo *falante* dotado de voz (*muṣawwit*), pois a palavra *naws* ["oscilação, vibração", da mesma raiz lexical que *nās*] significa "voz, som" (*ṣawt*), e por isso, conforme foi dito, os seres humanos foram denominados *nās*.

Mas ainda mais pleno que isto – *mais perfeito que ser testemunha ante as pessoas* (*šāhid 'alà-l-nās*) – é tornar-se testemunha verídica de quem é testemunha de ti, observando Seus atos (*afʿāl*) no cosmos,[99] de modo que conheças as posições de Suas sábias disposições.

---

99. Esta frase contém um intrincado jogo de alusões que permite várias interpretações e significações simultâneas. A principal referência escrita é o versículo citado acima "... para que sejais testemunhas dos homens...", cujo texto continua dizendo "...e para que o Enviado seja testemunha de vós" (C. 2:143). Preferiu-se a tradução "comunidade intermediária" à também possível "comunidade moderada" porque neste contexto destaca-se o caráter mediador da comunidade que recebe a mensagem profética e dá testemunho. Por um lado, os homens desta comunidade são testemunhas diante dos demais homens; por outro lado, Muḥammad, na sua condição de Enviado de Allāh, é testemunha deles. Ibn ʿArabī considera uma terceira perspectiva desta posição intermediária: Mais completo que ser testemunha dos homens é ser testemunha de quem é de ti. Agora então quem é a "testemunha de ti" (*šāhid ʿalay-ka*)?
Por um lado, a expressão se refere ao Enviado, o que parece claro ao considerar o versículo mencionado. Se pertences à comunidade de Muḥammad, ele é testemunha de ti, e, num grau mais completo, também tu és testemunha dele. Isto se pode compreender de vários modos complementares segundo se considere Muḥammad sob seu aspecto mortal, o Profeta histórico, ou em seu aspecto universal, a Realidade de Muḥammad, o Homem Perfeito por excelência, síntese microcósmica do cosmos. Aquele que pertence à comunidade de Muḥammad, sujeita à Lei revelada, segue a Suna do Profeta, observando seus atos no mundo e mantendo-se no cumprimento de suas disposições, de modo que se torna testemunha do Enviado.
Por outro lado, Deus é a testemunha das testemunhas. E a testemunha dos homens pode chegar a ser testemunha d'Ele, contemplando "... Seus atos no cosmos, de modo que conheças as posições de Suas sábias disposições (*mawāḍiʿ ḥikami-Hi*)".
Finalmente, falta comentar a dimensão da linguagem, explicitamente presente em todo o texto. As observações de Ibn ʿArabī acerca do nome al-Muhaymin se referem também, por outra perspectiva, à palavra divina, ao verbo existenciador, às passagens, versículos ou "sinais" (*āyāt*) do Corão. A esta dimensão linguística se deve a explicação de que *nās* deriva de *naws*. Ibn ʿArabī lê aqui: "...para que sejais testemunhas dos dotados de fala...". Como? Por meio da memorização (*ḥifẓ*) e da recitação do Corão com observância dos movimentos e dos repousos, isto é, das vogais (*ḥarakāt*) e os sinais de quiescência – o que se refere à leitura dos sinais da existência. Assim pode o homem ser testemunha do Corão, que é testemunha dele, vigiando os atos de Deus no Corão do cosmos ou nos versículos revelados do Livro, fazendo pausas nos lugares corretos e informando-se dos lugares que ocupam os diversos saberes.
As "coisas" do mundo manifesto são, nesse sentido, as palavras divinas, os atos de Deus. Os confirmadores fiéis (*muṣaddiqūn*) são, assim, as testemunhas que leem e transmitem os versículos divinos e são, portanto, comunidade intermediária entre Muḥammad – que comunica o que Deus revela – e os que escutam a mensagem.

العزيز

[9] Al-ʿAzīz

O Poderoso, o Irresistível, o Triunfador, o Inacessível

1. Dependência (*taʿalluq*):

Necessitas d'Ele para que o Verdadeiro (*al-Ḥaqq*) seja teu ouvido e tua visão.[100] Esta morada – *na qual o Senhor é o ouvido e a visão com que o servo ouve e vê* – reúne em si *dois aspectos*: a inacessibilidade (*manʿ*) e a superioridade vitoriosa (*ġalaba*). Ambos os significados são próprios a este nome.

2. Realização (*taḥaqquq*):

Expressa-se no versículo: "Não há nada igual a Ele (*ka-miṯli-Hi*)" (C. 42:11),[101] *suscetível de duas leituras*, segundo se considere o *kāf* como mero acréscimo (*ziyāda*) ou como prescrição da semelhança (*farḍ al-miṯl*).[102]

---

100. Alusão à mencionada tradição acerca da proximidade lograda por meio das obras de devoção adicionais voluntárias. V. *supra* 4-3.

101. O versículo completo diz: "Não há nada que se assemelhe a Ele. Ele é o Oniouvinte, o Onividente".

102. Isto é, conforme se considere a letra "k" (*kāf*) como preposição prefixada à preposição própria *mitl* ("como") mero acréscimo repetitivo, com o qual o versículo nega toda semelhança, ou então, como preposição prefixada ao substantivo *miṯl* ("semelhante"), com o qual o mesmo versículo afirma a semelhança.
O termo *miṯliyya*, derivado da palavra *miṯl*, remete sempre a C. 42:11, versículo suscetível, segundo a hermenêutica akbariana, de duas leituras complementares: "Não há nada semelhante a Ele", ou então, "não há nada como Seu semelhante", pois o composto *ka-miṯl* pode ser entendido como uma única preposição, cujo segundo elemento, de caráter meramente intensivo, só reforça o significado do primeiro – com o qual se traduziria por "como", ou então, como composto de preposição e substantivo, sendo *ka* em tal caso a preposição e *miṯl* ("semelhante") o substantivo.

3. Caracterização (*taḫalluq*):

Expressa-se nos versículos: "Nada é Seu semelhante" (C. 42:11); "Farei na terra um sucessor (*ḫalīfa*)" (C. 2:30);[103] "... ante aquele que criei com as Próprias mãos" (C. 38:75);[104] *e no hadith*: "Allāh criou Adão segundo Sua forma".[105] *Nesta leitura de C. 42:11* a preposição *kāf*

Conforme Ibn ʿArabī (segunda leitura), este versículo afirma a semelhança em relação a Deus, isto é, a existência do semelhante a Ele, ao mesmo tempo em que nega qualquer semelhança quanto a Seu semelhante, ao qual nada se assemelha. E este semelhante (*miṯl*) ao qual nada se assemelha é o Homem Universal, criado "segundo a forma do Onicompassivo" (*ʿalà ṣūrati-l-Raḥmān*).

A realização deste nome em seus dois aspectos de impedimento (*manʿ*) e vitória (*ġalaba*) reside na realização do segredo contido na reunião dos significados deste versículo, correspondentes às doutrinas da incomparabilidade e da similaridade, cuja duplicidade – dois contrários aparentemente inconciliáveis – resolve-se em polaridade com a união dos opostos no mistério da Unidade – dois pólos inseparáveis de uma única realidade.

O *taḥaqquq* concilia os dois significados do nome – Inacessível e Vitorioso/Poderoso – com as duas leituras do versículo: Ele é Inacessível e incomparável, pois "nada se assemelha a Ele"; e é Poderoso, Vitorioso como criador de Seu semelhante ao qual nada se assemelha.

Por definição, o *taḫalluq* está necessariamente relacionado a este segundo aspecto do nome: *al-ʿAzīz* como Vitorioso.

103. V. *supra* 4-1.

104. Estes dois últimos versículos se situam no mesmo contexto: Deus anuncia aos anjos a criação de Adão, Seu vice-regente na terra, a quem ensinou os nomes de todos os seres. Os anjos se prosternaram ante Adão por ordem de Deus, exceto Iblīs, que se rebelou e ficou maldito. V. C. 2:28-39 e 38: 71-88.

Sobre as duas mãos de Deus, mencionadas em C. 38:75, v. o capítulo "The two hands of God" no ensaio de S. Murata, *The Tao of Islam (Tao)*, pp. 81-114 (especialmente pp. 88--92, sobre o significado das Duas Mãos em *Futūḥāt makkiyya* e *Fuṣūṣ al-ḥikam*).

Aqui as Duas Mãos estão claramente associadas aos dois significados do nome *al-ʿAzīz*. Em *Fut.*, Ibn ʿArabī explica que "mão" significa tanto poder como bênção (cf. *Tao*, p. 89): o poder corresponde ao impedimento (*manʿ*), isto é, ao nome *al-ʿAzīz*, o Poderoso, o Inacessível, o Inabordável, enquanto nome de Majestade; a bênção corresponde, por outro lado, ao triunfo (*ġalaba*), ao nome *al-ʿAzīz*, o Vitorioso, o Invencível, o Poderoso, enquanto nome de Beleza. Ambas as mãos correspondem, respectivamente, aos aspectos da incomparabilidade e da similaridade divinas.

105. V. *supra* 4-3.

introduz um nome,[106] que, consequentemente, anula a incomparabilidade (*raf' al-tanzīh*),[107] de modo que *o versículo* nega *a existência de alguma coisa* semelhante ao semelhante (*al-miṯl 'ani-l-miṯl*), *isto é, semelhante àquilo que se assemelha a Ele, Seu sucessor adâmico.*

Esta relação de semelhança (*miṯliyya*) é não uma concepção racional mas um fato linguístico,[108] pois baseia-se na literalidade do texto corânico cuja revelação descendeu na língua árabe.[109]

E esta é, pois, a forma como o servo (*ḥaẓẓ al-'abd*)[110] participa deste nome.

---

106. Sobre o uso gramatical do termo *ṣifa* v. Fleish, H., *Traité de Philologie arabe*, Dar el-Machreq, Beirute, 1990 (2ª edição), II vols (abrev. *infra Traité*), 53h-k, pp. 265-266. Em 53j ele faz uma distinção entre o nome concreto (*ism 'ayn*) que não é *ṣifa* (nosso "substantivo") e o nome abstrato (*ism ma'nà*) que é *ṣifa* (particípio ou adjetivo).

107. No ms. F: "... e suprime a incomparabilidade (*wa-raf' al-tanzīh*)", pois supõe a existência do semelhante a Ele. Nos outros: "... e ocorre a incomparabilidade (*wa-waqa'a l-tanzīh*)", em cujo caso, ou se supõe "a incomparabilidade *do semelhante a Ele*", ou se entende que Ele não se assemelha a Seu semelhante. Observe-se, neste sentido, que se trata da existência do semelhante a Ele, o que não implica, em sentido inverso, que Ele se assemelhe ao que é semelhante a Ele. De fato, esta possibilidade está explicitamente excluída, pois o semelhante a Ele não tem semelhante algum. Assim, o homem é teomórfico enquanto Deus não é antropomórfico.

108. Lit. "A semelhança é linguística, não racional (*luġawiyya lā 'aqliyya*)".
O ms. B acrescenta a seguir no texto: "... pois a semelhança *concebida de modo* racional (*miṯliyya 'aqliyya*) pressupõe associação *dualista*, participação (*ištirāq*) *do homem em Deus*, e não considera nem o limite (*ḥadd*) nem a realidade que há por cima do atributo das pessoas" (v. texto ár. 9-3, nota 14 – Cf. C. Addas, *Quête*, p. 312.). Isto é, não considera o limite que distingue a condição senhorial da condição do servo e pelo qual Deus é Deus e o servo é servo e permanece como tal, sem participação alguma na divindade, pois seu atributo é a servidão.

109. O Corão insiste com frequência no fato de que a revelação corânica descendeu em língua árabe: "E assim te revelamos um *Corão* árabe..." (C. 42:7). V. do mesmo modo, neste sentido, C. 12:2, 13:37, (16:103), 20:113, 26:195, 39:28, 41:3, 41:44, 43:3 e 46:12. Afinal, todas as menções corânicas do adjetivo *'arabī*, "árabe, língua árabe" – onze no total – estão diretamente relacionadas com o caráter árabe desta revelação.

110. Este termo, ao que Ibn 'Arabī recorre neste tratado em várias ocasiões, foi tomado de Ġazālī, que o usa em seu *Maqṣad* de modo recorrente ao início dos itens denominados *tanbīh*, "conselho", relativos à participação (*ḥaẓẓ*) do servo em relação a cada nome.

الجبار

[10] Al-Jabbār

O Avassalador, o Constritor, o Dominador,
o Reintegrador, o Restaurador, o Reparador

1. Dependência (*ta'alluq*):

Necessitas d'Ele para alcançar *o estado no qual se manifeste* a ordem influente (*amr mu'aṯṯir*) *que determina* a submissão obediente (*inqiyād*) a ti, tanto por parte de teus órgãos como de teu interior, e de tudo em cujo cuidado e transmissão (*ḥaml*) está empenhada tua vontade (*irāda*), em razão do que queres.

2. Realização (*taḥaqquq*):

O nome *al-Jabbār* deriva da forma verbal *jabara*, e não da forma *ajbara*,[111] já que a forma nominal *fa''āl* não deriva em língua árabe de *af'ala*, quarta forma, mas de *fa'ala*, primeira forma, com a única exceção do termo *darrāk*, "afortunado em seus propósitos", que, *apesar de*

111. O verbo *jabara*, na forma I, assim como *ajbara*, na forma IV, significa "forçar, obrigar, restringir", mas também, diferentemente da forma IV, significa "restabelecer, reintegrar, socorrer, repor...". Ibn 'Arabī parece querer indicar com este comentário que o nome *al-Jabbār*, nome de Majestade, contém – como por outro lado ocorre com todos os nomes – o aspecto correspondente de Beleza. A inexorável força (*jabr*) que compele o servo a fazer a vontade divina é, em última instância, em seu aspecto de misericórdia, uma graça divina que *restabelece, reintegra* ou *socorre*. V. também a esse respeito, *Šarḥ*, nº 56 (*al-Qawī*).

ter a mesma estrutura morfológica que jabbār, derivou da forma *adraka* "alcançar, atingir, perceber".[112]

O Restaurador (*al-Jabbār*) é, pois, aquele que ajuda o "*que não é Ele*" (*mā siwā-Hu*) na execução de tudo o que Ele quer, *ou então, aquele que o compele a isso*, quer seja nele ou a partir dele,[113] e não há nada que possa deter Sua força coercitiva (*ijbār*).

3. Caracterização (*taḫalluq*):

Ele se manifesta na capacidade de atuar por meio da energia espiritual (*himma*),[114] como testemunhado nos versículos: "E quando criaste

---

112. De fato, a primeira forma de raiz *d-r-k* / daraka / não aparece nos dicionários árabes e o significado de *darrāk*, "o que alcança o que se propõe", explica-se recorrendo ao uso do part. at. da forma IV da mesma raiz: *mudrik*.
H. Fleisch em seu *Traité de Philologie Arabe* (*Traité*), I, p. 358, não comenta nada a respeito do caso de *darrāk* ou da hipótese de que a forma *fa''āl* poderia derivar da forma *af'ala*. Em princípio, é evidente que *fa''āl* não deriva da forma IV, o que leva a pensar que o autor insiste neste ponto por uma razão de ordem semântica e não puramente morfológica. A primeira forma, como se comentou (nota *supra*) tem vários significados que a quarta forma não tem. Ibn 'Arabī, pois, enfatiza esta derivação para assinalar o caráter polissêmico do termo. Sobre a forma *fa''āl* neste contexto, v. *Traité*..., 78g-h, pp. 365-366.

113. Entenda-se, tanto "o que não é Ele" realiza Sua vontade em si mesmo, em seu interior, como o realiza "a partir de si mesmo" em algo exterior distinto. Ou então, "o que não é Ele" executa Sua vontade imerso n'Ele, sem consciência, ou "da parte d'Ele" (*min-Hu*), com obediência consciente à Sua ordem. Um dos significados de *jabr* é "inexorabilidade, predestinação". Em última instância, no plano existencial da ordem criadora (*amr takwīnī*), sem intermediário – que se distingue da ordem prescritiva (*amr taklīfī*), pelo intermédio dos profetas – nenhum ser pode resistir à vontade divina. V. Chittick, *Sufi Path*, pp. 292-293.

114. A *himma* – aspiração espiritual criativa ou concentração do coração – é a energia ativa que há no homem, que pode dispor dela como meio para atuar, exercer um efeito ou produzir algo cuja manutenção dela depende. À *himma* se aplicam diferentes nomes como "veracidade" ou "presença" em virtude de seus diversos aspectos e funções: a função noética, a função teofânica... Segundo Ibn 'Arabī, o melhor dos nomes para referir-se a ela é "a assistência divina" (*al-'ināya al-ilāhiyya*). Cf. S. Ḥakīm, *Mu'jam*, "himma" e "karāma".

do barro uma figura semelhante a um pássaro, com Minha permissão, e nela sopraste, eis que se tornou um pássaro vivente, com Minha permissão" (C. 5:110). "Depois convoca-os, e eles virão a ti rapidamente" (C. 2:260).[115]

---

115. Ibn 'Arabī cita seguidamente fragmentos de dois versículos que se referem a Jesus, o primeiro, e a Abraão, o segundo. Como acontece em quase todos os casos de citação corânica neste tratado – o que é frequente em todas as palavras do Šayḫ al-Akbar, pois este pressupõe uma profunda familiaridade de seus leitores com o Corão– ambos os fragmentos aparecem no texto dos mss. sem sinal ou pausa alguma. O interessante neste caso é que há uma perfeita coerência gramatical entre os dois fragmentos descontextualizados, de modo que ambos podem ser lidos seguidamente como parte de uma mesma sequência lógica. Desse modo, ao estabelecer um vínculo de continuidade entre ambos os versículos, o autor alude com ênfase à correspondência que há entre os portentos realizados em situações distintas por Jesus e Abraão, com permissão ou por ordem de Deus. Estes portentos exemplificam – segundo se desprende do contexto – cada modalidade da *himma* própria a estes profetas.
Para maior esclarecimento, cito a seguir a tradução do texto completo dos versículos em questão (que não requerem mais explicação, por ora):
"Quando Deus disse: 'Jesus, filho de Maria! Lembra-te de Minha graça para contigo e para com tua mãe, quando te amparei com o Espírito Santo: falaste às pessoas, quando ainda no berço, e na maturidade. E quando te ensinei a *Escritura*, a Sabedoria, a *Torá* e o *Evangelho*. E quando criaste do barro uma figura semelhante a um pássaro, com Minha permissão, e nela soprando, eis que se tornou um pássaro vivente com Minha permissão. E curaste o cego de nascença e o leproso, com Minha permissão. E quando ressuscitaste os mortos, com Minha permissão. E quando afastei de ti os Filhos de Israel quando chegaste a eles com as provas claras; então disseram, dentre eles os que renegaram a Fé: 'Isto não é senão evidente magia'" (Corão, 5:110).
"E quando Abraão disse: 'Senhor, mostra-me como ressuscitas os mortos!' Allāh disse: 'Acaso não crês ainda?'. Disse [Abraão]: 'Claro que sim, mas é para que meu coração se tranquilize'. Allāh disse: 'Então, toma quatro pássaros, aproxima-os de ti e despedaça-os. Em seguida, coloca uma parte deles em cada montanha, e depois os chama: eles virão a ti rapidamente. E sabe que Allāh é Todo-Poderoso, Sábio'" (C. 2:260).

المتكبّر

[11] Al-Mutakabbir

O Altivo, o Soberbo, o Magnificado, o Exaltado, o Sublime

1. Dependência (*taʿalluq*):

Necessitas deste nome para te conferir este grau (*martaba*),[116] que é uma realidade (*ḥaqīqa*) para ti e uma aplicação metafórica (*majāz)* em relação a Ele.

2. Realização (*taḥaqquq*):

Sua altivez (*kibriyā'*)[117] não é *uma atitude de arrogância em* reação a um fato (*tafaʿʿul*), mas somente uma exaltação sublime em relação a tudo o que Ele nos revela sobre Suas sutis bondades veladas (*alṭāf ḫafiyya*), tais como – por exemplo – Seu regozijo (*faraḥ*) pela contrição (*tawba*) de Seu servo[118] ou outras bondades semelhantes. Além disso, Ele se mostrou a ti *no versículo*: "Ele faz tudo o que quer" (C. 85: 16),[119]

---

116. O grau correspondente à presença divina do nome *al-Mutakabbir*.

117. O termo *kibriyā'* – de raiz *k-b-r* como os nomes *al-Kabīr* ou *al-Mutakabbir* e o termo t*akabbur* que aparece mais abaixo – significa não só "orgulho, soberba, arrogância, dominação", mas também "nobreza, sublimidade, grandeza, majestade". V. as duas menções corânicas do termo em C. 10:78 e 45:37.

118. Referência a um conhecido *hadith*, transmitido com algumas variantes em diversas versões, no qual estes termos são usados: "Mais se alegra Deus do arrependimento de um de Seus servos do que se alegraria qualquer um de vós ao encontrar seu camelo perdido no deserto", cf. Muslim, *Tawba* 1-9; Buḫārī, *Daʿawāt* 4; etc. V. *Concordance* I, p. 284.

119. Também em C. 11:107, "...Teu Senhor faz sempre o que quer (*faʿʿālan limā yurīd*)".

e *no versículo* "Nada é semelhante a Ele" (C. 42:11);[120] Ele se tornou diante de ti tão sublime (*mutakabbir*) que transcende toda *possível* contemplação (*mušāhada*) neste lugar de contemplação (*mašhad*).[121]

3. Caracterização (*taḫalluq*):

Engrandecer-se ou dignificar-se (*takabbur*)[122] consiste em adquirir grandeza ou orgulho (*iktisāb al-kibriyā'*). Como a aquisição (*iktisāb*) só corresponde à condição de servo, orgulhar-se é mais um fato que lhe é próprio.[123] *Disse o Altíssimo*: "Assim a paz de Allāh sela o coração de todo *arrogante* (*mutakabbir*), de todo dominador (*jabbār*)" (C. 40:35).[124]

---

120. V. *supra* 9-2 e 9-3.

121. Isto é, transcendendo a possibilidade de contemplar-se a manifestação deste nome, como nome de Majestade, em toda sua sublimidade. Infere-se do uso do termo *mašhad* neste contexto que, em princípio, todo nome divino – ou todo versículo corânico, no caso de a expressão refirir-se somente a C. 42:11 – é "lugar de contemplação". Este nome, como realidade *in divinis* (*taḥaqquq*), em seu aspecto de gloriosa exaltação – mostrado no versículo mencionado em seu aspecto de incomparabilidade – transcende a possibilidade da contemplação. A contemplação de sua onomatofania está, pois, restrita ao seu aspecto de Beleza. Sobre o termo *mašhad*, v. *Contemplaciones*, p. 3-4 e 7.

122. Ou ainda "exalta e magnifica a si mesmo". Nome de ação de forma V, a partir da qual se forma o particípio *mutakabbir*. Ibn 'Arabī trata o orgulho – ou altivez – da perspectiva positiva que lhe corresponde, como atributo divino. Portanto, o termo deve ser entendido neste contexto com o sentido de "dignidade" ou "orgulho honroso", e não com o sentido de vaidade arrogante ou soberba ignorante.

123. Orgulhar-se ou engrandecer-se com dignidade, como aquisição ou conquista, é próprio da condição da servidão, já que Deus, como Mutakabbir, é a fonte da dignidade e do orgulho, e à condição senhorial não convém atribuição de nenhum processo de aquisição.

124. O texto completo do versículo, cujo começo refere-se, segundo a interpretação usual, aos soberbos que usurpam e se arrogam a autoridade, diz assim: "Aqueles que discutem sobre os sinais de Allāh sem haver recebido autoridade... É muito detestável para Allāh e para os crentes. Assim sela Allāh o coração de todo soberbo (*mutakabbir*), de todo tirano (*jabbār*)". Ibn 'Arabī, no entanto, rebate esta leitura sem a abolir, e nos apresenta outra interpretação possível deste versículo na qual os termos *jabbār* e *mutakabbir* não têm caráter pejorativo, mas positivo, ao significar, respectivamente, "orgulhoso de sua condição de servo", "dominador de suas paixões ou executor da vontade divina".

Desse modo, o servo foi qualificado com este nome. E quando ele felizmente adota as características[125] deste nome, sua participação (*ḥaẓẓ*) consiste em elevar-se em dignidade (*takabbur*) em sua condição de servo (*'ubūdiyya*) – que é o âmbito de recepção dos efeitos *dos nomes* (*maḥall al-āṯār*) –, evitando nele o influxo dos seres engendrados (*kawn*), de modo que seja sublime, engrandecido "com relação a" (*mutakabbir 'an*) eles, não altivo e soberbo com (*mutakabbir 'alà*) eles [lit. "sobre" eles]. Pois *esta atitude de exaltação* "com relação ao" (*'an*) *engendrado* é digna de louvor, louvável (*maḥmūd*), a não ser que esteja prescrita pela Lei (*mašrū'*),[126] mas *a soberba* "sobre" (*'alà*) *os seres engendrados* é reprovável (*maḏmūm*), a não ser que esteja prescrita *pela Lei revelada*, acompanhada da necessária integridade e salvação (*salāma*) interior (*bāṭin*) *do servo*.

Ambos os termos também estão relacionados, desta vez como nomes de Deus, em C. 59:23, cujo texto cito integralmente, pois reúne na mesma ordem a sequência dos nomes comentados até agora, desde *al-Malik* até *al-Mutakabbir* (os anteriores aparecem no versículo precedente, v. índice): "Ele é Allāh – não existe deus senão Ele –, o Rei, o Santo, a Paz, o Confortador, o Custódio [de seus servos], o Poderoso, o Forte, o Supremo. Glória a Allāh! Está por cima do que Lhe associam!".
Cito também o versículo seguinte, no qual são mencionados três nomes que, também na mesma ordem corânica, serão comentados em seguida: "Ele é Allāh, o Criador, o Fazedor, o Formador. Possui os mais belos nomes. Aquele que está nos céus e na terra O glorifica. É o Poderoso, o Sábio" (C. 59:24). V. C. 7:180.

125. Lit. "o adotante feliz'" (*al-mutaḫalliq al-sa'īd*). Esta expressão estabelece implicitamente uma distinção entre duas modalidades de *taḫalluq*; a "adoção feliz" das características louváveis de um nome e a "adoção incompleta ou infeliz", revestimento incompleto ou, possivelmente, de traços reprováveis e indesejáveis no servo.

126. Desse modo, por seu caráter obrigatório, não seria considerado particularmente digno de louvor. Os louvores, nesse sentido, estão associados ao que ultrapassa o necessário.

الخَالِق

[12] Al-Ḫāliq[127]

O Criador, o Determinador, o Existenciador

1. Dependência (*ta'alluq*):

Necessitas d'Ele (1) para que obtenhas sucesso na determinação (*al-iṣāba fī-l-taqdīr*) e, de outra parte, (2) para que te ajude, com Sua divina assistência (*ma'ūna*), a existenciar[128] as obras (*a'māl*) que te foram prescritas.

2. Realização (*taḥaqquq*):

O Criador (*al-Ḫāliq*) é o que predetermina (*muqaddir*) as coisas antes da existenciação de suas entidades *imutáveis* (*ījād al-a'yān*).

---

127. No manuscrito E aparece uma citação de *Futūḥāt makkiyya* que, como pude comprovar, foi extraída do "Capítulo sobre a peregrinação" (*bāb al-ḥajj*). Cf. *Fut.* X: 378, pp. 377 (ls. 9-10) e 378 (ls. 1-4).

128. O autor usa o termo *ījād*, "existenciação". Não se pode realizar obra alguma sem o auxílio da assistência divina (*ma'ūna*) em sua prévia existenciação. Em outras palavras, a ajuda na predeterminação de uma obra por parte do Criador (*al-Ḫāliq*) é requisito indispensável para sua realização. Mas, observe-se que o autor não diz "tua necessidade d'Ele para fazer existir as obras..." senão "tua necessidade d'Ele para que te ajude na existenciação das obras..." Pode-se entender que Seu socorro consiste diretamente na existenciação das obras, sem mediação da vontade do servo, pois "Allāh faz o que quer" (C. 85:16), isto é, que Seu socorro consiste em ajudar o servo a dar existência a suas próprias obras. Nesta segunda perspectiva – que não está em contradição com a primeira –, a predeterminação não anula a realidade do livre-arbítrio. Como fiel hermeneuta do texto corânico que estabelece a realidade da vontade humana, Ibn 'Arabī, assim, deixa espaço à livre escolha por parte do servo.

É também o que faz existir, em seguida, as suas entidades (*mūjid al-aʿyān*) na segunda fase (*rutba*) de sua predeterminação (*taqdīr*).[129] Este é o significado do nome *al-Ḫāliq*.

3. Caracterização (*taḫalluq*):

Uma vez que *o servidor* tenha formulado a súplica (*su'āl*) *sincera* do que mencionamos no parágrafo sobre a dependência,[130] Allāh – Enaltecido seja – confere-lhe a ciência da predeterminação das coisas (*al-ʿilm bi-taqdīr al-ašyā'*), de modo que possa concebê-las em si mesmo (*nafs*) como a melhor e a mais bela criação (*iḫtirā'*), na mais prodigiosa harmonia (*niẓām*). Em seguida, *depois de havê-las predeterminado, o servidor* permite que suas entidades se manifestem exteriormente por sua própria mão (*ʿalà yadi-hi*),[131] dando-lhes, assim, existência. Portanto, ele é tanto o que predetermina (*muqaddir*) como o que dá existência (*mūjid*) ao que previamente determinou; pois, se não fosse assim – o que não é possível –, a realidade última (*ḥaqīqa*) da submissão do servo às prescrições legais (*taklīf*) seria abolida e também a Sua Palavra: "Quem faz bem o faz em benefício de si mesmo (*nafs*)"

---

129. O processo da criação (*ḫalq*), determinação (*taqdīr*) ou existenciação (*ījād*) tem três fases:
a. Predeterminação das coisas (*taqdīr al-ašyā'*) – primeiro grau de *taqdīr*.
b. Existenciação das entidades das coisas (*taqdīr aʿyān al-ašyā'*) – segundo grau.
c. Existenciação dos acidentes (*ījād al-aʿyān*) – terceiro grau de *taqdīr*. (V. *infra* 14-2).
A estes graus correspondem os respectivos nomes divinos referidos em C. 59:24, relativos à criação. No caso de *al-Bāri'*, esta correspondência não é exclusiva, já que o nome *al-Ḫāliq* participa também do segundo grau, guardando com *al-Bāri'*, nesse sentido, uma relação de sinonímia parcial ou intersecção semântica.
Pode-se falar também de sinonímia semântica entre os termos *ḫalq*, *taqdīr* e *ījād* tal como Ibn ʿArabī os utiliza neste contexto, com um amplo campo de intersecção.

130. V. 29-3, nota 226.

131. Isto é, por sua mediação, por obra sua, por meio do poder que lhe foi conferido para isso.

(C. 41:46)[132] seria invalidada. *Quanto a* toda obra (*aʿmal*) cuja realização (*fiʿl*) é atribuída à criatura (*ḫalq*) *no Corão*, Allāh não lhe teria atribuído, não fosse pelo Seu conhecimento da implicação (*nisba*) do servidor na existenciação, e nem lhe destinaria *todas as obras que lhe destina.*[133] Allāh é o mais verídico e fidedigno em Sua Palavra.

A maneira mais plausível e fácil de entender esta atribuição é considerar que Deus – Enaltecido seja – cria o ato (*fiʿl*) para o servidor quando este tem vontade (*irāda*) de realizar tal ato.

---

132. O texto completo do versículo diz: "Quem obra bem o faz em seu próprio proveito. E quem obra mal o faz em detrimento próprio. Teu Senhor não é de nenhum modo injusto com Seus servos" (C. 41:46). V. também C. 45:15.

133. Sobre a difícil questão da atribuição dos atos, a implicação do servo no processo de existenciação das obras e a participação de sua vontade na sua realização, pode-se consultar, entre outras passagens importantes, *Fut.* II, pp. 204 e 681.

البَارِئُ

[13] Al-Bāri'

O Produtor, o Fazedor, o São, o Íntegro, o Livre de defeito

1. Dependência (*taʿalluq*):

Ele te é necessário do mesmo modo que o são, de um lado, o nome *al-Ḫāliq*, no sentido de "o Existenciador" (*al-Mūjid*), e, de outro, o nome *al-Salām*, "o Livre de defeito", pois *este nome* reúne *esses dois aspectos*.

2. Realização (*taḥaqquq*):

É como a realização de *al-Ḫāliq*, no sentido de "o Existenciador". Ele também pode significar "Aquele a Quem o feito de haver criado a Criação (*ḫalq*)[134] não acrescenta nenhuma característica (*waṣf*) que n'Ele já não houvesse *em toda a eternidade*". Assim, diz *Allāh no Corão*: "o Existenciador (*al-Ḫāliq*), o Íntegro (*al-Bāri'*)" (C. 59:24), isto é, isento de defeito, livre (*sālim*) do que mencionamos.

Entre os seres humanos[135], ocorre que quando alguém inventa alguma coisa sem precedente, criando-a com extraordinária originalidade e maestria, normalmente achará dentro de si uma marca, uma impressão (*aṯar*) de alegria e deleite produzida pelo efeito de tal experiência. No entanto, Deus (*al-Ḥaqq*) está livre (*barī*) disto e é íntegro (*bāri'*).

---

134. "Não retorna". Lit. "nenhuma característica retorna a Ele…".

135. Lit. "as criaturas *humanas*" (*maḫlūqūn*). O Šayḫ usa aqui um plural pouco frequente do part. pas. *maḫlūq* (pl. *-āt*) para especificar que se refere aos seres racionais e não à criação global.

3. Caracterização (*taḫalluq*):

Em certa ocasião, ʿUmar Ibn al-Ḫaṭṭāb entrou no lugar onde estava Abū Bakr al-Ṣiddīq – Allāh esteja satisfeito com ambos. Dado que Abū Bakr estava doente (*marīḍ*), ʿUmar lhe perguntou: "Como despertaste esta manhã?". – "São (*barī*), se Deus quiser, Enaltecido seja" – respondeu-lhe Abū Bakr, e ao dizer "são" quis dizer livre (*sālim*) e a salvo da doença.

A adoção dos traços deste nome por parte do servo consiste em estar livre (*barī*) da influência dos seres engendrados (*akwān*) e das mudanças (*aġyār*), e que, ao contrário, seja ele quem neles influi (*mu'aṯṯir*) pela realização de seu Senhor.[136]

---

136. Isto é, por sua realização (*taḥaqquq*) *da condição de servo* de seu Senhor (*rabb*) *pessoal*, cujo conhecimento implica o conhecimento de si.

المُصَوِّرُ

[14] Al-Muṣawwir

O Formador, o Modelador, [o Artífice]

1. Dependência (*taʿalluq*):

Ele te é necessário para dar forma [*imaginal*] aos inteligíveis (*taṣawwur al-maʿānī*) que, ao se manifestarem em ti, fazem-te chegar a Ele.[137]

2. Realização (*taḥaqquq*):

O Formador é o existenciador dos acidentes (*mūjid al-aʿrāḍ*), o que constitui o terceiro grau (*rutba*) da determinação (*taqdīr*) e da existenciação das entidades (*ījād al-aʿyān*), isto é, das essências (*jawāhir*).[138]

---

137. O autor de *Taḏkirāt al-fawā'id*, ms. Carullah Ef. 992, fol. 80a, em sua glosa a esse capítulo, faz o seguinte comentário: "Cabe ao nome *al-Ḫāliq* predeterminar as formas, ao nome *al-Bāri'* formar formas espirituais e imaginais, e ao nome *al-Muṣawwir* formar formas sensíveis [...]. O servo adota as características desse nome quando ele dá forma aos inteligíveis que, manifestando-se nele, proporcionam-lhe a felicidade eterna. E essas formas são as das ciências, dos conhecimentos intuitivos verdadeiros e das obras de adoração...". Sobre *Taḏkirāt al-fawā'id*, v. P. Beneito, "An Unknown Akbarian of the Thirteenth-Fourteenth Century: Ibn Ṭāhir, the Author of *Laṭā'if al-iʿlām*, and his Works", ASAFAS, Kyoto University, 2000.

138. Ibn ʿArabī trata como sinônimos, neste contexto, os termos "entidade" (*ʿayn*) e "essência" ou "substância" (*jawhar*).
Os teólogos da escola *ašʿarī* sustentam que o cosmos está composto por essências (*jawāhir*) e acidentes (*aʿrāḍ*) e que as essências permanecem constantes enquanto os acidentes não duram por dois momentos seguidos.
Ibn ʿArabī postula, no entanto, que tanto as essências como os acidentes são incessantemente recriados. Ao expor a ideia de uma constante renovação da criação a cada momento, o Šayḫ remete com frequência a teorias análogas de pensadores *ašʿarīs* cuja visão critica, não obstante, considerando-a incompleta. Cf. Chittick, *Sufi Path*, p. 97.
"Os *ašʿarīs* não compreenderam que todo o cosmos (*ʿālam*) é um conjunto de acidentes

Por isso, no Corão, *a sequência de nomes* "o Criador, o Fazedor, o Formador" aparece nesta ordem.[139]

3. Caracterização (*taḫalluq*):

Esta caracterização é necessariamente conhecida e efetiva no servidor (*maʿlūm fī l-ʿabd*). Resta somente que *este nome o* faça perceber *a conveniência de* existenciar formas específicas (*ṣuwar maḫṣūṣa*) nas quais resida sua felicidade (*saʿāda*). E estas são as formas das obras de adoração (*ʿibādāt*) e os conhecimentos (*maʿārif*) cuja realização foi por Deus confiada a seus servidores.[140]

(*majmūʿ aʿrāḍ*) que muda a cada momento (*zamān*), já que, *segundo o postulado ašʿarī*, 'O acidente não dura por dois momentos'". Cf. Ibn ʿArabī, *Fuṣūṣ al-ḥikam*, ed. crítica de A. A. ʿAfīfī, Beirute, 1946 (abrev. *infra Fuṣūṣ*, p.125).
Nesta seção, entende-se que a existenciação dos acidentes é parte da determinação ou existenciação das entidades concretas (*aʿyān*), isto é, das essências como acidentes de uma única essência do cosmos, o Alento do Onicompassivo (*nafas al-Raḥmān*).
Entenda-se que, na cosmovisão akbariana, tanto "essências" como "acidentes" são, em última instância, acidentes, isto é, os efeitos das entidades imutáveis no Ser Manifesto, as entidades individuais manifestas, únicas, em permanente mudança. Cf. *Fut.* II, p. 677, l. 30, e III, p. 452, l. 24. V. Chittick, *Sufi Path*, p. 97.

139. A ordem destes três nomes, relativos ao *processo da* criação, serve a Ibn ʿArabī como referência e fundamento escrito para estabelecer uma correspondência direta com os três respectivos graus de determinação (*taqdīr*). V. *supra* 12-2 (*al-Ḫāliq*), nota 129.

140. Isto é, imposta como Lei, quer seja no Corão e na Tradição ou Suna do Islam, ou em outras revelações anteriores dotadas de uma legislação profética.

الغفّار

[15] Al-Ġaffār

Aquele que cobre (com um véu), o Protetor,[141]
Aquele que oculta, Aquele que perdoa

1. Dependência (*ta'alluq*):

Tu necessitas d'Ele para *cobrir-te com* um véu protetor (*sitr*) que te resguarde da desgraça eterna (*šaqāwat al-abad*).[142]

2. Realização (*taḥaqquq*):

Al-Ġaffār é, com respeito à existenciação das criaturas[143] *e dos homens em particular, o nome* pelo qual Deus os protegeu[144] a fim de que suas vidas (*muhaj*)[145] e suas entidades (*a'yān*) *individuais* não fossem aniquiladas pelos gloriosos resplendores de Sua Face.[146] Em seguida,

---

141. Com o significado de *al-Sattār*, o Protetor, que protege com um véu.

142. Termo oposto a *sa'ādat al-abad*, "a felicidade eterna", usado na seção do *ta'alluq* do nome *al-Raḥīm* (3-1).

143. Lit. "o criado" (*ḫalq*). Logo, o pronome *-hum*, referido a *ḫalq*, concorda em plural com o significado implícito de "criaturas", mais precisamente, os seres humanos.

144. Lit. "Aquilo com que os protegeu (*mā satara-hum bi-hi*)". Ele não diz "quem" (*man*), mas "o que" (*mā*), pondo em destaque que um nome divino não é uma entidade individual distinta de Deus, senão um dos múltiplos aspectos nos quais Ele se manifesta.

145. Plural de *muhja*, que também significa "alma, sangue, coração". Não é um termo corânico.

146. Alusão à tradição profética segundo a qual Deus tem setenta véus de luz... "se estes véus fossem descobertos, as glórias de Sua Face (*subuḥāt wajhi-Hi*) consumiriam todos os seres que as vissem". Cf. Muslim, *Īmān*, 293; Ibn Māja, *Muqaddima*, 13; Ibn Ḥanbal, IV:104 e 105. V. as alusões e comentários relativos aos véus no cap. III de *Contemplaciones*, onde Ibn 'Arabī diz:
"Deus me fez contemplar a luz dos véus (*sutūr*) e a aparição da estrela da confirmação (*ta'yīd*), e me disse: 'Sabes com quantos véus te encobri?'. 'Não' – respondi.

fez descer, sobre todos e cada um, um véu protetor[147] que preserva sua existência do mal.

3. Caracterização (*taḫalluq*):

Por um lado, é semelhante à realização (*taḥaqquq*); por outro, consiste em que ocultes dos outros o que queres que seja ocultado de ti, que te resguardes a ti mesmo da oposição e do desacordo (*muḫālafa*) com o véu protetor da conformidade e da concórdia (*sitr al-muwāfaqa*), tanto exterior como interiormente, e que veles tua estação *espiritual* (*maqām*) na Morada (*mawṭin*)[148] cujo desvelamento (*kašf*) não é concedido pela

---

"Ele disse: 'Com setenta véus. Ainda que os levantes não Me verás e se não os levantares, não Me verás'. Em seguida me disse: 'Tem cuidado para não te queimares!'. E depois me disse: 'Tu és Minha visão, tem confiança. Tu és Minha face, cobre-te então'.
"Disse-me em seguida: 'Retira todos os véus de Mim, descobre-Me – já que te dei permissão para isso – e nos tesouros do oculto guarda-Me, de modo que não Me veja outro que Eu, e convida as pessoas para Me verem. Encontrarás atrás de cada véu o que encontrou o Bem-Amado. [...]'". (pp. 27-28).

147. O verbo usado nesta frase é *anzala*, que significa "fazer descer" e também "revelar", isto é, "fazer descer a revelação". O "véu" aqui evocado poderia ser, entre outras coisas, uma alusão ao Corão, guia, mas também 'véu protetor'. A este duplo aspecto – evidência e véu – do Corão, chamado desse modo *bayān*, "claridade", Ibn ʿArabī alude no cap. IV de *Contemplaciones*:
"Deus me fez contemplar a luz da intuição e a aparição da estrela da transcendência (*tanzīh*) e me disse: 'Na evidência (*bayān*) e na intuição Me escondo de quem se contenta com os véus'.
Então me disse: '[...] Se soubessem que na mesma claridade da evidência residem *juntamente* o símbolo e o enigma das coisas, então seguiriam esta via... Os luminosos versículos do Corão foram revelados como indícios de significados que de outro modo nunca poderiam ser compreendidos'" (p. 43). Para mais esclarecimentos a este respeito, consultem-se as notas a este texto em *Contemplaciones*, p. 43.

148. Sobre o termo *mawṭin*, a morada na qual se permanece, o lugar de assentamento perpétuo, diferenciado de *manzil*, estação de passagem, parada em hospedagem transitória, v. *Fut.* II, p. 578:7-8.
D. Grill oferece uma brilhante tradução do termo *mawṭin*, "plan d'existence (plano de existência)". Cf. Ibn ʿArabī, *Le Dévoilement des effets du voyage (K. al-Isfār ʿan natā'ij al-asfār)*, trad. de D. Grill, ed. de l'Eclat, Combas, 1994 (abrev. *infra Dévoilement*),

realidade (*ḥaqīqa*)[149] *deste mundo*. Esta adoção é necessária na Última Morada (*al-dār al-āḫira*) no momento da teofania *em que as gentes não reconhecerão Deus sob a forma manifesta e O negarão*.[150] Pois, *chegado esse momento*, desde que tu mesmo tenhas conhecimento disso, e como a cortesia (*adab*) exige, deves ocultá-lo nessa morada e não chamar a atenção de ninguém a esse respeito, de modo que estejas em conformidade com a vontade de Deus (*al-Ḥaqq*).

---

p. 70. Assim, este plano de existência mundana impede a revelação do outro plano de existência ultramundana.
Sobre *al-Ġaffār* e outros nomes de forma intensiva *fa''āl*, v. *Fut.* II 578:15-18; *Sufi Path*, p. 281.

149. A realidade desta morada e o conhecimento desta realidade não possibilitam a revelação, o conhecimento direto da última morada perpétua, *al-Āḫira*, que só ocorrerá após a morte.

150. Lit. "no momento da teofania sob a forma da negação" (*tajallī fī ṣūrat al-inkār*). Alusão ao *hadith* da transformação comentado na introdução (v. nota 39). V. J. Morris, *JMIAS*, XVI, p. 21.
A passagem do *hadith* que descreve essa negação é a seguinte: "Deus reúne as pessoas no Dia da Ressurreição [...] Então Deus vem a eles de uma forma diferente da que eles reconhecem como Ele e Ele diz: 'Eu sou seu Senhor!' E eles respondem: 'Buscamos refúgio contra ti junto a nosso Senhor. Ficaremos aqui até que nosso Senhor venha a nós. E quando nosso Senhor vier, nós O reconheceremos'. Então Deus vem a eles sob a forma que eles reconhecem como sendo Ele e Ele diz: 'Eu sou seu Senhor!'. Então eles respondem: 'Certamente, Tu és nosso Senhor!', e eles seguem *esta forma*".

القهّار

[16] Al-Qahhār

O Opressor, o Dominante, o Subjugador,
o Redutor, o de irresistível poder

1. Dependência (*taʿalluq*):

Necessitas d'Ele – Exaltado seja – para *ajudar-te a alcançar* a vitória (*nuṣra*) e a reafirmação (*ta'yīd*).[151]

2. Realização (*taḥaqquq*):

Este nome está em oposição (*muqābala*)[152] a todas as pretensões à condição senhorial (*al-daʿāwà fī l-rubūbiyya*)[153] que Allāh criou em Sua criatura (*ḫalq*).

---

151. Entre outros sentidos, pode-se entender como a vitória sobre a falsidade e a reafirmação da verdade.

152. *Muqābala* significa tanto "encontro, reunião, correspondência", como "oposição, antítese".

153. Isto é, a toda pretensão (*daʿwà*, pl. *daʿāwà*) por parte do servo (*ʿabd*) à condição senhorial de seu Senhor (*rabb*). O nome *al-Qahhār* se opõe, pois, a tais requerimentos, com seu poder irresistível (*qahr*). Por um lado, Ele ajuda o servo com Seu auxílio e confirmação na realização de sua servidão; por outro, oprime e reduz suas pretensões àquilo que não corresponde à sua condição, o que é desse modo "auxílio" (*nuṣra*) e "confirmação" (*ta'yīd*), pois previne e combate a pretensão do servo ao senhorio, a qual não pode se tornar benéfica, ajudando-o a conhecer e a realizar sua própria condição. A "força irresistível" (*qahr*) do Dominador deve ser compreendida, de qualquer modo, como uma graça divina, quer se manifeste em termos direta ou indiretamente positivos. Ao ser Deus mesmo quem criou as pretensões, estas devem ter necessariamente um aspecto funcional positivo no desenvolvimento humano: a função cognitiva. Se não fosse por sua propensão às paixões e as pretensões ao senhorio o homem não poderia conhecer os limites de sua condição.

3. Caracterização (*taḫalluq*):

Se o servo, encarregado de rechaçar (*radʿ*) suas paixões (*šahawāt*) e de combater seus inimigos (*aʿdā'*) para adquirir poder sobre eles,[154] os repele, domina-os e impõe-lhes sua vitória, então, considera-se que ele verdadeiramente participa deste nome.[155] É aquele cujo poder irresistível (*qahr*) se soma na confrontação (*muqābala*) com aqueles que disputam (*munāziʿūn*).[156]

---

154. O autor usa o termo *istīlā'*, "apoderar-se", "tomar posse". Referido ao texto: dominar as paixões, conquistar os inimigos.

155. Lit. "tem uma parte deste nome". O termo *naṣīb*, "parte, porção, sorte", é usado aqui com sentido análogo ao termo *ḥaẓẓ*.

156. No manuscrito I (f. 6b) lê-se este esclarecimento: "Isto é, que quem adota os traços do nome *al-Qahhār* domina quem quer que se oponha a ele na disputa (*nizāʿ*)". A propensão ao litígio e à disputa em temas doutrinais não é, aos olhos dos sufis, uma qualidade análoga ao chamado "sentido crítico", mas uma tendência oposta ao sentido de conformidade e ao estilo iluminador que derivariam de uma realização genuína do conhecimento.

الوَهَّاب

[17] Al-Wahhāb

O Magnânimo, o Doador

1. **Dependência (*ta'alluq*):**

Necessitas d'Ele para ter êxito em eliminar os *interesses pessoais* na realização das obras (*a'māl*).

2. **Realização (*taḥaqquq*):**

Ele é quem dá (*al-Mu'ṭī*) para agraciar, desinteressada e graciosamente, livre de todos os *eventuais* interesses pessoais (*maqāṣid*) que estão geralmente associados ao ato de dar (*'aṭā'*) por parte de quem o faz. Isto se manifesta, de fato, tanto da parte de Deus como do homem (*ḥaqqan wa-ḫalqan*).[157]

3. **Caracterização (*taḫalluq*):**

Esta estação (*maqām*)[158] espiritual *do dom de graça* pode manifestar-se no servo.[159] Se este chega a alcançá-la, é chamado, então, de "doador magnânimo" (*wahhāb*): aquele cujos dons (*hibāt*) proliferam sob as condições definidas, isto é, sem receber compensação (*'iwaḍ*) e sem nenhum interesse pessoal (*ġaraḍ*).

---

157. Lit. "adquire forma", tanto no plano da realidade *divina* como no humano. No ms. I aparece este esclarecimento à margem: "Isto é, que é possível que *o Dador* [*ou Doador*], *tal como foi definido*, seja o homem (*ḫalq*) ou Deus (*al-Ḥaqq*)".

158. O uso do termo *maqām* é significativo, pois estabelece uma clara relação de correspondência entre as sucessivas "adoções" das características dos nomes e as respectivas "estações" do progresso espiritual. Cada *taḫalluq* é, nesse sentido, um *maqām*, uma estação espiritual, um degrau da "escada dos nomes" (*sullam al-asmā'*) "que sobe e desce" (cf. *Fut.* IV, p. 196, l.4). O *taḥaqquq* de um nome, a verificação de sua realidade essencial, corresponde ao que Ibn 'Arabī denomina a Presença (*ḥaḍra*) de um nome.

159. V. *supra*, nota 157.

الرَّزَّاقُ

[18] Al-Razzāq

O Provedor, o Sustentador, o Provisor, o Fornecedor

1. Dependência (*taʿalluq*):

Necessitas d'Ele para manter-te no cosmos (*ʿālam*) por meio d'Ele, *isto é, de Seu sustento*, de modo que *os necessitados* possam recorrer à tua ajuda na subsistência (*baqā'*) de suas essências (*ḏawāt*).[160]

2. Realização (*taḥaqquq*):

Al-Razzāq é o que faz chegar a tudo o que existe (*mawjūd*) que não Ele (*siwā-Hu*)[161] aquilo de que necessita para sua subsistência, que é o que se denomina seu "sustento" (*rizq*), quer se trate do alimento dos espíritos (*arwāḥ*) ou do alimento das aparências corpóreas (*ašbāḥ*).[162]

---

160. O servo ao qual se dirige o discurso em segunda pessoa não é só um homem ou mulher qualquer, uma pessoa comum ou indivíduo crente e praticante, mas o ser humano por excelência, o Homem Perfeito, criado segundo a forma de Deus, em sua dimensão de síntese microcósmica e em sua função de Pólo ou Eixo do universo. Sem o Homem Perfeito o cosmos seria aniquilado: as essências individuais necessitam dele – sustentado, por sua vez, por *al-Razzāq* – para subsistir.

161. Esta expressão remete à noção do que é "outro além de Deus" (*mā siwā Allāh*), tudo o que não é Deus, isto é, o cosmos, tudo o que foi criado, pois o criado, como não é Ele – apesar de só por Ele subsistir – é "outro", isto é, uma alteridade relativa.

162. Mesmo podendo utilizar os termos *badan* ou *jism* ("corpo"), Ibn ʿArabī preferiu usar aqui o termo *šabaḥ*, pl. *ašbāḥ*, "figura, silhueta, imagem fantasmagórica, aparição, espectro", etc., para aludir ao caráter imaginal das aparências corpóreas, à "fantasmagoria" dos corpos. Sobre o termo *šabaḥiyya*, usado por Junayd de Bagdá (m. 911) em seu *Rasā'il* ao tratar do quarto grau de conhecimento da Unidade divina (*tawḥīd*), o grau da "aniquilação na Unidade", v. Massignon, L., *Essai sur les origines du lexique technique de la mystique musulmane*, Vrin, Paris, 1954 (2ª edição) (abrév. *infra Essai*) e *Contemplaciones*, p. 111, nota 8.

3. Caracterização (*taḫalluq*):

Se a palavra do servo (*kalām al-ʿabd*) exerce, no coração daquele que o escuta, um influxo *benéfico* que aumenta sua felicidade (*saʿāda*); se lhe dá aquilo de que dispõe e que lhe foi confiado;[163] se aquele a quem dá (*muʿṭà la-hu*) usa *o que recebeu* efetivamente em si mesmo para a manutenção (*baqā'*) de sua constituição (*bunya*); e se isto se prolifera[164] com abundância em tal servo, então ele adotou os traços deste nome.

---

163. Isto é, "aquilo do que está encarregado como representante (*mustaḫlaf fī-hi*)", como delegado ou vice-regente (*ḫalīfa*) de Deus na terra.

164. O uso do verbo *kaṯura* (*min-hu*) em comentários relativos à caracterização (*taḫalluq*) – v., p. ex., 16-3 – indica que, junto ao aspecto qualitativo, também o aspecto quantitativo é relevante na hora de considerar se, num caso particular, pode-se falar propriamente de "adoção" ou não. Entenda-se que a adoção, enquanto estação (*maqām*), tem caráter duradouro que se reflete na profusão de seus efeitos. No caso de que as qualidades ou traços característicos de um nome se manifestem no servo por efeito de um estado transitório, não se pode falar propriamente de *taḫalluq*. Esse fator quantitativo seria importante, pois, não por si mesmo, senão como indicador da relativa estabilidade do aspecto qualitativo.

الفَتّاحُ

[19] Al-Fattāḥ

O Revelador, Aquele que abre

1. Dependência (*ta'alluq*):

Necessitas d'Ele para que te sejam dadas as chaves (*mafātīḥ*) *que revelam os segredos* das diversas categorias (*ṣunūf*)[165] e para que te conceda a permissão (*iḏn*) de usá-las.[166]

---

165. Isto é, as chaves que abrem as portas dos tesouros que revelam os segredos das diferentes espécies, sua razão de ser e o motivo de sua diversidade.

166. Isto é, a permissão requerida pelo *adab*, a cortesia espiritual, de utilizar o conhecimento dos segredos aos quais tais chaves dão acesso, o conhecimento das revelações místicas ou iluminações (*futūḥāt*). A cortesia espiritual dos sufis requer deixar os carismas, o poder pessoal e as faculdades especiais, fruto da graça, nas mãos de Deus. O sufi, enquanto servo, não atua por si mesmo sem a permissão de seu Senhor. Em que consiste esta permissão? Na língua em uso *iḏn* significa *i'lām*, "informação, instrução, ensinamento". No contexto da Lei, consiste em ser liberado de uma interdição (*fakk al-ḥayr*) e dar liberdade de ação (*iṭlāq al-taṣarruf*) com respeito a quem legalmente estava privado dela. Cf. *Ta'rīfāt*, 72, pp. 51-52. Assim, *iḏn* é instrução ou autorização e, por definição, implica livre-arbítrio. Entenda-se que, em princípio, o uso do conhecimento das diversas espécies que estas chaves conferem não está autorizado e, por isso, requer-se prévia permissão.

2. Realização (*taḥaqquq*):

É a causa que exige[167] a exteriorização (*iẓhār*) do que estava *oculto* sob estas cadeias (*maġālīq*) em seus *diversos* graus (*marātib*),[168] para *que* os olhos dos que contemplam (*aʿyun al-nāẓirīn*)[169] *possam contemplá-lo* conforme seus diferentes graus (*marātib*), tanto no plano sensível (*ḥiss*) como no inteligível (*maʿnà*).

---

167. A causa que compele (*sabab mūjib*) à manifestação exterior é a vontade que Deus tem de dar-se a conhecer – o que ocorre por meio do nome *al-Fattāḥ*, o Revelador do oculto –, expressa no dito do Tesouro escondido, muito citado por Ibn ʿArabī e outros autores sufis como *hadith* atribuído ao Profeta: "Eu era um Tesouro Oculto e quis ser conhecido. Desse modo, criei as criaturas para que Eu fosse conhecido" (V. S. Ḥakīm, *Muʿjam*, p. 1266). Ibn ʿArabī está consciente de que esta tradição é considerada elaboração inautêntica por alguns tradicionalistas, mas ele assegura sua validade e autenticidade provada por revelação, segundo seu critério– entenda-se, neste caso, como assinalou W. Chittick, por uma visão do Profeta que a havia verificado diante do autor no mundo imaginal. Cf. *Sufi Path*, p. 391, nota 14. Sobre isto o Šayḫ escreve que "este *hadith* é válido por revelação (*ṣaḥīḥ kašfan*), mas não foi estabelecido por transmissão (*ġayr ṯābit naqlan*)" (*Fut. II*, p. 399, l. 28).
Um provérbio de Lulio evoca esta tradição muçulmana do Tesouro oculto, na qual o próprio Deus manifesta Sua vontade de dar-Se a conhecer: "O mundo – diz Raimundo Lulio – foi criado, principalmente, para que Deus seja conhecido, recordado e amado". (Cf. Llulle, Ramon, *Proverbis de Ramon*).

168. Isto é, que impediam a manifestação da existência na multiplicidade – necessária para Deus poder dar-se a conhecer – e o conhecimento distintivo de seus graus. O texto coloca certa ambiguidade que, longe de obscurecer seu sentido, enriquece-o. Nesta complementaridade de diversos sentidos possíveis – recurso característico do estilo akbariano –, não há confusão ambígua, mas fusão de significados. Neste caso, o texto dá a entender, por um lado, que as fechaduras estão nas portas dos diversos graus da existência cujo acesso impediam, fechando o conhecimento das diferentes espécies, e, por outro lado, que a manifestação exterior (*iẓhār*) do que está detrás destas fechaduras ocorre segundo seus diversos graus. (V. nota *infra*).

169. A manifestação diante dos olhos (*aʿyun*) vem necessariamente acompanhada da revelação das entidades (*aʿyān*) imutáveis daquilo que se manifesta exteriormente e daqueles que observam. Ainda que os plurais da palavra *ʿayn* para "olhos" (*aʿyun* ou *ʿuyūn*) e para "entidades" (*aʿyān*) sejam distintos, comprovei que há frequentemente, na obra do Šayḫ uma inquestionável inter-relação alusiva entre ambos os significados, particularmente em contextos relativos à existenciação ou à revelação. Esta interconexão semântica de ambos os plurais originados da palavra *ʿayn* permite a cada um deles denotar simbolicamente, em muitas passagens, o significado do outro. V., por exemplo, P. Beneito, "On the divine Love of Beauty", *JMIAS*, XVIII, 1995, pp. 19-20.

3. Caracterização (*taḫalluq*):

Uma vez fornecidas estas chaves ao servo por um nome, seja qual for – *al-Wahhāb*, o Magnânimo, *al-Karīm*, o Generoso, *al-Jawād*, o Providente, ou outros nomes da mesma categoria[170] –, se com elas penetra os significados difíceis das questões relativas à ordem divina, à ordem espiritual e à ordem natural[171] – tanto as que estão relacionadas aos fins (*aġrāḍ*)[172] como as que não estão –, e os revela aos olhos da visão interior (*baṣā'ir*) e aos olhos do sentido exterior da visão (*abṣār*),[173]

---

170. Isto é, qualquer um dos nomes de dom (*asmā' al-ʿaṭā'*). Sobre esta categoria de nomes e sua denominação, v. especialmente *Fut. IV*, p. 263, lss. 22 e 27-29.
Cada um dos nomes de dom, segundo suas características específicas, pode dar ao servo as chaves mencionadas quando se cumprem as condições necessárias.
Os três nomes citados aqui são comentados na mesma ordem (núm. 20-22) junto com outros nomes de dom (v. também 23 e 24) em *Fut. VI*, p. 323, lss. 2-5.

171. Lit. "as dificuldades das questões inteligíveis (*umūr maʿnawiyya*) divinas (*ilāhiyya*), as espirituais (*rūḥāniyya*) e as naturais (*ṭabīʿiyya*)".

172. V. *supra* 17-2, nota 157.

173. Sobre a distinção entre ambos, v. os textos citados onde se relaciona a visão interna ou *intravisão* (*baṣīra*, pl. *baṣā'ir*) com o plano do inteligível, o mundo do invisível, e a visão sensível (*baṣar, pl. abṣār*) com o plano físico dos fenômenos, o mundo do visível. V. *Fut. III*, p. 42, l. 5 e ss. e II, p. 241 l. 1 e ss. Cf. *Sufi Path*, p. 223. V. *Fut. III*, p. 65, l. 22 (cf. *Sufi Path*, p. 89).
O termo "intravisão" poderia ser usado para traduzir o inglês *insight*, oposto a *sight*, muito adequado para expressar a oposição de *baṣīra*, visão interna, e *baṣar*, visão externa. Assim, poderia usar-se "visão" com respeito ao olho da visão sensível (*ʿayn al-baṣar*) e "intravisão" com relação ao olho da visão interna (*ʿayn al-baṣīra*). Para traduzir *baṣīra* também se pode recorrer a "penetração espiritual", "clarividência", "visão clarividente", "intuição" ou "iluminação", em diversos contextos.
Ambos os termos são usados com relativa frequência no Corão em diversas acepções e a oposição entre eles – própria da terminologia técnica akbariana – nem sempre parece evidente. Por exemplo, a expressão *ulū l-abṣār* (lit. "os dotados de visão") pode significar "videntes", "clarividentes", "possuidores de entendimento", etc. Cf. H. Kassis e K. Kobbervig, *Las concordancias del Corán*, IHAC, Madrid, 1987 (abrev. *infra Concordancias*), pp. 128-129. V. também as seções relativas ao nome *al-Baṣīr*.

na justa medida da necessidade[174] daquele a quem são revelados (*maftūḥ la-hu*), pode-se dizer deste, a quem é dado alcançar esta estação (*maqām*),[175] que é "revelador" (*fattāḥ*),[176] mas não no sentido de "conquistador" (*fātiḥ*).[177]

---

174. Este sentido da adequação do discurso, seja do gênero que for, à medida da necessidade (*qadr al-ḥāja*) do interlocutor num dado momento, é um aspecto do que se denomina "cortesia espiritual" (*adab*), isto é, "boas maneiras" requeridas no trato com as realidades espirituais em todas as ordens. Neste sentido se entende também o *hadith* que recomenda a adaptação do discurso à língua do interlocutor. Ibn ʿArabī usa com frequência o termo *lisān al-ḥāl*, lit. "a língua do estado" (v., p. ex., *Fut. IV*, p. 255), isto é, a expressão imediata da necessidade do momento em termos não linguísticos, a linguagem não verbal em todas as suas dimensões psicofísicas e espirituais. Na concepção evolutiva dos sufis há, sem dúvida, uma correspondência direta entre estado e necessidade: o adotante dos traços deste nome – ou de qualquer outro que se relacione com a possibilidade de um influxo em outra pessoa – "escuta" com o ouvido interno da intuição e da inspiração a expressão interna da necessidade do interlocutor, expressa com frequência pela língua de seu estado de modo inconsciente ou subliminar. Portanto, o homem ou mulher revelador descobre primeiro a necessidade do indivíduo ao qual se dirige e logo lhe revela, em conformidade com sua capacidade e sua disposição, o significado daquelas questões cuja compreensão pode se tornar prática e benéfica para ele em termos de desenvolvimento pessoal, tanto no que concerne ao ser interno como ao ser aparente.

175. V. *supra* 17-3, nota 158.

176. No texto diz lit. "e ele é o Revelador (*al-Fattāḥ*), não o Conquistador". O uso do artigo definido no lugar da indeterminação confere ao termo o caráter de nome próprio, não de adjetivo qualificativo. Pode-se entender que o servo que alcança esta estação não somente *é revelador*, mas, enquanto epifania e em virtude da união simpatética com seu Senhor, ele *é* o Revelador, lugar de manifestação do Revelador.

177. V. *supra* 10-2, nota 112, onde se remete à passagem em que Fleisch explica que a forma *faʿʿāl* se distanciou de sua base primária. Ela também se afastou, como neste caso assinalado por Ibn ʿArabī, do significado do part. at. *fāʿil*. Assim, ela não funciona aqui como forma intensiva do part. at. *fātiḥ*, mas como nome de atividade (não como de profissão neste caso) que se distingue daquele.

العليم

[20] Al-ʿAlīm

O Onisciente, o Sapientíssimo, o Sábio

1. Dependência (*taʿalluq*):

Necessitas d'*Ele para* determinar (*taʿyīn*)[178] quais são os traços deste nome que verdadeiramente podes adotar.

2. Realização (*taḥaqquq*):

O paradigma do nome al-ʿAlīm é uma forma intensiva (*bunya mubālaġa*).[179] *A verificação (taḥaqquq) deste nome* consiste na conexão

---

178. Aqui, a determinação (*taʿyīn*) é uma função cognitiva; a faculdade para especificar os aspectos deste nome que são suscetíveis de revestimento por parte do servo.

179. Assim como, para criar uma linguagem afetiva em português ou outras línguas latinas, pode-se recorrer ao sufixo como procedimento de formação de diminutivos ou aumentativos, também a língua árabe recorre a seu procedimento fundamental: a flexão interna. Se, em árabe, as palavras com uma ou duas vogais breves apresentam em geral as noções segundo o conteúdo de sua raiz lexical sem mais, isto é, sem nenhuma intenção afetiva particular, a prolongação da segunda vogal em outras palavras acrescenta um matiz especial à expressividade no sentimento linguístico. Cf. Fleish, *Traité*..., I, p. 378, 80a-b.
"Os adjetivos de formas *faʿīl* e *faʿūl*, especialmente desta última, indicam com frequência [...], ou um alto grau da qualidade designada, ou uma ação feita frequentemente ou com grande força, em razão do qual se chamaram 'formas intensivas' (*abniyat al-mubālaġa*)". Cf. Wright W., *A Grammar of the Arabic Language*, Cambridge University Press, éd. 1971 (abrev. *infra Grammar*), I, p. 136 C.
Não obstante, segundo Fleisch, apesar de "a forma *faʿūl* ainda poder dar vigor à expressão de uma qualidade ou ação, a forma *faʿīl* se transformou, de fato, no *wazn* simples e habitual para um adjetivo (quando esta forma existe)". Cf. *Traité*..., I, p. 378, 80c.
Sem dúvida, no caso de *ʿalīm*, o caráter intensivo do paradigma *faʿīl* só se manifesta de modo evidente em seu uso como nome de Deus. Em outros casos, é sinônimo de *ʿālim* e as formas intensivas usadas com relação a ambos os adjetivos seriam *ʿallām*, *ʿallāma*, etc. Em todo caso, já que Ibn ʿArabī o considera forma intensiva, traduziremos este nome como superlativo: "onisciente", "sapientíssimo" etc., e não simplesmente "sábio".

(*taʿalluq*) com as realidades essenciais das coisas (*ḥaqā'iq al-umūr*) *e em seu conhecimento,* tais como são no plano da existência (*wujūd*) ou no plano da inexistência (*ʿadam*), na perspectiva da negação (*nafy*) ou na perspectiva da afirmação (*iṯbāt*), num modo de conhecimento que as compreende total e verdadeiramente (*iḥāṭa*)[180] em sua realidade essencial (*ḥaqīqa*), e não de modo limitado, o que implicaria ignorância (*jahl*).

3. Caracterização (*taḫalluq*):

A adoção dos traços deste nome é o que sobrevém ao servo como resultado da aquisição e do proveito (*ḥukm al-kasb*) das ciências, especialmente das adquiridas por apreensão *direta* (*istinbāṭ*)[181], sem que nenhum outro tenha conhecimento. Pois, mesmo *tais ciências* sendo fruto de uma consideração atenta de sua parte, esta remete à sua essência (*ḏāt*), razão pela qual o revestimento com os traços deste nome é, pois, efetivo, dado que o saber de Allāh (*ʿilm Allāh*) não inclui nada adquirido de outro (*mustafād min al-ġayr*) e o homem (*ḫalq*), por sua vez, não adquiriu de outros as ciências (*ʿulūm*) congênitas com as quais foi criado.

Sobre a correlação entre a força dos elementos materiais da palavra (*quwwat al-lafẓ*) e a força do significado (*quwwat al-maʿnà*), anunciada pela anterior, v. *Traité*..., I, p. 467, 100e. V. também, sobre a ambivalência da forma *faʿīl*, *Šarḥ*, 24-1, nota 558.

180. Lit. "segundo o modo da compreensibilidade (*iḥāṭa*)". O termo *iḥāṭa* designa o "perfeito conhecimento compreensivo". Portanto, "conhecer as realidades completa e verdadeiramente" se opõe, aqui, ao modo de conhecimento próprio da limitação (*tanāhī*). O conhecimento de *al-ʿAlīm* é completo e compreende todas as coisas e questões verdadeira e efetivamente; não é um conhecimento limitado de aspectos fragmentários.

181. Termo citado uma só vez no Corão C. 4:83. Na linguagem técnica, o termo *istinbāṭ* ("hermenêutica", "interpretação") designa o fato de "extrair de um texto os significados que ele contém, "pelo exercício mental exaustivo e aptidão intuitiva". Cf. Jurjānī, *Taʿrīfāt*, p. 62. Segundo P. Ballanfat, Ibn ʿArabī também utiliza o termo *istinbāṭ* "para designar, mas raramente, a verdadeira percepção das coisas que se opõem à razão especulativa". Cf. *Futūḥāt*, X, pp. 51, 185 e XII, p. 352. V. Paul Ballanfat, "Légitimité de l'herméneutique dans le commentaire des traditions du prophète de Rūzbehān Baqlī", *Annales Islamologiques*, nº XXXI, p. 28, nota 29.

القابض

[21] Al-Qābiḏ

O Cingidor, o Coletor, Aquele que prende,
Aquele que restringe, o Constritor, Aquele que encobre

1. Dependência (*taʿalluq*):

Necessitas d'Ele para *poder alcançar* a excelência na cortesia espiritual (*ḥusn al-adab*) *de modo que sejas impecável* em relação a todos os dons e os dotes (*mawāhib*) que d'Ele recebeste, tanto no domínio sensível como no inteligível.

Também precisas d'Ele no que concerne ao que tomas para um outro daquilo que te foi confiado *como delegado*, conforme os limites prescritos pela Lei revelada (*ḥadd mašrūʿ*).

2. Realização (*taḥaqquq*):

Allāh – Enaltecido seja – disse: "Fazei a Allāh um empréstimo generoso (*qarḍ ḥasan*)!".[182] Assim Ele o toma de ti para te devolvê-lo em dobro. "Um empréstimo generoso (*ḥasan*)" é o objeto (*mawḍiʿ*) da

182. Assim em C. 73:20, no imperativo: "[...] Cumpri a oração! Concedei a esmola! Fazei a Allāh um empréstimo generoso (*qarḍ ḥasan*)! O bem que façais como adiantamento para vós mesmos, voltareis a encontrá-lo ainda melhor junto a Allāh, e como recompensa ainda maior [...]".
O mesmo fragmento citado aqui faz parte do versículo 57:18, só que neste se usa o tempo perfectivo (*aqraḍū*) no lugar do imperativo:
"Àqueles que dão esmola, eles e elas, fazendo um empréstimo generoso a Allāh, ser-lhes-á duplicada a retribuição, e terão uma recompensa generosa" (C. 57:18).
O termo usado para dizer "aquele que dá esmola" é *muṣaddiq* – da raiz de *ṣadaqa*, "esmola" –, que também significa "o que declara verdadeiro". Neste segundo versículo se encontra a noção de duplicação do empréstimo à que se refere Ibn ʿArabī em seguida. Na língua em uso, chama-se de *qarḍ ḥasan* ao empréstimo sem interesse nem prazo. Entenda-se, neste contexto, que a recompensa acontece na Última Morada.

aprendizagem da cortesia (*taʿallum al-adab*). "A perfeita realização (*iḥsān*) consiste em adorares a Allāh como se O visses",[183] pois Ele é o Dador e o Coletor, porque "a esmola (*ṣadaqa*) chega à mão do Compassivo (*yad al-Raḥmān*) *antes de chegar à mão do pedinte*".[184] A esta seção corresponde também *o versículo*: "Em seguida, recolhemo-la, suavemente, para junto de nós, com facilidade (*qabḍ yasīr*)" (C. 25:46), que se refere à sombra estendida.[185]

Há ainda outro sentido na verificação (*taḥaqquq*) *deste nome*: Ele é o que contém ou restringe (*q-b-ḍ*), isto é, encobre[186] aquilo cuja difusão

---

183. O termo *iḥsān* usado neste *hadith* – da mesma raiz do termo *ḥasan* – significa literalmente "fazer o que é bom e belo ou nobre". Ao perguntar Gabriel a Muḥammad "O que é o *iḥsān*?", o Profeta respondeu: "Adorar a Allāh como se O visses, pois ainda que não O vejas Ele te vê". Segundo outra interpretação de Ibn ʿArabī, esta sentença poderia ser traduzida assim: "Adorar a Allāh como se O visses, e se tu não és [ou então, 'quando tu não estás'] O vês, e Ele te vê a ti". Cf. J. Morris, "Seeking...", *JMIAS*, XVI, pp. 18-19 e notas 29-34.
Este *hadith* se encontra em Buḫārī, *Tafsīr* 31:3, *Īmān* 37; Muslim, *Īmān* 57; Abū Dā'ūd, *Īmān* 4; Ibn Māja, *Muqaddima* 9; Ibn Ḥanbal, I: 27, 51, 53, 319, II: 107, 426, IV: 129, 164. V. também o final da obra *al-Fanā' fī l-mušāhada* de Ibn ʿArabī, *Rasā'il Ibn al-ʿArabī*, Hyderabad, 1948, p. 9, sobre o significado alusivo deste *hadith*. Cf. *Concordance*, I, p. 467; *Fut.* (OY) II, p. 511 (nº 60).
O autor comenta com frequência este *hadith*. V., p. ex., *Fut.* II: 174; III: 223, 324, 333; IV: 574, 587, 588; V: 470, 471 (*ka-anna sulṭānu-nā!*), 606; VI: 111, 116, 280, 399, 467, 560; VII: 260, 581; VIII: 264, 266; IX: 135; XI: 3, 249, 254; XII: 372, 379; XIII: 99, 141, 405.

184. Ibn ʿArabī cita assim este *hadith*: "A esmola (*ṣadaqa*) chega à mão do Compassivo antes de chegar à mão do pedinte (*sā'il*), e Ele cuida dela como um de vós cuidaria de seu potrinho ou de seu camelinho recém desmamado". Cf. *Fut.* VIII: 689. Outras citações do *hadith* podem ser encontradas em *Fut.* VIII: 239, 240, 605, 654, e XIV: 450.

185. O versículo anterior (25:45) diz assim: "Não viste como Teu Senhor estende a sombra (*kayfa madda l-ẓill*)? Se quisesse, poderia fazê-la imóvel. Ademais, Nós fazemos do sol guia para ela". A ela alude o autor ao referir-se à "sombra estendida (*ẓill mumtadd*)".

186. Lit. "enrola, dobra". A expressão árabe *bi-l-našr wa-l-ṭayy* – que reúne os dois termos usados aqui – traduz-se, em geral, por "explícita e implicitamente". *Al-Qābiḍ* é o que mantém implícito o que não quer fazer explícito de modo geral. Pode-se

(*našr*) geral Ele não deseja, tanto no âmbito dos espíritos (*arwāḥ*) como no dos corpos (*ajsād*).

3. Caracterização (*taḫalluq*):

A participação (*ḥaẓẓ*) deste nome que corresponde ao servo consiste em estar *consciente de* receber[187] o que Allāh lhe dá de Sua própria mão, e não da mão de outro além d'Ele. Pois nenhum outro além de Allāh tem possessão (*mulk*) alguma, e não há Doador (*muʿṭī*) senão Allāh – Enaltecido seja.

Por outro lado, se o servo reveste-se da qualidade deste nome, ele pode, então, prender (*q-b-ḍ*) com seu discurso (*kalām*) os corações de quem quiser, dentre as criaturas (*ḫalq*) de Allāh – Enaltecido seja –, atraindo-os para o lado da Realidade divina (*janāb al-Ḥaqq*) e subtraindo-os de sua dispersão (*basṭ*) nos seres engendrados (*akwām*) e nas mudanças (*aġyār*) de modo geral; e assim, novamente, tanto no plano sensível como no plano inteligível.

---

observar também que o nome *al-Qābiḍ* remete à imagem do punho divino (*qabḍa*) mencionada em C. 39-67.

187. Lit. "que seja coletor (*qābiḍ*) do que Allāh lhe dá...".

البَاسِطُ

[22] Al-Bāsiṭ

O Abastecedor, o Munificente, o Dispensador,
Aquele que expande, o Provisor.

1. **Dependência (*ta'alluq*):**

Necessitas d'Ele para que delegue em tuas mãos aquilo em que residem as alegrias (*afrāḥ*) dos servos e que não viola nenhuma interdição da Lei revelada (*ḥurma mašrū'a*).

2. **Realização (*taḥaqquq*):**

Só é possível estender (*basṭ*)[188] o que *previamente* foi contraído (*maqbūḍ*).[189] No entanto, a ação de pegar [o ou fato de ter "agarrado"] (*qabḍ*) pode ocorrer (a) respectivamente à ação de dar (*'an basṭ*) [e então é pegar] ou (b) sem a ação de dar (*'an lā basṭ*) [e então é o fato de ter].[190]

Desse modo, a benéfica munificência (*naf'*) do Dispensador (*al-Bāsiṭ*), que é a Realidade *divina* (*al-Ḥaqq*), é, por um lado, (1) *uma graça* geral extensiva a *tudo* o que as essências (*ḏawāt*) requerem daqueles a quem é dispensada (*al-mabsūṭ 'alay-him*) e, por outro lado, (2) *uma graça* especial e particular *conferida em razão* do que a felicidade requer de alguns servos. Na dispensação geral (*basṭ 'āmm*) pode haver, às vezes, (3) alguma

188. Também significa "expansão, exibição, exposição, regozijo".

189. Em outras palavras, só se pode distender o que está dobrado, só se pode dar a expansão do ânimo com relação à prévia constrição.

190. Só se pode dar o que se tem, pois o ter precede o dar. Mas a constrição pode consistir em contrair o dilatado ou em ocultar o que não se exibiu. Desse modo, "dar" exige "ter", mas "ter" – no plano divino – não exige prévia "dispensação".

artimanha *divina* escondida (*makr ḫafī*),[191] de modo que estas [modalidades de *basṭ*] respondem a estados (*aḥwāl*) diferentes:

Ao *primeiro* (1) destes estados refere-se *o versículo*: "Se Allāh dispensasse[192] generosamente o sustento a Seus servos, haveriam cometido transgressão na terra..." (C. 42:27).[193]

Ao *segundo* (2) destes estados se refere *Sua Palavra*: "Allāh dispensa o sustento a quem Ele quer, dentre Seus servos: a alguns com abundância, a outros com restrição. *Allāh é onisciente*" (C. 29:62).[194]

Ao *terceiro* estado (3) se referem *o versículo*: "Só lhes concedemos um prazo [aos transgressores] para que aumentem seus erros"

---

191. Sobre o conceito da artimanha divina, à qual se referem os versículos C. 7:99, 10:21 e 27:50, v. *Muʿjam*, p. 1019. Em Ibn ʿArabī, *Iṣṭilāḥāt al-Šayḫ Muḥyī l-Dīn Ibn ʿArabī,* ed. Bassām ʿAbd al-Wahhāb al-Jābī, Dar al-Imām Muslim, Beirute, 1990, ("*Muʿjām iṣṭilāḥāt al-ṣūfiyya*", pp. 22-39), o autor define *makr*, "ardil", "armadilha", nestes termos: "*O ardil por parte da Realidade* consiste em fazer chegar bênçãos *ao servo* apesar de suas transgressões, em fazer que seu estado se mantenha apesar de sua falta de cortesia espiritual e em fazer que se manifestem *nele* sinais e carismas sem fim nem limite" (p. 66), e tudo isso, entenda-se, sem que o servo o tenha merecido por seus méritos e como prova.

192. À margem do ms. I se lê esta nota: "Isto é um exemplo de que tem como incumbência a felicidade de alguns de Seus servos, já que não lhes dispensa [ou prodigaliza, em outras versões] generosamente para que não se orgulhem, pois se o fizesse se ensoberbeceriam".
A partícula *law* usada nesta frase corânica introduz em árabe a oração condicional irreal, o que pressupõe que a ação não se realiza. Portanto, ao ler "se (*law*) Deus dispensasse generosamente..." entende-se implicitamente que não o faz.

193. O texto do versículo continua dizendo: "... na terra. O que faz, no entanto, é conceder-lhes na justa medida o que Ele quer. Por certo, Ele está bem informado sobre Seus servos, Ele é Onividente".

194. Este mesmo texto aparece também neste versículo: "Na manhã seguinte, os que na véspera haviam invejado sua posição [quando "Coré apareceu diante de seu povo com toda sua pompa" (C. 28:79)] disseram: 'Ah! Allāh dispensa o sustento a quem Ele quer de Seus servos: a alguns com abundância, a outros com restrição. Se Allāh não nos tivesse agraciado, haveria feito a terra engolir-nos [como a Coré]. Ah! Os infiéis não prosperarão'" (C. 28:82).

(C. 3:178),[195] e o dito do Profeta – Allāh o abençoe e salve –: "Eu vos socorro como a chuva abundante *socorre* os semeadores (*ġayṯ al-kuffār*)".[196]

3. Caracterização (*taḫalluq*):

"Não negueis a sabedoria (*ḥikma*) à sua gente, pois seríeis injustos com eles".[197]

---

195. "Que não pensem os infiéis que o fato de lhes concedermos um prazo supõe um bem para eles mesmos. Ao contrário, toleramo-los para que suas faltas sejam aumentadas [segundo outra interpretação, "para terminar aumentando seu pecado"]. Eles terão um castigo humilhante" (C. 3:178).

196. Não encontrei este *hadith* nos repertórios. Tampouco é citado nos vols. I-XIV de *Fut.*, nem em *Lisān al-ʿarab*, II, pp. 480-481, nem no *Qāmūs al-muḥīṭ*, I, p. 178, nem no *Lexicon* de Lane (*ġ-y-ṯ/ġ-w-ṯ*). Em C. 57:20 se usam termos semelhantes.
A três tipos de *basṭ* ou "concessão divina" correspondem três estados espirituais, aos quais os versículos citados fazem alusão:
a. A concessão geral ou universal do sustento (*rizq*) está necessariamente restrita ao "que as essências requerem", pois, de outro modo, se Allāh desse (ou revelasse) em demasia, os servos que não estivessem preparados "se ensoberbeceriam".
b. A concessão particular de Deus, que Ele outorga só a quem quer, isto é, só a alguns de Seus servos preparados para receber esta graça que Deus fornece na justa medida, disposta por Sua sabedoria.
C. A artimanha divina, oculta na aparente abundância, constitui uma modalidade particular da concessão geral.
Vemos que o autor não considera aqui os nomes *al-Qābiḍ* e *al-Bāsiṭ* quanto aos estados anímicos de *basṭ*, "expansão", e *qabḍ*, "aperto". Ainda que estes termos técnicos estejam implícitos no pano de fundo de seu comentário, Ibn ʿArabī se concentra nas significações de "dar" e "ter/pegar" que correspondem também aos conceitos de "deixar" (*tark*) e "agarrar" (*aḫḏ*) usados em *Contemplaciones*, pp. 17-18, os quais correspondem, por sua vez, quanto ao servo, às noções de subsistência e extinção.

197. O texto completo diz: "Não confieis a sabedoria aos que não sejam aptos para recebê-la [lit. 'a outros que a sua gente'], pois a desperdiçaríeis [ou 'extraviaríeis'], e não priveis da sabedoria (*ḥikma*) os que são aptos para ela [lit. 'sua gente'], pois faltaríeis com a justiça para com eles (*fa-taẓlimū-hum*)". Tradição islâmica atribuída a Jesus. Cf. *Fut.* (OY) I, p. 57 – onde se dão referências detalhadas –. V. *Mt.* 7:6 e *Prov.* 23:9.
Ibn ʿArabī cita a primeira parte desta tradição em *Fut.* X: 495, p. 482, e outras passagens, com esta variante: "Não deis a sabedoria aos que não sejam aptos para recebê-la [lit. 'somente a sua gente'], pois seríeis injustos para com ela (*fa-taẓlimū-hā*) ...".

A concessão geral (*al-basṭ al-ʿāmm*), em razão da qual o servo pode ser "aquele que dispensa" (*bāsiṭ*), não está restrita aos limites da Lei (*ḥudūd mašrūʿa*).

Mesmo que *o servo* tenha de burlar com artimanhas os inimigos em Allāh *confundindo-os* com uma esplêndida generosidade (*basṭ*), que *encobre* a sua ruína (*halāk*), esta contém, *de fato,* o que contém (*fī-hi mā fī-hi*).[198]

O servo é, então, abastecedor geral (*bāsiṭ ʿāmm*) na morada da realidade essencial (*maqām al-ḥaqīqa*), da profissão da Unidade (*tawḥīd*), da arte da orientação *espiritual* (*ṣanʿat al-iršād*)[199] e do chamado (*duʿā'*) a Allāh – Enaltecido seja –, de modo que *quem acede a esta morada* chama as criaturas (*ḫalq*) para Allāh pelo despertar de seu desejo (*raġba*),[200] dirigindo-se a cada classe *de homem ou criatura* segundo o que convém a cada um.[201]

---

198. Lit. "nisso/nele há o que há". Por um lado, quanto à generosidade que disfarça um ardil, pode-se entender que esta contém tanto uma armadilha que conduz à ruína como a bêncão que tal ruína da hostilidade a Deus significa, como orientação positiva à Verdade. Por outro lado, se o pronome se refere ao servo, pode-se entender que a intenção de orientação contida no ardil constitui efetivamente um gesto de generosidade, coerente com a condição de quem se reveste dos traços deste nome e pratica a expansão geral (*basṭ ʿāmm*) – como é precisado em seguida – a partir da morada da Unidade essencial. Em última instância, o ardil, enquanto orientação divina, não pode ser senão uma graça.

199. O termo *iršād* significa "guiar pelo caminho certo".

200. O servo do Abastecedor chama para Deus provocando o desejo nas criaturas. Esta convocatória por meio do desejo é própria da expansão espiritual (*basṭ*) e não contradiz outros possíveis modos de chamada, como a advertência, próprios da constrição (*qabḍ*).

201. O que inclui a possibilidade de recorrrer ao ardil.

Isto é efetiva e formalmente concebível e realizável (*mutaṣawwar*). Eu mesmo estive nesta morada, revesti-me da qualidade deste nome e comprovei que confere a bênção espiritual (*baraka*).[202]

Este é, pois, o Abastecedor no que se refere à adoção.[203]

---

202. O termo *baraka*, traduzido como "benção, carisma, poder carismático, prosperidade, abundância", designa uma força ou faculdade espiritual, uma graça que exerce uma influência benéfica e pode conferir certo poder de ação carismática. Esta palavra é usada para denominar tanto a ação de bendizer, como o poder para realizá-la ou o resultado da bênção e a faculdade ou o proveito que outorga.
Ibn ʿArabī refere-se aqui à *baraka* de uma morada, de um nome, do revestimento com a qualidade de um nome. O nome *al-Bāsiṭ* confere poder carismático ao servo que adota sua qualidade: poder para exaltar o ânimo dos demais, para despertar o desejo de Deus.

203. Poderia ter dito: "e isto é o referente à adoção dos traços do nome *al-Bāsiṭ* por parte do servo". Não obstante, ao dizer [lit.] "e este é *al-Bāsiṭ* pelo que se refere à adoção de traços" (*al-Bāsiṭ taḫalluqan*), o autor preferiu ressaltar a unicidade dos três aspectos do nome e destacar que não se trata de uma qualidade do servo mas da qualidade de um nome divino que Deus manifesta por meio do servo e da qual Ele o reveste. Mantenho a maiúscula – ainda que, na realidade, em árabe não exista este recurso – para ressaltar esta alusão à condição do "revestimento", não como adoção por parte do servo, mas como revestimento divino. V. *infra*, cap. 23-24.3, onde se utilizam igualmente as expressões *huwa al-Ḫāfiḍ taḫalluqan* e *huwa al-Rāfiʿ taḫalluqan*: "e [o servo] é o Degradador/Exaltador no revestimento". Poderia dizer "é degradador/exaltador..." sem artigo definido, mas ele parece usar a determinação para expressar o matiz que foi explicado.

الخافض الرافع

[23/24] Al-Ḫāfiḍ al-Rāfiʿ

O Degradador e o Exaltador, Aquele que eleva e Aquele que abate

1. Dependência (*taʿalluq*):

Necessitas d'Ele[204] para estabelecer a justa avaliação[205] do que te corresponde e do que deves[206] no mundo (*ʿālam*), e do que entre ti e o Verdadeiro (*al-Ḥaqq*) corresponde a Ele ou a ti.

2. Realização (*taḥaqquq*):

O Degradador-Exaltador *é o que* faz descer para mais baixo (*asfal*) as balanças (*mawāzīn*) dos bem-aventurados (*suʿadāʾ*) com sua carga (*ṯiql*),[207] *aumentando o peso de suas obras* para elevá-los em seus graus (*darajāt*)[208]

---

204. Tanto no *taʿalluq* como no *taḥaqquq* as referências pronominais a este nome composto estão no singular. Isto é, o autor trata ambos os nomes, mencionados conjuntamente, como um só ou como duas perspectivas de um mesmo nome. No *taḫalluq*, no entanto, ao referir-se ao servo, cada um é mencionado e comentado separadamente.

205. Está implícita a imagem da balança com dois pratos que remete tanto à noção de justiça, com respeito ao mundano, como à ideia do Juízo Final, onde se pesarão as obras.
"No dia da Ressurreição (*yawm al-qiyāma*) disporemos balanças que indicarão um peso equitativo (*al-mawāzīn al-qisṭ*) [...]" (C. 21:47).
"Elevou o céu. Estabeleceu a balança / para que, na balança, não cometeis transgressão / E assim, observai o peso com equidade (*aqīmū l-wazn bi-l-qisṭ*), e não defraudeis na balança" (C. 55:7-9). V. também C. 57:25.

206. Isto é, a teu favor ou contra ti.

207. Veja-se *infra* nota 210.

208. Em C. 40:15 Deus é chamado *Rafīʿ al-darajāt*, "o Que eleva os graus".

ao ʿIlliyyūn,[209] e faz ascender para mais alto (*aʿlà*) as balanças dos desafortunados (*ašqiyā'*) com a leveza (*ḫiffa*)[210] *de suas obras*, para, *em seguida*, rebaixá-los no Sijjīn[211] para "o mais baixo do baixo (*asfal sāfilīn*)".[212]

Ele é do mesmo modo o Degradador e Exaltador de Seus amigos (*awliyā'*) e o Degradador-Exaltador de Seus inimigos (*aʿdā'*).

Ele é quem abate todo ser rebaixado (*maḫfūḍ*) existente no cosmos (*ʿālam*), seja *neste plano de existência* do mundo (*dunyā*) ou no Derradeiro (*āḫira*), tanto no domínio sensível como no inteligível; e Ele é o que exalta todo ser elevado (*marfūʿ*)[213] existente no cosmos (*ʿālam*),

---

209. Termo escatológico do Corão: "Ora, por certo, a *Escritura* dos justos está no *ʿIlliyyūn*. / E como saberás o que é o ʿIlliyyūn? / É um livro gravado (*kitāb marqūm*), / que os achegados de Allāh testemunharão" (C. 83:18-21).
A raiz deste nome próprio é *ʿ-l-y*, como no adjetivo *ʿalī*, "alto", e denota, pois, altura.

210. Alusão a C. 7:9, 23:103, 101:8, onde aparece a expressão *man ḫaffat mawāzīnu-hu*, "o autor de obras leves", isto é, "obras de pouco peso", "aquele cujas obras pesem pouco". Expressão oposta, nos três casos, à expressão *man ṯaqulat mawāzīnu-hu*, "aquele cujas obras sejam de peso" (cf. C. 7:8, 23:102, 101:6).
"Nesse dia, o peso na balança dirá a Verdade. Aqueles cujas obras pesem muito serão os que prosperam, / enquanto aqueles cujas obras pesem pouco perderão a si mesmos, porque agiram impiamente com os Nossos sinais". C. 7:8-9.

211. Este termo é mencionado no Corão como nome próprio em contraposição a ʿIlliyyūn: "Por certo, a *Escritura* dos ímpios está, certamente, no Sijjīn. / E como saberás o que é o Sijjīn? / É um livro gravado (*kitāb marqūm*). Nesse dia, ai dos desmentidores ... !" (C. 83:7-10). O nome de ação da mesma raiz, *sajn*, significa "encarceramento, prisão"; o adjetivo *sijjīn* é traduzido por "perpétuo, violento". Sobre céus, infernos e moradas do paraíso, v. Asín Palacios, *La escatología musulmana en la Divina Comedia*, Madrid, 1984 (1ª ed. 1919); al-Ašʿarī, *K. Šajarat al-yaqīn*, intr., ed. e trad. de Concepción Castillo, Madrid, 1987; e *El Libro de la Escala de Mahoma*, Siruela, Madrid, 1996.

212. Expressão tomada do versículo: "Criamos o homem na melhor compleição (*aḥsan taqwīm*). Em seguida, levamo-lo ao degrau mais baixo do baixo (*asfal sāfilīn*)" (C. 95:4-5).

213. Esta palavra, *marfūʿ*, como termo gramatical significa "(colocado, posto) no nominativo". O termo anterior, *maḫfūḍ*, significa "(posto) no genitivo".

tanto no plano de existência neste mundo (*dunyā*) como no Derradeiro (*āḫira*), seja no domínio sensível ou no inteligível.

3. Caracterização (*taḫalluq*):

Se o servo (1) rebaixa quem Allāh rebaixa, mesmo que seja, *desde a perspectiva mundana*, de elevada condição (*marfūʿ*), que goze de grande autoridade, que ocupe um alto cargo e seja dotado de eloquência penetrante, então ele é, no que concerne ao revestimento (*taḫalluq*), o Degradador (*al-Ḫāfiḍ*).[214]

Por outro lado, se o servo (2) exalta aquele que Allāh exalta, mesmo se, *no que se refere às questões mundanas*, ele seja humilhado (*maḫfūḍ*), considerado insignificante (*ḥaqīr*) e desprezível (*muhān*) entre sua própria gente, e, julgado indigno de atenção, esteja desprotegido, então ele é, no que concerne a adoção (*taḫalluq*), o Exaltador (*al-Rāfiʿ*).

O servo necessita, *para isto*, de um desvelamento (*kašf*) pelo qual saiba o que, ante de Allāh – Enaltecido seja –, é elevado (*rafīʿ*) ou baixo (*waḍīʿ*); *pois* o servo somente se reveste dos traços destes nomes como resultado de tal desvelamento, de modo que nem tudo o que exerce um efeito de elevação (*rifʿa*) ou seu contrário, no cosmos (*ʿālam*), está revestido (*mutaḫalliq*) *das qualidades destes nomes*.

---

214. V. *supra* 22-3, nota 203.

[25/26] Al-Muʿizz al-Muḏill

*O Enobrecedor e o Envilecedor,
Aquele que honra e Aquele que humilha*

1. **Dependência (*taʿalluq*):**

Necessitas d'Ele para *poder* enaltecer a honra (*jāh*) de quem se apoia em ti, e para *poder* rebaixar (*iḏlāl*) quem se torna soberbo, não contigo, mas em relação a Allāh.

2. **Realização (*taḥaqquq*):**

O Enobrecedor é Aquele que confere a honra (*mufīd al-ʿizz*) a quem se apoia n'Ele, por mais humilde e baixo (*ḏalīl*) que seja; e o Humilhador é o que veste de ignomínia (*mulbis al-ḏill*) quem quer que, por poderoso e distinto (*ʿazīz*) que seja, ostente orgulho ante Ele.

3. **Caracterização (*taḫalluq*):**

Quando o servo se torna inacessível, *protegendo sua alma* (*nafs*), não por meio de uma causa externa (*sabab ẓāhir*), mas graças *à força* de sua própria aspiração *espiritual* (*himma*), *diz-se, então, que* ele é *ʿazīz*, "poderoso, inacessível, nobre". E quando outro é honrado e exaltado graças ao servo – quando *este* lhe dirige seu pensamento ativo (*ḫāṭir*)[215] e *a influência* de sua aspiração (*himma*), até recobri-lo de tal honra que, por meio desta, ele o exalta *verdadeiramente* –, *diz-se, então, do* servo que

---

215. No sentido, aqui, de pensamento criativo, que inspira clareza e faz aflorar no outro as qualidades de sua natureza original.

assim honra o outro, *nele infundindo tal respeito para consigo mesmo, que de fato* enobrece (*muʿizz*). De maneira análoga ocorre com o nome *al-Muḏill.*[216]

Mas, se *isto, ou outra coisa,* exerce influência sobre ele,[217] então não se pode dizer que ele é *verdadeiramente* enobrecedor (*muʿizz*), mesmo que recorra e apele às propriedades (*aḥkām*) deste atributo (*ṣifa*).

Na totalidade dos revestimentos (*taḫalluqāt*), *o recurso permanente à* balança da Lei revelada (*mīzān mašrūʿ*) é imprescindível, a fim de que as coisas que forem rebaixadas ao mínimo *na pesagem* não sejam então procuradas (*maqṣūd*)[218] pelo Povo da Senda de Allāh na adoção dos traços dos nomes (*taḫalluq bi-l-asmā'*).

---

216. No ms. I, fol. 8b, explica-se numa anotação: "Isto é, quando *o servo* rebaixa a honra do outro em razão da *verdadeira* honra, dirigindo-lhe *a boa intenção de* seu pensamento criativo (*ḫāṭir*) e *o influxo de* sua aspiração (*himma*) até cobri-lo de tal humilhação que, por causa desta, ele o rebaixa *verdadeiramente, diz-se então que* quem assim o humilha é rebaixador (*muḏill*)".

217. Se esta prática deixa uma marca no servo, isto é, se esta se torna excitante para ele ou lhe produz satisfação pessoal, ou se depende de fatores externos, então o servo está condicionado por intenções secundárias e não é propriamente chamado *muʿizz*, pois uma das condições da adoção é o desprendimento pessoal, seu caráter "desinteressado".

218. Isto é, qualquer coisa que não cumpra as condições da Lei é descartada como objetivo (*maqṣūd*) no revestimento. Ibn ʿArabī usa, nesta frase, o verbo *iḫtalla*, que significa também, em outros contextos, "azedar, irritar-se estragar-se, desvirtuar-se". Tudo aquilo que se "irrita, estraga, azeda" e se torna perturbador quando se contrasta com a revelação é eliminado como finalidade.

السَّمِيعُ البَصِيرُ

[27/28] Al-Samīʿ al-Baṣīr

O Ouvinte e o Vidente, Aquele que tudo ouve e Aquele que tudo vê

1. Dependência (*taʿalluq*):

Necessitas d'Ele para *adquirir* a plena capacidade destas duas faculdades, de modo absoluto (*iṭlāq*), sem restrição (*taqyīd*).

2. Realização (*taḥaqquq*):

O Ouvinte absoluto (*al-Samīʿ al-muṭlaq*) é aquele que percebe (*mudrik*) tudo o que é audível (*masmūʿ*), onde quer que seja, e o Vidente *absoluto* é aquele que percebe tudo o que é visível (*mubṣar*), onde quer que seja, sem nenhum limite determinado (*ḥadd maʿlūm*) de proximidade ou distância, *tanto no plano da* existência (*wujūd*) *como no plano da* inexistência (*ʿadam*).

3. Caracterização (*taḫalluq*):

Consiste em que o servo possa adquirir (*iktisāb*) a plena capacidade destas duas faculdades *auditiva e visual* de modo incondicionado, sem qualquer restrição (*taqyīd*) ou limitação (*taḥdīd*) *espaço-temporal*, para que, assim, quer trate-se de um convite (*nadb*)[219] ou de uma obrigação (*wujūb*),[220] ele escute o que *lhe* foi ordenado escutar e obedeça, e para que veja o que foi *lhe* ordenado ver e considerar.

---

219. O sentido do termo "*nadb*" implica uma livre delegação, o fato de dar pleno poder a qualquer coisa.

220. Em *Taḏkirat al-fawāʾid* (fol. 85a), "quer se trate de uma obrigação ou de uma recomendação (*wujūban wa-istiḥbāban*)".

Desse modo, se o servo realiza estes atributos (*nuʿūt*), Allāh – Enaltecido seja – ama-o, e quando Allāh o ama, Ele é seu ouvido (*samʿ*) e sua visão (*baṣar*), como se mostra no autêntico *hadith ao qual já nos referimos.*[221]

E quem vê e escuta realmente (*bi-ḥaqq*), isto é, *quem vê e escuta "a Deus e por Deus" quando Ele é seu ouvido e sua visão*, não teme coisa alguma audível ou visível.[222]

---

221. Sobre este *hadith*, v. 4-3, nota 89.

222. Aqui há um complexo jogo de significações. A palavra *ḥaqq* significa "verdade, correção, realidade" etc. Também é um nome de Deus, *al-Ḥaqq*, "a Verdade", "a Realidade". As expressões ver e ouvir *bi-ḥaqq* podem ser traduzidas por ver e ouvir "realidade", "com direito", "verdadeiramente", "com correção", "com veracidade" etc. *Ḥaqq*, aspecto divino, contrapõe-se a *ḫalq*, aspecto de criatura. O texto implica que nada audível ou visível é ocultado a quem vê e ouve Deus por meio de Deus mesmo.

الحَكَمُ

[29] Al-Ḥakam

O Juiz, o Árbitro

1. Dependência (*ta'alluq*):

D'Ele necessitas para ser favorecido com o *conhecimento do* mistério do Destino (*sirr al-qadar*)[223] e de Seu governo (*taḥakkum*) sobre as coisas criadas (*ḫalā'iq*).

2. Realização (*taḥaqquq*):

O Juiz (*al-Ḥakam*) é aquele a quem cabe decidir o Decreto (*qaḍā'*) e a predeterminação (*qadar*) de modo absoluto.

O Decreto (*qaḍā'*) precede a resolução (*ḥukm*) desde a eternidade sem começo (*azal*). A predestinação (*qadar*) é a determinação do momento (*ta'yīn al-waqt*) e a resolução (*ḥukm*) é a exteriorização do decreto (*iẓhār al-qaḍā'*) – sobre aquilo que é decretado (*maqḍī*) e sobre aquele a quem o decreto afeta (*maqḍī bi-hi*) na circunstância de sua existência –, no momento predeterminado (*taqdīr*), em virtude de Seu precedente Decreto.

---

223. V. aqui a expressão "o mistério do destino" referente ao Eixo espiritual (*quṭub*). Cf. *Sufi Path*, p. 412, nota 13.
"O Eixo (*quṭub*) é o Servo de Allāh, o Servo do Reunidor (*'abd al-jāmi'*), a quem todos os nomes qualificam tanto em adoção (*taḫalluq*) como em realização (*taḥaqquq*), e é o espelho da Realidade *divina* (*al-Ḥaqq*), o lugar de manifestação (*majlà*) dos santos atributos e das epifanias divinas (*maẓāhir*), o Dono do instante, a Essência do tempo, o Segredo do destino...". Cf. *Fut.* II, p. 573, lss. 20-21.

3. Caracterização (*taḫalluq*):

Quando puderes conciliar as causas secundárias (*asbāb*) que, conjuntamente, te permitem alcançar *a morada correspondente a* este nome, de modo que apliques a justa disposição da Lei sobre tua *própria* essência (*ḏāt*) – entre ti e tua própria alma[224] – como também sobre os outros, e julgues a favor da Verdade (*al-Ḥaqq*)[225] acima de ti mesmo, e julgues também a favor do cosmos (*ʿālam*) contra ti mesmo, sem jamais julgar em teu favor contra ninguém, então a colheita de teu fruto consistirá na assimilação (*taḥṣīl*) *da qualidade deste* nome em teu ser essencial (*ḏāt*).

Assim, o nome se torna um atributo (*waṣf*) do servo – e é ele mesmo quem pede, na *expressão de sua* dependência (*taʿalluq*),[226] *que* a qualidade *deste nome lhe seja concedida* –, de modo que possa dispor as coisas e pronunciar-se sobre elas segundo a disposição de Allāh, contemplando (*mušāhada*) o Decreto (*qaḍā'*) de Allāh nos momentos determinados (*taqdīr*) *para cada coisa*, e tudo isso a partir de um testemunho (*muʿāyana*) *direto* e de uma verificação *pessoal* (*taqḥīq*). Desse modo, se um dia tu fosses eleito árbitro (*ḥakam*) em virtude de Sua Palavra – Enaltecido seja – "nomeai um árbitro da família dele [...]" (C. 4:35),[227] sabe, pois, que Allāh – Enaltecido seja – colocou-te à prova

---

224. Isto é, em teu interior.

225. V. *supra* 27-3, nota 222.

226. Isto é, na seção precedente sobre a dependência (*taʿalluq*). V. *supra*, 12-3, em que se vê bem que a seção do *taʿalluq* contém, de fato, a formulação da petição ou requerimento (*su'āl*) específico que o servidor deve fazer em relação a esse nome.

227. O texto completo do versículo diz: "E se temeis discórdia entre os esposos [lit. 'entre ambos'], nomeai [lit. 'enviai'] um árbitro (*ḥakam*) da família dele e outro da dela. Se ambos desejarem se reconciliar, Allāh fará que cheguem a um acordo. Allāh é Onisciente, está bem Informado".
No comentário deste nome, Ibn ʿArabī utiliza duas vezes o verbo *waffaqa* (forma II de raiz *w-f-q*), usado no final deste versículo *in yurīdū iṣlāḥan yuwaffiqu-Llāhu bayna-humā*, "se ambos quiserem uma reconciliação, Allāh fará que cheguem a um acordo [os conciliará]".

(*ibtilā'*) ao fazer-te ocupar[228] Sua posição (*manzila*) em Sua criação. E este nome é o que Ele outorga àqueles a quem confere a dignidade de vice-regentes[229] na terra, como provação e como acolhimento, tanto para submetê-los à prova (*ibtilā'*) como para conferir-lhes uma distinção de honra (*takrīm*).

O aspecto de Sua provação (*ibtilā'*) é destinado àquele que não julga de acordo com o que mencionamos *nesta seção* sobre o revestimento *com a qualidade deste nome* (*taḫalluq*); e *o aspecto de* distinção honorífica (*ikrām*) é destinado àquele que o Verdadeiro (*al-Ḥaqq*) – Enaltecido seja – escolhe como testemunha de Si mesmo (*min nafsi-Hi*), conforme mencionamos.

Assim é, então, o Árbitro (*al-Ḥakam*) – Glorificado seja. A ordem *dos graus* da sabedoria (*tartīb al-ḥikma*), que se manifestou pelo nome *al-Ḥakīm,* também está relacionada a este nome. Assim, deixamos a questão por agora para abordá-la mais adiante, no comentário sobre o nome *al-Ḥakīm*.

---

228. Lit. "ao fazer-te descender em Sua criação para *ocupar* Sua posição".

229. Sobre a pluralidade dos sucessivos vice-regentes, veja-se Ibn ʿArabī, *K. al-Tadbīrāt al-ilāhiyya fī iṣlāḥ al-mamlaka al-insāniyya* (RG: 716); ed. S. H. Nyberg, *Kleinere Shriften des* Ibn ʿArabī, Leiden, 1919 (pp. 101 e 240 do texto árabe), cap. V, pp. 144--45, onde este tratado sobre os nomes é mencionado com seu título completo.

العدل

[30] Al-ʿAdl

O Justo, o Equitativo

1. Dependência (*taʿalluq*):

Necessitas d'Ele para alcançar *a morada da* justiça[230] e para *poder* determinar em quais circunstâncias convém fazer justiça.[231]

2. Realização (*taḥaqquq*):

A justiça (*ʿadl*) consiste em tomar partido (*mayl*) (1) a favor do direito estabelecido pela lei ou verdade legítima (*ḥaqq ḥukmī*) e (2) a favor do dever estabelecido pela sabedoria ou verdade sapiencial (*ḥaqq ḥikamī*), assim como a injustiça (*jawr*) consiste em afastar-se (*mayl*) destas duas verdades. Ambas – *justiça e injustiça* – são, pois, uma inclinação (*mayl*).[232] Por isso, não pode haver senão uma *só* inclinação distintiva (*mayl ḫāṣṣ*) *que caracteriza a justiça*: consiste em dar a cada um

---

230. Lit. "para consegui-la", pois *ʿadl* significa também "justiça", "equidade", "retidão". Portanto, poderia ser traduzido "necessitas da Justiça para poder adquirir a justiça...".

231. Lit. "para determinar os lugares de sua administração (*taṣrīf*)", isto é, para saber precisar onde, como, quando e por quê o servo deve intervir na aplicação da justiça.

232. Aqui há uma alusão à balança, cujo fiel se inclina para o lado da justiça ou para o outro lado. Ambas as tendências são "inclinação" de um mesmo fiel. Por isso o autor diz: "Ambas são 'inclinação' (*mayl*)".
A balança (*mīzān*), conforme o comentário de Sitt al-ʿAjam, é o símbolo da Justiça (*ʿadl*). Quando Deus ordena ao Homem Perfeito elevar a balança (v. *infra* 46-3), o ato de subi-la indica que o Homem Perfeito fica, em seguida, compelido à Justiça com caráter universal. Cf. Sitt al-ʿAjam, *Kašf al-kunūz*, ms. Ayasofya 2019, fol.203a-b.

aquilo que lhe corresponde (*iʿṭā' kulli ḏī ḥaqqin ḥaqqa-hu*)[233] de direito, após a prévia petição por parte daquele que merece e requer tal direito (*mustaḥiqq li-ḥaqq*), seja por uma demanda articulada verbalmente (*ṭalab bi-nuṭq*), seja por seu estado *interno* (*bi-l-ḥāl*), ou porque a condição *oportuna* se apresente (*ḥuṣūl al-šarṭ*), caso *o que é requerido* esteja sujeito às condições de tempo, lugar ou estado.[234]

3. Adoção (***taḫalluq***):

Consiste em tomares parte na justiça (*ḥaqq*)[235] segundo o que comentamos, não por ti mesmo, mas *pela causa do Verdadeiro* (*al-Ḥaqq*). Pois, assim como tu pedes justiça (*ʿadl*) ao Verdadeiro (*al-Ḥaqq*) em Seu juízo (*ḥukm*) sobre ti, Ele também pede justiça de tua parte no juízo sobre Ele, quanto ao que d'Ele pedes, segundo o limite da lei que Ele estabeleceu para ti.

Tua adoção consiste, então, em cumprires e executares este atributo no cosmos (*ʿālam*), seguindo esta direção (*naḥw*).

Aquele que age dessa maneira se revestiu, assim, de Seu nome "o Justo" (*al-ʿAdl*).

---

233. Segundo Ibn ʿArabī, *ḥaqq*, no sentido de "justiça" (*ʿadl*), é um atributo do Homem Perfeito "que dá a cada um o que lhe corresponde de direito (*ḥaqq*), assim como Allāh 'deu a cada coisa sua criação (*ḫalq*)'" (C. 20:50). *Fut.* III, p. 398.

234. Três modos de petição (*ṭalab*): verbal, tácita e circunstancial: (1) a petição explícita acompanhada de formulação verbal (seja interna ou externa); (2) a petição implícita daquilo que o estado espiritual do solicitante exige; (3) a petição imediata daquilo que uma circunstância exige, se forem dadas as condições para isso. V. *supra* 19-3, nota 174.

235. Isto é, pelo direito legítimo, pela verdade revelada.

اللَّطِيفُ

[31] Al-Laṭīf

O Sutil, o Bondoso, o Benevolente, o Agraciador

1. Dependência (*taʿalluq*):

Necessitas d'Ele – Exaltado seja – para que descubras (*iṭlāʿ*) o aspecto velado de Seus favores (*afḍāl*), para que sejas agradecido e venhas a conhecer Seu ardil (*makr*), e assim estejas sempre em guarda.

2. Realização (*taḥaqquq*):

O Sutil é aquele que está oculto (*al-ḫafī*) em Sua Essência (*ḏāt*), de modo que não pode ser apreendido, e em Sua ação (*fiʿl*) permanece oculto, de modo que não pode ser contemplado.

O Sutil faz chegar suas ajudas benévolas (*marāfiq*) de tal modo que não sejam percebidas.[236]

---

236. Desse modo, *al-Laṭīf* é "inapreensível", "invisível" e "imperceptível" no sentido de que não pode ser contemplado em seus atos e passa despercebido quando manifesta os efeitos de Sua graça.

3. Caracterização (*taḫalluq*):

Consiste em que o servo se estabeleça *na morada da permanente* recordação interior (*ḏikr al-nafs*)[237] e na adoração *secreta* (*ʿibāda*) – *própria do* segredo *íntimo* (*sirr*) *do coração* – de que ele mesmo e, mais ainda, os outros não têm consciência.

Do mesmo modo, consiste em que o *servo* faça chegar as graças benéficas (*maṣāliḥ*) àqueles que delas necessitam e são aptos a percebê-las, sem que saibam que é ele quem lhes faz chegar, seja no plano sensível ou no plano inteligível, tanto no que se refere à criação (*ḫalq*) como no que se refere à Realidade (*al-Ḥaqq*).[238]

Tendo realizado isto, o *fiel* então estará revestido *da qualidade deste nome*. Esta adoção (*taḫalluq*) lhe trará o conhecimento dos mistérios divinos (*al-asrār al-ilāhiyya*) e dos segredos (*ḫafāyā*) das disposições (*aḥkām*) *de Allāh* em Sua criação (*ḫalq*).

Sob este nome estão incluídos *os nomes* o Onicompassivo e o Misericordioso (*al-Raḥmān al-Raḥīm*), e o que ambos contêm.

---

237. *Taḏkirāt al-fawā'id* (fol. 86a): "a permanência da recordação interior (*mudāwamat ḏikr al-nafs*)".
Também poderia vocalizar-se *nafas*, "alento", no lugar de *nafs*. A recordação permanente de Deus na alma, isto é, a consciência interior profunda (*ḏikr al-nafs*) junto com a incessante invocação silenciosa – em oposição à invocação externa da língua – está relacionada, de qualquer maneira, com a "recordação do alento" (*ḏikr al-nafas*), que se pode entender em vários sentidos: a atenção consciente à própria respiração, a invocação de um nome de Deus no ritmo da respiração ou a consciência da incessante renovação da criação e da atualização do *ḏikr* a cada alento (*bi-l-anfās*).

238. O Šayḫ diz: "Ainda que o cosmos seja múltiplo, *tudo* volta a uma única essência (*ʿayn wāḥida*)" – e continua com um verso: "Tudo o que há *no plano da* existência é *ḥaqq*; tudo o que há *no plano do* visível é *ḫalq*". Cf. *Fut.* III, p. 306.

الخبير

[32] Al-Ḫabīr

O Bem Informado, o Sagaz Conhecedor,
o Experimentador, o Examinador, Aquele que põe à prova

1. Dependência (*taʿalluq*):

Necessitas d'Ele – Exaltado seja – para fazer-te conhecer (*iṭlāʿ*) o que, em Sua *onisciência* (*ʿilm*), Ele sabe de ti antes que se faça efetivo.

2. Realização (*taḥaqquq*):

Está expressa nestas passagens corânicas: "Devemos provar-vos até sabermos quem de vós se esforça e persevera com paciência, e para comprovarmos as notícias *que temos* de vós" (C. 47:31) *e* "para comprovarmos quem de vós melhor se comporta" (C. 11:7).[239]

Em Sua onisciência, Ele *já* sabe o que há de ser, mas logo depois vem a comprovação experimental (*iḫtibār*). Graças a ela, aquilo ao qual a presciência *divina* (*ʿilm*)[240] estava vinculada desde sempre *de modo latente* manifesta-se exterior e efetivamente àquele que está submetido a esta prova (*ibṭilā'*). Desse modo, Seu saber – *o conhecimento próprio*

239. Em duas passagens corânicas aparece esta mesma frase: "É Aquele que criou a morte e a vida para provar-vos, para ver quem de vós é melhor em obras [...]" (C. 67:2). "Ele é Quem criou os céus e a terra em seis dias, tendo Seu Trono sobre a água, para provar-vos, para ver quem de vós é melhor em obras [...]" (C. 11:7).

240. Segundo Ibn ʿArabī "o saber depende de seu objeto", lit. "vem depois do sabido", isto é, o objeto de conhecimento precede o conhecimento que se possa ter dele e o determina. Por isso o autor usa a expressão "aquilo com o qual já estava relacionado ou do qual dependia (*taʿalluq*) o saber", isto é, as entidades imutáveis – objeto da eterna onisciência divina – no estado de latência próprio da "inexistência" (*ʿadam*) ou "existência em potência". Sobre este tema, v. *Fuṣūṣ*, p. 96.

do Bem Informado (*al-Ḫabīr*) – depende (*taʿalluq*) daquilo – *do objeto de conhecimento que constitui a prova* – relativo ao que é efetivamente, enquanto existente em ato (*kā'in*), não com relação à *sua existência potencial* (*kawn*).[241]

Assim, em virtude desta relação (*taʿalluq*) *de reconhecimento e comprovação que tem por objeto o engendrado*, Ele é chamado "Ḫabīr".

3. Caracterização (*taḫalluq*):

O servo não pode ter experiência (*iḫtibār*) alguma ligada a nenhum ser engendrado (*kawn*) em relação ao qual não tenha qualquer intenção ou pretensão (*daʿwà*), pois somente quando tem uma intenção o servo pode reconhecer qual é sua experiência (*iḫtibār*) no que se refere a tal intenção.

Em razão do saber (*ʿilm*) obtido como resultado desta comprovação experimental (*iḫtibār*), *aquele que o adquire é chamado* "conhecedor" (*ḫabīr*).

A este respeito lê-se no Corão: "Que Allāh te perdoe![242] Por que os dispensaste [do combate] antes que te fosse evidente quais eram os sinceros e quais eram os mentirosos?" (C. 9:43). E isto se refere ao saber oculto (*ʿilm ḫafī*) com relação a nós, não com relação a Allāh – Enaltecido seja. Assim, *a possibilidade de* privar-se da informação (*muḫābara*)[243] *resultante da experiência* está estabelecida *na revelação.*

---

241. Lit. "não em relação àquilo que ele se tornará quando for gerado". Pois esta modalidade de conhecimento relativa ao devir das entidades latentes é própria do Onisciente (*al-ʿAlīm*), não de *al-Ḫabīr*.

242. Este versículo é dirigido ao Profeta.

243. Isto é, a possibilidade de deixar de recorrer – ao não realizá-la – à informação que ofereceria uma determinada experiência. Por outro lado, poderia entender-se que nesta passagem se manifesta o caráter restrito da comunicação (*muḫābara*) entre Deus e o Profeta: Deus, em Sua onisciência, não lhe havia conferido o conhecimento imediato da distinção entre os sinceros e os falsos, mas lhe havia oferecido a possibilidade de obter este conhecimento de modo experimental.

الحليم

[33] Al-Ḥalīm

O Indulgente, o Clemente, o Manso, o Tolerante

1. **Dependência (*ta'alluq*):**

Necessitas d'Ele – Exaltado seja – para lograr com êxito a aspiração (*imḍā' al-himma*) *espiritual* e *para adquirir* a capacidade de autocontrole (*tamakkun*) e o poder operativo (*iqtidār*) *indispensáveis* para realizá-la (*fi'l*) na direção correta.

2. **Realização (*taḥaqquq*):**

Consiste em abster-se de punir *aquele que comete* uma vileza (*ḏilla*) – especialmente quando esta ocorre –, apesar de *ter* a capacidade (*tamakkun*) e o poder (*iqtidār*) *necessários para a represália.*[244]

3. **Caracterização (*taḫalluq*):**

O revestimento *da qualidade deste nome* (*taḫalluq*), *por parte do servo*, consiste no mesmo *que a realização.*

---

244. Ibn 'Arabī afirma repetidas vezes que só é verdadeiramente *ḥalīm* aquele que, ainda que dispondo do poder de punir, renuncia a exercê-lo. V., por exemplo, *Fut.*, I, p. 722; II, p. 35, e IV, pp. 240-241.

العظيم

[34] Al-ʿAẓīm

O Incomensurável, o Magnificente,
o Imenso, o Eminente, o Grandioso

1. Dependência (*taʿalluq*):

Necessitas d'Ele – Glorificado seja – para chegar a ser eminente (*ʿaẓīm*) diante d'Ele, não diante do engendrado (*kawn*), a menos que sejas emissário (*muballiġ*) de Allāh segundo *Sua* ordem (*amr*).[245] *Neste caso*, é preciso que enfrentes *a missão* com a *devida* reverência (*iḥtirām*) e deixes a prova de tua eminência (*ʿaẓama*)[246] nos corações daqueles que escutam, para que o mandato (*amr*) de Allāh seja recebido com veneração (*ḥurma*) *e seja respeitado*, de modo que, nesta intenção (*ṭalab*) – na qual está *implícita* a necessidade (*iftiqār*) *que tens* d'Ele – estejas sempre procurando, enquanto mensageiro, não magnificar (*taʿẓīm*) a ti mesmo, mas magnificar o Verdadeiro (*taʿẓīm al-Ḥaqq*) na criação (*kawn*).

2. Realização (*taḥaqquq*):

A Grandiosidade (*ʿaẓama*), no sentido absoluto, pertence unicamente Àquele a quem corresponde o nome da divindade (*ulūhiyya*), à parte disso, não se pode dar senão uma magnificação relativa (*taʿẓīm iḍāfī*), que consiste na adoção (*taḫalluq*), *pelo servo, deste atributo divino*.[247]

---

245. Ou então, "que tenhas de transmitir alguma coisa/uma ordem de parte de Allāh".

246. Isto é, da grandeza e importância de tua missão enquanto mensageiro.

247. Alusão ao versículo corânico em que Deus diz dirigindo-se ao Profeta: "Tu és de um caráter eminente (*ḫuluq ʿaẓīm*)" (C. 68:4). O termo *taḫalluq*, nome verbal da quinta forma da mesma raiz (*ḫ-l-q*) que os termos *ḫuluq* e *ḫalq*, significa, de fato, a

3. Caracterização (*taḫalluq*):

A grandiosidade (*ʿaẓama*) é, pois, um estado (*ḥāl*) que se manifesta no que é magnificado (*muʿaẓẓam*), mas não *necessariamente* naquele que magnifica (*muʿaẓẓim*), pois quem magnifica pode, às vezes, estar nessa posição (*manzila*) *de eminência* e não se encontrar nela em outras ocasiões.

Disse o Príncipe dos crentes, Hārūn al-Rašīd:[248]

(1) As três amáveis donzelas,
que minha rédea (*ʿinān*) dominaram,
de meu coração
habitam cada parte e cada canto

(2) O que é que me acontece?
Quando todos me são submissos
obedeço logo a elas *três*
que a mim resistem?

---

aquisição por parte da "criatura" (*ḫalq*) *por excelência* – isto é, o ser humano –, do "caráter" (*ḫuluq*) de um nome. A adoção, por parte da criatura, de um traço de caráter divino como a grandiosidade (*ʿaẓama*) é necessariamente um acréscimo (*iḍāfa*) em virtude do qual o servo se reveste desse caráter de modo relativo.

248. Sobre este célebre califa abássida (786-809), v. *EI*[2]. Estes versos – dos quais não há referência nas traduções de Asín ou Gloton conforme mencionadas – podem ser encontrados na antologia de Muḥammad Ibn Šākir al-Kutubī, *Fawāt al-wafayāt* – ed. Iḥsān ʿAbbās, Dār Ṣādir, 1973, Beirute, vol. IV, p. 226; ed. Muḥammad Muḥyī-l-Dīn ʿAbd al-Ḥamīd, Cairo, 1951-1953, vol. II, p. 617 –, onde a autoria dos versos é atribuída realmente ao califa Hārūn al-Rašīd. Sobre a história da canção castelhana de "las tres morillas", v. J. Ribera, "La música de las cantigas", *Disertaciones y Opúsculos*, Madrid, 1928, p. 87.

(3) Não pode ser outra coisa:
o poder da paixão (*sulṭān al-hawà*)
que elas têm nas mãos
é mais forte que meu império.[249]

---

249. Estes versos estão em metro *kāmil* trímetro catalético regular com rima em *-ānī*. O primeiro é o primeiro verso da composição original (*maṭlaʻ*), pois o primeiro hemistíquio rima igualmente.
O primeiro destes versos é citado separadamente e comentado em detalhe por Ibn ʻArabī em *Fut*. II, pp. 329-330.
"Convém que saibas que o amor não admite associação; mas somente quando a essência do amante é simples e indivisível, pois quando é composta, é possível que sua adesão amorosa comporte diversos aspectos – estejam estes diversos objetos num único indivíduo ou em vários. Nestes casos, se a adesão amorosa está relacionada com mais indivíduos, o homem pode amar, portanto, a vários amados. Porque sendo possível amar a mais de um, pode igualmente amar a vários. O Príncipe dos crentes disse neste sentido" [e depois de citar o verso continua dizendo]: "Eis aqui um amante que ama a três; e, no entanto, nas palavras '... minha rédea', que está no singular, não deixa de haver um mistério, em vez de atribuir uma rédea diferente a cada uma das suas amadas. Com isso dá a entender que o amante, ainda que sua essência seja composta, no entanto, não ama mais que uma só qualidade, que para ele se manifesta nessas três jovens, isto é, que se encontra na individualidade de cada uma delas. Assim, o final do verso confirma esta interpretação: "todas as três habitam cada canto de meu coração"; porque se ele amasse, em cada uma das três, uma qualidade que nas outras não existisse, certamente a rédea dominada por uma seria distinta da rédea das outras, e assim também, no seu coração, todas elas não ocupariam o mesmo lugar. Logo ele é um só amante que ama a um só objeto; mas este único objeto amado existe em vários seres concretos; neste sentido e por esta razão, ele ama a vários".
Os três versos aparecem igualmente, citados esta vez conjuntamente, em *Fut. II*, cap. 78, p. 113 (*Fut. XII*: 500), onde também atribui sua autoria a Hārūn al-Rašīd. O Šayḫ trata ali acerca do amor em resposta à questão 116 – das 155 formuladas por Ḥakīm Tirmiḏī (sobre este questionamento, v. *Kitāb ḫatm al-awliyā'*, ed. O. Yahya, Beirute, 1965) –, em que se pergunta: "O que é a bebida do Amor?" (*Fut*. II, pp. 111-114).
O autor diz numa passagem: "Às vezes, ainda sendo o amado escravo do amante e apesar de estar submetido à sua autoridade, pode o amante rebaixar-se e humilhar-se diante dele. Mas sabemos que isto se deve ao poder do amor (*ʻizzat al-ḥubb*), não ao poder do amado (*maḥbūb*)". O autor cita em seguida estes versos e comenta: "E neles o poeta atribuiu a força (*quwwa*) à paixão (*hawà*) na expressão 'o poder da paixão' (*sulṭān al-hawà*)". Cf. *Fut*. II, p. 113.

الغَفُورُ

[35] Al-Ġafūr

Aquele que tudo perdoa, o Indulgentíssimo,
Aquele que cobre com um véu protetor

1. Dependência (*ta'alluq*):

Necessitas d'Ele – Glorificado seja – para desdobrar o véu (*isbāl al-sitr*) *protetor do perdão – que cobre os erros* – de modo geral, entre ti e todo mal (*ḍarar*) cujo efeito recaia sobre ti, e *o estenda sobre tudo* aquilo que, dentre as coisas censuráveis,[250] executou em ti, seja no plano sensível ou no plano inteligível.

2. Realização (*taḥaqquq*):

Morfologicamente, este nome é uma forma intensiva (*bunya mubālaġa*)[251] *que expressa um grau intenso* na realização (*taḥaqquq*) da qualidade *ou ação* caracterizada por ele. Diz-se em um verso:[252]

---

250. Lit. "tudo aquilo que está relacionado com o erro reprovável (*maḏamma*)".

251. Ibn Ja'īš cita em seu *Comentário* do *Taṣrīf al-mulūkī* de Ibn Jīnnī cinco formas de *ṣifa* ou qualificativo "instituído para o intensivo" (*mawḍū' li-l-mubālaġa*): *mif'āl, fa''āl, fa'ūl, fa'il, fa'īl*. Cf. Fleisch, *Traité...*, I, p. 256, 53i.

252. Ibn 'Arabī cita este verso para exemplificar a distinção gramatical entre *ġaffār* e *ġafūr*, por analogia com os termos *ḍarrāb* e *ḍarūb*. Este verso, em metro *ṭawīl*, tem sido um exemplo recorrente nos tratados de gramática. Em sua edição e comentário da obra de Ibn Hišām al-Anṣārī, *Šudūr al-ḏahab*, Muḥammad Muḥyī-l-Dīn 'Abd al--Ḥamīd o atribui a Abū Ṭālib Ibn 'Abd al-Muṭṭalib b. Hāšim, quem o teria citado em sua elegia a Umayya b. al-Muġīra al-Maḫzūmī. V. *Šarḥ šudūr al-ḏahab fī ma'rifat kalām al-'arab*, p. 393.
O Šayḫ cita este mesmo verso com um propósito semelhante em *Fut.* VIII:7 e XI:145. Em *Fut.* VIII, p. 51, ele diz a respeito do termo *ḍarūb* do verso: "e está em forma *fa'ūl* para expressar intensidade (*mubālaġa*) na generosidade (*karam*)".

"Quando estavam carentes de víveres, tu cortavas (*ḍarūb*)[253] generosamente as patas dos camelos com o fio da espada e os sacrificavas".

Se, *no lugar de "o que corta generosamente"* (*ḍarūb*) tivesse sido usado o termo *ḍarrāb – também intensivo* de forma gramatical *fa''āl* como em *ġaffār* –, "o que corta muito", significaria, então, que degolava estes camelos *indiscriminadamente*, tanto para os necessitados de víveres como para outros não necessitados.

Desse modo, *em virtude desta distinção entre os paradigmas morfológicos fa'ūl e fa''āl, o nome* al-Ġafūr expressa uma relação particular (*ta'alluq ḫāṣṣ*) pela qual se distingue de al-Ġaffār.[254]

3. Caracterização (*taḫalluq*):

A adoção deste nome se dá conforme a mesma definição da realização (*ḥadd al-taḥaqquq*), pois a realização (*taḥaqquq*) é a ciência (*'ilm*) que dele se tem e o revestimento (*taḫalluq*) é a recepção de seu efeito.[255]

---

253. *Ḍarūb* – palavra do mesmo esquema morfológico (*fa'ūl*) que *ġafūr* – aqui significa "aquele que corta". Neste caso "que corta com generosidade" (v. nota *supra*). Em oposição a *ḍarrāb*, também intensivo – que significaria, conforme o comentário precedente "aquele que corta abundantemente" para todos, sem discriminação –, *ḍarūb* tem um sentido mais restrito e específico, 'o que corta generosamente', neste caso, somente para os necessitados de provisões.

254. Sobre a diferença dos significados de ambos os nomes, v. comentário dos nomes *al-Ġaffār*, *al-Ġāfir* e *al-Ġafūr* em "Comentário dos nomes..." (V. *infra Šarḥ*: 16-18). Cf. *Fut.* IV, p. 322.

255. O autor nos fornece novas nuances da distinção entre "realização" e "adoção": o *taḥaqquq* é o saber (*'ilm*), o conhecimento *que se tem* do significado do nome; o *taḫalluq* é a recepção de sua marca, de seu influxo (*iktisāb aṯar al-ism*).

الشَّكُورُ

[36] Al-Šakūr

O Agradecido, o Reconhecido, o Grato

1. Dependência (*taʿalluq*):

Necessitas d'Ele – Glorificado seja – para que não veles tua consciência (*mulāḥaẓa*), a fim de que O reconheças (*ru'ya*) em *tudo* aquilo com o que te agraciou. Nesse sentido, disse *Deus* a Moisés – que a paz esteja com ele –: "'Moisés! Agradece-Me com o verdadeiro agradecimento (*ḥaqq al-šukr*)!'. Disse *Moisés então*: '*Ó Senhor*! E como poderei fazê-lo?', ao que respondeu *o Senhor*: 'Quando possas ver a graça (*niʿma*) que procede de Mim, terás Me agradecido com o verdadeiro agradecimento (*ḥaqq al-šukr*)'".[256]

2. Realização (*taḥaqquq*):

Através do agradecimento (*šukr*) pode-se obter a provisão reservada das graças ocultas (*niʿam ḫafiyya*), a qual está guardada no conhecimento que Ele tem de Sua existência (*wujūd*) – Exaltado seja – *segundo Sua Palavra*: "Se sois agradecidos, dar-vos-ei mais de *Minha graça* [...]" (C. 14:7).[257]

---

256. Isto é, que o verdadeiro agradecimento é o reconhecimento da graça procedente d'Ele, o conhecimento de que a graça *de tudo o que se manifesta* provém d'Ele.
Ibn ʿArabī cita esta mesma tradição em *Fut.* XIII:402, p. 336, e XIV:110, p. 179, onde ele mesmo nos informa de que "este *hadith* foi transmitido por Ibn Māja em sua recompilação de tradições (*Sunan*)".
O verdadeiro agradecimento é, pois, o agradecimento próprio do saber (*šukr ʿilmī*), a gratidão. Cf. *Fut.* XVI:110.

257. O versículo completo diz: "E quando vosso Senhor anunciou: 'Se sois agradecidos, dar-vos-ei mais [de Minha graça]. Mas se sois ingratos, Meu castigo certamente será severo" (C. 14:7).

O agradecimento (*šukr*) é uma relação (*taʿalluq*) que implica um modo particular de louvor (*ṯanāʾ ḫāṣṣ*), o qual não compreende a totalidade do louvor geral (*ʿumūm al-ḥamd*), e que consiste em louvá-Lo (*ṯanāʾ*) pelo que d'Ele procede, do qual o próprio agradecimento (*šukr*)[258] faz parte. E este é o lugar em que está depositado o segredo (*mawḍiʿ al-sirr*) que o Real (*al-Ḥaqq*) – Enaltecido seja – zelosamente guardou, ordenando ocultá-lo "[...] e ambos começaram a encobrir-se com folhas do Jardim [...]" (C. 7:22).[259] Pois é o segredo da existenciação (*sirr īǧād*) das entidades latentes (*aʿyān kāmina*) e da propagação do deleite (*sarayān al-laḏḏa*) que penetra e se difunde na totalidade da constituição (*našʾa*).[260]

---

258. V. *infra* nota 261.

259. O texto completo do versículo diz assim: "Ele os fez cair em sua sedução. E quando ambos tinham provado da árvore, sua nudez foi revelada e começaram a cobrir-se com folhas do Jardim [...]" (C. 7:22).

260. A constituição adâmica do Homem Perfeito ou a constituição do cosmos, onde as entidades latentes passam a existir e gozam de sua manifestação.

3. Caracterização (*taḫalluq*):

O revestimento da qualidade (*taḫalluq*) deste nome se manifesta externamente (*ẓāhir*) sem que nele haja ocultação (*ḫafā'*) alguma. Ele *consiste no que ordena a Palavra divina*: "que sejas agradecido comigo [com Deus] e com teus pais. Eu sou o fim de tudo" (C. 31:14),[261] pela *relação* de causalidade (*sababiyya*).[262]

---

261. O texto completo do versículo diz assim: "E ordenamos ao homem o respeito para com seus pais – sua mãe o carrega [dentro] sofrendo uma pena atrás de outra, e o desmama aos dois anos –: 'Sê agradecido a Mim [a Deus] e a teus pais. Sou Eu o fim de tudo!'" (C. 31:14).
Observe-se que na seção anterior o Šayḫ aludiu aos primeiros pais, Adão e Eva, a quem se refere a passagem corânica citada (C. 7:22). Há, neste comentário, um fundo de simbologia sexual que relaciona metafisicamente o casal adâmico prototípico, que cobre a nudez de seus órgãos e – por outro lado – procria, com o segredo oculto da existenciação das entidades latentes, que resulta da interação das causas secundárias no domínio da dualidade. Tenha-se em conta que a raiz *š-k-r* denota "sexo feminino" e "fertilidade". Em *al-Qāmūs al-Muḥīṭ* se reúnem estas acepções do termo *šakr* (escrito igual que *šukr*): *nikāḥ* ("casamento"), *šakr al-ḥir* (em nota: *farj al-mar'a*, "órgão sexual feminino"). Por outro lado, o termo *ṯanā'* é da mesma raiz lexical que *iṯnān*, "dois", e *ṯunā'iyya*, "dualismo".

262. Isto é, em razão do vínculo causal que te une a eles, enquanto são causa secundária ou meio de tua existência.

العَلِيُّ

[37] Al-ʻAlī

O Altíssimo, o Excelso, o Sublime

1. Dependência (*taʻalluq*):

Necessitas d'Ele – Glorificado seja – para conseguir atingir um grau (*daraja*) tal de proximidade (*qurba*)[263] a Ele que não haja um grau superior a este que um outro possa alcançar.

2. Realização (*taḥaqquq*):

O termo al-ʻAlī é uma forma intensiva (*bunya mubālaġa*)[264]. Ele significa a elevação (*ʻulū*) *daquele a quem qualifica ou nomeia* no grau superlativo *absoluto* (*aqṣà*), diferentemente do nome al-Aʻlà, "o Mais Elevado".[265]

Assim, se *o nome* "o Altíssimo" fosse atribuído ao que está abaixo do grau máximo *de elevação*, não seria aplicado com propriedade

---

263. Em C. 9:99 é empregado o termo *qurba*, pl. *qurubāt*. Nos escritos akbarianos designa geralmente a "proximidade" a Deus ou, mais concretamente, a "Morada da Proximidade divina", à qual Ibn ʻArabī acedeu no ano 597/1200 (cf. *Fut. II*, p. 261) e a cuja realidade consagrou um tratado independente *K. (Maqām) al-qurba* (RG:414) – v. *Rasā'il*, ed. Hyderabad – e vários capítulos de *Fut*.

264. Isto é, uma forma gramatical de superlativo que expressa uma qualidade em grau superlativo. V. 35-2.

265. Elativo de *ʻalī*. ʻAlī pode ser entendido como superlativo que supera a comparação entre "alto" e "mais alto", diferentemente de al-Aʻlà que, por seu valor comparativo implícito ("o que é Mais Alto *que outro*"), seria estabelecida uma relação de comparação.
Apoiando esta leitura, cabe assinalar que, no Corão, somente se usa o nome al-Aʻlà – que aparece unicamente na lista de Aʻmaš – como qualificativo de *Rabb*, "Senhor" (cf. C. 79:24, 87:1 e 92:20). Sobre estes e outros nomes de raiz *ʻ-l-y*, v. *Noms*, pp. 206-207.

stricto sensu, o que se pode dizer da totalidade das relações (*nisab*) com as quais é válido qualificar o Altíssimo (*al-ʿAlī*) por *Sua* elevação (*ʿulū*) acima de tudo o que existe (*mawjūd*), tanto no plano do inteligível como no plano sensível.

3. Caracterização (*taḫalluq*):

Entre os outros seres humanos (*bašar*), aquele que obtém a supremacia[266] sobre os mais sublimes objetos (*maʿālī l-umūr*), que alcança a preeminência nas questões relativas ao conhecimento (*mutaʿalliqāt al-ʿilm*), que se destaca sobremaneira *na aquisição* dos mais nobres traços de caráter (*makārim al-aḫlāq*) e *na capacidade de* submergir-se (*ġawṣ*) nas sutilezas da compreensão *profunda* (*daqā'iq al-fuhūm*), a tal servo, *revestido da qualidade deste nome*, é adequado chamá-lo "altíssimo" (*ʿalī*).

---

266. Lit. "o que se apropria (*ḥā'iz*) do bastão da precedência (*qaṣab al-sabq*)", expressão figurada relativa ao costume de se tirar a sorte com hastes de diversos tamanhos.

الكَبِيرُ

[38] Al-Kabīr

O Grande, o Grandíssimo, o Ilimitado,
o Magnífico, o Supremo, o Superior

1. Dependência (*ta'alluq*):

Necessitas d'Ele – Exaltado seja – para lograr a perfeição (*kamāl*) de tua essência (*ḏāt*), revestindo-te (*taḥallī*) com *o atavio de* Sua grandeza (*kibriyā'*) em teu mundo (*'ālam*).[267]

2. Realização (*taḥaqquq*):

A forma *fa'īl*[268] [estrutura morfológica do nome *al-Kabīr*] não estabelece comparação quantitativa (*mufāḍala*) entre "*grande*" e "*maior*" pois, acima de *al-Kabīr*, o Grande, não há outro maior (*akbar*) que Ele.

O Supremo (*al-Kabīr*) é, de fato, aquele que possui o grau (*daraja*) da grandeza (*kibriyā'*) de modo absoluto, segundo o que exige Sua essência.

3. Caracterização (*taḫalluq*):

A adoção deste nome consiste em adornar-se com todos os atributos da perfeição (*awṣāf al-kamāl*) aplicáveis ao ser engendrado (*kawn*).

Aquele a quem *tais atributos* são conferidos é o Grandíssimo (*al-Kabīr*), a quem ninguém, entre os seres criados (*maḫlūqāt*), supera em grandeza.

---

267. Pode referir-se tanto ao macrocosmo – o mundo exterior do homem – como ao microcosmo – seu mundo interior.

268. V. *supra* 37-2, nota 265. Trata-se aqui de uma forma intensiva que não estabelece comparação entre o grande e o maior, mas que designa diretamente o Supremo, como acontece no caso de *al-'Alī*.

الحفيظ

[39] Al-Ḥafīẓ

O Preservador, o Protetor, o Conservador

1. **Dependência (*ta'alluq*):**

Necessitas d'Ele – Exaltado seja – para a preservação (*ḥifẓ*) de tua essência (*ḏāt*) e para pedir-Lhe a proteção e o apoio (*ṭalab al-ta'yīd*) de *que necessitas* para a preservação e o cuidado (*ḥifẓ*) dos outros.

2. **Realização (*taḥaqquq*):**

O nome "o Preservador" (*al-Ḥafīẓ*) é forma intensiva.[269] Ele é o que preserva Sua própria Essência e preserva os outros[270] de tudo que se opõe à harmonia daquilo que é preservado (*maḥfūẓ*), seja no plano sensível ou no inteligível.

E não há quem se encontre neste grau (*martaba*), em virtude de sua essência (*ḏāt*), sem estar restrito (*muqayyad*) a uma única tarefa particular, à exceção, entre os números, do *número* cinco, já que este se preserva a si mesmo e preserva, especialmente, o *número* vinte.[271]

---

269. Isto se reflete aqui na amplitude de Sua proteção, pois é o Preservador de todas as coisas.

270. Lit. "o outro que não Ele", isto é, todos os seres do cosmos.

271. Aqui há uma alusão simbólica aos valores numéricos. No sistema alfanumérico convencional – no qual um valor é atribuído a cada letra –, a letra *hā'* equivale a cinco e a letra *kāf* a vinte. O "h" é pronome sufixo de terceira pessoa no singular e o "k" é pronome sufixo de segunda pessoa. O *hā'* (5) do pronome *huwa* ("Ele") representa simbolicamente a Ipseidade divina (*huwiyya*), a Essência (*ḏāt*) incognoscível, oculta e incondicionada de Deus. Sobre o simbolismo e a significação desta letra, v. *Fut. I*: 542-A e 543. M. Chodkiewicz teve a amabilidade de me indicar que Ibn 'Arabī fazia alusão aqui a uma propriedade aritmética do número 5, sobre a qual se baseia seu uso simbólico. Esta propriedade se encontra refletida nos seguintes exemplos: 5 x 5 = 25; 25 x 25 = 625; 625 x 625 = 390625, etc.

Assim, o Preservador absoluto e universal é Allāh – Enaltecido seja – *e somente Ele.*

3. Caracterização (*taḫalluq*):

Consiste em se dar ao servo a capacidade de ocupar-se da preservação de si mesmo e da preservação dos outros, na medida do que lhe foi ordenado. Da mesma forma, ele pode chegar a preservar, por meio *da concentração de* sua vontade criativa (*himma*), *algo que, de outro modo, seria aniquilado*, mesmo que este *ato de preservação pela força ativa do coração* não dependa de uma ordem *divina* (*amr*).[272] Também é próprio da adoção da qualidade deste nome que *o servo* atue energicamente em defesa *da causa* de Allāh *contra aqueles que se opõem a Ele.*

A letra *kāf* (20), por sua vez, como primeira letra da palavra *kawn*, poderia simbolizar aqui "o que foi criado" pelo imperativo divino existenciador "Sê!". O Šayḫ diz: "... o *hā'* se preserva a si mesmo e preserva outros (*ġayr*) [...] e este 'outro' (*ġayr*) que o *hā* preserva é [especialmente] o *kāf* da criação efetiva (*kāf al-kawn*) ..." (cf. "K. al-Mīm...", *Rasā'il*, p. 9). Observa-se, de fato, que nos exemplos mencionados ou nos resultados sucessivos da mesma operação, a sequência 25 (20+5) se repete sempre. Sobre esse simbolismo, v. também *Fut.* III, p. 321 (poema) e IV, p. 175.
Além disso, Ibn ʿArabī distingue entre o *kāf* da esperança, da expansão, da proximidade e da beleza, e o *kāf* do temor, da contração, da distância e da majestade (cf. *Fut. I*: 560). Então o *kāf* representa, nesse sentido, o domínio da dualidade e dos contrários. A Essência divina (5) preserva a Si mesma e preserva também o universo (*kawn* = 20), onde se manifestam os efeitos da multiplicidade de Seus nomes.

272. A criatividade da *himma*, a vontade espiritual, não está necessária e exclusivamente restrita ao cumprimento da ordem prescritiva (*amr taklīfī*), isto é, das prescrições da revelação, mas pode depender do livre-arbítrio – sujeito sempre, está claro, aos limites da Lei. Em qualquer caso, entenda-se que, em última instância, toda livre resolução está necessariamente vinculada a uma ordem divina existencial (*amr takwīnī*), isto é, que não requer mediação profética. Sobre a distinção entre estes dois modos de "mandato divino", v. Chittick, *Sufi Path*, pp. 292-293.

Diz um verso *com relação a isto*:[273]

"Então em minha ajuda há de vir
um grupo enfurecido
de veementes guerreiros

que, no *zelo do* brio defensivo (*ḥafīẓa*),
se mostrariam *sem vigor*
se tivessem fraqueza (*lūṯa*)".[274]

---

273. Metro *basīṭ*. O segundo hemistíquio rima em *-ānā*. Trata-se de um verso de Qurayṭ al-ʿAnbarī, citado na antologia de al-Marzūqī, *Šarḥ dīwān al-ḥamāsa*, Cairo, 1951, pp. 25-27. V. também Ibn Jinnī, *K. al-Ḫaṣā'iṣ*, II, Cairo, 1952, p. 27, e al-Šajarī, *K. al-Amālī*, II, p. 288. O próprio Ibn ʿArabī menciona *Šiʿr al-ḥamāsa* em *Fut.* VIII: 653.
O Šayḫ cita este verso para mostrar a conexão que existe entre a preservação ou salvaguarda (*ḥifẓ*) do guardião (*ḥafīẓ*) e a cólera defensiva (*ġaḍab*) a que acaba de referir-se. No segundo hemistíquio é empregado o termo *ḥafīẓa*, da mesma raiz e forma que *ḥafīẓ*, que significa, "justa cólera", "zelo", "brio em defender os próprios valores", "salvaguarda (do erro)". Portanto, a "justa cólera", o "zelo" ou "brio por defender a causa divina" (*ḥafīẓa*) – ao que Ibn ʿArabī se referiu com a expressão "sair em defesa de Deus (*ġaḍiba li-Llāh*)' e que lit. significa "enfurecer-se em favor de Deus" – faz parte desta adoção.

274. Traduzo conforme o comentário de al-Marzūqī que lê *lūṯa* ("fraqueza") e descarta a possibilidade de ler *lawṯa* ("força"), considerando que a última parte do verso – contraposta ao primeiro hemistíquio – constitui uma provocação indireta do poeta incitando seus interlocutores a se encorajar (cf. *Šarḥ dīwān al-ḥamāsa*, pp. 26-27).

المُقِيتُ

[40] Al-Muqīt

O Alimentador, o Provedor, o Mantenedor,
o Capaz, a Testemunha, o Guardador

1. Dependência (*ta'alluq*):

Necessitas d'Ele para outorgar-te um atributo único (*ṣifa wāḥida*) cuja força *unitiva* te permita enfrentar os diversos estados (*aḥwāl*).

2. Realização (*taḥaqquq*):

O Alimentador (*al-Muqīt*) é quem provê o alimento (*qūt*), que é o sustento específico (*rizq ḥāṣṣ*) com o qual tua compleição (*bunya*) se mantém, diferentemente de *al-Razzāq*, "o Sustentador", *que sustenta de modo geral.*

O Provedor (*al-Muqīt*) é o que determina (*muqaddir*) os alimentos (*aqwāt*) *que devem ser dados* e os momentos (*awqāt*)[275] *em que serão dados*, isto é, aquele que sabe (*'ālim*) *o quê e quando proverá.*

---

275. Os termos *waqt* ("momento") e *qūt* ("alimento") têm as mesmas letras em suas respectivas raízes lexicais, ainda que em ordem diferente, como acontece no caso de *qābil* e *qalb* associados, por exemplo, num verso de Tarjumān al-Ašwāq (XI:13). Ao nome *al-Muqīt*, part. at. (forma IV) de raiz *q-w-t*, está diretamente associado o termo *qūt*, da mesma raiz, e indiretamente associado o termo *waqt*, de raiz *w-q-t*.
Para os sufis, na perspectiva d*a interconexão* lexical, as "coincidências" linguísticas de qualquer ordem na língua árabe – língua da revelação islâmica – não são efeito de uma casualidade arbitrária nem de uma convenção caprichosa: indicam relações *providenciais* significativas entre os termos implícita ou explicitamente associados. Já que tudo está contido na onisciência divina, portanto nada pode ser considerado meramente arbitrário.

3. Caracterização (*taḫalluq*):

Consiste em que o servo adquira a faculdade de dar ao necessitado a medida certa daquilo que necessita, sem excessos *nem escassez*, tanto no que se refere ao sensível como ao inteligível. Consiste também em que ele conheça (*ʿālim*) o momento em que deve dar e a justa medida.

الحسيب

[41] Al-Ḥasīb

Aquele que tudo calcula, Aquele que leva tudo em conta, o Contador, o Suficiente, Aquele que provê suficiência

1. Dependência (*taʿalluq*):

Necessitas d'Ele – Glorificado seja – para te ajudar a calcular tuas respirações[276] e, também, para te prover com suficiência (*kifāya*) *o que necessitas* para a execução dos deveres que Ele te prescreveu, de modo que haja em ti satisfação (*iktifā'*) por isso.

2. Realização (*taḥaqquq*):

Em um sentido, o nome "o Informado" (*al-Ḫabīr*) está contido no nome "o Contador" (*al-Ḥasīb*);[277] *em outro sentido, o nome al-Ḥasīb* pode ter relação (*taʿalluq*) com o nome *al-Kāfī*, "o Que basta *a Seus servos*",[278] *como mostram os versículos em que se diz*: "Acaso Allāh

---

276. Lit. "a fazer as contas de teus alentos (*muḥāsabat al-anfās*)", isto é, (1) a estar atento a todo instante à própria conduta de modo que possa prestar contas de todo ato e, no momento de recapitular, "fazer-se responsável" pelas próprias obras, (2) estar consciente de si mesmo e dos outros, mediante a atenção à própria respiração ou, se for o caso, (3) recorrer à técnica de cuidar da repetição de um *ḏikr* – geralmente em sequências ímpares – no ritmo da respiração. Estes três aspectos deste método de meditação foram bastante comentados nos tratados de sufismo. V., p. ex., sobre técnicas análogas usadas pelos naqšbandis, o estudo de Mir Valiuddin, *Contemplative disciplines in sufism*. East-West Publications, Londres, 1980, pp. 60 e ss.
Na língua em uso, a expressão *ḥāsaba ʿalà nafsi-hi* significa "precaver-se, cuidar-se" (lit, "tomar conta de si mesmo"). Aqui, no lugar de *nafs*, pl. *nufūs*, é usado *nafas*, pl. *anfās*, uma alusão à íntima relação de ambas as realidades – a alma e o alento – no ser humano.

277. No sentido de "Que calcula" as coisas, isto é, de que está informado delas.

278. No mesmo sentido, *al-Ḥasīb* é Aquele que calcula e leva em conta o que Seus servos precisam e provê o necessário e, portanto, "o Que basta *a Seus servos*".

não basta (*kāfin*) a Seu servo?" (C. 39:36).[279] "E quem confia em Allāh, Ele lhe basta (*ḥasb*)" (C. 65:3).[280]

Na realidade, os sentidos da suficiência (*kifāya*) são muitos e não podem ser reunidos *aqui*.[281]

3. Caracterização (*taḫalluq*):

Quando o servo realiza diligentemente aquilo que o Verdadeiro (*al-Ḥaqq*) ordenou-lhe executar, de modo que se basta a si mesmo para encarregar-se do próprio governo (*tadbīr*), e quando, ademais, ele presta contas a si mesmo *por seus atos*, tanto interna como externamente, fazendo-se responsável tanto de seus pensamentos (*ḫaṭarāt*) como de seus movimentos (*ḥarakāt*), recapitulando-os com sentido crítico (*naqd*) e *com a intenção de* esclarecer e limpar *os erros* (*tamḥīṣ*); é, então, *ḥasīb* em ambos os sentidos, "suficiente" e "o que pede que se preste contas".

O manuscrito B acrescenta: "... e também pode ter relação com o nome 'o Respondedor' (*al-Mujīb*)". No sentido, neste caso, de que o nome *al-Mujīb* significa "o Que satisfaz as petições" e *al-Ḥasīb*, o Suficiente, significa "o Que dá suficiência" e, portanto, satisfaz.

279. Lit. "Acaso não é Allāh o Que basta a Seu servo (*kāfin*)?", isto é, "o Que é suficiente para Seu servo", onde se usa o mesmo termo do nome *al-Kāfī*, part. at. Este nome não está incluído na lista de Walīd, mas aparece nas outras três listas tradicionais. V. Guimaret, *Noms*, p. 366.
Diz o texto completo do versículo: "Não basta Allāh a Seu servo? Querem [os infiéis] intimidar-te com outros [deuses] que não Ele? Mas aquele a quem Allāh extravia ninguém poderá guiar" (C. 39:36).

280. Na citação anterior se aplicava o termo *kāfin* com sentido análogo ao que tem aqui o termo *ḥasb*, da mesma raiz do nome *al-Ḥasīb*. Este versículo continua dizendo: "[...] E quem confia em Allāh, Ele lhe basta. Allāh consegue aquilo a que Se propõe. Allāh estabeleceu uma medida para cada coisa" (C. 65:3).

281. Cabe entender a este respeito que a noção de suficiência divina pode ser considerada de diversas perspectivas. Em última instância, todo nome expressaria um aspecto de suficiência com relação a seu atributo específico. Assim, p. ex., o Guia seria o que oferece a direção necessária com suficiência, Aquele Que basta para guiar Seus servos, etc. Esta correlação dos nomes se funda no fato de que, finalmente, todos eles designam uma Essência única que transcende as distinções.

الجليل

[42] Al-Jalīl

O Majestoso, o Excelso, o Eminente, o Glorioso

1. Dependência (*ta'alluq*):

Necessitas d'Ele – Glorificado seja – para conceder-te a morada (*maqām*) na qual ninguém poderia alcançar-te ainda que o desejasse. Do mesmo modo, necessitas d'Ele para prover-te de modéstia (*tawāḍu'*) até o ponto em que a menor e a mais insignificante das coisas existentes (*mawjūdāt*) receba teu assentimento (*tamakkun*), com bondade e compaixão de tua parte para com ela, na medida da capacidade de sua energia (*ṭāqa*).

2. Realização (*taḥaqquq*):

A realidade essencial (*ḥaqīqa*) deste nome *está expressa em Sua Palavra*: "Nada é igual a Ele" (C. 42:11).[282] Sua realidade essencial é também Sua descida (*nuzūl*) até Seus servos, *ao qual se refere o santo hadith em que o Senhor diz*: "Há alguém contrito (*tā'ib*) para que Eu possa perdoar-lhe? Há alguém suplicando para que Eu possa responder-lhe?",[283] *e em Sua Palavra*: "Não há um conciliábulo de três pessoas

282. Em um sentido, o nome *al-Jalīl*, como nome de Majestade (*jalāl*), está relacionado com a Incomparabilidade divina (*tanzīh*) expressa nesta sentença; em outro sentido, *al-Jalīl* também está relacionado ao aspecto oposto à Beleza (*jamāl*) – de fato, os nomes *al-Jalīl* e *al-Jamāl* com frequência são comentados conjuntamente (cf. Ġazālī, *Maqṣad*, pp. 126 e 127) – e com a ideia de similaridade divina (*tašbīh*) expressa – segundo a leitura alternativa de Ibn 'Arabī – neste mesmo versículo. V. *supra* 9-2, nota 102.

283. Fragmento do *hadith* sobre o descenso de Deus ao céu do mundo durante o último terço da noite. V. Buḫārī, *Da'awāt* 14, *Tawḥīd*, 35; Muslim, *Musāfirūn* 168-170, 172, *Salām*, 124; Abū Dā'ūd, *Sunna* 19; Tirmiḏī, *Ṣalāt* 211, *Ṣawm* 38, 78; Ibn

em que não seja Ele o quarto, nem de cinco pessoas em que não seja Ele o sexto. Quer sejam menos ou mais numerosos, Ele sempre está presente, onde quer que se encontrem" (C. 58:7),[284] *e também em Sua Palavra*: "E Nós estamos mais próximos dele [do homem] que sua própria veia jugular" (C. 50:16),[285] *e do mesmo modo o hadith em que Deus diz pela boca do Profeta*: "Estive faminto e não Me deste de comer; estive sedento e não Me deste de beber; estive enfermo e não Me visitaste..." e o que segue do texto completo deste *hadith*, uma tradição autêntica (*ṣaḥīḥ*) reunida por Muslim.[286]

Por outro lado, o *hadith* em que Deus diz: "O filho de Adão Me desmentiu *sem direito* e o filho de Adão injuriou-Me *sem direito*"[287] faz parte da realização (*taḥaqquq*)[288] deste nome. Esta *palavra* refere-se ao

---

Māja, *Iqāma* 191; Dārimī, *Ṣalāt* 168; *Muwaṭṭa'*: *Qur'ān* 30; Ibn Ḥanbal IV: 16, VI: 238. Cf. *Fut.* (OY) II, p. 514. Para mais referências, v. Graham, *Divine Word*, p. 177. Ibn ʿArabī menciona este fragmento em *Fut.* II: 299 e XI: 198 (*fa-ujība-hu* no lugar de *fa-astajība la-hu*).

284. "Não vês que Allāh conhece o que está nos céus e na terra? Não há conciliábulo de três pessoas em que não seja Ele o quarto [cf. Mt. 18:20], nem de cinco pessoas em que não seja Ele o sexto. Quer sejam menos [de três] ou sejam mais [de cinco], Ele sempre está presente, onde quer que se encontrem. Logo, no dia da Ressurreição, já lhes informará do que fizeram [na terra]. Allāh é Onisciente" (C. 58:7).

285. "De fato, criamos o ser humano e sabemos o que sua alma lhe sugere. E Nós estamos mais próximos dele que sua própria veia jugular" (C. 50:16).

286. A fonte usada por Ibn ʿArabī ao citar este *hadith* em seu *Miškāt al-anwār*, (*La Niche des Lumières*, trad. de Muhammad Vâlsan, Paris, 1983 (abrev. *infra Miškāt*), nº 98, pp. 128-29 é Muslim, *Birr* (45) 43. A citação aqui é parcial e não coincide exatamente. Sobre o *hadith* e outras fontes, v. Graham, *Divine Word*, pp. 179-180, e Wensinck, *Concordance*, VI, p. 198, que menciona a versão de Ibn Ḥanbal, *Waṣāyā* 7. V. também Morris, "Seeking...", *JMIAS*, XVI, p. 18.
Hadith citado em *Fut.* (OY) IV: 514; VI: 215-216, 481, 492; VII: 236; IX: 58; XI: 185; XIII: 542, 580; e *Fut.* IV, p. 256, lss. 31-36.

287. V. *Miškāt*, nº 7, pp. 30-31. Sobre as fontes, v. *Divine Word*, nº 36, pp. 159-160. Mencionado em *Fut.* IV: 266.

288. O autor parece distinguir entre textos relativos à *ḥaqīqa*, a realidade essencial do nome, e os relativos ao *taḥaqquq*.

que *os servos* proferem *injustamente* sobre Allāh, quando Ele decresce em seus corações a uma posição (*manzila*) em que se inflamam contra Ele, e dizem, com atrevimento, que "a mão de Allāh está atada (*maġlūla*)"[289] e coisas semelhantes.

3. Caracterização (*taḫalluq*):

Se, ao retirar-se interiormente, o servo está somente com a Verdade (*al-Ḥaqq*)[290] e, estando assim com Ele, onde não há nem onde (*ayn*), nem quando,[291] nem como,[292] ele se abandona por inteiro a este estado, perdendo-se n'Ele até tornar-se, naquela morada *espiritual* (*maqām*), tal como expressou um dos gnósticos *neste verso*...:[293]

---

289. "Os judeus dizem: 'A mão de Allāh está atada (*maġlūla*)'. [...] Ao contrário, Suas duas mãos estão bem abertas (*mabsūṭa*) e Ele despende Seus dons como quer [...]'" (C. 5:64).

290. O verbo *infarada* significa "isolar-se", "retirar-se". "Retirar-se com Deus" não implica afastar-se fisicamente do mundo e dos afazeres cotidianos, senão viver na interioridade com uma constante e profunda consciência da unidade da Realidade divina ao mesmo tempo em que se vive em harmonia com a sociedade segundo o prescrito. "Estar com Deus onde não há onde (*ayn*)" corresponde à Majestade como contrapartida a *ma'iyya*, a copresença divina, o fato de que Deus está com os servos onde quer que (*ayna mā*, C. 57:4 e 58:7) se encontrem, o que corresponderia à Beleza.

291. A palavra *ḥayṯu* é traduzida normalmente por "onde" ou "enquanto que", isto é, uma localização espacial ou um espaço de tempo. Pode-se entender que não há lugar aonde dirigir-se, nem espaço – de lugar ou tempo – onde estar, porque este "estar com Deus" não está ligado ao caráter linear da dimensão espaço-temporal.

292. Lit. "nem entendimento", "nem compreensão" (*fahm*). No estado de extinção (*fanā'*) evocado aqui, não há dualidade, não há quem compreenda nem o que compreender, visto que o entendimento exige a consciência do sujeito e do objeto.

293. Verso em metro *ṭawīl*, citado pelo autor em *Fut.* I: 440, p. 258, onde distingue previamente várias modalidades de recepção do discurso divino e cita este verso para ilustrar sua exposição acerca da condição do inspirado. *Fut.* [439] "Que distância entre o compilador que diz 'Fulano – que descanse em paz – transmitiu-me de Beltrano...' e aquele que diz: 'meu coração me informou acerca do meu Senhor!'" (referência a Abū Yazīd, v. Maḥmūd Ġurāb, *Šarḥ kalimāt al-ṣūfiyya*, Matba'at Zayd b. Ṯābit, Damasco, 1981, p. 152). E mesmo que este último tenha uma grande capacidade, que distância entre ele e quem diz: "meu Senhor me informou acerca de meu Senhor!",

"Tu te manifestaste àquele
que, uma vez aniquilado,
Tu fizeste subsistir,
e assim foi sem ser,
tão somente sendo por Ti".[294]

---

isto é, acerca de Si mesmo – no qual há uma alusão simbólica, pois o primeiro é o Senhor condicionado da crença (*al-Rabb al-muʿtaqad*) e o segundo o Senhor incondicionado, que não está sujeito a restrições (*al-Rabb allaḏī yataqayyad*) e que é por mediação sem mediação (*bi-wāsiṭa lā bi-wāsiṭa*). Este conhecimento é o que o coração recebe da contemplação essencial (*mušāhada ḏātiyya*), e que se difunde ao segredo *do coração* (*sirr*), ao espírito e à alma.
Fut. [440] Como se pode conhecer, então, a posição doutrinal de quem bebe desta fonte? Não podes conhecê-la a menos que conheças Allāh – Enaltecido seja –, que é incognoscível em todos os sentidos, de modo que tampouco aquele *que bebe dessa fonte* pode ser conhecido, porque a razão (*ʿaql*) não sabe onde se encontra, pois o objeto desta são os seres engendrados (*akwām*) e, como foi dito [no verso aqui citado], ele não tem ser engendrado (*kawn*) ["ele foi sem ser"].
V. também a citação e comentário deste verso no *Libro de la Eternidad sin principio*, onde o autor – antes de citá-lo – explica que "a Palavra (*kalām*) é um atributo primordial (*ṣifa qadīma*) de Allāh: não tem forma [...] e nem é contingente (v. *K. al-Azal*, em Rasā'il, ed. Hyderabad, p. 4)". Quando Deus se dirigiu a Moisés, falou-lhe "com Sua Palavra preeterna (*qadīma*)" [...]. "É menos apropriado pretender, considerando Moisés limitado à temporalidade, que a Palavra do Fazedor vem acompanhada de movimento temporal do que considerar, ao contrário, que Moisés escutou fora do tempo [lit. 'no não-tempo', na atemporalidade'], dado que o Falante não *lhe* falou num *espaço de* tempo. Assim, é mais apropriado considerar a *escuta* de Moisés transcendente e incomparável do que considerar a Palavra do Fazedor imanente ou semelhável [lit. 'a inclusão de Moisés na transcendência é mais conveniente' ...]". Cf. *K. al-Azal*, em Rasā'il, Ed. Hyderabad, p. 5. V. *infra* nota 295.

294. Ou então, "e esteve assim sem ser, pois Tu eras ele", lit. "pois Tu o era", o que em árabe constitui uma licença expressiva e elegante que não expressa os mesmos matizes em português. Em sentido técnico, "sê-lo" significa "ser em seu lugar *durante* sua aniquilação", isto é, "ser o verdadeiro Eu essencial que subsiste ao desaparecimento do eu pesssoal aparente", isto é, "ser a realidade subjacente da aparência do ser pessoal"; assim, poderia traduzir-se também "E foi sem existir, por Ti existindo". Deus é a única causa real, a única realidade do ser do servo, o qual existe por Ele, n'Ele se aniquila e por Ele subsiste.

e como disse outro *dentre eles*:

"Se aos dias pudera perguntar
qual é meu lugar ou qual é meu nome,
os dias não saberiam *responder*".[295]

... – e *tudo* isto, não desde a face de sua causa intermediária (*sabab*), mas desde a face (*wajh*) de seu Senhor que lhe corresponde em sua existenciação (*ījād*) e em sua permanência (*ibqā'*)[296] –; assim, ao chegar a esta morada, *o servo* é então majestoso (*jalīl*).

E também, quando o Profeta – que a bênção e a paz estejam com ele – brincava dizendo à criança: "Ei Abū ʿUmayr, o que fez o *nuġayr* [lit. 'o passarinho']?",[297] ele o fazia desde *a presença* deste nome; e a esta

---

295. O verso se refere, por um lado, ao Homem Perfeito, cujo atributo, como Servo do Majestoso, é desconhecido. Por outro lado, este verso encerra também uma alusão aos seis dias da criação mencionados no mesmo versículo (C. 57:4) em que se faz referência à co-presença divina (*maʿiyya*). O verso alude, portanto, no plano divino, ao fato de que a preexistência divina atemporal não pode ser conhecida desde a temporalidade da criação. Por isso os dias – e tudo o que foi criado em seu transcurso – ignoram o nome de Deus e onde se encontra, isto é, não O conhecem. Ibn ʿArabī cita este mesmo verso precedido do anterior em várias obras, sem menção de autor.
No *Kitāb al-Azal* (pp. 5-6), ele associa seu comentário ao do verso precedente (v. *supra* nota 294) indicando que este verso se refere a um grau mais alto de aniquilação. O Šayḫ acrescenta a este último um segundo verso, que vem em seguida, e diz assim: "Ocultei-me de meu tempo à sombra de sua asa/ e assim o vê meu olho, sem que me ver o tempo possa". No *Kitāb al-Isrā'* (ed. Hyderabad, p. 60, e ed. S. Ḥakīm, Beirute, 1988: IV: 4, p. 148), o autor introduz estes dois versos com as palavras: "como disse o sábio que chegou *ao conhecimento unitivo* (*wāṣil ḥākim*)". V. também a citação do mesmo verso num comentário (*K. Kašf al-ġāyāt*) da obra de Ibn ʿArabī intitulada *K. al-Tajalliyāt*, ed. O. Yahya, Teerã, 1988 [bem como *AL-MACHRIQ*, 1966-1967], nº 433, nota 828. V. *infra* 96-3.

296. Isto é, ao fazê-lo existir e subsistir.

297. Relata o *hadith* que Ānas Ibn Mālik disse: "O Enviado de Allāh era, dentre as pessoas, o de melhor caráter (*ḫuluq*). Eu tinha um irmão *menor* que era *então* chamado *por* Abū ʿUmayr... sendo uma criança já desmamada. E quando o Enviado vinha, dizia-lhe ao vê-lo: 'Ei, Abū ʿUmayr! Como faz o *nuġayr* [rouxinol ou passarinho]?', e brincava com ele". Cf. Muslim, *Ādāb*, 30. V. também Abū Dā'ūd, *Ādāb*, 69; Tirmiḏī,

adoção corresponde também *a paciência do Profeta com* a prolixidade (*istaṭāla*) de quem, entre os associadores (*mušrik*), distraía-o ao estender seu discurso *sem o devido respeito.*

Quem alcança esta morada (*maqām*) é, também, venerável (*jalīl*).[298]

Ṣalāt 131, *Barr*, 57; Ibn Māja, *Ādāb* 24; Ibn Ḥanbal III: 115, 119, etc. Cf. *Concordance*, VI, p. 497.

Ao citar o jogo de palavras do Profeta, Ibn ʿArabī parece sugerir que, como Muḥammad, aquele que alcança esta morada espiritual, sendo venerável e majestoso, recorre à brincadeira e ao gracejo para que os demais se sintam próximos a ele e favoreça, a seu redor, um ambiente de distensão e concórdia.

298. Como se pode apreciar, este segundo aspecto da majestade, caracterizado pela simpatia, pela proximidade e pela modéstia paciente, corresponde ao aspecto da Beleza. Como se mostra em nosso estudo das noções de Majestade e Beleza, esta está implícita naquela e vice-versa (cf. *On the Divine Love of Beauty*, *JMIAS*, XVIII, Oxford, 1995, pp. 1-22). Aqui, o autor não diz que brincar ou tolerar com paciência sejam mais outras das qualidades necessárias de um único *taḫalluq* deste nome, de somente uma morada de majestade, mas que quem alcança esta outra morada, caracterizada por estas qualidades, *também* é *jalīl*, como aquele que alcança a morada caracterizada pelo retiro interno. O texto parece indicar que a primeira não implica necessariamente a segunda.

الكريم

[43] Al-Karīm

O Generoso, o Magnânimo, o Nobre

1. Dependência (*taʿalluq*):

Necessitas d'Ele – Glorificado seja – para outorgar-te os mais nobres traços de caráter (*makārim al-aḫlāq*) e afastar de ti os indesejáveis (*safsāf al-aḫlāq*).

2. Realização (*taḥaqquq*):

O Generoso (*al-Karīm*) no dom é aquele que não rejeita quem pede (*sā'il*) e aquele que possui os mais belos atributos (*al-ṣifāt al-ḥusnà*), em todos os sentidos.[299]

3. Caracterização (*taḫalluq*):

O servo se reveste da qualidade deste nome quando adota os nobres traços de caráter afastando-se dos traços ignóbeis (*safsāf al-aḫlāq*).

Se este nome é considerado um nome de dom (*ʿaṭā'*), *dentre os nomes divinos que significam dádiva,*[300] o Generoso (*al-Karīm*) é o que dá mediante prévia demanda (*baʿd al-su'āl*) *por parte do solicitante*, enquanto o Providente (*al-Jawād*) é o que dá antes do pedido

---

299. Lit. "em toda face" (*wajh*). Segundo Rāzī, a noção de *karam* designa entre os árabes "toda qualidade digna de louvor". Cf. Guimaret, *Noms*, p. 219, e *Traité sur les noms*, trad. Gloton, II, p. 192.

300. V. sobre os nomes de dom, especialmente, *Fut.* IV, p. 263 (*ḥaḍrat al-saḫā'*), e *Fut.* IV, p. 323, lss. 2-5 (*Šarḥ*, nº 18-22). Sobre este e outros sentidos de *Karīm*, v. Guimaret, *Noms*, pp. 119-221.

(*qabl al-su'āl*);[301] o Cumpridor (*al-Saḫī*) é o que satisfaz a necessidade na medida certa (*qadr al-ḥāja*); o desinteressado (*mu'ṯir*)[302] é o que dá o que ele mesmo necessita no próprio momento de dar ou num futuro previsível,[303] e o Doador (*al-Wāhib*) é o que faz mercê graciosamente. Trata-se de uma terminologia técnica adequada (*iṣṭilāḥ*).[304]

---

301. Assim é como al-Anṣārī define o nome *al-Karīm*. Cf. *Noms*, p. 221.

302. Este nome de raiz *'-ṯ-r,* part. at. de forma IV, tem aqui o significado de "honrador", "altruísta", "o que privilegia *a necessidade do outro*". Não é mencionado como nome divino no ensaio de Guimaret sobre os tratados acerca dos nomes, pois, segundo o que Ibn ʿArabī precisa em *Fut.*, ao diferenciar várias modalidades de dom: "O 'desprendimento generoso' ou 'altruísmo' (*īṯār*) consiste em dares aquilo de que tu mesmo necessitas no momento *de dá-lo* – que é o mais meritório – ou de que necessitarás no futuro – se o dador não se encontra em estado de necessidade imediata. A cada modalidade de dom corresponde um nome divino *da mesma raiz lexical*, com exceção do 'altruísmo' (*īṯār*). Allāh – Enaltecido seja – é *Wahhāb*, *Karīm*, *Jawād* e *Saḫī*, mas não se diz que Ele seja 'altruísta' (*mu'ṯir*), Exaltado seja" Cf. *Fut.* IV, p. 263 (28-30). Desse modo, *mu'ṯir* não é um nome divino – pois Deus não tem necessidade alguma a que possa antepor outra alheia – mas um nome de dom humano, pelo qual o autor, consequentemente, só se refere a ele na seção da adoção.
V. *infra* 44-2, nota 307, sobre *al-Raqīb* como "nome de dom".

303. Lit. "na atualidade (*wujūd*) ou virtualmente (*taqdīr*)". Estes termos correspondem a *fī-l-ḥāl*, "no estado", "no presente" e *fi-l-istiqbāl*, "no porvir", "no futuro", usados no texto de *Fut.* citado na nota anterior.

304. Isto é, termos cuja significação os teólogos sufis admitem, baseando-se no estudo das fontes e em sua própria experiência mística, para distinguir nuances que na língua corrente não estão clara e tecnicamente diferenciados. Não obstante, tanto na interpretação destes nomes como no modo de se entender outros termos técnicos do sufismo, pode-se observar, naturalmente, certa margem de disparidade e relativa divergência entre autores de distintas escolas e tendências.

الرَّقِيبُ

[44] Al-Raqīb

O Guardião, o Vigilante,
o Observador, o Controlador, o Supervisor

1. Dependência (*taʿalluq*):

Necessitas d'Ele – Glorificado seja – para pedir-Lhe *que te conceda alcançar* a observância (*murāʿāt*) *perfeita e constante* de Seus limites (*ḥudūd*), para que não cometas negligência alguma.

2. Realização (*taḥaqquq*):

O Vigilante (*al-Raqīb*) é o que nunca negligencia o que concerne ao povo de Seu reino (*mamlaka*),[305] e observa atentamente suas atividades (*ḥarakāt*), suas pausas (*sakanāt*)[306] e suas necessidades (*ḥājāt*), de modo a dar-*lhes*[307] *o necessário* e a tê-los em conta.[308]

---

305. Aqui se associa a "vigilância" à condição soberana do Rei, de modo que *al-Raqīb* é o Guardião protetor de seus súditos.

306. Utilizados num sintagma que constitui, em árabe, uma expressão feita, traduzível por "o que fazem *ou deixam de fazer*", estes termos – que significam "vogais" e "pausas" – contêm uma alusão implícita ao aspecto linguístico do ser, a *logovisão* sufi, segundo a qual toda criação surge sob efeito da Palavra divina.

307. Neste sentido, pode-se considerar, portanto, um dos "nomes de dom". O Vigilante dá proteção e concede a Seus fiéis a graça da observância (*murāʿāt*), isto é, dá-lhes a capacidade de cumprir com as prescrições divinas, dando-lhes o necessário para que os servos possam cumprir, entre outras coisas, com os requisitos (*ḥājāt*) da oração ritual – movimentos (*ḥarakāt*) e pausas (*sakanāt*) – ou outros deveres religiosos, e calcula (as *rakaʿāt* – sequências de movimentos da oração –, das repetições de fórmulas rituais, dos dias de jejum, etc.). O estilo sóbrio, conciso e frequentemente elíptico dos comentários de Ibn ʿArabī sobre os nomes dá acesso a diversas interpretações ou aplicações, segundo as diferentes ordens da existência. Tal diversidade de perspectivas possíveis não se pode refletir na tradução.

308. O Šayḫ usa um verbo na forma IV de raiz *ḥ-ṣ-y* – cujo nome de ação correspondente é *iḥṣāʾ* – que significa tanto "proteger" como "contar", "calcular" [ou "considerar"].

3. Caracterização (*taḫalluq*):

O servo que observa atentamente, em seu coração (*qalb*), os sinais (*āṯār*) de seu Senhor – *as inspirações divinas* – a fim de diferenciá-los *com clareza* dos sinais de seu próprio desejo (*hawà*) e de seu demônio *pessoal* (*šayṭānu-hu*)[309] – *isto é, as sugestões egóicas e satânicas* –; aquele vigia igualmente tudo que, procedente do exterior, penetra *em seu coração*, e tudo que, desde o interior, dele se manifesta;[310] e ademais, aquele que se ocupa em cuidar da gente (*ahl*) a quem Allāh – Enaltecido seja – confiou-lhe a custódia (*murāʿāt*)[311] e que dele depende; tal *servo* revestiu-se da qualidade de Seu nome al-Raqīb.

Assim, isto poderia significar que al-Raqīb (1) protege os seres em geral, (2) cuida dos fiéis protegendo-os da negligência, (3) leva em conta os movimentos ou ações (*ḥarakāt*), (4) calcula a medida das necessidades (*ḥājāt*).

309. Lit. "seu Šayṭān", nome corânico de Satanás. Como outros autores sufis, Ibn ʿArabī provê, em diversas passagens, os critérios para distinguir diferentes tipos de inspirações. O Šayḫ, tal como outros mestres, classifica os "pensamentos incidentais" ou "inspirações" (*ḫawāṭir*), isto é, as ocorrências ou incidências que chegam ao interior do coração, em quatro categorias: *inspiração* divina (*ilāhī*) – também chamada "misericordiosa" (*raḥmānī*) ou "senhorial" (*rabbānī*) –, *inspiração* espiritual (*rūḥānī*), *sugestão* anímica ou psíquica (*nafsānī*) e *tentação* satânica (*šayṭānī*). Um dos deveres fundamentais de um mestre espiritual – conforme assinala Chittick – consiste em discernir a fonte das inspirações ou sugestões que afloram no coração, para assim prevenir as consequências que a confusão entre as distintas classes poderia produzir no equilíbrio psico-espiritual do discípulo. Cf. *Sufi Path*, p. xiii e nota 8.

310. Isto é, que explora o que os estímulos exteriores produzem no interior e o que os estímulos interiores produzem no exterior, guardando a correlação entre interioridade e manifestação externa.

311. Isto é, a família, os achegados, os viajantes, os órfãos e os necessitados em geral, cujo cuidado é prescrito no Corão.

المجيب

[45] Al-Mujīb

Aquele que responde, o Complacente,
Aquele que satisfaz, Aquele que atende

1. Dependência (*taʿalluq*):

Necessitas d'Ele – Glorificado seja – para (1) que tua invocação seja aceita (*qubūl al-duʿā'*), e para (2) prover-te *da cortesia espiritual necessária a fim de que* tu não O invoques por aquilo de que Ele te proibiu de chamá-Lo, nem nos lugares onde Ele te proibiu de rezar.

2. Realização (*taḥaqquq*):

A *realização* e a adoção *são comentadas aqui conjuntamente*. Há um versículo *corânico* que reúne ambos os aspectos: "E quando Meus servos te perguntarem por Mim, [dize que] estou perto e respondo (*ujību*) à súplica daquele que ora quando Me invoca. Que eles Me escutem, então...!" (C. 2:186).[312] Do mesmo modo que quando tu O chamas queres que te *escute* e te responda (*ijaba*), também Ele quer que tu O *escutes* e Lhe respondas (*ijāba*) quanto àquilo que Ele te exorta a fazer.

3. Caracterização (*taḫalluq*):

[Ver o comentário correspondente na seção precedente].

---

312. V. *Šarḥ*, nº 47.

الواسع

[46] Al-Wāsiʿ

O Imenso, o Vasto, o Liberal, o Onicompreensivo,
o Onímodo, Aquele que tudo abraça

1. Dependência (*taʿalluq*):

Necessitas d'Ele – Glorificado seja – para abrandar-te e facilitar-te todas as coisas[313] e para que Sua misericórdia restrita (*raḥma muqayyada*)[314] se estenda sobre ti. Ainda que a restrição condicionada (*taqyīd*) não seja um de Seus atributos (*ṣifa*) – Exaltado seja –, mas um dos nossos, é contudo um dever necessário para o ser humano (*insān*) desejar e procurar aquilo que Deus – Exaltado seja – convida-o a desejar *e a suplicar*. Pois, segundo Sua Palavra: "... *Minha misericórdia (raḥma) é onímoda*. Destinarei a ela [lit. 'Eu a prescreverei'] os que temam a Deus" (C. 7:156),[315] Ele restringiu *o alcance de* Sua graça àqueles que têm temor reverente a Deus (*muttaqūn*). Assim, *pedir-Lhe que estenda a ti Sua graça restrita* resulta em pedir-Lhe que te permita[316] tornar-se um dos que têm temor reverente a Deus.

---

313. Ou então, "para que te faça capaz de conter todas as coisas". V. *infra* 46-3.

314. V. *supra* 3-2.

315. Diz este versículo: "Destina-nos [lit. prescreve-nos] algo de bom nesta vida e na outra também. Por certo, nós nos voltamos a Ti [arrependidos]". [O Senhor] disse: 'Inflijo Meu castigo a quem quero, mas Minha misericórdia é onímoda. Destinarei a ela os que temam a Deus e deem a esmola, e aqueles que creiam em Nossos sinais...".

316. Ibn ʿArabī usa aqui a primeira pessoa "é como se eu Lhe pedisse que me permitisse tornar-me...".

2. **Realização (*taḥaqquq*):**

O Onímodo (*al-Wāsi'*) é, em sua realidade essencial (*ḥaqīqa*), o que abarca todas as coisas sem que coisa alguma possa abrangê-Lo.

3. **Caracterização (*taḫalluq*):**

Quando o servo alcança a morada (*maqām*) *que corresponde à Sua Palavra*: "Nem Minha terra nem Meu céu podem conter-me, mas Me compreende (*wasi'a*) o coração (*qalb*) de Meu servo fiel",[317] então ele se revestiu da qualidade deste nome. Neste sentido, Abū Yazīd *al--Basṭāmī*[318] – Allāh se compraza dele – disse: Se se pudesse colocar o Trono (*'arš*), e tudo o que ele contém,[319] mais de cem milhões de vezes num canto (*zāwiya*) do coração do gnóstico (*qalb al-'ārif*), este não se aperceberia".[320]

---

317. V. *supra* 5-3. Ele diz "o coração 'de Meu servo crente (*mu'min*)'" – em sentido restrito –, não de qualquer pessoa.

318. Sobre as locuções teopáticas deste célebre sufi, v. Badawī, 'Abd al-Raḥmān, *Šaṭaḥāt ṣūfiyya*, Dar al-Qalam, Beirute, 1978 (3ª ed.).

319. O Trono do Misericordioso encerra em sua esfera todas as formas existentes. Na cosmologia akbariana é o grau existencial compreensivo que abrange os demais graus. Cf. S. Ḥakīm, *Mu'jam*, "'arš', p.797. Sobre sua relação com o coração do servo, o Šayḫ diz: "O coração é Seu Trono [de *al-Raḥmān*] e não está limitado por nenhum atributo específico. Ao contrário, assim como o Onicompassivo possui todos os mais Belos Nomes (C. 17:110), o coração reúne todos os nomes e atributos divinos". *Fut.* III, p. 129, lss. 17-18. Sobre esta analogia entre a compreensibilidade do Trono do Misericordioso e a do coração, v. Chittick, *Sufi Path*, pp.106-108 e S. Ḥakīm, *Mu'jam*, "'arš', 'qalb', 'raḥma'.

320. Sobre esta sentença de Abū Yazīd, relativa à imensidão do coração, v. a re-compilação de texto de Ibn 'Arabī realizada por Maḥmūd al-Ġurāb, *Šarḥ kalimāt al-ṣūfiyya*, 2ª edição, pp. 165-166, onde o Šayḫ comenta esta sentença, juntamente com o *hadith* que se acaba de citar, explicando que, quando a pronunciou, "Abū Yazīd estava sob *efeito da* propriedade (*ḥukm*) do nome *al-Wāsi'*", aqui comentado. No entanto, nenhuma de ambas as citações se repete no comentário sobre o nome *al-Wāsi'* em *Fut.* IV, pp. 256-257. Esta frase de Basṭāmī (ou Bisṭāmī) aparece também em *Fut.* IV, p. 8.

Também é próprio da adoção deste nome que o servo assuma *resolutamente* o prejuízo (*aḏà*) e a hostilidade (*jafā'*), reconhecendo assim a face *orientada* para a Realidade *divina* presente em todas as coisas.[321]

Numa passagem de *Mašāhid* em que Deus ordena a seu interlocutor – o próprio Ibn ʿArabī em sua condição de Homem Perfeito – levantar e pesar o Trono, são usados termos análogos:

"Depois deixou em chamas os véus [que haviam ficado] detrás de mim. Vi então o Trono. 'Levanta-o', ordenou-me. Eu o levantei e Ele me disse: 'Agora, joga-o ao mar [do saber]'. Atirei-o e desapareceu. Em seguida, o mar voltou a atirá-lo *para fora* e Ele me disse: 'Extrai do mar a Pedra da Semelhança'. Tirei-a e Ele me disse: 'Traze a Balança (*mīzān*)'. Então a levei e me disse: 'Coloca o Trono (*ʿarš*) e tudo o que contém em um de seus pratos e põe a Pedra da Semelhança no outro'. [O resultado foi que a Pedra pesava mais]. Disse-me então, "Mesmo se tu pusesses um milhão de vezes *o peso do* Trono até alcançar o limite do possível, esta Pedra pesaria mais". A Pedra da Semelhança é, segundo Ibn Sawdakīn, o Homem Perfeito. Cf. *Contemplaciones*, p. 32, nota 27.

Em outra passagem de *Mašāhid* alude-se à imensidão e à permamente transformação do coração do servo:

"Sabe que, cada dia, passam pelo coração (*qalb*) do gnóstico setenta mil segredos de Minha majestade" – disse Deus ao servo – "que nunca retornam a ele. Se tão somente um de tais segredos fosse revelado a quem não alcançou esta morada, sua revelação o consumiria". Ibn Sawdakīn explica que "... ao comentar isto, Ibn ʿArabī explicou que Deus tem um reino especial, reservado aos segredos, do qual infunde os espíritos das letras a todo o cosmos. A palavra divina '... e infundi nele algo de Meu Espírito (C. 15:29)' contém setenta mil forças, de modo que o coração do gnóstico recebe cada dia setenta mil segredos: cada força confere um segredo e cada segredo outorga uma das ciências da divindade, e isto cada um dos dias do mundo'". Cf. Ibn Sawdakīn, *K. al-Najāt*, fol.208a. V. *Contemplaciones*, p. 63-64.

321. Esta expressão (*wajh ilà-l-Ḥaqq*) implica que todas as coisas têm, de algum modo, um sentido positivo com relação a Deus. Assim, o aparente prejuízo contém, de fato, uma graça oculta. Tudo está necessariamente vinculado à Verdade.

الحكيم

[47] Al-Ḥakīm

O Sábio, o Sapientíssimo, o Prudente, o Judicioso

1. Dependência (*taʿalluq*):

Necessitas d'Ele – Glorificado seja – para prover-te *da habilidade* (1) de pôr as coisas nos lugares (*mawḍiʿ*) que lhes correspondem[322] e (2) de ordenar (*tartīb*) todas as questões em seus respectivos postos, tempos e lugares.

2. Realização (*taḥaqquq*):

Este nome se refere, por um lado, ao Decreto (*qaḍā'*), como mencionamos no capítulo dedicado ao nome "al-Ḥakam" e, por outro lado, à sabedoria (*ḥikma*). Esta consiste *na habilidade de* ordenar (*tartīb*) as coisas em suas posições (*mawḍiʿ*) apropriadas e no conhecimento essencial (*maʿrifa*) das relações e correspondências (*munāsabāt*) que existe entre as *diferentes* coisas.

3. Caracterização (*taḫalluq*):

Aquele que logra o conhecimento (*maʿrifa*) destas coisas, tanto no que se refere *à aquisição das* ciências (*ʿulūm*) como à *aptidão para* ensiná-las (*taʿlīm*) e *à capacidade de* realizar as obras (*aʿmāl*) *que delas derivam*, assim como à habilidade de invocar Allāh escolhendo

322. Ou então, "de decidi-las e fazê-las (*waḍʿ*) oportunamente".

o nome adequado (*ism munāsib*) que corresponde especificamente a cada necessidade em particular (*taḫṣīṣ*); *tal servo* adotou os traços característicos deste nome.[323]

---

323. Quatro aspectos constituem, pois, a condição própria do sábio (*ḥakīm*):
a. O conhecimento das ciências teóricas tradicionais;
b. A capacidade de ensinar, isto é, a habilidade para transmitir as ciências e ensinar a doutrina que tais saberes encerram.
c. Pôr em prática aquilo que estas ciências implicam, a saber, as prescrições rituais, os deveres éticos, o proceder com cortesia, etc.; em suma, a aplicação efetiva da sabedoria e da justiça em todos os âmbitos;
d. O conhecimento da correspondência entre os nomes divinos e as diversas realidades, conhecimento que permite ao sábio invocar a Deus em cada momento e segundo a necessidade, por meio do nome específico que convenha. Na realidade, este quarto ponto pode ser considerado um aspecto particular do terceiro.
Na tradição islâmica – sobretudo entre os sufis – a noção de "ciência" (*ʿilm*) está indissociavelmente unida à noção de "práxis" (*ʿamal*). Ambos os termos árabes têm as mesmas letras em seus morfemas radicais (*ʿ-l-m*/*ʿ-m-l*), o que propicia sua associação.

الوَدُودُ

[48] Al-Wadūd

O Amoroso, o Constante em Seu amor,
Aquele que ama com fidelidade, o Amigo afável, o Afetuoso

1. Dependência (*ta'alluq*):

Necessitas d'Ele – Glorificado seja – para que te permita a firme consolidação (*ṯabāt*) do amor constante (*wadd*) que experimentas por Ele e por aquele a quem Ele ordenou amares fielmente (*wadd*) *fixando este amor* em tua alma (*nafs*).[324]

2. Realização (*taḥaqquq*):

O amor fiel (*wadd*) consiste na manifestação efetiva do amor (*maḥabba*), na qual se funda, e na sua constância (*ṯabāt*). *Diz o versículo corânico*: "*Não fizemos*... das montanhas estacas (*awtād*)?" (C. 78:7).[325] Como as estacas que servem de suporte de uma tenda são denomindas indistintamente *watad* (pl. *awtād*) ou *wadd*, o termo *wadd* denota

---

324. Isto é, em primeiro lugar, ao Profeta Muḥammad – cujo um dos nomes é *Ḥabīb*, "Amado" – como representante supremo da condição humana, o Homem Perfeito por excelência, Selo da profecia universal no acontecer histórico horizontal e Realidade ou Luz Muḥammadiana, a partir da qual o universo foi criado, em sua dimensão cósmica vertical.

325. "Não fizemos da terra leito/ e das montanhas estacas (*awtād*)?" (C. 78:6-7). Em árabe, a expressão figurada *awtād al-arḍ*, lit. "as estacas da terra", significa as "montanhas". Ibn 'Arabī cita este versículo para mencionar a relação semântica do termo *watad*, pl. *awtād*, "estaca de tenda", com o termo *wadd* que, além de "constância amorosa", tem também esta mesma acepção de "estaca". Baseando-se nesta relação de sinonímia, Ibn 'Arabī interpreta o significado de *wadd* como "amor que fixa e consolida".

consolidação (*iṯbāt*) e constância (*ṯabāt*). Assim, o Amante (*al-Muḥibb*) é aquele cujo amor é desinteressado, puro *e está consagrado à vontade do Amado*, enquanto o Amoroso (*al-Wadūd*) é aquele cujo amor é constante.[326]

3. Caracterização (*taḫalluq*):

Se o amor (*ḥubb*) de Allāh – Exaltado e magnificado seja – e o amor daquele a quem lhe foi ordenado amar prevalecem no coração do servo em qualquer estado (*ḥāl*), favorável ou adverso, que lhe chega de imprevisto procedente do Amado (*maḥbūb*), o servo, então, pode ser chamado "amoroso" (*wadūd*).

---

326. Ibn ʿArabī distingue entre a simpatia ou inclinação amorosa (*hawà*), a constância amorosa (*wadd*), que é sua consolidação (*ṯabāt*), o amor original (*ḥubb*), que é desinteressado e livre da própria vontade em favor da vontade do Amado, e a paixão, o amor "envolvente" (*ʿišq*). Cf. *Fut.* IV, p. 259, (lss. 28-30).
Não obstante, em outra passagem, o Šayḫ explica que a constância amorosa não só designa a consolidação da simpatia, mas também "designa a constância do amor original (*ḥubb*), da inclinação amorosa (*ʿišq*) ou da paixão (*hawà*)". Cf. *Fut.* II, p. 337, (l. 12). Sobre a distinção entre estes quatro epítetos do amor, v. *Fut.* II, pp. 335-338.

المجيد

[49] Al-Majīd

O Nobilíssimo, o Honorável, o Glorioso

1. Dependência (*taʿalluq*):

Necessitas d'Ele – Glorificado seja – para enobrecer (*tašrīf*) tua essência (*ḏāt*) com aqueles atributos que a elevam.

2. Realização (*taḥaqquq*):

O Honorável (*al-Šarīf*) é aquele cuja excelência (*šaraf*) deve-se à sua própria Essência (*ḏāt*),[327] pois Sua essência *incomparável* não se assemelha às essências (*ḏawāt*) *dos possíveis*, nem se pode atribuir a ela o que se aplica aos possíveis.

Aquele cujos atributos são *atributos* de excelência, isto é, que não se podem conceber nos termos em que os nobres atributos (*ṣifāt šarīfa*) são concebidos com relação aos possíveis (*mumkināt*), é Ele, pois, o realmente digno do nome "al-Majīd" no grau superlativo (*mubālaġa*).[328]

---

327. Isto é, que é nobre por Si mesmo.

328. O paradigma morfológico de *majīd* é forma intensiva ativo-passiva, como é o caso, por exemplo, dos nomes *al-Ḥamīd* ou *al-ʿAlīm*. Diferentemente de *al-Majīd*, o nome *al-Mājid*, do mesmo morfema radical, tratado com frequência como sinônimo por outros autores, é de estrutura morfológica de part. at. e não tem caráter intensivo. Alguns autores consideram que *al-Majīd*, além de um "nome de superioridade", é também um "nome de dom". Cf. Guimaret, *Noms*, pp. 217-219.

3. Caracterização (*taḫalluq*):

A nobreza (*šaraf*), com relação ao servo e ao Seu nome "o Nobilíssimo" (*al-Majīd*), consiste na adoção dos traços característicos *do nome* Allāh (*taḫalluq bi-aḫlāq Allāh*) – Enaltecido seja – de modo geral.

Aquele que alcança tal dignidade (*manzila*) *espiritual* é, dentro do possível (*mumkin*), nobre no grau superlativo.

البَاعِثُ

[50] Al-Bā’iṯ

O Ressuscitador, Aquele que revive,
Aquele que desperta, Aquele que envia,
o Remetente, o Expedidor, o Indutor, o Suscitador[329]

1. Dependência (*taʿalluq*):

Necessitas d’Ele – Glorificado seja – para proporcionar-te o benefício (*ifāda*) do uso eficaz da energia espiritual (*himma mu’aṯṯira*) naquilo que seja aproveitável como estado (*ḥāl*).[330]

2. Realização (*taḥaqquq*):

O Remetente (*al-Bāʿiṯ*), em sentido absoluto, é aquele que envia e revive *diretamente, por Si mesmo*, não por parte ou por meio de outro expedidor ou ressuscitador (*lā ʿan bāʿiṯ*). Ele não é, pois, um enviado delegado (*mabʿūṯ li-bāʿiṯi-hi*) para incitar e reviver.[331] Assim, não pode se tratar de outro senão Allāh.

Esta seção requer reflexão (*naẓar*) e verificação (*taḥqīq*): que medite sobre isso aquele que considere atentamente o que acabamos de dizer.[332]

---

329. O termo *bāʿiṯ*, part. ativo, de forma I, é usado, em outros contextos, com os seguintes significados: “móvel, motivo, causa, impulso, motivação”.

330. Sugere-se aqui que a *himma* está relacionada com a capacidade de suscitar o despertar espiritual, induzindo estados de abertura, compreensão, etc.

331. Ou então, “de quem lhe envie para enviar”, “para ressuscitar” ou “para vivificar”. Alusão ao caráter mediador dos Enviados e Profetas, que incitam os homens a seguir a verdade, vivificando seus corações pela transmissão da mensagem profética.

332. No parágrafo seguinte explica-se a relação aqui estabelecida entre (1) o que é *Bāʿiṯ* – Remetente, Ressuscitador, Incitador, – absoluto, sem intermediário (*Bāʿiṯ ʿan lā bāʿiṯ*) e (2) o que é *bāʿiṯ ʿan bāʿiṯ* – incitador por parte de Quem envia – ou então,

3. Caracterização (*taḫalluq*):

O envio ou renascimento (*ba'ṯ*), tratado aqui, não é possível senão depois da morte (*mawt*),[333] porque Allāh – Enaltecido seja – diz: "Ele é quem enviou (*ba'aṯa*) aos gentis um Enviado (*rasūl*) vindo deles mesmos".[334] Mas a morte é ou não *morte* em relação à vida *anterior*?

Pode-se considerar, quanto a isto, que todo ser nascido (*mawlūd*) que é engendrado segundo sua natureza primordial (*fiṭra*)[335] está vivo (*ḥayy*); logo, sob efeito da composição natural *elementar* (*tarkīb ṭabī'ī*), a morte do coração (*mawt al-qalb*), devida à ignorância, (*jahl*) e a morte dos órgãos (*mawt al-jawāriḥ*), devida às discordâncias (*muḫālafāt*),[336] apoderam-se dele.

---

bā'iṯ mab'ūṯ, "vivificador delegado", isto é, *rasūl*, "enviado". A noção subjacente a todas as significações deste nome é a ideia de "deslocamento". O Remetente é o que envia de um lado a outro: da vida à morte e da morte à vida, da ignorância ao conhecimento, do sonho à vigília, da inconsciência à consciência, do afastamento à proximidade, da inexistência à existência, do *barzaḫ* [v. nota 604] à Ressurreição... O Que Envia é o que envia os enviados, transmissores da mensagem profética, e a Causa primeira, o Suscitador de toda causa secundária.

333. Para uma ampla compreensão do texto, é preciso ter em mente o célebre *hadith* em que o Profeta se refere "à morte antes da morte".

334. C. 62:2. O versículo completo diz: "Ele é quem mandou aos iletrados um Enviado vindo deles, que lhes recita Seus versículos, purifica-os e lhes ensina a *Escritura* e a Sabedoria. Por certo, antes estavam, evidentemente, extraviados". Nesta passagem fala-se de um Enviado *vindo* deles mesmos. Em C. 9:128 se diz: "Chegou-vos um Enviado *vindo* de vós mesmos (*rasūl min anfusi-kum*)", que pode ser também interpretado literalmente como "um enviado de vossas próprias almas". Alusão, pois, a um 'enviado interior' que corresponde à ordem microcósmica.

335. Alusão ao conhecimento inato, à fé original com que Deus criou o ser humano. Segundo um conhecido *hadith*: "Toda criança nasce conforme sua natureza primordial (*fiṭra*), logo seus pais fazem dela uma judia, uma cristã ou uma zoroastrista". Cf. Buḫārī, *Janā'iz* 80, 92, *Tafsīr* 30:1; Muslim, *Qadar* 22-24, etc. Esta natureza primordial se manifestou pela primeira vez no Pacto feito pelos futuros descendentes de Adão com Deus, antes de chegarem a este mundo. Cf. Chittick, *Sufi Path*, p. 195.

336. O que pode se referir às "oposições" e "transgressões" dos órgãos com respeito à Lei revelada, ou então, às "contradições" e "divergências" entre os diversos membros.

Portanto, se *ressuscitando seu coração* desta morte *da ignorância* tu o vivificas por meio do nobre e elevado saber (*ʿilm šarīf*),[337] sob seus diversos aspectos (*ḍurūb*), e se, do mesmo modo, vivificas *ressuscitando seus órgãos* da morte da discórdia (*muḫālafa*) que havia neles, pela *vivificação* da concórdia (*muwāqafa*), *e isto* de modo geral, tanto no plano do sensível como no plano do inteligível; és então ressuscitador (*bāʿiṯ*), ainda que necessariamente *como intermediário* de outro.[338]

---

337. O nobre saber, que se poderia contrapor ao saber supérfluo, integra as diversas ciências voltadas para o conhecimento de Deus. Entenda-se, não obstante, que todo conhecimento pode estar orientado ao conhecimento de Deus. O nobre saber seria, neste sentido, esse "saber orientado". Todo saber desorientado e supérfluo, que ocultasse o conhecimento e se afastasse de Deus, não seria nobre.

338. Isto é, o ser humano pode ser enviado (*mabʿūṯ*) a si mesmo ou a outros seres humanos como vivificador e transmissor de concórdia e conhecimento, ou pode ser – no caso dos profetas e dos enviados – aquele que, por sua vez, envia ou incita (*bāʿiṯ*) outros a se vivificarem a si mesmos, fazendo-lhes ressuscitar, pois, das mortes da ignorância e da discórdia. De qualquer forma, tudo o que envia ou vivifica é intermediário ou emissário de outro vivificador (*bāʿiṯ ʿan bāʿiṯ*) e, em última instância – tal é o caso dos profetas –, do Ressuscitador e Remetente absoluto (*bāʿiṯ ʿani l-Bāʿiṯ*), o Suscitador de todo movimento, sem que ninguém o envie (*Bāʿiṯ ʿan lā bāʿiṯ*).
Sobre a morte entendida como passagem ou deslocamento (*intiqāl*), v. *Muʿjam*, p. 1028. Há outras perspectivas da morte na obra de Ibn ʿArabī, que chama de morte branca a fome (*jūʿ*), a prática da contenção que é o ornamento do Povo de Allāh; de morte negra a assunção da dor; de morte vermelha a oposição aos fins da própria alma; de morte verde ao fato de vestir um traje de remendos emendados; de morte menor – em contraposição à maior – o curso do sono... Cf.. *Muʿjam*, pp. 1030-1032. A definição destes quatro termos cromáticos (branco, preto, vermelho e verde), frequentemente citados na literatura sufi, remonta a Ḥaṭīm al-Aṣamm, segundo o que relata Sulamī na nota bibliográfica que ele dedica em sua obra *Ṭabaqāt al-Ṣūfiyya*, Cairo, 1953.

الشَّهِيدُ

[51] Al-Šahīd

A Testemunha (Universal),
Aquele que está presente, o Contemplador

1. Dependência (*ta'alluq*):

Necessitas d'Ele (1) para outorgar-te Sua contemplação (*mušāhada*), onde quer que seja, e (2) para prover-te também de pudor (*ḥayā'*) para com Ele.[339]

2. Realização (*taḥaqquq*):

A Testemunha (*al-Šahīd*) é o que está presente (*ḥāḍir*) e te vê quando realizas *[Seus desígnios]*.

O Contemplador (*al-Šahīd*) é também o Contemplado (*al-Mašhūd*),[340] pois a forma gramatical deste nome (*fa'īl*)[341] determina este sentido *passivo*, de modo que Ele é o Contemplado – Glorificado seja – em (*fī*) todas as coisas, junto a (*'inda*) todas as coisas, ante (*qabla*) todas as coisas e por trás de (*ba'da*) todas as coisas, segundo *a modalidade de contemplação que corresponde às* diversas classes de contemplativos (*ṭabaqāt al-qawm*).[342]

---

339. O pudor é também um atributo divino. Aqui se refere ao pudor do servo para com Ele, mas também se alude ao pudor de parte d'Ele para com o servo. A respeito da Presença do Pudor divino (*ḥaḍrat al-ḥayā'*), v. o comentário do Šayḫ em *Fut.* IV, pp. 262-263.

340. Os termos *šahīd* e *mašhūd* (part. at. e pas.) aparecem juntos no versículo corânico 85:3: "Pela testemunha e pelo testemunhado!". Ibn 'Arabī explica aqui que ambos os aspectos estão contidos no nome *al-Šahīd*, ativo e passivo simultaneamente: a Testemunha Testemunhada, o Contemplador Contemplado, O Espectador Presenciado.

341. V. *supra* 20-2 e *infra* 53-3.

342. Estas quatro modalidades de contemplação de Deus foram expressas por meio do recurso a distintas preposições que descrevem diferentes relações espaciais da

Ele é a Testemunha (*al-Šahīd*) que atesta todas as coisas e que está presente com (*maʿa*) toda coisa.

3. Caracterização (*taḫalluq*):

Se tens conhecimento de que és visível (*mašhūd*) para Ele, esforça--te,[343] pois, para que Ele não te veja nas coisas que te proibiu e não te perca *de vista* nas coisas que te ordenou.[344]

Por outro lado, se tu O contemplas, como testemunha d'Ele, tens de aferrar-te ao pudor (*ḥayā'*) para com Ele.

Ele reuniu ambos os aspectos num único comunicado profético (*ḫabar*), cuja autenticidade é provada: "Adora a Deus como se O visses, pois ainda que tu não O vejas Ele te vê".[345]

---

percepção: Pode-se contemplar a Deus em (*fī*), junto a (*ʿinda*) – o termo *ʿindiyya*, "apudseidade", refere-se a esta relação –, diante (*qabla*) ou detrás (*baʿda*) das coisas, entre outras modalidades. Numerosas menções e explicações das expressões às quais se alude nesta passagem podem ser encontradas nos índices de *Fut.* (ed. O. Yahya). No "Capítulo sobre a Visão" (*bāb fī-l-ru'ya*) de seu *K. al-Iʿlām bi išārāt ahl al-ilhām...*, o Šayḫ réune as seguintes formulações:

"*Abū Bakr* o Confirmador (*al-Ṣiddīq*) – Allāh esteja satisfeito dele – disse: "Nunca vi coisa *alguma* sem haver visto Allāh diante dela (*qabla*)". '*ʿUmar* o Discernidor (*al-Fārūq*) – que Allāh esteja satisfeito dele – disse: "Nunca vi coisa *alguma* sem haver visto Allāh *simultaneamente* com ela (*maʿa*)".

ʿUṯmān – Allāh esteja satisfeito dele – disse: "Nunca vi coisa *alguma* sem haver visto Allāh por trás dela (*baʿda*)". Dentre os inspirados, alguém disse: "Nunca vi coisa *alguma* sem haver visto Allāh junto a ela (*ʿinda*)". Dentre eles, outro disse: "Nunca vi coisa *alguma* sem haver visto Allāh na (*fī*) coisa" (*K. al-Iʿlām*, em *Rasā'il*, ed. Hyderabad, p. 2).

343. Não é à toa que Ibn ʿArabī usa o imperativo *ijtahid*, da mesma raiz que *jihād*, "luta", "combate espiritual", ao comentar o nome *šahīd* que, aplicado a um combatente, significa também "mártir caído em combate espiritual", ou, mais literalmente, "aquele que dá testemunho a Deus no combate". Há aqui, pois, uma alusão ao combate interior que implica o esforço pessoal (*ijtihād*).

344. Em *Fut.* V: 203, lê-se esta mesma sentença na frase: "O pudor (*ḥayā'*) com respeito a Allāh consiste n'Ele não te ver naquilo que te vetou e n'Ele não deixar de encontrar-te naquilo que te ordenou" (p. 178). A este pudor se referiu o autor na primeira seção, v. *supra* 51-1.

345. Sobre este *hadith* v. 21-2.

الحق

[52] Al-Ḥaqq

A Verdade (Suprema), o Verdadeiro,
o Real, a Realidade Divina, o Ser

1. Dependência (*taʿalluq*):

Necessitas d'Ele para que *te seja facultado que* não fales senão pela verdade (*bi-ḥaqq*), não caminhes senão pela verdade, e não te movas nem fiques imóvel senão pela verdade e para a verdade (*li-ḥaqq*).[346]

2. Realização (*taḥaqquq*):

O Verdadeiro (*al-Ḥaqq*) é o mais extremo e compreensivo de Seus graus *ontológicos* (*darajāt*), o Ser Necessário por Si mesmo (*Wājib al--wujūd li-ḏāti-Hi*).[347]

---

346. Poderíamos também traduzir "nada dizer senão a verdade" ou "não falar a não ser em função de uma/da verdade...", mas parece preferível manter aqui a ambiguidade da expressão *bi-ḥaqq*, em que o termo *ḥaqq* remete ao Verdadeiro.
Sobre os diferentes significados de *ḥaqq*, e seu uso em contraposição a *ḫalq*, v. *Muʿjam*, pp. 337-342 e 344. Com relação ao *hadith* "Eu sou o olho com que vê..., o pé com que caminha...", v. 4-3 e 69-3.
Por outro lado, já se abordou a relação entre palavra divina e Realidade-Verdade. Ainda que, aparentemente, trate-se aqui de movimento e ação externa, todas as expressões deste comentário aludem implicitamente à palavra, à articulação verbal (*nuṭq*): já comentamos (v. *supra* 44-2) que movimento e quietude, ação e inação correspondem no enunciado a signos vocálicos ou quiescentes, respectivamente. Inclusive o verbo "caminhar" (*mašy*) é usado aqui como alusão ao "discurso", pois várias de suas acepções estão relacionadas à fala: "ir contar", "denunciar". A Realidade ou Existência é a Palavra divina. Todos os seres são palavras do Criador e Sua Palavra é a Verdade. Cf. *Muʿjam*, pp. 905-908.

347. Noção tomada da filosofia neoplatônica. V. *Šarḥ*, nº 54, onde se identificam Realidade e Existência.

3. Caracterização (*taḫalluq*):

Consiste em chegares a alcançar o saber (*ʿilm*) pelo qual és consciente de que tu és o ser necessário; não por ti mesmo, mas por Ele (*wājib al-wujūd bi-Hi*). Ambas as noções – *Ser Necessário por Si mesmo e ser necessário por um outro* [lit. "por Ele"] – têm em comum a necessidade, (*wujūb*) não o ser (*wujūd*).[348] Assim, o servo não é vão (*bāṭil*)[349] neste aspecto – *em virtude desta participação na necessidade* – já que o irreal (*bāṭil*) é o nada (*ʿadam*) e os termos (*alfāẓ*) que se referem a ele implicam existência (*wujūd*). Desse modo, eles têm uma realidade (*ḥaqq*) ainda que seu significado (*madlūl*) seja nada (*lā šay'*, lit. "não-coisa"), pois só se pode chamar de vão (*bāṭil*) aquele que é outro que Allāh (*mā siwà Allāh*) – Enaltecido seja –, como disse Labīd:

"Não é tudo vão (*bāṭil*), exceto Allāh
E toda felicidade seguramente efêmera?".[350]

Assim, ainda que a existência desta coisa seja útil e benéfica (*mustafāda*), apenas sua inexistência (*ʿadam*) e a recepção [atribuição] da existência (*qubūl al-wujūd*) lhe correspondem por essência.

---

348. Ambos compartilham a noção de necessidade, mas Deus é por Si mesmo, enquanto o homem não é por si mesmo senão por Ele.

349. Traduzo por "vão", mas tenham-se presentes também os significados "nulo", "falso", "irreal" e "perecível".

350. Metro *ṭawīl*. V. al-Baġdādī (ʿAbd al-Qādir b. ʿUmar), *Ḫizānat al-adab*, ed. ʿAbd al-Salām Muḥammad Hārūn, Maktabat al-Ḫanjī, Cairo, 1981, vol. II, pp. 255-257. Ibn ʿArabī cita este verso em diversas ocasiões. Em *Fut.* VI: 209 e X: 409, depois de citá-lo, o Šayḫ explica que o Profeta, ao escutá-lo, manifestou que este era "o verso mais verídico que os árabes já disseram". Em *Fut.* XI: 452, depois de citar o verso, o Šayḫ comenta que "o irreal (*bāṭil*) é sem dúvida a inexistência (*ʿadam*), e a existência (*wujūd*) é toda ela realidade (*ḥaqq*)" (p. 454).

الْوَكِيلُ

[53] Al-Wakīl

O Mandatário, o Procurador, o Fiel Guardião,
o Protetor, o Advogado, o Valedor

1. Dependência (*ta*ʿ*alluq*):

Necessitas d'Ele para que te concedas o favor de tê-Lo como protetor (*wakīl*)[351].

2. Realização (*taḥaqquq*):

A delegação ou condição de mandatário (*wikāla*)[352] pode ser absoluta (*muṭlaqa*), restrita (*muqayyada*) e correlativa (*dawriyya*). Este termo é um nome com sentido passivo de resultado (*ism maf*ʿ*ūl*)[353] que exige, assim, a ação de alguém que designa um outro que assuma e tome para si a designação, *como mandatário ou valedor*.[354]

Quando Allāh – Enaltecido seja – criou os servos e os situou detrás do véu da alteridade,[355] olhando para as causas secundárias (*asbāb*), Ele

---

351. Alusão a C. 73:9. Com menos propriedade, nos aspectos convenientes, poderiam ser consideradas traduções como Gerente, Garante, Agente, Delegado..., mas desprovidas de conotações redutivas. É preciso compreender as traduções desse nome com um sentido passivo que implica a recepção de uma função. V. *infra*, nota 340.

352. O termo *tawwakkul* (nome verbal de forma V) é desta mesma raiz; significa "confiança (em Deus)", "abandono místico" – que não implica quietismo – o fato de "encomendar-se a Deus pondo-se em Suas mãos". Esta é, pois, a atitude que corresponde ao servo diante de *al-wakīl*.

353. Isto é, é a denominação do resultado da ação daquele que delega.

354. No ms. C se lê: "... precisa da ação de um agente", o que, no final das contas, vem a significar o mesmo.

355. Lit. "o véu das diferenças e *das mudanças*" (*ḥijāb al-aġyār*).

se dirigiu a eles por trás deste véu (*ḥijāb*) dizendo-lhes que O tomassem como procurador (*wakīl*) em seus interesses (*maṣāliḥ*).

A delegação geral (*ʿumūm al-wikāla*) inclui a possibilidade de delegar-se n'Ele *a autoridade* para que, *por sua vez*, Ele delegue o poder a quem Ele quiser. Assim, Ele o delegou aos profetas – as bênçãos de Allāh estejam com eles –: deu-lhes a conhecer (*taʿrīf*) e a determinar (*taʿyīn*) as causas intermediárias (*asbāb*) dos benefícios (*maṣāliḥ*) e da verdadeira felicidade (*saʿāda*), *ensinando-lhes que* a retidão (*rušd*) consiste em usar (*istiʿmāl*) estes *meios* e a néscia negligência (*safah*) em ignorá-los (*ihmāl*).

Ele disse – Enaltecido seja –: "Não há divindade senão Ele. Tomai-o, pois, como protetor (*wakīl*)!",[356] e também disse: "Não tomeis procurador (*wakīl*) além de Mim!",[357] isto é, *não adoteis como protetor* as causas secundárias (*asbāb*) por trás das quais Ele te falou, ocultando-se: "Não é dado a nenhum mortal que Deus lhe fale, senão por inspiração ou por trás de um véu (*ḥijāb*)".[358]

3. Caracterização (*taḫalluq*):

Está expressa no versículo: "Despendei daquilo de que vos fizemos depositários (*mustaḫlaf*)".[359] Realmente, Ele te deu poder sobre aquilo

---

356. "Ele é o Senhor do Oriente e do Ocidente. Não existe deus senão Ele. Toma-O, pois, como protetor!" (C. 73:9).

357. "Demos a Moisés a *Escritura* e fizemos dela direção para os Filhos de Israel: 'Não tomeis protetor além de Mim/descendentes dos que levamos com Noé! [...]'" (C. 17:2-3).

358. "Não é admissível a um mortal que Allāh lhe fale se não é por inspiração (*waḥy*), ou por trás de um véu (*ḥijāb*), ou mandando-lhe um Enviado que o inspire, com Sua autorização, o que Ele quer. Ele é Altíssimo, Sábio" (C. 42:51).
Neste versículo se faz referência aos três recursos por meio dos quais Deus se comunica com o homem. Ibn ʿArabī reteve no texto os dois primeiros, a inspiração e o véu, que o autor entende aqui como o véu da causalidade.

359. "Crede em Deus e em Seu Enviado! E despendei daquilo que vos fez últimos depositários. Aqueles de vós que creem e dão esmola terão uma grande recompensa" (C. 57:7).

do qual te encarregou como vice-regente (*istiḫlāf*), quer se trate de gente, de riqueza, de obras ou de posses. Sabe, não obstante, que a delegação (*wikāla*) apresenta condições que o delegado (*wakīl*) deve respeitar, sem as quais o livre exercício desta função (*taṣarruf*) não é válido. *Somente* se atuas por Ele, para Ele e em função d'Ele *pode-se dizer então* que és um encarregado digno de louvor (*wakīl maḥmūd*). É mais improvável de se achar neste nome um significado agentivo (*ma'nà fā'il*)[360] que no caso de qualquer outro dos demais nomes.

O termo *mustaḫlaf* aqui usado alude à condição de *ḫalīfa* ou vice-regente própria do Homem Perfeito. O autor explica que "o *fato de* 'nomear um representante encarregado' (*istiḫlāf*) é 'delegação' (*niyāba*)". Cf. *Fut.* X: 53.

360. O nome *al-Wakīl*, de paradigma *fa'īl*, tem um duplo significado passivo, já que inclusive sua ação – delegar – tem caráter passivo: Aquele em quem o crente confia e delega é também o que delega funções em Seus enviados e achegados, que, por sua vez, atuam remetendo-se a Ele. V. *supra* 20-2 e 51-2.

القوي

[54] Al-Qawī

O Forte, o Invicto Invencível

1. **Dependência (*taʿalluq*):**

Necessitas d'Ele – Glorificado seja – obter a vitória sobre aquele que se opõe a ti e recusa-se a cumprir o que vos foi legitimamente ordenado.[361]

2. **Realização (*taḥaqquq*):**

O Forte (*al-Qawī*) é, em sua realidade essencial, o invicto a quem não se pode vencer, o irresistível a quem não se pode opor, Aquele sob cujo poder (*quwwa*) está tudo o que não é Ele (*mā siwā-Hu*).

3. **Caracterização (*taḫalluq*):**

O Forte (*al-Qawī*) é aquele a quem Deus – Exaltado seja – deu a força *requerida* para assumir os fardos das obras de adoração (*ʿibādāt*)[362] que lhe são prescritos, tanto no plano sensível, como no inteligível.

É graças a este nome que se atualizam as impressões (*infiʿālāt*) produzidas por esta pessoa *dotada de força* por meio de sua energia de concentração espiritual (*himma*), *de modo que* os corpos do cosmos, tanto superiores como inferiores, possam receber seu influxo. O estado

---

361. Entenda-se esta seção no sentido, dentre outros possíveis, de que o servo manda seus órgãos executarem os deveres prescritos e ele necessita de *al-Qawī* para que sua vontade de cumprimento prevaleça sobre qualquer resistência que algum de seus membros ou faculdades possa apresentar.

362. Isto é, os deveres religiosos.

(*ša'n*) *próprio* deste nome é extraordinário e sua incumbência (*amr*), grandiosa. "O forte não é o veemente (*šadīd*) na luta, mas aquele que domina a si mesmo na ira (*ġaḍab*)".[363]

Conforme se relata num *hadith*, os anjos perguntaram: "Ó Senhor! Criaste alguma coisa mais forte (*šadīd*) que o vento?". Ele disse: "Sim, o crente (*mu'min*) que dá generosamente a esmola com sua mão direita, escondendo-a de sua mão esquerda".[364]

---

363. Muslim, *Ṣaḥīḥ*, 45 (*Birr*): 107.

364. *Hadith* citado em *Fut.* IV : 36, p. 53 onde – num comentário sobre este nome – é dito "sem que sua mão esquerda o saiba". V. também *Fut.* II : 441, p. 287, onde aparecem outros fragmentos de *hadith* com estrutura análoga, nos quais se pergunta pelo fogo e o ar no lugar do vento. V. Tirmiḏī, *Tafsīr*, 3. Cf. *Concordance*, II, p. 316.

المتين

[55] Al-Matīn

O Robusto, o Firme, o Inquebrantável, o Invulnerável

1. Dependência (*ta'alluq*):

Necessitas d'Ele – Glorificado seja, para *lograr* a preservação (*ḥifẓ*) e a impecabilidade (*'iṣma*) *de tua aspiração espiritual,* de modo *que te proteja* de todo influxo *dispersivo* que uma coisa possa exercer sobre ti, quer provenha de ti mesmo ou de outro.

2. Realização (*taḥaqquq*):

O Invulnerável (*al-Matīn*) em sua força é aquele que não se impressiona por nada, em seu interior, e nem permite que coisa alguma influa sobre ele, seja por meio de sua concentração (*himma*) ou de sua ação (*fi'l*), pois a firmeza (*matāna*) é uma morada invulnerável (*maqām aḥmà*).

3. Caracterização (*taḫalluq*):

O firmc [resoluto], dentre os servos, é aquele inabalável (*ṣulb*) em sua conduta religiosa (*dīn*), que não se afeta pela influência *dispersiva* das paixões (*ahwā'*). Ele não se impressiona ante as teofanias pelas quais a realidade essencial (*ḥaqīqa*) se manifesta a ele, oferecendo-lhe a visão do Verdadeiro (*ru'yat al-Ḥaqq*) nas coisas e, particularmente, na parada da igualdade [ou correspondência] (*mawqif al-sawā'*).[365]

---

365. Segundo M. Chodkiewicz, Ibn 'Arabī teria sido o primeiro a definir explicitamente a noção do termo *mawqif* (v. *Fut.* I, p. 329 ; II, p. 609) que Muḥammad Niffarī (m. em torno de 350 H.) introduziu no sufismo com sua obra *Kitāb al-Mawāqif* (ed. e trad. de A. J. Arberry, Londres, 1935). Ibn 'Arabī considera que entre toda estação espiritual e a estação seguinte há uma "parada" (*mawqif*). Quando o viajante espiritual

Assim, quem chega a alcançar esta morada (*maqām*) é o firme (*matīn*): ao ser forte (*qawī*), exerce influência e ao ser firme (*matīn*), não se deixa influenciar.[366]

---

faz uma parada nesse ponto intermediário, ele recebe em si a instrução divina sobre as regras de conveniência (*ādāb*) que ele deve observar no *maqām* que ele se dispõe a atingir. Cf. Emir ʿAbd el-Kader, *Ecrits spirituels,* intr. e trad. de M. Chodkiewicz, Seuil, Paris, 1982, pp. 27-28 e 187.

Ibn ʿArabī também menciona essa suspensão ou essa parada da igualdade (*mawqif al-sawā'*) no cap. 338 de *Fut.*, em que ele precisa o sentido e especifica que "é a estação que Niffāri, em seu *Livre des Haltes* (*K. al-Mawāqif*) *mawqif al-sawā'*, chamou de Parada da correspondência, pois o servo se manifesta nela com a imagem do Verdadeiro (*bi-ṣurāt al-Ḥaqq*)...". Cf. *Fut.* III, p. 147, 1.5. Observa-se que, nessa passagem (1.7), ele emprega os mesmos termos (*ḥifẓ*, *ʿiṣma*) que neste comentário de *al-Matīn* (55-1).

Este *mawqif al-sawā'* não aparece na edição de Arberry nem nos fragmentos inéditos da obra de Niffarī publicados por P. Nwyia (em *Trois Oeuvres inédites des mystiques musulmans*, Beirute, 1973, pp. 181-324). Com efeito, Nwyia assinala que o ms. copiado por Ibn Sawdakīn (provavelmente semelhante ou idêntico ao que Ibn ʿArabī tinha) está truncado. Deduz-se daí – segundo o que me foi sugerido por M. Chodkiewicz – que Ibn ʿArabī teve acesso a um manuscrito mais completo do que aquele que conhecemos.

366. Isto é, nenhuma influência dispersiva ou perturbação o afeta, interior ou exterior.

الوَلِيُّ

[56] Al-Walī

O Amigo (Protetor), o Próximo,
o Tutor, o Mestre, o Defensor, o Patrono

1. Dependência (*taʿalluq*):

Necessitas d'Ele para fazer de ti um de Seus *santos* amigos (*awliyā'*).

2. Realização (*taḥaqquq*):

É o Auxiliador (*al-Nāṣir*) enquanto Amante (*muḥibb*), de modo que Ele é o que toma por amigo a Seus servos virtuosos, confiando-lhes deveres particulares. Por tal razão, chama-se *walī*[367] aquele que, posto sob Sua proteção, consagra-se a tais deveres. Deus aplicou este termo a Seus servos que se distiguem por esta condição, chamando-os amigos (*awliyā'*) de Allāh – Enaltecido seja. Eles são aqueles a quem Allāh ama e escolheu, aos quais Ele *sempre* ofereceu o devido e verdadeiro auxílio, em *seu* interior (*bāṭin*), às vezes socorrendo-os externamente (*ẓāhir*), às vezes não.

3. Caracterização (*taḫalluq*):

É expressa nestes versículos: "Quem se alia a Allāh, a Seu Enviado e aos que creem... Os partidários de Allāh serão vitoriosos" (C. 5:56).

---

367. O termo pode significar também "aliado", "conselheiro", "vizinho", "próximo", "partidário", "companheiro". V. Chodkiewicz, *Sceau*, p. 37.

"Era Nosso dever (*ḥaqq*) auxiliar (*naṣr*) os crentes".[368] Aqui há um segredo (*sirr*).[369] Procura-o na vitória (*ẓuhūr*) dos inimigos sobre os crentes e em sua superioridade (*ġalaba*) sobre eles, e Allāh abrirá o olho de tua visão interior (*'ayn al-baṣīra*). Ele já chamou a atenção sobre isso ao dizer – Enaltecido seja –: "A corrupção apareceu (*ẓahara*), na terra e no mar, *pelo que as mãos dos homens cometeram, a fim de fazer-lhes provar parte do que fizeram. Talvez assim se convertam*".[370] E do mesmo modo *no versículo*: "Teu Senhor decretou que não adoreis senão a Ele [...]" (C. 17:23).

---

368. O versículo completo diz: "Antes de ti, mandamos enviados a seu povo [i.e, ao povo dos enviados]. E chegaram-lhes com as evidências; então, Nós nos vingamos dos que pecaram: era Nosso dever socorrer os crentes" (C. 30:47). V. *Šarḥ*, nº 58.

369. Para compreender essa passagem, convém ler mais adiante *Šarḥ*, nº 58, pp. 349-350. Aqueles que professam a fé nos ídolos (*īmān fī l-ṭāġūt*) também são designados no Corão como os crentes (*mu'minūn*). A assistência (*naṣr*) divina é prometida aos *mu'minūn*, sem maior precisão. Assim, Ele assegura a vitória daqueles cuja fé (*īmān*) é mais forte, mas não necessariamente a dos crentes em Allāh (*mu'minūn bi- Llāh*) se sua fé for mais fraca (cf. *Fut.* III, p. 388 e IV, p. 304).

370. "A corrupção apareceu, na terra e no mar, pelo que as mãos dos homens cometeram [lit. "pelo que mereceram as mãos dos homens"], a fim de Ele fazer-lhes provar [Deus] parte do que fizeram. Talvez assim se convertam [se abstenham disso]" (C. 30:41).

الحميد

[57] Al-Ḥamīd

O Louvado, o Louvável, o Digno de louvor,
o Louvador, o Elogiador

1. Dependência (*taʿalluq*):

Necessitas d'Ele – Glorificado seja – para fazer-te digno de louvor (*maḥmūd*) em todos os aspectos.

2. Realização (*taḥaqquq*):

O Louvado (*al-Ḥamīd*) é Aquele a quem corresponde, em última instância, *todo* louvor.[371]

Ele é o Louvado (*muṯnà*) por Seus atos (*afʿāl*), por *tudo* o que procede d'Ele e por *tudo* aquilo que está a seu cargo. Tal é o significado *deste nome*, entendido como nome passivo (*ism al-mafʿūl*).

Por outro lado, pelo *significado ativo* que lhe corresponde como nome agentivo (*fāʿiliyya*),[372] Ele é o Elogiador (*muṯnī*) de Si mesmo, o que a Si mesmo se louva, tanto por aquilo que *diretamente* está a Seu cargo, como por aquilo que, procedente d'Ele – Enaltecido seja –, está a cargo de outro que não d'Ele. O que constitui o cúmulo da generosidade (*karam*): *primeiro* Ele te dá e, *em seguida,* te elogia por aquilo que te deu.

---

371. Lit. "a quem pertencem os termos de louvor (*ʿawāqib al-ṯinā'*)". Toda doxologia é, afinal, o louvor de Deus a Si mesmo.

372. Lit. "por sua condição de agente". O Šayḫ mostra o duplo caráter ativo-passivo dos nomes deste paradigma morfológico. Um critério análogo pode ser aplicado ao resto dos nomes de forma *faʿīl*.

3. Caracterização (*taḫalluq*):

O louvável (*maḥmūd*) entre os servos é aquele a quem correspondem as retribuições do louvável (*'awāqib al-ṯinā'*), isto é, que estas Lhe são reservadas até seu destino último (*'āqiba*): "E o final feliz será para os que temem a Allāh" (C. 28:83);[373] "Faz que eu tenha uma boa reputação [lit. 'uma língua de veracidade'] em minha posteridade!" (C. 26:84).[374]

O louvor mais nobre e pleno consiste no louvor do louvor (*ḥamd al-ḥamd*) e no louvor do Louvador (*ḥamd al-ḥāmid*), pois o Louvador é o Verdadeiro (*al-Ḥaqq*) – Enaltecido seja –, de modo que toda a nobreza (*šaraf*) está naquele a quem o Verdadeiro enobrece ao louvá-lo.

Diz-se em um verso:

"Se *todos ao mesmo tempo* houvessem calado,
as bagagens (*ḥaqā'ib*) teriam cantado teus louvores".[375]

---

373. O versículo completo diz assim: "Destinamos essa Última Morada àqueles que, na terra, não desejam soberba, nem semeia nela a corrupção. E o final feliz será para os que temem a Allāh" (C. 28:83).
O autor associa os fins (*'awāqib*, pl. de *'āqaba*), conclusões ou consequências do louvor, isto é, as realidades últimas subjacentes ao louvor, ao termo corânico *'āqiba*, o fim último feliz outorgado aos piedosos.

374. A passagem diz assim: "Senhor! Concede-me a sabedoria e reúne-me com os justos! Faz que eu tenha uma boa reputação em minha posteridade!" (C. 26:83-84).

375. Conforme hemistíquio de um verso panegírico do poeta Nuṣayb. Poema em louvor a Sulaymān b. 'Abd al-Malik. Metro *ṭawīl*. V. *Ši'r Nuṣayb b. Rabbāḥ*, ed. Dā'ūd Sallūm, Maṭba'at al-Iršād, Bagdá, 1967, p. 59; al-Jāḥiẓ, *K. al-Bayān wa-l-tabyīn*, ed. 'Abd al-Salām Hārūn, Cairo, 1948-1950 (IV vols.), I, p. 83. Para mais referências, v. 'Abd al-Salām Hārūn, *Mu'jam al-šawāhid al-'arabiyya*, Maṭba'at al-Ḫanjī, Cairo, 1972, II vols.

E outro *poeta* disse:

"Os céus mais elevados
De tua glória deram fé,
E em ti, como panegírico,
O Corão descendeu".[376]

E o louvor do louvor (*ḥamd al-ḥamd*), ao qual o mestre Abū-l-Ḥakam Ibn Barrajān[377] *de Sevilha* fez referência, é o louvor de Allāh como louvor que Ele a Si mesmo se dirige.[378]

---

376. Metro *kāmil*. O verso é do poeta andaluz Muḥammad Ibn Hāni', v. *Dīwān*..., Beirute, 1886, p. 74 (ou consulte-se a edição de Muḥammad al-Ya'lāwī, Beirute, 1994).

377. O autor apresenta Ibn Barrajān como "um dos senhores (no singular *sayyid*)" – entenda-se – da comunidade universal dos sufis. Prefiro traduzir o termo por 'mestre' pois, a meu entender, não se trata aqui de uma alusão a um vínculo familiar com a linhagem de Muḥammad, uma linhagem de califa, ou a uma condição político-administrativa privilegiada, mas a uma função espiritual.
O tema mencionado aqui por Ibn 'Arabī (*ḥamd al-ḥamd*) não aparece no comentário de Ibn Barrajān sobre o nome al-Ḥamīd, em sua obra *Šarḥ asmā' Allāh al-ḥusnà*, recentemente editado por Purificación de la Torre (Ibn Barrajān, *Šarḥ asmā' Allāh al-ḥusnà*, C.S.I.C., Madrid, 1999), mas é tratado em seu *Tafsīr*, no comentário da *Fātiḥa*. V. ms. Reïsulküttap Mustafa Efendi 30-31, fols. 13b-14a.

378. No texto da edição caberia optar por duas formulações: *yuwāfī nafsa-Hu* (suprimindo *huwa*), ou então, *yuwāfī-hi huwa nafsu-Hu*. Não obstante, mantive a expressão tal como aparece nos manuscritos.

المُحْصِي

[58] Al-Muḥṣī

O Compreendedor, o Contador, o Enumerador,
Aquele que leva em conta, [Aquele que calcula]

1. **Dependência (*taʿalluq*):**

Necessitas d'Ele – Glorificado seja – para que possas compreender, entre todas as coisas que te concernem, tudo aquilo cuja preservação (*ḥifẓ*) o Verdadeiro (*al-Ḥaqq*) te confiou.

2. **Realização (*taḥaqquq*):**

O Compreendedor-Enumerador (*al-Muḥṣī*) é, em sua realidade essencial, o que abarca *em toda sua amplitude* a realidade última do compreensível-enumerável (*ḥaqīqat al-muḥṣà*).

3. **Caracterização (*taḫalluq*):**

O compreendedor (*muḥṣī*) dentre os servos é aquele a quem Deus – Enaltecido seja – deu a capacidade *de realizar* aquilo que Ele lhe pede na "dependência" deste nome.

المبدئ

[59] Al-Mubdi'

O Produtor, o Originador, o Iniciador

1. **Dependência (*ta'alluq*):**

Necessitas d'Ele – Glorificado seja – para *lograr* a consagração *plena e sincera* (*iḫlāṣ*) de tua intenção (*niyya*) em todas as obras (*a'māl*) que fazes manifestar, ou naquelas que tu originas, à via da aproximação (*qurba*) a Allāh – Enaltecido seja.

2. **Realização (*taḥaqquq*):**

O Produtor é o que se encarrega de (1) produzir (*ibdā'*) as coisas inicialmente (*ibtidā'*) em suas entidades *imutáveis* (*a'yān*) e (2) de dar início à sua manifestação exterior (*ibdā' iẓhār*) ainda que, *de fato*, já sejam manifestas (*ẓahira*) para Ele ou para si mesmas *em seu estado latente*.

Aqui se coloca um debate entre dois grupos: As coisas têm ou não entidade imutável na inexistência (*'adam*)?[379]

Tanto os que respondem afirmativamente como os que respondem negativamente concordam, apesar desta divergência, em *considerar* que Ele é a origem (*mabda'*) *produtora* de sua existência. Este é, *afinal*, o sentido (*maqṣūd*) *deste nome.*

---

379. A resposta depende evidentemente da noção que se tem da inexistência. Sobre a posição das diversas correntes de pensamento a respeito, v. S. Ḥakīm, *Mu'jam*, especialmente pp. 836-837 e 1134-1135.

3. Caracterização (*taḫalluq*):

Este revestimento se manifesta nas ações (*afʿāl)* que o servo inventa e produz em si mesmo e por sua *própria* mão[380] sem ter prévio conhecimento delas (1) e sem que elas estejam *implícitas* ao seu redor (2).

Participa disso "quem estabelece uma boa tradição (*sunna*)",[381] pois uma licença *explícita* lhe foi dada para a composição *pessoal* das obras de adoração (*inšā' al-ʿibādāt*), segundo um estado específico determinado.

---

380. A produção ou concepção de uma ação, conforme se desprende desta passagem, pode ser interior, na própria alma, direta e pessoal (*iḫtirāʿ fī nafsi-hi*), ou então, exterior, direta ou indireta, pela própria mão ou por mediação própria (*iḫtirāʿ ʿalà yadi-hi*).

381. V. 95-3, *infra* nota 521.

المعيد

[60] Al-Muʿīd

O Recriador, o Reprodutor, o Restaurador,
Aquele que faz voltar, o Reintegrador

1. Dependência (*taʿalluq*):

Necessitas d'Ele – Glorificado seja – *para alcançar* uma assiduidade constante (*mudāwana*) nas obras de adoração (*ʿibādāt*) que Ele te mandou cumprir, mesmo que Ele não as tenha determinado.

2. Realização (*taḥaqquq*):

A reposição (*iʿāda*)[382] de uma coisa consiste em devolvê-la à circunstância prévia *em que se encontrava* antes de separar-se dela. Esta questão *também* é polêmica: *a coisa reproduzida é semelhante ou idêntica à coisa em sua condição original*? A verificação é que *a coisa reproduzida* é, em um sentido, não idêntica (*ʿayn*), mas semelhante (*miṯl*) a ela; já em outro sentido, ela não é semelhante, mas idêntica, a mesma. Assim, *por exemplo*, um administrador (*mudabbir*) pode ser restituído à sua *função na* administração (*tadbīr*) sem que necessariamente o que ele administra (*mudabbar*) seja *exatamente* o mesmo (*ʿayn*) que antes administrava. *Diz um versículo corânico*: "Cada vez que suas peles se consumirem, Nós as trocaremos por outras" (C. 4:56).[383]

---

382. O termo significa "restituição" ou "restauração".

383. O texto completo do versículo diz: "Nós atiraremos ao Fogo os que renegam Nossos sinais. Cada vez que suas peles se consumirem, Nós as trocaremos por outras, para que experimentem o castigo. Allāh é Todo-Poderoso, Sábio" (C. 4:56).
No exemplo da administração, a função é a mesma, mas o objeto ao qual se aplica é outro semelhante, não o mesmo. Nesta passagem, aquele cuja pele é reposta é o mesmo, mas a pele é outra (*ġayr*) semelhante, não a mesma. Trata-se de estados múltiplos.

3. **Caracterização (*taḫalluq*):**

A recriação de um ato (*iḥdāṯ al-fi'l*) na forma que anteriormente adotou – sem ser, de fato, *exatamente* idêntica (*'ayn*) – é denominada restituição (*i'āda*), em virtude da similaridade formal (*šibh fī-l-ṣūra*).

À adoção deste nome corresponde a reiteração do ato (*i'ādat al-fi'l*) que Ele produziu em ti e, não obstante, atribuiu a ti – Glorificado seja –, isto é, o espírito da adoração (*rūḥ al-'ibāda*) se realiza quando não te é ocultada, nesta adoração, a contemplação do Real (*al-Ḥaqq*).

المحيي

[61] Al-Muḥyī

O Vivificador, Aquele que dá vida, Aquele que faz reviver

1. Dependência (*ta'alluq*):

Necessitas d'Ele – Glorificado seja – para vivificar teu coração com a vida do conhecimento (*ḥayāt al-'ilm*) e vivificar teus órgãos (*jawāriḥ*) com a vida das práticas piedosas (*ṭā'āt*).[384]

2. Realização (*taḥaqquq*):

O Vivificador é o que dá a vida a todo ser existente (*mawjūd*) para que O glorifique com seu louvor.[385]

Aquele *ser* cuja vida se manifesta externamente é chamado ser vivo (*ḥayy*). O ser cuja vida é interior pode crescer e se desenvolver (*nāmī*), ou carecer de tal faculdade. Se tiver a faculdade de se desenvolver também chama-se vivo e, se não a tiver, chama-se inorgânico ou mineral (*jamād*). Isto é o estabelecido entre o Povo da revelação (*ahl al-kašf*).[386]

O Verdadeiro (*al-Ḥaqq*) – Glorificado, Enaltecido e Santificado seja – disse: "Não há nada que não *O* glorifique, com seu louvor" (C. 17:44),[387] e "Cada um já conhece [*por ciência infusa*] sua *própria*

---

384. Lit. "a vida das obediências", isto é, com o exercício do modo particular de obediência – quer seja à ordem existencial ou à legislação profética – que corresponde a cada órgão específico. Sobre os carismas e atributos dos órgãos corporais, v. a tradução parcial de *Mawāqi' al-nujūm* realizada por Asín, *IC*, pp. 297-428.

385. Alusão a C. 17:44. V. *infra* nota 387.

386. Isto é, aqueles que estão dotados da faculdade da revelação mística. V. *infra* nota 391.

387. "Os sete céus O glorificam, a terra e seus habitantes. Não há nada que não O glorifique, com seu louvor, mas não compreendeis sua glorificação. Ele é Clemente, Perdoador (C. 17:44)."

oração e sua glorificação *particular de Allāh* (C. 24:41)".[388] "Não vês que ante Allāh se prosternam tanto o que está nos céus e o que está na terra, como o sol, a lua, as estrelas, as montanhas, as árvores e os animais...?" (C. 22:18).[389] E Ele – Enaltecido seja – disse aos céus e à terra: "Vinde, queirais ou não!". Disseram: "Viemos de bom grado!".[390] E os dotados de percepção mística (*ahl al-kašf*),[391] quer se trate de anjos, profetas ou amigos *de Allāh*, presenciaram com seus próprios olhos a manifestação da vida nos seres inogârnicos (*jamādāt*).

3. Caracterização (*taḫalluq*):

Aquele que vivifica uma terra estéril – *segundo Sua Palavra*: "e prescrevemos que quem a vivifica [a uma pessoa (*nafs*)[392]], é como se

---

388. Ou então, "Ele [Deus] conhece a oração e a glorificação de cada um". O versículo completo diz: "Não vês que glorificam a Allāh aqueles que estão nos céus e na terra, e as aves enquanto pairam no ar? Cada um, com efeito, sabe como orar e como glorificá-Lo [ou então, 'Ele sabe de cada um como ora e como glorifica']" (C. 24:41).

389. O versículo completo diz assim: "Não vês que se prosternam ante Allāh os que estão nos céus e na terra, assim como o sol, a lua, as estrelas, as montanhas, as árvores, os animais, e muitos dos homens? Não obstante isto, muitos merecem o castigo. Não há quem honre a quem Allāh despreza. Allāh faz o que Ele quer" (C. 22:18).

390. Diz o versículo completo: "Logo se dirigiu ao céu, no estado de fumaça, e disse-lhe assim como à terra: 'Vinde ambos, queirais ou não! [i.e. voluntariamente ou à força]'. Ambos disseram: 'Viemos de bom grado!'" (C. 41:11).

391. A expressão *ahl al-kašf* não se refere somente aos seres humanos que se distinguem pelo dom da revelação mística daquilo que está oculto ao olho sensível, seja ao profeta e ao santo amigo de Deus (*walī*), mas também se refere aos anjos.

392. No encadeamento destas frases parece haver uma alusão simbólica, já que o pronome de terceira pessoa, fora do contexto do versículo corânico completo, parece aqui referido à "terra morta". Pode referir-se simbolicamente à terra da qual Adão foi criado. Esta terra vivificada seria então o corpo espiritual que acede à Terra da verdadeira Realidade (*arḍ al-ḥaqīqa*). V. *Fut.*, I, pp.126-131. Cf. H. Corbin, *Cuerpo espiritual y tierra celeste*, pp. 159-167.

vivificasse a Humanidade inteira (*nās*)” (C. 5:32)[393] – e quem se dedica à reflexão (*fikr*) e à meditação penetrante (*istibṣār*), de modo que ele vivifica também sua própria alma (*nafs*), merece ser chamado com o nome “vivificador” (*muḥyī*).[394]

---

393. O texto completo do versículo é o seguinte: “Por esta razão, prescrevemos aos Filhos de Israel que quem mata uma pessoa, sem que esta tenha matado outra nem semeado corrupção na terra, será como se tivesse matado toda a Humanidade. E que quem salva uma vida, será como se tivesse salvado as vidas da Humanidade inteira. Nossos enviados chegaram-lhes com as evidências, mas, apesar destas, muitos deles continuaram entregues a excessos na terra” (C. 5:32).

394. O próprio autor recebe o epíteto honorífico de Muḥyiddīn, Vivificador da religião. Esta noção de “vivificação” parece referir-se à função de seu magistério universal, em sua condição de “Selo da santidade Muḥammadiana”– proclamada pelo próprio Ibn ʿArabī.

المُمِيتُ

[62] Al-Mumīt

Aquele que dá ou causa a morte, O Mortificador

1. Dependência (*ta'alluq*):

Necessitas d'Ele – Glorificado seja – para preservar-te e evitar que estejas entre os que mataram seus próprios corações pela negligente indiferença quanto à recordação (*ḏikr*) de Allāh e de tudo que esta implica.[395]

2. Realização (*taḥaqquq*):

É o que arrebata a vida (*muzīl al-ḥayāt*) daquele no qual ela se manifestava.

Os eruditos divergiam ao questionar se pode ou não o vivo ser *devidamente* chamado de morto, antes de existir nele a vida.[396] *Não obs-*

---

395. A proximidade de sintagmas implica que esta expressão (lit. "aquilo que ele/ela contém") se refere ao que comporta a recordação ativa (*ḏikr*) de Deus; não obstante, o pronome pode referir-se também ao coração: "matou seu coração... e o que em seu interior havia". A recordação de Deus, guardada no coração do crente, é a própria vida do coração, seu próprio conteúdo (v. o *hadith* citado em 5-3). Entenda-se aqui que o servo necessita que al-Mumīt "mate" a negligência, isto é, que acabe com ela.

396. A interpretação majoritária mais frequente deste versículo, segundo explica D. Guimaret, consiste em entender a expressão *kuntum amwātan*, "estáveis mortos", como referência à situação dos homens antes de seu nascimento, isto é, ao estado de esperma nos rins de seus progenitores.
Segundo Rāzī, a expressão "mortos" teria de ser tomada aqui em sentido figurado. Zamaḫšarī também se pergunta como se pode chamar de "morto" algo que nunca esteve vivo.
Outros, no entanto – como Ibn Zayd, segundo Ṭabarī – consideram que esta primeira morte, anterior à vida terrestre, teria ocorrido depois de uma primeira vida, à qual se referiria o pacto preeterno entre Deus e os homens (expresso em C. 7:172). Depois desta primeira vida dos homens que reconhecem a Deus como seu Senhor antes da existência terrestre, Deus os teria feito morrer, donde a expressão "estáveis mortos".

tante, no Corão, diz-se claramente: "quando estáveis mortos (*amwāt*) Ele vos deu a vida" (C. 2:28)[397] – sem que anteriormente tivessem vida.

3. Caracterização (*taḫalluq*):

"[...] Quem mata uma pessoa sem que esta tenha matado outra nem semeado corrupção na terra, será como se matasse a Humanidade inteira" (C. 5:32).[398]

"Dize: 'O Anjo da Morte, encarregado de vós, vos convocará'" (C. 32:11).[399]

Quem mata toda inovação (*bidaʿ*)[400] e todo erro que *nele* estiverem vivos é, sem dúvida, mortificador (*mumīt*), mas assim o é em favor da *própria* bem-aventurança,[401] posto que esta *mortificação* (*naqīḍ*)[402] é indispensável *à felicidade*.

Outra explicação, provavelmente em resposta a esta mesma questão colocada pelo Šayḫ, entende esta expressão como referência à morte que vem depois da vida terrestre, após a qual haveria uma vida intermediária – cujo término se daria com o interrogatório dos anjos Munkar e Nakīr –, seguida de uma segunda morte e, posteriormente, da ressurreição final. Cf. Guimaret, *Noms*, pp. 329-330.

397. O versículo completo aqui citado diz: "Como podeis renegar a Allāh, sendo que Ele vos deu a vida quando ainda não existíeis, que vos fará morrer e vos devolverá à vida, e finalmente a Ele sereis devolvidos" (C. 2:28). V. também C. 40:11. Lit. "deu-vos a vida quando estáveis mortos...". V. a expressão *muḥyī-l-mawtà*, "o Vivificador dos mortos" em C. 30:50 e 41:39.
Com este fundamento escriturário, Ibn ʿArabī parece concluir a pertinência de se chamar de "mortos" aqueles nos quais, antes de seu nascimento, a vida ainda não foi insuflada.

398. V. *supra* 61-3, nota 393.

399. O versículo completo diz assim: "Dize: 'O Anjo da Morte, encarregado de vós, chamar-vos-á; em seguida, sereis devolvidos a vosso Senhor'" (C. 32:11).

400. Isto é, invenções e juízos equivocados que não têm verdadeiro fundamento profético.

401. Isto é, de um modo positivo, da beatitude na via da felicidade eterna (*nisba saʿādiyya*).

402. Isto é, de tudo que leva à desgraça.

الحيّ

[63] Al-Ḥayy

O (eternamente) Vivo, o Vivente

1. **Dependência (*taʿalluq*):**

Necessitas d'Ele – Glorificado seja – para *garantir* a continuidade (*ittiṣāl*) de tua vida *nesta Morada* com a Vida Ulterior (*al-ḥayāt al-āḫira*). Disse Deus – Enaltecido seja –: "E soprar-se-á na trombeta (*ṣūr*), e os que estiverem nos céus e na terra cairão fulminados, salvo quem Allāh quiser" (C. 39:68).[403] Do mesmo modo, Ele disse – Enaltecido seja –: "*E não suponhas que os caídos na senda de Allāh estejam mortos*; ao contrário, eles estão vivos (*aḥyā'*) e são sustentados junto a Seu Senhor" (C. 3:169).

---

403. "A trombeta será tocada e os que estiverem nos céus e na terra cairão fulminados, exceto os que Allāh quiser. A trombeta será tocada outra vez e eis que ficarão de pé, olhando estarrecidos" (C. 39:68).
Sobre a significação da imagem escatológica da trombeta, veja-se nossa edição e tradução do artigo de J. Morris, "La Imaginación Divina y el Mundo Intermediario: Ibn ʿArabī y el *Barzaḫ*", *POSTDATA*, XV, 1995, pp.107-109 (em inglês) e 47-48 (em espanhol).
"O preceptor (da Revelação), que é o orador verídico, chamou isto – a (divina) Presença do *Barzaḫ* ao qual somos levados depois da morte e no qual contemplamos diretamente nossas almas – de 'Corneta' (*ṣūr*) e 'Trombeta' (*nāqūr*). Aqui a palavra *ṣūr* é (também) o plural da palavra *ṣūra*, 'forma'. Assim (de acordo com o relato corânico da Ressurreição) '*se soprará na Corneta/nas formas*' (C. 6:73) e '*quando fizer soar a Trombeta*' (C. 74:8). E ambas (a 'Corneta' e a 'Trombeta') são exatamente a mesma coisa, e diferem unicamente nos nomes, devido aos diversos estados e atributos (da realidade subjacente) ...
"O Enviado de Deus, quando lhe perguntaram o que era esta 'Corneta' (*ṣūr*), respondeu: 'É um chifre (*qarn*: um chifre de animal) de Luz na qual sopra (o anjo) Isrāfīl'. Assim, ele referiu que sua forma era a de um chifre (de animal), descrito como largo (na base) e estreito (na ponta) ...'". Cf. *Idem*, p. 47.

2. Realização (*taḥaqquq*):

O Vivo *por antonomásia* é aquele cuja própria vida pertence a Si mesmo e não é recebida (*mustafāda*) de outro que não Ele.[404]

Por trás desta questão há um grande debate entre aqueles que negam os atributos e aqueles que os afirmam como entidades acrescidas (*aʿyān zā'ida*). Mas não é este o lugar para nos estendermos a respeito.[405]

3. Caracterização (*taḥalluq*):

O Enviado de Allāh – que a bênção e a paz estejam com ele –, segundo transmite Muslim *em sua recompilação de hadiths*, disse: "Quanto ao povo do fogo *infernal* (*ahl al-nār*), aqueles que dele fazem parte nem morrerão nem viverão nele".[406]

O *verdadeiramente* vivo dentre os servos é aquele cujo segredo *íntimo* (*sirr*)[407] vive pela luz de Allāh, cujo coração (*qalb*) vive em *permanente* recordação de Allāh e cujos órgãos (*jawāriḥ*) vivem em submissa obediência a Ele. Aquele a quem se pode qualificar com as qualidades desta vida *interior* possuirá a vida eterna (*al-ḥayāt al-dā'ima*) na Morada da Bem-Aventurança (*dār al-saʿāda*) que o Verdadeiro negou aos desgraçados (*ašqiyā'*).

---

404. O que só se pode dizer de Deus, já que todos os demais recebem a vida d'Ele.

405. Ver, sobre isso, a bibliografia e a excelente síntese que S. Ḥakīm, *Muʿjam*, pp. 1218-1224 realizou das linhas gerais das principais escolas de pensamento relacionadas à negação ou à afirmação dos atributos divinos.

406. Muslim, *Īmān* (82) 306. V. *Fut.* III: 50, p. 97, onde o autor comenta esse trecho de *hadith* como referência a um dos estados dos habitantes do fogo, aos quais al-Raḥmān enviará um sonho em que ficarão insensíveis e perderão a consciência. Ibn ʿArabī cita este mesmo trecho em *Fut.* IV: 449, 451, 453, 486, 568, 625, 655 e 662. Em *Fut.* XIII: 568, ao citar este mesmo *hadith*, o Šayḫ explica que o povo do fogo, por causa da existência do frio e devido à propriedade de seu temperamento, busca a felicidade pelo fogo. V. também C. 14:17, 20:74 e 87:13.

407. Isto é, aquele cujo ser essencial e cuja consciência profunda, no mais fundo de seu coração, vivem pela luz de Deus.

القيوم

[64] Al-Qayyūm

O Autossubsistente, o Imutável,
o Mantenedor, o Sustentador, o Permanente

1. Dependência (*taʿalluq*):

Necessitas d'Ele – Glorificado seja – para oferecer-te Sua assistência (*maʿūna*) na atenção e cuidado perseverante (*qiyām*) que Ele te ordenou em relação àquilo que te foi prescrito cumprir.[408]

2. Realização (*taḥaqquq*):

Em sua realidade *essencial*, o Subsistente é o que existe por Si mesmo e Aquele pelo qual subsiste tudo o que não é Ele (*mā siwā-Hu*), em razão da necessidade *ontológica* (*iftiqār*) que d'Ele tem *tudo o que é não é Ele*, tanto em sua essência como em seus atributos concomitantes (*lawāzim*)[409].

---

408. O Šayḫ faz um jogo de palavras usando outra regência preposicional com o mesmo nome de ação *qiyām* (*ʿalà*, "vigiar", "cuidar", "perseverar"; *bi-*, "executar", "realizar", "cumprir") da mesma raiz lexical (*q-w-m*) do nome *al-Qayyūm*. Mesmo que o Šayḫ empregue aqui o pronome pessoal *man* ("aquele que") – e não *mā* ("o que") – que, portanto, faz referência aos necessitados, aos órfãos, aos peregrinos, etc., poderíamos também compreender, num sentido mais geral, "em relação ao que Ele te prescreveu realizar".

409. Denomina-se *lāzim al-māhiyya* a "noção indissociável da coisa em si, a consequência da quididade". Segundo a definição de Jurjānī, "é o conceito que impede que um dado seja dissociado de sua quididade, quando esta é considerada em si mesma, independentemente de seus acidentes (*ʿawāriḍ*), como o riso possível no ser humano". Cf. Jurjānī, ʿAlī b. Muḥammad, *K. al-Taʿrīfāt*, trad. de M. Gloton, Teerã, 1994, p. 334, nº 1355.

3. Caracterização (*taḫalluq*):

"Os homens estão encarregados de cuidar (*qawwāmūn*) das mulheres" (C. 4:34).[410] Assim, quem dentre os servos cumpre *esta condição* atendendo às necessidades de quem procura seu apoio, no caso disso se tornar constante, é então mantenedor (*qayyūm*).

---

410. O termo *qawwām*, da mesma raiz de *al-Qayyūm*, significa "dirigente", ou "guardião" – com a noção implícita de "suporte" (*qawām*). Esta prioridade do "homem" pode ser entendida de diferentes modos: o princípio ativo, o Cálamo, tem prioridade sobre o princípio passivo, a Tábua Preservada, que, por sua vez, será princípio ativo da Alma universal.
Ibn ʿArabī reúne às vezes a ideia expressa neste versículo com a noção da superioridade do céu – associado ao masculino ativo – sobre a terra – associada ao feminino receptivo. A esse respeito, v. S. Murata, "Man's Degree over Woman", *Tao*, pp. 177-181.
"Ibn al-ʿArabī preocupa-se em explicar a natureza de 'grau' que o homem tem em relação à mulher em várias passagens. Em geral, ele não dá muita atenção às aplicações sociais desse nível, volta-se mais para seu sentido cosmológico e metafísico [...] Em uma passagem, Ibn al-ʿArabī vê a raiz fundamental da relação entre marido e mulher na relação *yang/yin* entre Deus e o cosmos. Para fundamentar essa posição, ele cita dois versos do Corão que mostram um paralelo interessante. Deus 'cuida' (*qā'im*) ou 'toma conta' de cada alma da mesma forma que o homem 'toma conta' (*qawwām*) da mulher". Cf. *Idem*, p. 178.
Os "homens" – enquanto princípio ativo – estão, pois, encarregados de cuidar das "mulheres" – enquanto princípio passivo – e de velar por elas. Observe-se que em seguida o autor se refere ao necessitado "que busca apoio" no masculino e não no feminino, o que indica que não se refere à mulher, mas ao princípio receptivo feminino do ser humano, homem ou mulher.

الواجد

[65] Al-Wājid

O Perfeito, o Opulento, o Sabedor,
Aquele que encontra, o Auto-Existente, o Autossuficiente[411]

1. Dependência (*taʿalluq*):

Necessitas d'Ele – Glorificado seja – para outorgar-te um estado (*ḥāl*) onde não haja determinação de necessidade alguma.

2. Realização (*taḥaqquq*):

O Autossuficiente é aquele a quem nunca falta coisa alguma, o que constitui o mais elevado dentre os graus (*marātib*) dos opulentos (*wājidūn*).

3. Caracterização (*taḫalluq*):

Quando o servo acede à estação espiritual (*maqām*) na qual nada lhe falta, ele não necessita, portanto, de coisa alguma, sabendo, por conhecimento gustativo *direto* (*ḏawq*), que tudo aquilo em que residem sua harmonia (*ṣalāḥ*) e sua subsistência (*baqā'*) está predeterminado na

---

411. Assim como nas listas de Walīd e Zuhayr, em um *hadith qudsī* referido por Tirmiḏī (*Qiyāma*, 48), diz de Deus que é *wājid*, *mājid*: neste *hadith* "o contexto impõe nitidamente a compreensão de *wājid* no sentido de "rico". E tal é realmente o sentido na medida em que, com frequência, os comentadores atribuem ao nome divino *al-wājid*, o de um sinônimo de *al-ġanī* [...] Entretanto, ocorre que *wājid* também seja interpretado de outro modo, ou seja, como um equivalente de ʿālim". Cf. Guimaret, *Noms*, p. 225. Neste comentário, o Šayḫ parece estar de acordo com as pautas gerais analisadas por Guimaret. Não obstante, v. seu comentário correspondente em *Fut.*, onde o Šayḫ trata também da relação deste nome com o imperativo existenciador *kun*, "sê!". Cf. *Fut.* IV, pp. 292-293.

Realidade *divina* (*al-Ḥaqq*) e está reunido e disposto para ele; ao tomá--Lo como Guardião (*wakīl*). *Sente-se*, pois, como a pessoa que sabe que seu encarregado (*wakīl*) armazenou para ele, em sua casa, tudo o que pudesse necessitar ao longo de todo o ano. *O servo* é então opulento (*wājid)* ao ter tudo o que necessita durante esse ano. E a expressão "ano" (*sana*), em relação ao servo que se reveste *das qualidades deste nome* e do Verdadeiro, significa, aqui, a eternidade (*abad*) cuja permanência (*baqā'*) não tem fim. Assim, o nome de "opulento" (*wājid*) corresponde *a quem reúne tais traços*.

الماجد

[66] Al-Mājid

O Glorioso, o Eminente, o Ilustre, o Honorável, o Excelso

1. **Dependência (*taʿalluq*):**

Necessitas d'Ele – Glorificado seja – para conceder-te uma eminência (*šaraf*) *geral*, sem especificação (*taʿyīn*).[412]

2. **Realização (*taḥaqquq*):**

A verificação deste nome consiste em que a honorável eminência (*šaraf*) Lhe seja atribuída (*nisba*), na totalidade (*ʿalà-l-jumla*), sem diferenciação (*tafṣīl*).

3. **Caracterização (*taḫalluq*):**

Consiste, do mesmo modo, em se atribuir *a condição* da eminência (*nisbat al-šaraf*) às honoráveis qualidades (*awṣāf šarīfa*) que *o servo* manifesta, em sua totalidade, de modo indiferenciado.

Por outro lado, o *nome* Louvável (*al-Majīd*) – *da mesma raiz lexical* – é uma forma intensiva que implica a diferenciação analítica

---

412. Refere-se à honorável dignidade (*šaraf*) própria da estação muḥammadiana, caracterizada, em relação às outras estações espirituais, por sua indeterminação, isto é, por estar acima de toda determinação específica própria das outras estações. Trata-se da Morada da Não-Morada, própria do herdeiro muḥammadiano: "O Povo da perfeição (*kamāl*) são aqueles que realizaram todas as moradas e os estados e as deixaram para trás ao alcançar a morada (*maqām*) que está por cima da Majestade e da Beleza, de modo que não têm atributo intrínseco (*ṣifa*) nem extrínseco (*naʿt*)". (*Fut.* II, p. 133, lss. 19-20). Tal é o caso de Abū Yazīd, mencionado *supra* em 46-3. V. Chittick, "The Station of No Station", *Sufi Path*, pp. 375-381.

(*tafṣīl*) da eminência global (*šaraf jumalī*) *correspondente ao nome al-Mājid*. Assim, *em razão do caráter distintivo do nome al-Majīd*, pode-se dizer de alguém que este é eminente (*šarīf*) em tal ou qual aspecto, com infinitas possibilidades distintivas.

الوَاحِد

[67] Al-Wāḥid

O Um, o Único e sem par, o Só, o Indivisível, o Incomparável[413]

1. Dependência (*taʿalluq*):

Necessitas d'Ele – Glorificado seja – para fazer-te único (*waḥīd*) de teu tempo em tua consagração (*hamm*) a Ele e *na concentração de* tua aspiração *espiritual* (*himma*).

2. Realização (*taḥaqquq*):

Em sua realidade essencial, o Único é Aquele que está caracterizado pela unidade (*waḥda*)[414] em todos os sentidos e que não aceita, de modo algum, a multiplicidade.[415] Os eruditos têm tratado amplamente de tão importante questão.[416]

---

413. O termo *wāḥid* significa tanto "único" como "um", pois também designa o número um, a unidade aritmética. Ibn ʿArabī seguiu a lista de Walīd, que não menciona o nome *al-Aḥad*. Assim, ele não incluiu aqui o comentário do nome *al-Aḥad*, que, segundo o contexto, pode-se traduzir também por "Um" ou "Único". Ġazālī considera ambos os nomes intercambiáveis (*Maqṣad*, p. 36). Na ontologia akbariana, distingue-se entre *aḥadiyya* – a "Unicidade divina" ou "Grau do Único" – e *wāḥidiyya* – a "Unidade divina" ou "Função da Unidade (*do Um*)".

414. No sentido de "singularidade".

415. Isto é, que não é suscetível de divisão alguma, que é indivisível.

416. Sobre as especulações relativas a esta questão, v. Guimaret, *Noms*, cap. X, pp. 191-200.

3. Caracterização (*taẖalluq*):

Diz o Profeta, segundo o hadith: "Quando houver um califa e um segundo *pretendente usurpador* lançar-se contra ele *na luta pelo poder*, matai o último deles".[417] De fato, convém que o servo esteja predisposto a uma orientação total (*tawajjuh kullī*) para o lado da Realidade divina (*jānib al-Ḥaqq*) – Enaltecido seja – e para o revestimento, na medida do possível (*al-was' al-imkānī*), com as qualidades divinas (*aẖlāq ilāhiyya*), de modo que lhe seja concedido alcançar a categoria de Pólo *espiritual* (*rutbat al-quṭubiyya*) para ser o único *Eixo* do tempo (*wāḥid al-zamān*) em seu momento, sem que ninguém compartilhe com ele tal condição. Pois é necessário que, a todo o momento, haja alguém incomparável e sem par (*wāḥid*) *ocupando* esta estação,[418] que é alcançada por merecimento.

---

417. Lit. "Quando se renda homenagem [ou então 'quando se reconheça'] a dois califas...". V. Muslim, *Imāra* 61. Cf. *Concordance*, II, p. 70. Na perspectiva do ser humano como microcosmos, entenda-se que a alma não pode ser governada e guiada por duas vontades.

418. Isto é, desempenhando a função de Eixo espiritual – *Axis mundi* – de seu tempo.

الصَّمَد

[68] Al-Ṣamad

O Suporte (Universal), Independente e Impenetrável, o Indiviso, o Amparador, o Confortador, o Consolador[419]

1. Dependência (*taʿalluq*):

Necessitas d'Ele – Glorificado seja – para pôr em tua mão o alívio e o consolo (*faraj*) *necessários* para que sejas refúgio (*malja'*) *que ampare* tudo o que, procedente do Verdadeiro (*al-Ḥaqq*) – Enaltecido seja – ou procedente da criação (*ḫalq*), chegue a ti[420] *em busca deles*; e para que estejas, em teu *atual* estado de composição (*ḥāl tarkīb*),[421] no

---

419. Outros significados foram dados a este nome, cuja interpretação é particularmente rica em diversidade. Em sua tradução do Corão, J. Cortés o traduz por "o Eterno" e comenta: "Hápax de significado incerto; igualmente, 'o Compacto', 'o Denso', 'o Indiviso', talvez com conotação antitrinitária", pois, de fato, o nome aparece na sura 112, na qual se declara a doutrina da unicidade de Deus. O texto integral desta breve, mas importantíssima sura, diz assim: "Dize: 'Ele é Allāh, Único, / Allāh, o Suporte *Universal*. / Não gerou nem foi gerado./ Não tem par [Lit. "Ninguém é igual a Ele"]'" (C. 112: 1-4).

420. O termo *wārid*, part. at., significa "que chega (ao bebedouro), que se aproxima, aparece ou sobrevém". Daí sua significação técnica "inspiração súbita que chega ao coração". A expressão usada aqui (*li-kulli wārid*) mantém uma ambivalência sugestiva. Na ordem espiritual microcósmica, significa "toda inspiração súbita que sobrevenha em teu interior", o que corresponde à face da Realidade divina (*al-Ḥaqq*). Na ordem das criaturas, significa "tudo o que chegue a ti", isto é, "a todo ser humano (ou outra criatura) que venha a ti em busca de consolo". Assim, no interior, a consolação é necessária para ser capaz de dar espaço às inspirações que, por assim dizer, necessitam da receptividade do coração. Por outro lado, no exterior, o místico precisa da faculdade do dom do consolo para aliviar aqueles que dele se aproximam buscando refúgio de seus temores. V., com respeito ao termo *wārid*, Chittick, *Sufi Path*, p. 266; Ḥakīm, *Muʿjam*, p. 1202. Optei por manter esta ambiguidade na tradução.

421. Isto é, como criatura sujeita – transitoriamente – ao estado de composição próprio dos corpos elementares.

mesmo estado de pureza em que te encontravas anteriormente a teu acontecer na existência (*wujūd*).

2. Realização (*taḥaqquq*):

O Amparador (*al-Ṣamad*) é, em sua realidade essencial, aquele em quem se busca refúgio e amparo em todas as coisas, tanto nas mais sutis como nas mais relevantes, nas conhecidas e nas desconhecidas.

3. Caracterização (*taḫalluq*):

Quando, em seu revestimento (*taḫalluq*), o ser humano (*insān*)[422] adquire, *por seu mérito*, o caráter divino (*al-ḫuluq al-ilāhī*) e, dotando-se das mais nobres qualidades (*makārim al-aḫlāq*), transforma-se no lugar do olhar de Deus desde o cosmos (*min al-ʿālam*),[423] então todas as almas (*nufūs*) nele buscam refúgio, pois verificam *nele* o logro (*ḥuṣūl*) de seus *próprios* fins (*aġrāḍ*) e de sua *própria* vontade (*irāda*),[424] tanto no superior como no inferior, tanto no plano da Realidade divina (*ḥaqq*) como no plano humano das criaturas (*ḫalq*). Não obstante, não é próprio de sua condição ser *notoriamente* reconhecido (*maʿlūm*)[425] no mundo da composição elementar (*ʿālam al-tarkīb*).

---

422. Este termo se aplica também à pupila, chamada "o homem do olho" (*insān al-ʿayn*), provavelmente porque nela se reflete quem a olha. Isto está relacionado com o fato de o homem ser – como em seguida se diz – lit. "o lugar (*mawḍiʿ*) do olhar do Verdadeiro (*naẓar al-Ḥaqq*) desde o cosmos", isto é, que o homem (*insān*) é a pupila (*insān*) pela qual Deus, a Verdadeira Realidade, contempla o cosmos. Alusão ao *hadith* citado na seção 4-3.

423. Expressões afins podem ser encontradas, p. ex. em *Contemplaciones*, pp. 52 e 67.

424. Em última instância, todos os seres humanos têm – segundo se desprende do texto – uma mesma vontade: a de chegar a revestir-se com as qualidades divinas e alcançar a felicidade que tal revestimento implica.

425. Ou então, que esta seja notória. Isto é, que a condição espiritual de quem se revestiu com as qualidades do nome *al-Ṣamad* não é reconhecida de modo manifesto por quem não está dotado de perspicácia espiritual e visão interior.

Deus diz no Corão: "Fazei a Allāh um empréstimo generoso (*qarḍ ḥasan*)!" (C. 73:20) e "... então, adora-Me e cumpre a oração ritual para recordar-Me" (C. 20:14).[426]

Esta é a presença (*ḥaḍra*) da manifestação dos efeitos dos Nomes (*āṯār al-asmā'*).[427]

---

426. O versículo completo diz: "Certamente, Eu sou Allāh. Não existe deus senão Eu. Então, adora-Me, e cumpre a oração ritual para recordar-Me!" (C. 20:14). Ġazālī comenta, no capítulo de sua obra *Iḥyā' 'ulūm al-dīn* que dedica ao jejum ritual, que "o objetivo do jejum é caracterizar-se por certos caracteres de Allāh – poderoso e majestoso –, tais como o atributo de *ṣamadiyya* ou de Sustento universal independente e impenetrável, e em imitar os anjos afastando-se das paixões na medida em que a natureza o permite", (segundo a tradução francesa de M. Glotton, cf. Al-Ġazālī, *Les Secrets du Jeûne et du Pélerinage*, Ed. Tawhid, Lyon, 1993, p. 117).

427. Isto é, o nome *al-Ṣamad*, ou o revestimento com seus traços, é a presença, o domínio, ou lugar no qual ocorre a manifestação externa (*ẓuhūr*) dos efeitos que os Nomes produzem ao manisfestar-se. De fato, o Servo do Eterno Suporte Universal (*'Abd al-Ṣamad*) serve de suporte de manifestação dos Nomes, cujos efeitos acolhe e ampara como refúgio, revestindo-se de suas qualidades. Ao não se especificar para além disso, dá-se a entender que se trata de todos os nomes implicitamente compreendidos pelo nome Allāh como *summa res*, já que na sura citada *supra*, depois de "Ele é Allāh, Único" – o que se refere à Sua Unidade essencial transcendental – diz: "Allāh, o Suporte (*al-Ṣamad*)", isto é, o Suporte da manifestação dos efeitos dos Nomes, se se interpreta que este versículo se refere à Unicidade que integra a multiplicidade. Assim, a ilação entre o comentário precedente e os versículos mencionados de apoio pode ser explicada do mesmo modo. O autor parece aludir à possibilidade de que este "empréstimo generoso" e a "adoração" a Deus aqui mencionados consistem no fato de que o servo se "presta" a "servir" a Deus, revestindo-se de Suas qualidades, sendo o lugar de Seu olhar e recordando Deus como lugar teofânico do consolo divino, onde se abrigam e se manifestam os efeitos dos nomes.

القادر

[69] Al-Qādir

O Capacitador, o Capaz, o Todo-Poderoso

1. Dependência (*taʿalluq*):

Necessitas d'Ele – Glorificado seja – para prover-te da capacidade de realizar (*tamakkun*) todos os atos (*afʿāl*) que Allāh – Enaltecido seja – ordenou-te *executar*.

2. Realização (*taḥaqquq*):

O Livremente Todo-Poderoso (*al-Qādir*) é Aquele que faz *o que quer*, quando Ele quer, sem que exista obstáculo (*māniʿ*) algum *que o impeça*, nem incitamento (*dāfiʿ*) *externo que o force a isso*.

3. Caracterização (*taḫalluq*):

Quando a mão (*yad*) do servo é a mão do Verdadeiro (*al-Ḥaqq*)[428] – Exaltado seja –, *tal poder* é então a capacidade de autodomínio (*tamakkun*) resultante do revestimento *com os traços deste nome, segundo Sua Palavra*: "Aqueles que te juram fidelidade, juram-na, na realidade, a Allāh. A mão de Allāh está sobre suas mãos".[429] Allāh –

---

428. Alusão ao *hadith* citado mais adiante. V. referências em 4-3.

429. O versículo completo diz: "Os que te juram fidelidade juram-na, na realidade, a Allāh. A mão de Allāh está sobre suas mãos. Se alguém quebra uma promessa, a viola, na realidade, em detrimentro próprio. Se, ao contrário, é fiel ao pacto que fez com Allāh, Ele lhe dará uma magnífica recompensa" (C. 48:10). Trata-se de uma alusão corânica ao juramento de fidelidade que, sob uma árvore, os crentes fizeram a Muḥammad em Ḥudaybiyya, no limite do território sagrado de Meca e ao norte da cidade, em março do ano 628 d.C. Cf. Cortés, *El Corán*, pp. 588-589, notas 1 e 10.

Enaltecido seja – *também* diz: "E quando Eu o amo, sou então o ouvido com que escuta e onde escuta [...], a mão (*yad*) com que segura (*baṭš*)".[430] E aquele que segura (*baṭš*) – *ou empreende* – com verdade (*bi-ḥaqq*),[431] *Deus sendo sua mão*, não encontra obstáculo (*mānic*) algum *que possa impedir sua ação*, nem pressão *externa* (*dāfiʿ*) *que a impulsione. Diz Allāh*: "E nela soprando, com Minha permissão, eis que se tornou um pássaro vivente" (C. 5:110).[432] A existenciação do ato (*ījād al-fiʿl*) não é uma condição exigida *por parte de quem se reveste com as qualidades deste nome*; é somente a capacidade de realizá-lo (*tamakkun*) quando quiser, sem que nada possa impedi-lo.

---

430. Ibn ʿArabī cita incessantemente este *hadith* acerca da proximidade lograda por meio das obras adicionais voluntárias, no qual diz o Senhor pela boca do Profeta: "...e o Meu servo continua a se aproximar de Mim por suas obras de devoção livremente demonstradas (*nawāfil*), até que Eu o ame, e quando Eu o amo, Eu sou então o ouvido com o que escuta, a visão com que vê, a mão com que segura e o pé com que caminha. Se Me pede, dou-lhe com acréscimo; se em Mim busca refúgio, Eu o amparo. Eu não hesito frente a nada do que faço e, por causa de Minha recusa em fazer-lhe mal, tenho todo o cuidado para com a alma do crente que não admite a morte". V. *supra* 4-3.

431. Segurar "com verdade" ou "com direito" (*ḥaqq*) significa segurar quando Deus (*al-Ḥaqq*) é a mão do servo, de modo que é Deus quem, na realidade, segura. A esse respeito, ver C. 8:17.

432. V. *supra* 10-3.

المقتدر

[70] Al-Muqtadir

O Onipotente, o Determinador

1. **Dependência (*taʿalluq*):**

Necessitas d'Ele – Glorificado seja – para *que possas* ocupar-te plenamente daquilo que te foi ordenado cumprir.

2. **Realização (*taḥaqquq*):**

É própria do Determinador (*al-Muqtadir*) a circunstância da existenciação (*ḥālat al-ījād*)[433] dos seres gerados (*mukawwanāt*) *pelo imperativo divino criador.*[434] Ele se distingue de *al-Qādir*, o Capaz, assim como é *próprio* do adquiridor (*muktasib*)[435] a condição da aquisição (*kasb*).

3. **Caracterização (*taḫalluq*):**

É próprio da condição de quem se reveste deste nome (*mutaḫalliq*) que sua ação ocorra[436] – conforme mencionamos – sem que nada possa deter o poder de resolução (*tamakkun*) que o nome "o Todo-Poderoso"

---

433. Segundo o ms. B: "a transferência *da faculdade da* existenciação (*iḥālat al-ījād*) aos seres criados...".

434. Este termo – part. pas. –, como os termos *akwān* ou *kā'ināt* – part. at. –, também de raiz *k-w-n*, refere-se aos seres engendrados no cosmos. Estes termos denotam que se trata de seres existentes no mundo da geração (*kawn*), que tiveram uma existência efetiva como resultado da ordem divina *kun*, "Sê!".

435. Part. at. da mesma estrutura morfológica – forma VIII – que o nome *al-Muqtadir*. A forma VIII tem em geral um significado meio-passivo ou reflexivo em relação ao primeiro. Nesse caso, bem como no caso de *iktasaba* ("adquirir para ou por si mesmo"), o objeto é indireto e implica que o agente realize a ação para/por si mesmo.

436. Lit. "a existência da ação" (*wujūd al-fiʿl*).

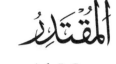

(*al-Qādir*) lhe confere. Assim, para que *a adoção dos traços* deste nome seja uma verdadeira caracterização, é indispensável que a ação *também* se manifeste.[437] De outro modo, se se aplicar *este nome ao servo* sem que a manifestação externa da ação (*ẓuhūr al-fiʿl*) *própria de tal nome* ocorra, tal atribuição é então metafórica (*majāz*).

---

437. Lit. "a exteriorização da ação" (*ẓuhūr al-fiʿl*).

المقدم المؤخر

[71/72] Al-Muqaddim al-Mu'aẖẖir

O Adiantador e o Retardador, o Antecipador e o Atrasador, o Antepoente e o Postergador, o Aproximador e o Afastador,

1. **Dependência (*ta'alluq*):**

Tu necessitas de ambos para que Ele te situe[438] te situe entre os adiantados *que têm precedência* (*sābiqūn*), os achegados (*muqarrabūn*), e te preserve de ficar atrasado (*ta'aẖẖur*) neste concurso pela prioridade (*musābaqa*)[439] e na proximidade (*taqrīb*) *a Ele.*

---

438. Aqui parece claro que o sujeito da ação não é o nome – os nomes neste caso – do qual o servo tem necessidade em um *ta'alluq* particular, mas que é Deus, em sua condição onímoda, o que provê, fornece, outorga, etc., segundo a relação do servo com cada um de Seus nomes.

439. O termo *musābaqa* significa lit. "corrida", "rivalidade". Esta ideia de competição espiritual – que somente pode ser concebida desprovida de qualquer aspecto de competitividade – não é estranha ao imaginário islâmico: Ġazālī atribui esta frase a al-Ḥasan, filho do célebre Abū-l-Ḥasan al-Baṣrī (v. *EI^2, sub voce*): "Verdadeiramente, Allāh fez do mês de Ramadã um hipódromo para suas criaturas, as quais nele disputam em presteza para obedecer-Lhe" (Cf. al-Ġazālī, *Les Secrets du Jeûne et du pélerinage*, trad. de M. Gloton, Lyon, 1993, p. 115).
É interessante notar que a palavra *taqrīb* usada em seguida significa também "galope". Vejamos outro exemplo de interpretação de um termo referente ao contexto hípico. O termo *muṣallī*, que usualmente designa na linguagem religiosa quem realiza a oração, é interpretado por Ibn 'Arabī, dentro de um marco hípico simbólico, como "o segundo cavalo que segue perto do primeiro na corrida". V. Ibn 'Arabī, *Le Livre d'enseignement par les formules indicatives des gens inspirés (K. al-I'lām bi-išārāt ahl al-ilhām)*, trad. de M. Vâlsan, Paris, 1985, pp. 52-53.
Sem dúvida, este imaginário equestre deve ser entendido em seu contexto específico: a concepção sufi da cavalaria espiritual (v. *Mu'jam*, pp. 871-873).

2. Realização (*taḥaqquq*):

O Adiantador-Retardador (*al-Muqaddim al-Mu'aḫḫir*)[440] é o que se adianta ou faz que outro se adiante para alguma coisa em particular, e o que se atrasa ou atrasa outro com respeito a alguma coisa.

3. Caracterização (*taḫalluq*):

Quando o ser humano faz preceder aquele *ou aquilo* cuja anteposição (*taqdīm*) lhe ordenou o Verdadeiro (*al-Ḥaqq*), quer se trate de si mesmo ou de outro, ele é então "o Antepoente" (*al-Muqaddim*).

Quando, *ao contrário*, ele atrasa ou posterga aquele ou aquilo cuja postergação (*ta'ḫīr*) lhe ordenou o Verdadeiro, é então "o Retardador" (*al-Mu'aḫḫir*).[441]

---

440. O autor poderia ter optado por referir-se a um nome primeiro e depois a outro (como em 73/74-2 *infra*), mas ele preferiu tratá-los como um só nome com dois aspectos.

441. Em ambos os casos, podendo haver recorrido à expressão "é então adiantador/retardador" sem artigo, Ibn ʿArabī preferiu usar esta expressão com artigo definido, com o qual o nome é aplicado diretamente ao ser humano, ainda que haja de se supor implicitamente "o Adiantador/Retardador *na adoção dos traços do nome*".

الأوّل الآخر

[73/74] Al-Awwal al-Āḫir

O Primeiro e o Último

1. Dependência (*taʿalluq*):

Necessitas d'Ele – Glorificado seja – para fazer de ti o primeiro em adiantar-se para as práticas religiosas *prescritas* e o último em deixá-las quando estão delimitadas em espaço, tempo ou estrutura, como entrar ou sair da mesquita [lit. "lugar de prosternação"], ou em adiantar ou atrasar a oração.

2. Realização (*taḥaqquq*):

O Primeiro, de que se trata aqui, é Aquele cuja Existência (*wujūd*) não tem princípio *que a inaugure* (*muftataḥ*), e o Último é aquele cuja Existência não tem fim *que a conclua* (*nihāya*).

Não há ser existente (*mawjūd*) algum que se descreva com dois opostos (*ḍidd*) que coincidem num único sentido (*wajh wāḥid*), salvo a Realidade divina (*al-Ḥaqq*) – Enaltecido seja. Perguntou-se a Abū Saʿīd al-Ḫarrāz:[442] "Por meio de que conheceste tu a Allāh – Enaltecido

---

442. Ibn ʿArabī cita frequentemente estas palavras do célebre mestre sufi Abū Saʿīd al-Ḫarrāz (m. 286/899 d.C.), por quem tem altíssima estima e nomeia entre outros ilustres malamis (ou "malamatis") no cap. 309 de *Fut.*, dedicado à estação dos malamis (*manzil al-malāmiyya*). Cf. *Fut.* III, p. 34, linha 10. V. também *IC*, p. 272, nota 1, e M. Ġurāb, *Šarḥ kalimāt...*, p. 193. Esta mesma sentença é citada em *Fut.* (OY) III: 142, 164; VII: 44; XI: 153; XII: 7, e em *Fut.* III, p. 316; IV, p. 282 e 325 (cf. *Sufi Path*, p. 391, nota 19); e em Ibn ʿArabī, *L' interprète des désirs*, intr. e trad. de M. Gloton, com o texto integral de *Tarjumān al-ašwāq* e *Ḏaḫā'ir al-aʿlāq*, Albin Michel, Paris, 1996, 20/22 e 39/7.

seja –?". Ele respondeu: "Pelo fato de Ele reunir os opostos".[443] E em seguida recitou *o versículo*: "Ele é o Primeiro e o Último, o Manifesto e o Oculto" (C. 57:3).

3. Caracterização (*tahalluq*):

Diz o hadith: "Quem se conhece a si mesmo [ou conhece sua própria alma] (*nafs*), conhece a seu Senhor (*rabb*)".[444] Verdadeiramente, a prioridade (*awwaliyya*) no conhecimento (*maʿrifa*) corresponde ao servo, já que ele é o significante (*dalīl*), e a ulterioridade (*āḫiriyya*) corresponde, *neste sentido*, ao Verdadeiro, pois Ele é o significado (*madlūl*).[445] *Inversamente*, a prioridade na existência (*wujūd)* corresponde

---

443. Isto é, "por Sua síntese dos opostos", "pelo fato de reunir os contrários" (*jamʿ al-ḍiddayn*). Sobre esta *coincidentia oppositorum*, v. Corbin, *Imaginación*, pp. 220.

444. O copista do ms. C acrescenta a partícula *fa-qad* à versão deste *hadith* que Ibn ʿArabī cita tão frequentemente. O Šayḫ evita cuidadosamente esta partícula ao citar o *hadith*. No resto dos mss. ela é omitida. O copista bem poderia havê-la acrescentado, por impulso próprio e com caráter de hipercorreção, pois o ms. C parece sujeito aos acréscimos. De fato, em várias ocasiões, ele completa parcial ou totalmente as citações corânicas que os outros mss. citam mais brevemente.
Sobre o uso desta partícula no *hadith* mencionado e suas implicações, pode-se consultar a introdução de M. Chodkiewicz à sua tradução do tratado de Balyānī, *Épitre sur l'Unicité Absolue*, Paris, 1982.
Hadith citado pelo autor, entre outras passagens, em *Fut.* I: 518; II: 191, 237, 246, 264; V: 109, 130, 293, 353; VI: 127; VII: 28, 38, 92, 143, 265, 335, 425; VIII: 726; IX: 353, 490; X: 252, 377; XI: 457; XII: 6, 441; XIII: 439, 600; XIV: 273, 394, 471.
Sobre este tema v. a seção "Worshipping God and Self", Chittick, *Sufi Path*, pp. 341 e ss., e v. Dom Sylvester Houédard, "Notes on the More Than Human Saying 'Unless You Know Yourself you Cannot Know God'", *JMIAS*, XI, pp. 1-10.
Mais referências sobre este *hadith* em *Fut.* II (ed. O. Yahya), p. 514 (82).

445. O termo *dalīl*, "guia, sinal, prova, indicador, demonstração, nomenclatura" é usado aqui em contraposição ao termo *madlūl*, part. pas. da mesma raiz. No plano do conhecimento, a alma (*nafs*) do servo é, pois, o indicador (*dalīl*) do "indicado" (*madlūl*): a Realidade divina (*al-Ḥaqq*).

ao Verdadeiro (*al-Ḥaqq*), posto que Ele é o Existenciador (*al-Mūjid*), e a ulterioridade corresponde ao servo, pois é o existenciado (*mawjūd)*. Deste modo, *o servo que se conhece a si mesmo é também* o primeiro e o último.[446]

---

446. No cap. XII de *Mašāhid* se lê: "Quando a estrela da servidão apareceu, Deus me fez contemplar a luz da Unidade e me disse: "A Unidade está unida à servidão pelo vínculo que une [as letras de] *lām-alif*' (v. *Contemplaciones*, XII, p. 109, nota 1). Em seguida, disse-me: 'Eu sou a origem e tu a derivação'. Então me disse: 'A origem és tu, a derivação sou Eu'".
Quanto à existência (*wujūd*), Deus é a raiz/origem (*aṣl*) e o servo o ramo/derivação (*far*ʿ), segundo o comentário de Ibn Sawdakīn a este texto. Ao inverter as letras de *lām-alif* temos o artigo definido *alif lām* – sem nexo gráfico entre ambos os signos, pois o *alif* não se une às letras posteriores –, isto é, a determinação simbolicamente relacionada com a existenciação.
Com relação ao conhecimento (*ma*ʿ*rifa*) – segundo o mesmo comentarista – os termos são invertidos, pois não podes chegar ao conhecimento de Deus até que te conheces a ti mesmo, já que o conhecimento do servo é a origem da qual deriva o conhecimento de Deus. Cf. *Contemplaciones*, XII, p. 109, nota 2-3 e XI, nota 1.

الظَّاهِرُ البَاطِنُ

[75/76] Al-Ẓāhir al-Bāṭin

O Manifesto e o Oculto, o Exterior e o Interior,
o Perceptível e o Imperceptível

1. **Dependência (*ta'alluq*):**

Necessitas d'Ele – Glorificado seja – para manifestar-te nas moradas (*mawāṭin*) que Ele aprova e ocultar-te nas moradas que Ele não aprova.

2. **Realização (*taḥaqquq*):**

Ele é o Manifesto (*al-Ẓāhir*) por Seus efeitos (*āṯār*) e Seus atos (*af'āl*) e o Oculto (*al-Bāṭin*) por Sua Essência; Ele é o Exterior (*al-Ẓāhir*) *na função de* Sua divindade (*ulūhiyya*) e o Interior (*al-Bāṭin*) em Sua realidade essencial (*ḥaqīqa*).

3. **Caracterização (*taḫalluq*):**

O servo que se reveste de suas qualidades é aquele manifesto exteriormente (*al-ẓāhir*) pelos atos louváveis (*af'āl ḥamīda*) *que ele realiza* para seu Senhor (*rabb*) e é aquele não-manifestado interiormente (*al-bāṭin*) com respeito aos atributos cuja manifestação nele seria reprovável (*ṣifāt maḏmūma*).

O Real (*al-Ḥaqq*) – Glorificado seja – não está oculto de Si mesmo. Ele é Manifesto para Sua *própria* Essência.

Quanto aos seres existentes (*mawjūdāt*), *cabe perguntar-se* se são descritos como ocultos (*bāṭin*) no estado de não-ser (*'adam*)[447] *anterior*

447. Isto é, descritos por Deus. Ou seja, se Deus refere-se à sua condição de "ocultos" nos textos revelados ou se, ao contrário, refere-se a eles como entes "manifestos".

à sua existência em ato ou se, *em tal estado latente,* são visíveis (*mašhūda*)[448] para Ele – Glorificado seja –; e isto segundo as doutrinas respectivas daqueles que postulam que *os existentes* têm entidades imutáveis (*a'yān ṯābita*) no estado de inexistência (*'adam*),[449] ou daqueles que afirmam que a existência não é causa (*'illa*) da visão, ou ainda daqueles que postulam que a ciência informa seu objeto de conhecimento.[450]

---

448. Lit. "presenciais".

449. Tal é a postura do Šayḫ e da maioria dos pensadores akbarianos, com a notória exceção de 'Abd al-Karīm al-Jīlī que critica a posição de Ibn 'Arabī em relação aos *a'yān ṯābita*. Ver, por ex., o cap. 17 *fī l-'ilm* de sua obra *al-Insān al-kāmil*, Cairo, 1981 (4ª ed.), p. 76 e ss., e a réplica do Emir 'Abd al-Qādir em seu *Kitāb al-Mawāqif*, Damasco, 1967 (por ex., vol. I, p. 270).

450. Lit. "que o conhecimento dá forma ao cognoscível", isto é, que o saber precede seu objeto, o que se opõe à doutrina akbariana segunda a qual "a ciência depende de seu objeto", lit. "o saber (*'ilm*) vem depois do cognoscível (*ma'lūm*)". V. *Sufi Path*, p. 298. V. S. Ḥakīm, *Mu'jam*, "'ayn ṯābita', pp. 831-839, especialmente notas 4-7. Nesta seção está implícita a polêmica sobre a realidade da ciência divina. V. Asín Palacios, *Abenhazam de Córdoba*, III, Ed. Turner, Madrid, 1984, pp. 177-192.

البَرُّ

[77] Al-Barr

O Benfeitor, o Bondoso, o Bom, o Piedoso,
o Benéfico, o Pio, o Beneficente, o Benevolente

1. Dependência (*ta'alluq*):

Necessitas d'Ele – Glorificado seja – para incluir-te entre aqueles que aperfeiçoam[451] seu serviço de adoração (*'ibāda*) conforme a segunda via.[452]

2. Realização (*taḥaqquq*):

O Beneficente (*al-Muḥsin*)[453] é aquele que concede a graça da contemplação (*mušāhada*).[454] E a existenciação (*ījād*) das entidades *dos*

451. O verbo *aḥsana* significa aqui "realizar bem, conhecer a fundo", mas também "beneficiar, fazer o bem (a alguém)". Veja-se, mais adiante, o nome de ação correspondente *iḥsān* e o part. at. *muḥsin* da mesma forma.

452. A expressão *al-wajh al-ṯānī*, "segundo modo" ou "segunda face", parece referir-se à via da realização de obras supererrogatórias adicionais ao cumprimento das obrigatórias (*farḍ*), o que constituiria então "a primeira via". Ambos os aspectos da servidão são mencionados no *taḫalluq*. Dois *hadiths* devem ser considerados para vislumbrar possíveis alusões: o da proximidade pelas obras (v 4-3) e o relativo ao *iḥsān* (v. 21-2). Num sentido esotérico, a segunda via poderia consistir no modo de servidão próprio da proximidade. Quando ama a Seu servo, Deus se torna seu ouvido, sua visão, etc. Conforme uma segunda leitura – proposta por Ibn 'Arabī (v. *supra* 21-2, nota 183) do *hadith* do *iḥsān*: "Quando tu não és, *então* O vês", isto é, tu O vês sendo Ele a visão com a qual O vês ou Ele se vê a Si mesmo. Também há uma alusão (como podemos constatar na seção 2) ao emprego da faculdade imaginativa evocada no *hadith* sobre o *iḥsān* por meio da expressão "como se tu O visses".

453. O autor considera o termo *muḥsin*, neste contexto, como sinônimo de *barr*.

454. Isto é, quem lhes concede o favor de adquirir visão-visibilidade e existência.

possíveis – a qual não ocorre sem contemplação (*mušāhada*)[455] – faz parte do grau máximo da beneficência (*iḥsān*). Isto corrobora a afirmação daquele que postula que "as coisas têm, em seu estado de inexistência (*ʿadam*), entidades imutáveis (*aʿyān ṯābita*)".

3. Caracterização (*taḫalluq*):

É chamado Benfeitor Aquele cuja beneficência (*iḥsān*) é geral e compreende tanto o que está em necessidade (*muḥtāj*) como o que não está, tanto na ordem sensível como na inteligível, quer seja em resposta a uma petição (*ṭalab*) ou sem uma petição *prévia*.[456]

Se *seu ato de beneficência* responde a uma solicitude *prévia* (*ṭalab*), então duas obras de beneficência (*iḥsān*) correspondem, *de fato*, ao beneficente (*muḥsin*): estar atento à demanda ou acolhimento da solicitude (*qubūl al-suʿāl*) e fornecer aquilo que *dele* se solicita (*masʿūl*).

Solicita-se do servo o cumprimento dos deveres prescritos (*farḍ*).[457] *De sua parte*, o servo se agracia (*munʿim*) a si mesmo com *a realização voluntária de* obras supererrogatórias (*nawāfil*).[458] E nisto consiste, pois, sua participação (*ḥaẓẓ*) neste nome.

---

455. Segundo o *hadith* citado. V. 21-2.

456. Este parágrafo pode referir-se tanto ao servo como ao Senhor. O *iḥsān*, segundo se desprende desta passagem, pode ser de Deus com as entidades, de Deus com os servos, do servo com outros servos ou criaturas ou consigo mesmo – em todos estes casos pode-se traduzir como beneficência – e também do servo para com Deus – em cujo caso é preferível traduzir o termo *iḥsān* por "*perfeito* cumprimento (de uma obra *de adoração*)".

457. Isto é, dos preceitos obrigatórios da lei islâmica: as cinco orações, o jejum do mês de Ramadã, a *zakāh*, etc. Entenda-se que, ao atender a solicitude divina e responder-lhe com o cumprimento do que é requerido, o servo realiza os dois aspectos da beneficência que o autor acaba de explicar. O termo usado nesta frase é o part. pas. *muṭālab*, da mesma raiz que *ṭalab*. Lit. "O servo é requerido...".

458. Este caso de *iḥsān* corresponde à beneficência sem solicitude prévia, pois o servo realiza estas obras por impulso próprio. Aqui se usa o part. at.: "o servo é agraciador (*munʿim*) de si mesmo". Isto parece corresponder ao que o autor antes denominou "segunda via".

الـتَّوَّابُ

[78] Al-Tawwāb

O Remissório, o Indulgente, Aquele que aceita o arrependimento, Aquele que acolhe os contritos, Aquele que não cessa de retornar, Aquele que faz voltar o homem à conversão

1. **Dependência (*ta'alluq*):**

Necessitas d'Ele em qualquer estado (*ḥāl*) *em que te encontres*.[459]

2. **Realização (*taḥaqquq*):**

Aquele que não deixa de *fazer* retornar (*al-Tawwāb*) é aquele que faz voltar (*rajjā'*) de um estado a um *outro* estado, ou então, à cessação (*tark*),[460] isto é, ao não-ser (*'adam*).

3. **Caracterização (*taḫalluq*):**

Dentre os servos, aquele que retorna *incessantemente* (*tawwāb*) é o que, em todo estado, renuncia a si mesmo e a qualquer outra coisa voltando-se para seu Senhor.[461]

---

459. Pois tudo retornará a Deus, todas as coisas serão devolvidas a Ele. Cf. C. 35:4 e 11:123.

460. Isto é, a deixar de ser, ao desaparecimento ou omissão do domínio da existência em ato.

461. Também se pode traduzir, de modo mais literal, "que volta de si mesmo... para seu Senhor". Esta volta para o Senhor é o que se entende aqui por arrependimento.

المنتقم

[79] Al-Muntaqim

O Vingador, o Castigador, o Intransigente

1. **Dependência (*ta'alluq*):**

Necessitas d'Ele – Glorificado seja – para preservar-te de Suas represálias (*niqam*), ainda que elas se provem deleitosas (*mustaladda*).[462]

2. **Realização (*taḥaqquq*):**

O Vingador é o que pune a transgressão (*danb*) sem absolvê-la nem ser condescendente.

3. **Caracterização (*taḫalluq*):**

Consiste na aplicação geral das sanções decretadas (*ḥudūd*) para os servos, segundo o que é prescrito pela revelação, o que concerne tanto ao crente fiel (*mu'min*) como ao incrédulo (*kāfir*).

---

462. Lit. "mesmo que pareçam prazerosas". Por trás de uma aparência de gozo pode se esconder um castigo divino, o que faz parte do ardil divino (*makr*).

العَفُوّ

[80] Al-ʿAfū

O Absolvedor, o Indulgente, o Condescendente, o Transigente

1. **Dependência (*taʿalluq*):**

Necessitas d'Ele – Glorificado seja – para absolver-te, pois Ele é Indulgente (*ʿafū*) e ama a indulgência (*ʿafw*).[463]

2. **Realização (*taḥaqquq*):**

O Absolvedor (*al-ʿAfū*) é aquele cuja beneficência predomina sobre a represália.[464]

3. **Caracterização (*taḫalluq*):**

Consiste nisso mesmo, mas é necessariamente condicionada pela importância das transgressões, não por uma beneficência incondicional por princípio (*iḥsān mubtada'*).

Este nome é dos *que incluem* opostos (*aḍdād*).[465] *Allāh disse*: "Quem apresentar uma boa ação receberá dez vezes mais. E quem apresentar uma má ação não será retribuído senão com uma pena semelhante [...]" (C. 6:160). Ou pode ocorrer que, sob efeito deste nome ou outros afins,[466] *isso não seja levado em conta* e que ele não seja punido por sua ação.

---

463. Paráfrase do *hadith* que diz: "Ele é Belo e ama a beleza". O nome de ação *ʿafw* significa "apagar, fazer desaparecer, omitir". Assim, dentro da categoria dos nomes de perdão, *al-ʿAfū* é especificamente "o que apaga" os erros.

464. Lit. "de quem é muita a beneficência (*iḥsān*) e pouca a represália (*mu'āḫaḏa*)".

465. Refere-se, em particular, como parece desprender-se de *Šarḥ*, nº 82 e nº 45, ao nome *al-Jalīl* ou outros afins que, como ele, implicam aspectos contrários – e complementares – de similaridade e incomparabilidade.

466. Lit. "este nome e seus irmãos", isto é, os nomes de perdão. Sobre os nomes que denotam indulgência, v. Guimaret, *Noms*, pp. 408-422.

الرَّؤُوفُ

[81] Al-Ra'ūf

O Benevolente, o Benévolo, o Longânime,
o Manso, o Piedoso, o Clemente, o Compassivo

1. Dependência (*taʿalluq*):

Necessitas d'Ele – Glorificado seja – para pôr em teu coração piedade (*ra'fa*) e misericórdia (*raḥma*) para contigo mesmo e para com os demais.

2. Realização (*taḥaqquq*):

Ainda que a piedade (*ra'fa*) seja, num sentido, semelhante à compaixão (*raḥma*), ela tem, ademais, o sentido de "justo cumprimento" (*iṣlāḥ*).

3. Caracterização (*taḫalluq*):

Quando o servo submete sua alma ao cumprimento das ações corretas (*maṣāliḥ*) que são exigidas dele, ainda que no momento elas sejam penosas, então ele é benévolo e piedoso com ela.[467] Por isso disse o Altíssimo: "Quanto ao cumprimento da lei de Allāh, que não vos tome compaixão alguma para com eles dois" (C. 24:2),[468] *no momento de aplicar o castigo decretado*; isto é, *que não te embarace* a comiseração

467. Ou então, "manso e piedoso com ela". É piedoso com sua própria alma (*nafs*) ao submetê-la ao cumprimento do que há de conduzi-la à felicidade eterna e também é compassivo com tais ações, ao acatar as prescrições da revelação, permitindo que elas se manifestem, cumpram sua função e surtam o efeito pelo qual foram prescritas.

468. A passagem se refere ao castigo prescrito para os adúlteros.

(*šafaqa*) natural *para com os culpados*, a qual te levaria a anular (*taʿṭīl*) ou a reduzir (*naqṣ*)[469] *sem fundamento* a sanção prescrita (*ḥadd*) *para eles*.[470]

---

469. O termo *naqṣ* significa também "falta de piedade". Não respeitar uma prescrição legal – mesmo se sua aplicação for dura – implicaria uma falta de piedade com respeito a ela. Ser manso e compassivo (*ra'ūf*) reside na obediência, não no abandono.

470. Entenda-se que se recomenda a piedade sempre que não contravenha os preceitos da revelação. Na seção 80-3 foi visto que a indulgência está necessariamente condicionada pela magnitude das transgressões. Esta magnitude é apreciada ou julgada, não emocional ou arbitrariamente, mas em função das disposições da Lei revelada.

مالك الملك

[82] Mālik Al-Mulk

O Possuidor do Reino, o Amo da Soberania Absoluta,
o Imperador, o Dono e Senhor da Realeza

1. Dependência (*taʿalluq*):

Necessitas d'Ele – Glorificado seja – para, por tua condição de servo (*ʿubūdiyya*), concentrar tua atenção em Sua condição senhorial (*rubūbiyya*) e permitir, assim, retirá-la de tudo o que Ele colocou em tua posse.

2. Realização (*taḥaqquq*):

O Possuidor do Reino (*Mālik al-mulk*) é, essencialmente, aquele cuja soberania *absoluta* (*mulk*) não admite qualquer *possibilidade* de emancipação ou autonomia; aquele cuja autoridade soberana (*mulk*) não permite que nenhum argumento (*ḥujja*) possa, de modo algum, ser levantado contra Ele, já que isto implicaria a sujeição do Possuidor (*al-Mālik*) a tal argumento;[471] *e o Altíssimo disse a respeito*: "Dize: 'É Allāh quem possui o argumento (*ḥujja*) definitivo'" (C. 6:149).[472]

---

471. Lit. "de modo que o Possuidor/Dominador se tornaria o possuído/dominado (*mamlūk*) por aquele argumento".
Nenhum argumento, por mais eloquente que seja, pode restringir a absoluta liberdade do Dono e Senhor de todas as coisas. Isto se pode aplicar tanto aos juízos éticos pessoais sobre o Reino como às tentativas filosóficas de "submeter" e reduzir a existência a termos racionais que por si só, do ponto de vista do sufismo, seriam incapazes de apreendê-la.

472. O versículo completo diz assim: "Dize: 'É Allāh quem possui o argumento definitivo e, se Ele quisesse, Ele vos teria guiado a todos'" (C. 6:149).

3. Caracterização (*taḫalluq*):

Se o servo chega a ter domínio de si mesmo (*nafs*) por Seu Senhor (*rabb*),[473] se não levanta sobre sua alma (*nafs*)[474] nenhum argumento contra si mesmo, e esta não se arroga em nenhum momento a autonomia (*ḥurriyya*) em relação a ele[475], então – dado que a coisa não se separa de si mesma –, isso corresponderá, em certa medida, a que ele seja verdadeiramente Possuidor do reino (*Mālik al-Mulk*).

---

473. Esta expressão significa tanto "para satisfazer a seu senhor", isto é, o domínio da disciplina que seu Senhor lhe impõe, como também "por meio de seu Senhor", isto é, graças à força e inspiração que Ele lhe concede. Também se pode entender no sentido de que o servo se torna lugar epifânico em que seu Senhor exerce Sua autoridade. Na realidade, em relação ao servo, "autodomínio" e "obediência" são coincidentes.

474. O paralelismo das expressões permite deduzir-se do texto que a alma (*nafs*), por analogia, é o domínio (*mulk*) do servo e, com relação a este, ela é como o Reino (*mulk*) em relação ao Rei Soberano.

475. Ou então, "*e o servo* não se arroga a autonomia em relação a Ele".

ذو الجلال والإكرام

[83] Ḏū-l-Jalāl wa-l-Ikrām

Detentor da Majestade e da Honra,
Digno de (toda) Honra e de (toda) Veneração,
Dono e Senhor da Majestade e da Generosidade[476]

1. Dependência (*taʿalluq*):

Necessitas d'Ele – Glorificado seja – para fazer de ti um lugar *epifânico* (*maḥall*) onde Ele seja exaltado e venerado.[477]

2. Realização (*taḥaqquq*):

A grandiosidade (*ʿaẓama*) do Senhor da Glória (*Ḏū-l-Jalāl*) é tal que impede e transcende *toda possibilidade de* se apreender Sua realidade essencial (*ḥaqīqa*); e tal é Sua Generosidade (*ikrām*) que Ele se revela a Seus servos para que estes possam vê-Lo *em Sua teofania* como contemplam o sol do meio-dia em céu claro, sem que nuvem alguma o oculte.[478]

---

476. Salvo no ms. E que o omite e na cópia F que o anota à margem, aparece o seguinte comentário: "Assim se diz na língua de Ḥimyar". Parece mais um acréscimo explicativo, pois é o único caso em todo o tratado – salvo o preâmbulo ao nome *Allāh* – em que um comentário precede a seção do *taʿalluq* e não se insere em uma das três seções definidas. O autor se refere mais adiante à língua de Ṭayyi'. O presente leitor deve ter em mente que a língua árabe é, de certo modo, um coiné literário, que recebeu a influência do léxico e de registros de diferentes variantes dialetais. Sobre a língua de Ḥimyar e sobre a língua de Ṭayyi', mencionada mais abaixo, v. EI^2, *sub voce*.

477. Lit. "para Sua exaltação (*taʿẓīm*) e Sua veneração (*takrīm*)".

478. Ibn ʿArabī assimila à Glória e à Majestade, respectivamente, os aspectos da Incomparabilidade e da Similaridade divinas, correspondentes também aos nomes "o Interior" e "o Exterior".
Ele faz alusão aqui a outro fragmento do *Hadith* da Transformação – cujas fontes são

Este nome significa "Aquele de quem a Majestade (*jalāl*) e a Honra (*ikrām*) são o atributo (*ṣifa*),[479] *se* a partícula *ḏū*[480] *é entendida* com o sentido de *pronome relativo* '(o) que' (*allaḏī*), como é usada na língua de Ṭayyi" [...].[481]

3. Caracterização (*taḫalluq*):

Consiste em lograr que estes dois atributos se atualizem em ti (*taḥṣīl*).

Assim, *por um lado*, podes chegar a ser majestoso (*jalīl*) nos dois sentidos *do termo*: o de estar (1) dotado de majestade (*ḏū-l-jalāl*) no modo que convém à tua realidade essencial (*ḥaqīqa*) e à tua condição de servo (*ʿubūdiyya*),[482] tendo em conta que, como servo, és *ontologicamente* pobre e indigente; e o de estar (2) dotado de grandeza (*ḏū ʿaẓama*) *conferida* por teu Senhor, que fez de ti a finalidade (*maqṣūd*) *da criação* e estabeleceu um vínculo entre o conhecimento essencial (*maʿrifa*) de ti

---

citadas na nota 39 da introdução –, usando termos das duas versões de Muslim, *Īmān* 81, *hadiths* 299 – cujo fragmento aqui se traduz – e 302: "Um grupo de contemporâneos do Enviado lhe disse: 'Ó Enviado de Allāh! Acaso veremos nosso Senhor no Dia da Ressurreição?'. Ele replicou [...] 'Tendes alguma dificuldade para ver o sol [ao meio-dia (assim em 302)] quando não há nuvens sobre ele?'. – 'Não, Enviado de Allāh', disseram. – 'Pois certamente assim O vereis', respondeu ele [...]".

479. A fim de se entender o que segue, cabe precisar que, lido ao pé da letra, o texto diz: "Ele que a Majestade e a Honra são atributos Seus".

480. Em princípio, o significado desta partícula, traduzida geralmente por "dotado de" ou expressão equivalente, é obvio para qualquer falante do árabe, o que dificulta a compreensão da intenção deste esclarecimento. Não obstante, é interessante que o autor tenha em conta registros dialetais na hora de analisar o significado de um nome. Isto suscita uma pergunta: o autor considerava plausível, na exegese corânica, aplicar significados próprios de outras variantes dialetais do árabe, contemporâneas à revelação?

481. O texto acrescenta aqui um exemplo deste uso dialetal de *ḏū* como pronome relativo na expressão: "um poço que (*ḏū*) foi cavado e que (*ḏū*) foi construído de alvenaria". Cabe ressaltar que um dos patronímicos do autor é Ṭā'ī, *nisba* [linhagem] dos Ṭayyi' (cf. Fleisch, *Traité*, p. 438).

482. Isto é, à realização de tua servidão.

mesmo (*nafs*) e o conhecimento d'Ele,[483] de tal modo que a indicação significante (*dalīl*) é engrandecida em razão da incomensurabilidade (*'uẓm*) do significado (*madlūl*).

E, *por outro lado,* podes chegar a ser dotado de *profunda* reverência (*ḏū ikrām*) *para com Ele* – também por meio d'Ele, Enaltecido seja –, pois te mandou honrar Seus Nomes, Sua Palavra e Sua Essência, declarando sua transcendente incomparabilidade (*tanzīh*) em relação a tudo o que não convém atribuir-lhes e com relação a tudo aquilo que, como resultado do contato com as impurezas (*wuṣūl al-najāsāt*) relacionadas com disposições legais ou com entidades concretas, poderia atribuir-se ao que está escrito sobre eles – *isto é, aos signos com os quais os Nomes ou o discurso divino são escritos* – na medida em que é *somente* sua referência (*dalāla*).[484] Ele *também te ordenou* honrar, dentre os seres de Sua criação, aqueles que te ordenou venerar em virtude de um dever (*wujūb*) *para com Ele*, ou em razão de *Sua* recomendação (*nadb*).

Deste modo, tu serás "Dono de majestade e reverência" (*ḏū-jalāl wa-l-ikrām*), na medida de tua capacidade (*qadr*), como é o caso para a adoção dos traços de qualquer outro nome.

---

483. V. *supra* 73-3.

484. Sobre este termo v. Jurjānī, *Ta'rīfāt*, trad. Gloton, def. 741-742. No caso dos nomes divinos, como se precisa na introdução, cuja escrita conhecemos, na realidade, não são senão os nomes dos Nomes. Esta passagem indica que tudo o que está inscrito (*marqūm*) nos versículos dos textos ou nos sinais da existência manifesta, como escrita, é somente referência aos verdadeiros Nomes, uma indicação do Discurso divino primordial.

الْوَالِي

[84] Al-Wālī

O Governador, o Advogado protetor

1. Dependência (*taʿalluq*):

Necessitas d'Ele – Glorificado seja – para *permitir-te* fazer justiça (*ʿadl*) e conceder teu favor (*faḍl*) a quem quer que se ponha sob tua tutela (*wilāya*),[485] *numa determinada* situação.

2. Realização (*taḥaqquq*):

O Governador é Aquele que se encarrega de governar todas as situações (*umūr*) da criação (*ḫalq*), sem que nenhum outro se encarregue disso em Sua criação. "A cada dia Ele se ocupa com uma nova obra" (C. 55:29).[486] *Pela própria natureza do governo*, neste nome está implícito o recurso ao serviço (*istiʿmāl*) de todos os nomes que estão relacionados com o criado (*kawn*).

---

485. Lit. "a quem quer que confie seu caso (*amr*) a teu governo". Sobre a distinção geral – ainda que não sistemática – entre *walāya* – estado e condição do *walī*, o amigo – e *wilāya* – a função do *wālī*, o governador –, e sobre a diferença entre os nomes *walī* – com forma de duplo sentido ativo e passivo – e *wālī*, part. at., da mesma raiz, v. o ensaio esclarecedor de M. Chodkiewicz, *Sceau*, pp. 34-39.

486. Isto é, numa nova situação (*ša'n*) da criação que, segundo a doutrina akbariana – a propósito da qual o Šayḫ cita frequentemente este versículo como referência escrita –, é incessantemente renovada. A função exclusiva de *al-Wālī* na criação (*ḫalq*) consiste em encarregar-se da tutela e do governo de todas as coisas.
O versículo diz assim: "Os que estão nos céus e na terra Lhe imploram. Ele sempre está ocupado em alguma coisa nova" (C. 55:29).

3. Caracterização (*taḫalluq*):

Dentre os servos, o governador (*al-wālī*) é aquele a quem o Verdadeiro – Enaltecido seja – conferiu o governo de sua própria situação e da situação de outros, de modo que ele lhes concede seu favor, encarregando-se de exercer a justiça (*ʿadl*), tanto com respeito a eles como a si mesmo. Assim sendo, *o servo* está revestido dos caracteres deste nome. Mas, caso venha a se mostrar injusto e se desviar, então ele não está revestido[487] *dos traços deste nome*, mesmo que seja governador de fato. Isto se aplica a qualquer outro nome, já que a finalidade da adoção *dos traços* (*ġaraḍ al-taḫalluq*) destes nomes consiste em que estes te sejam atribuídos como são atribuídos ao Verdadeiro (*al-Ḥaqq*), mas do modo que convém à tua condição.

---

487. Esta distinção, ainda que possa parecer evidente, é bastante reveladora. Ela corresponde à distinção entre a aparência de um atributo – neste caso, a autoridade mundana aparente, o fato de um homem exercer uma função de autoridade, a qual, na realidade, é sempre conferida por Deus – e a realidade subjacente – o fato, neste mesmo caso, de o homem em questão estar ou não estar verdadeiramente investido de autoridade real, isto é, de fazer justiça com a autoridade que lhe é conferida ou, ao contrário, de usurpá-la para oprimir.

المتعال

[85] Al-Muta'ālī

O Altíssimo, o Sublime, o Exaltado, o Enaltecido

1. **Dependência (*ta'alluq*):**

Necessitas d'Ele – Glorificado seja – para prover-te de humildade (*tawāḍu'*), pois "Allāh eleva aquele que é humilde diante d'Ele".[488]

2. **Realização (*taḥaqquq*):**

O Sublime Elevado é aquele que, quando Lhe atribuis alguma coisa que exige a declaração de Sua transcendente incomparabilidade (*tanzīh*), sendo *esta coisa* verdadeira (*ḥaqq*), Ele se eleva *além de tal atribuição* para outra coisa, *acima dela*, que teu saber (*'ilm*) não pode alcançar.

Se isto é assim *no caso de uma verdade*, como será então a situação se Lhe atribuis o que não é adequado atribuir-Lhe e que *tal coisa* não responda à realidade do Altíssimo (*al-'Alī*)?

Exaltado e Elevado seja Allāh, bem acima de tudo aquilo que proclamam os injustos (*ẓālimūn*)![489]

---

488. O *hadith* com as palavras "Ninguém é humilde diante de Allāh sem que Allāh o eleve" se encontra nas seguintes fontes: Muslim, *Birr*, 89; Tirmiḏī, *Birr*, 82; Dārimī, *Zakāt*, 35; Ṭabarānī, *Ṣadaqa*, 12. A citação de Ibn 'Arabī constitui uma variante que se repete em várias ocasiões. V. *Fut*. II: 166 e p. 514 (81); XI: 92.

489. Alusão a C. 17:43, cujo texto integral diz: "Glória a Ele! Está acima do que dizem!".

3. Caracterização (*taḫalluq*):

Dentre os servos, o Enaltecido é aquele que, quando um atributo louvável se manifesta nele, não se prende, mas se eleva para o que está além e acima dele, sabendo que junto a seu Senhor há algo ainda mais alto. Assim, *Ele* sempre *tende a alguma coisa mais elevada, segundo Sua Palavra*: "E dize: 'Senhor, aumenta meu saber (*ʿilm*)!'",[490] *o que levou o próprio Profeta* a pedir e a procurar além do que já havia alcançado.

---

490. O versículo completo diz: "Exaltado seja Allāh, o verdadeiro Rei! Não te apresses na Recitação antes que ela te seja revelada por inteiro! E dize: 'Senhor! Aumenta minha ciência!'" (C. 20:114).
Na leitura do texto do versículo, o fragmento citado se dirige, em primeiro lugar, ao Profeta e, por extensão, a todo crente. Ibn ʿArabī quer dizer aqui que se o próprio Profeta, sendo ele o mais sábio dos homens, tem de pedir a Deus que aumente sua ciência, todo crente, com mais razão ainda, tem de procurar conhecer mais e se elevar por cima de seu saber atual.

المقسط

[86] Al-Muqsiṭ

O Equitativo, o Juiz equitativo

1. **Dependência (*ta'alluq*):**

Necessitas d'Ele – Glorificado seja – para fazer de ti um dos que são equitativos em suas resoluções (*aḥkām*).

2. **Realização (*taḥaqquq*):**

O Juiz Equitativo é o que pede justiça em nome daquele que sofreu uma injustiça (*maẓlūm*)[491] para quem a cometeu (*ẓālim*), contra si mesmo ou contra qualquer outro; a não ser que *quem foi objeto desta injustiça* perdoe a falta cometida (*maẓlūm*),[492] e muitos são os nomes de perdão (*'afw*), *cuja propriedade permite isto*.

3. **Caracterização (*taḫalluq*):**

Com o mesmo sentido *que a realização*.

---

491. Ou então, "pela injustiça cometida".

492. A passagem foi traduzida tendo em consideração o comentário de Ġazālī sobre este mesmo nome, onde se utilizam formulações análogas (v. em particular a construção *li-l-maẓlūm min al-ẓālim*) e cita-se uma tradição na qual Deus pede justiça a quem causou danos e, em seguida, mostra ao prejudicado a bênção que acompanha o perdão. Cf. *Maqṣad*, pp. 153-155, e trad. inglesa, *The Ninety-nine Beautiful Names of God*, trad. e notas de D.B. Burrell e N. Daher, The Islam Texts Society, Cambridge, 1992, pp. 140-142 e nota 94.

الجَامِعُ

[87] Al-Jāmiʿ

O Reunidor, o Totalizador, o Congregador,
Aquele que integra e sintetiza

1. Dependência (*taʿalluq*):

Necessitas d'Ele – Glorificado seja – para reunir-te *de novo* com Ele, de modo que deixes de ser um servo fugitivo (*ābiq*) e errante (*šārid*).[493]

2. Realização (*taḥaqquq*):

O Reunidor é, em sua realidade essencial, o que reúne em Sua Essência *a totalidade* dos Sublimes Atributos e dos Belíssimos Nomes, cuja atribuição Lhe corresponde em todos os sentidos, em virtude de Sua Unidade *transcendental* (*waḥda*).

---

493. Lit. "já que és um servo...". Sobre o termo *šārid*, que também pode significar "escapulido", "peregrino", "estranho", "desterrado" e "perplexo", vejam-se as observações de Mª. J. Viguera em sua introdução a um tratado de fisiognomonia de Ibn ʿArabī (cap. 148 de *Futūḥāt Makkiyya*), em *Dos cartillas de fisiognómica*, Editora Nacional, Madrid, 1977, onde ela traduz este termo por "marginalizado" (p.15) – no sentido de quem se automarginaliza –, equiparando-o com as noções de *mutawaḥḥid*, "solitário" de Avempace, ou de *ġarīb*, "expatriado" ou "estrangeiro" dos textos sufis (*Idem*, pp. 56-57, nota 2). Ibn ʿArabī diz: "...esta ciência [fisiognomônica] não ocorre senão entre os marginalizados" (*Idem*, p. 31). Uma tradução adequada – também assinalada pela autora (*Idem*, p. 57) – seria o termo "extravagante", se tomado no sentido etimológico.
Diz-se *ābiq*, "fugitivo", de um escravo escapulido. O servo, em sua dispersão, partiu da morada da servidão e vagueia, afastado da divina Unidade, no domínio da multiplicidade, onde é um estranho (*šārid*), um peregrino distanciado de sua terra original, a Presença da Unidade, para onde anseia voltar para reunir-se com seu Amado – no caso dos amigos de Deus (*awliyā'*) – ou da qual foge em busca de emancipação – no caso dos extraviados.

O Congregador (*al-Jāmiʿ*) é, do mesmo modo, aquele cuja reunião (*jamʿ*), quando congrega, não pode ser desagregada (*tafrīq*) por nenhum outro além d'Ele.

Certamente Allāh é "o que reunirá *toda* a humanidade para um dia indubitável",[494] "o dia em que Allāh congregar os enviados".[495] *Ele diz – Enaltecido seja –*: "Essa é uma reunião (*ḥašr*) fácil para Nós".[496]

3. Caracterização (*taḫalluq*):

Dentre os servos, aquele que se reveste deste nome (*mutaḫalliq*) é o que adota a soma dos caracteres divinos (*aḫlāq ilāhiyya*) que seu saber (*ʿilm*) alcança, que reúne *com integridade* os nobres traços de caráter (*makārim al-aḫlāq*) e que congrega os servos de Allāh na *prática da* obediência a Seu serviço – Enaltecido seja.

---

494. Lit. "o Congregador da humanidade" (*jāmiʿ al-nās*). O versículo completo diz: "Senhor! Tu és quem vai reunir os homens para um dia indubitável. Allāh não falta com Sua promessa" (C. 3:9).

495. "O dia em que Allāh congregar os enviados, então dirá: 'O que vos foi respondido?'. Eles dirão: 'Não sabemos, somente Tu conheces a fundo as coisas ocultas'" (C. 5:109).

496. "O dia em que a terra se fender dela sairão [os mortos], com destreza... Essa é uma reunião fácil para Nós" (C. 50:44).

الغَنِيُّ المُغْنِي

[88/89] Al-Ġanī al-Muġnī

O Rico e o Enriquecedor[497]

1. Dependência (*taʿalluq*):

Necessitas d'Ele – Glorificado seja – para consagrar-te *completamente* a Ele[498] sem que te preocupes em pedir-Lhe (*su'āl*) *qualquer coisa, de modo que estejas absorvido n'Ele por Ele mesmo*, não pelo que Ele te dá.

Também necessitas d'Ele, quando te faz voltar a ti mesmo,[499] para *te conferir a capacidade de* inspirar nos outros uma parte daquilo que Ele te outorgou destes dois nomes, para que te enriqueças e enriqueças *os outros*.

2. Realização (*taḥaqquq*):

O Rico é Aquele que é independente e autossuficiente (*ġanī*) por Si mesmo e não por outro; e o Enriquecedor é Aquele que enriquece o outro evitando que este tenha qualquer necessidade que o ocupe *distraindo-o d'Ele*,[500] pois, sabendo que todo o necessário está em Suas mãos, não tem nenhuma necessidade particular.

---

497. O nome *al-Ġanī* pode ser traduzido também como "o Independente", "o Autossuficiente". É comum que estes dois nomes sejam comentados conjuntamente, como nos tratados de Ġazālī ou Rāzī. Ambos poderiam ser traduzidos como um só: "O Rico Enriquecedor".

498. Na prática da oração e da recordação (*ḏikr*).

499. Isto é, ao voltar a si depois do êxtase místico, ao sair do transe de uma ascensão espiritual depois de uma experiência unitiva, ou então, ao voltar ao "eu pessoal" depois da aniquilação na Ipseidade divina, isto é, para si mesmo a partir do Si mesmo.

500. Ou então, segundo os mss. C, F e I: "ao evitar que este, ao estar plenamente absorvido n'Ele (*li-šuġli-hi bi-Hi*), tenha qualquer coisa a pedir-Lhe".

3. **Caracterização (*taḫalluq*):**

Quando o servo alcança a suficiência (*ġinà*) por Seu Senhor, de modo que Sua recordação (*ḏikr*) o ocupe inteiramente e o afaste, por sua grandiosidade e majestade, de qualquer demanda (*mas'ala*); e quando, ausente de si mesmo *e absorvido* em Seu Senhor, não lhe vem pensamento (*ḫāṭir*) de necessidade alguma, é então rico (*ġanī*).

E se, *por outro lado*, pelo cuidado com sua educação e desenvolvimento (*tarbiya*) e pelo influxo e transmissão de sua energia espiritual (*himma*), propicia que outro adquira a qualidade (*waṣf*) que ele mesmo tem, é então "enriquecedor' (*muġnī*).

المانع

[90] Al-Māniʿ

O Previdente, Aquele que contém, o Impedidor[501]

1. Dependência (*taʿalluq*):

Necessitas d'Ele – Glorificado seja – para prover-te *a capacidade necessária* na defesa de Sua religião e protegê-la de tudo que conduz à sua corrupção (*ifsād*).

2. Realização (*taḥaqquq*):

Todos os *seres* possíveis (*mumkināt*), por sua própria essência, orientam-se para a existência, quando estão no estado latente do não-ser (*ʿadam*), e para o não-ser, quando estão no estado de existência atual (*wujūd*).

Assim, aquele que retém (*manaʿa*) *os possíveis em seu estado*, impedindo sua existenciação (*ījād*) ou seu retorno ao não-ser (*iʿdām*), é o Detentor (*al-Māniʿ*). Se bem que este termo se aplique, contudo, mais frequentemente àquilo que impede (*manaʿa*) o acontecimento das iniquidades e tudo o que é motivo de corrupção (*mafsada*).

3. Caracterização (*taḫalluq*):

Quem se protege (*manaʿa*) a si mesmo com a proteção (*ḥimà*) de Allāh – Enaltecido seja – e se guarda (*manaʿa*) de fazer o que Allāh não aprova, evitando (*manaʿa*) do mesmo modo que outros o façam, é então

---

501. Como *manaʿa* em árabe, o verbo "defender" tem também, em português, as acepções de "restringir" e "impedir".

o defensor (*al-māniʿ*) no que concerne à adoção *dos traços deste nome.*[502] Mas aquele que impede (*manaʿa*) as coisas proveitosas, opondo-se a elas indiscriminadamente, não *é defensor*, pois tal atitude não é senão mesquinharia (*buḫl*). Todo aquele que, dentre a gente desta via, impede (*manaʿa*) as coisas proveitosas, o faz exclusivamente quando percebe, por sua perspicácia *espiritual*,[503] que é mais proveitoso evitar.

---

502. Voltamos a encontrar a distinção expressa em 84-3: a adoção dos traços de um nome implica a capacidade de discriminação.

503. Lit. "pois é sagaz (*ḥakīm*)". V. *supra* 47-3. A sabedoria aparece, portanto, como requisito da restrição, a qual, sem discriminação, é baixeza.

الضَّارُّ النَّافِعُ

[91/92] Al-Ḍārr al-Nāfiʿ

O Prejudicador e o Benfeitor, o Contrariador e o Favorecedor, o Danificador e o Beneficiador

1. **Dependência (*taʿalluq*):**

Necessitas d'Ele – Glorificado seja – (1) para afastar (*dafʿ*) *de ti* tudo o que possa prejudicar-te e (2) para conceder-te tudo o que seja benéfico para ti, quer no domínio de tua vida religiosa (*dīn*), em tua vida secular (*dunyā*), ou em tua vida ulterior (*āḫira*), tanto no plano inteligível como no sensível.

2. **Realização (*taḥaqquq*):**

O Prejudicador (*al-Ḍārr*) é o que dispõe o dano (*muʿṭī-l-ḍarar*) – especialmente o que implica dor (*alam*) – e suas causas secundárias (*asbāb*), quer elas sejam prazerosas (*mustaladd*) ou não.

O Benfeitor (*al-Nāfiʿ*) é o que propicia o benefício (*nafʿ*) – *especialmente* o que implica deleite – e suas causas, sejam estas dolorosas ou não. *Tudo isso* tanto no plano sensível como no inteligível.

3. **Caracterização (*taḫalluq*):**

Dentre os servos retos (*ṣāliḥūn*) de Allāh, o contrariador (*al-ḍārr*) é o que compele e obriga (*aḍarra*) *a si mesmo ou aos outros*, por causa de Allāh – Enaltecido seja –, a inclinar-se para o lado (*janāb*) de Allāh, o Altíssimo.

O benfeitor (*al-nāfiʿ*) é o que beneficia (*nafaʿa*) os servos de Allāh – Enaltecido seja – e a quem quer que possa obter proveito, quando é possível fazê-lo sem transgredir nenhuma interdição estatuída pela revelação (*ḥadd mašrūʿ*), seja no plano sensível ou inteligível.

النُّورُ

[93] Al-Nūr

A Luz, o Iluminador, o Afugentador,
o Dissipador da escuridão, o Afastador, o Evitador[504]

1. Dependência (*taʿalluq*):

Necessitas d'Ele – Glorificado seja – para pôr em ti *uma* luz (*nūr*) que sirva de guia.[505]

2. Realização (*taḥaqquq*):

O Evitador (*al-Nūr*) é o que, por Sua essência, mostra reticência e aversão (*nafara*)[506] a que se Lhe atribua aquilo que Sua essência não requer e que não é apropriado, nem digno d'Ele. Por isso, Ele disse *no*

---

504. Ibn ʿArabī dá aqui como clara e conhecida a acepção de "Luz" (que faz visível e manifesta a existência) e concentra seu comentário em sua interpretação original e insólita de *nūr* como "afastamento" ou "separação protetora". Este comentário não surgiu por um mero exercício de associação e "prospecção linguística", mas é fruto da reflexão sobre o significado da oração que o autor cita em seguida (v. *infra* 93-3). Nesta prece do Profeta, a Luz está associada, de fato, a uma função protetora: a de separar o servo de toda escuridão externa ou interna. Ao considerar este aspecto do termo *nūr*, Ibn ʿArabī encontra o fundamento desta significação na própria "etimologia" da palavra, recuperando uma acepção relativamente incomum. Sirva este exemplo para ilustrar, mais uma vez, o fato de que as explicações ou associações do Šayḫ – às vezes intrincadas – estão em geral motivadas por uma referência escrita ou tradicional e não por uma vontade de obscurecimento. Outras interpretações do nome *Nūr* ("guia", "manifesto", "isento de defeito"), implícitas neste comentário, estão reunidas no ensaio de Guimaret, mas a acepção proposta por Ibn ʿArabī não consta de nenhuma outra obra consultada. Cf. Guimaret, *Noms*, pp. 372-374. V. *Šarḥ*, nº 93, onde o Šayḫ aponta os significados "Manifesto" e "Dissipador da escuridão".

505. Ou então, "para fazer de ti luz, de modo que por meio de ti se mostre o caminho".

506. Ou então, "o que [a] recusa e foge [da atribuição...]".

Corão: "Allāh não perdoa que Lhe associe qualquer coisa",[507] estabelecendo a associação (*širk*) como a mais grave das faltas.

Na língua *árabe*, *nūr* significa *também* "afastar-se" (*nufūr*)[508] e é daí que a luz (*nūr*) recebeu esta denominação, do fato de que evita ou dissipa a escuridão (*ẓulma*). Diz-se, *por exemplo*: "A gazela afastou-se (*nāra*) fugindo (*nafara*) do caçador".[509]

Por outro lado, dado que as coisas se mostram tanto aos olhos (*aʿyun*) da visão externa (*baṣar*) como aos da percepção interior (*baṣīra*) por meio da luz (*nūr*), e por ser Sua existência – Exaltado seja – a origem da manifestação das coisas em suas entidades (*aʿyān*), Ele Se chamou a Si mesmo de Luz (*nūr*) por *esta* conexão analógica (*tawṣīl*).

3. Caracterização (*taḫalluq*):

Aquele de quem todas as coisas se afastam (*nafara*), temendo por si mesmas, com medo (*ḫawf*) de serem devolvidas ao não-ser (*ʿadam*), à cegueira (*ʿamà*) ou ao desvanecimento (*ġušy*),[510] aquele – *dizemos* – de quem se foge (*nufira*) é o mais merecedor do nome "afugentador" (*nūr*).

---

507. O versículo completo diz: "Allāh não perdoa que Lhe associe qualquer coisa. Mas perdoa tudo o que for, afora isso, a quem Ele quer. Quem associa qualquer coisa a Allāh está profundamente extraviado" (C. 4:116). V. também C. 4:48, onde se repete exatamente a mesma frase aqui citada.

508. Neste sentido, o termo *nūr* designa o fato de afastar-se, distanciar-se de algo ou evitá-lo. A raiz *n-w-r* nas formas I ou IV significa, de fato, tanto "luzir" como "fugir". No *Qāmūs* se indica que esta acepção de *nūr* vem da forma original *nuwur*, que perde o segundo "u" por eufonia; e também que o verbo *nāra nawr/niwār* significa *nafara* (Fīrūzābādī, *Qāmūs al-muḥīṭ*, I, p. 115, l. 16).

509. O autor cita esta frase como exemplo linguístico para ilustrar, com uma expressão da língua, a acepção adicional que propõe. Nos mss., ela aparece na forma IV, mas, para maior clareza, eu a mudei para a primeira forma, menos infrequente. O verbo *anāra*, forma IV da raiz *n-w-r*, significa, de fato, "fugir" e também significa "aparecer", o que, ademais, relaciona o exemplo com a frase seguinte, pois poderia traduzir-se "apareceu a gazela [isto é, deixou-se ver] ao fugir do caçador".

510. Termo que também significa "privação" da visão ou do sentido e alude ao fato de algo estar coberto por uma envoltura (*ġišā'*).

O Enviado de Allāh – que a bênção e a paz estejam com ele – orava dizendo: "Senhor nosso! Faz que tudo em mim dissipe *a escuridão*!".[511] Assim, *Allāh, preservando-o de todo erro*, fez dele modelo de impecabilidade (*maʿṣūm*) cujo exemplo deve ser seguido e tomado como guia.

---

511. Lit. "sê 'dissipador' da escuridão". Citação do final do *hadith* que contém a conhecida "prece de luz". Ibn ʿArabī cita esta mesma frase – sem incluir *kullī* – em *Fut*. IV: 472, 475; VIII: 567; IX: 219, 284, 515; XII: 451; XIII: 113 (incluindo *kull*), 588, 661; XIV: 51; etc. Esta exclamação, traduzida no texto com o significado sugerido pelo Šayḫ, seria traduzida em outro contexto por: "Transforma em luz todo meu ser!", "Faze-me todo luz!", ou então, "Põe luz – *como separação protetora* – (*nūr*) em todo meu ser!".

الْهَادِي

[94] Al-Hādī

O Guia, o Orientador

1. Dependência (*taʿalluq*):

Necessitas d'Ele – Glorificado seja – para ofertar-te a Direção (*hidāya*) procedente d'Ele,[512] naquilo que conduz até Ele e onde reside tua felicidade *ulterior* (*saʿāda*).

2. Realização (*taḥaqquq*):

A Direção (*hudà*)[513] é a evidência *distintiva* (*bayān*),[514] o Guia (*al-Hādī*) é o que esclarece e distingue o caminho da felicidade (*ṭarīq al-saʿāda*) do caminho da desgraça (*ṭarīq al-šaqāwa*) e a via dos benefícios da via dos prejuízos,[515] seja com relação às ciências (*ʿulūm*), às obras (*aʿmāl*), ou aos estados (*aḥwāl*).[516]

---

512. Lit. "de junto a Ele" (*min ʿinda-Hu*).

513. Isto é, o Guia divino que mostra a senda reta para a salvação.

514. Com este termo se designa também o Corão, "esclarecimento" e "demonstração" por antonomásia. Sobre os cinquenta e cinco nomes do Corão reunidos no próprio texto corânico, segundo a lista elaborada por Abū l-Maʿālī Šayḏala em seu *K. al-Burhān* – citada por al-Suyūṭī –, v. S. Ḥakīm, *Muʿjam*, pp. 906-908.

515. A orientação consiste, pois, em se distinguir claramente entre a via da utilidade e do proveito e a via oposta, da futilidade e da perda. Assim, o caminho reto está ligado ao discernimento das qualidades das coisas, o que se funda necessariamente nos critérios que se desprendem da revelação profética, que é tanto reunião, soma e síntese (*qurʾān*: *jamʿ*, *ijmāl*) como diferenciação, distinção, análise (*furqān*: *tafriqa*, *tafṣīl*); é o que constitui o verdadeiro esclarecimento (*bayān* = *furqān*). Cf. *Muʿjam*, p. 905.

516. Frente a uma religiosidade meramente formal, despojada da experiência acerca dos graus e etapas do desenvolvimento interior, o sufismo se distingue pela importância que se concede, junto ao conhecimento teórico das ciências tradicionais e às práticas das obras rituais, ao conhecimento vivencial dos estados espirituais em suas diversas modalidades, quer sejam transitórios (*aḥwāl*) ou definitivos (*maqāmāt*). Cf. Asín, *IC*, p. 109.

3. Caracterização (*taḫalluq*):

Dentre os servos, aquele que comunica *aos outros* aquilo que foi indicado e declarado pelo Verdadeiro[517] sobre estes caminhos (*ṭuruq*) é então seu Guia (*hādī*); e ele o é *não por sua própria língua, mas* pela *mesma* língua do Verdadeiro (*lisān al-Ḥaqq*) *segundo Sua Palavra*: "[...] concede-lhe proteção para que escute a Palavra de Allāh".[518] *E também segundo o hadith*: "Allāh disse 'com' a língua[519] de Seu servo, *na oração*: 'Allāh escuta aquele que O louva'". E isto foi transmitido num relato autêntico (*ḫabar ṣaḥīḥ*).[520]

---

517. Lit. "o esclarecimento do Verdadeiro (*bayān al-Ḥaqq*)", seja nos versículos da revelação ou nos sinais da criação.

518. Diz o versículo completo: "Se um dos associadores te [dirigido a Muḥammad] pede proteção, concede-a, para que escute a Palavra de Allāh [a mensagem corânica]. Em seguida, permite-lhe chegar a um lugar em que esteja seguro. Isso é porque eles são um povo que não sabe" (C. 9:6).

519. Lit. "sobre a língua". V. nota *infra*.

520. V. *Concordance*, II, p. 536. Aquele que realiza a prece ritual, antes da prosternação, diz a fórmula mencionada. Conforme a interpretação habitual de Ibn ʿArabī, Deus "se atribui a Si mesmo o uso *desta fórmula* e não ao servo *que ora*, e por isso não disse 'pela língua (*bi-lisān*) de seu servo' *mas 'sobre a língua* (*ʿalà lisān*) *de Seu servo*'" (*Fut.* X: 263, p. 271). Sobre o tema da oração teofânica, v. H. Corbin, *Imaginación*, especialmente o cap. III, "Oración del hombre y oración de Dios", pp. 285-313.
Hadith citado em *Fut.* III: 182; IV: 171, 387; VI: 88, 219, 310, 425, 674; VIII: 702; IX: 128, 382, 435; X: 53 (onde se cita também C. 9:6), 263, 301; XI: 379 e XII: 257.

البديع

[95] Al-Badīʿ

O Inovador, o Inventor, o Incomparável

1. Dependência (*taʿalluq*):

Necessitas d'Ele – Glorificado seja – para elevar tua estação espiritual diante de Allāh – Enaltecido seja – acima de toda comparação (*mumāṯala*) com teus congêneres.

2. Realização (*taḥaqquq*):

O nome *al-Badīʿ* pode significar "o Incomparável", isto é, aquele que não tem semelhante (*miṯl*) *que possa comparar-se a Ele*; ou então, "o Inventor", "o Inovador", isto é, aquele que cria inventando (*mubdiʿ*) alguma coisa da qual não se tinha conhecimento (*ʿilm*) antes.

3. Caracterização (*taḫalluq*):

A adoção daquilo que, deste nome, oferece a felicidade *eterna* (*saʿāda*) *está relacionada com o hadith*: "Quem estabelecer uma boa tradição (*sunna*)[521] receberá sua retribuição (*ajr*) *correspondente* mais o equivalente à retribuição daquele que a puser em prática".[522] *O versículo*

---

521. Isto é, "quem segue e instaura uma boa conduta". O contexto indica que Ibn ʿArabī não interpreta o termo *sunna*, no texto, como "tradição profética", mas como "uso ou princípio pessoal". V. 59-3.

522. Lit. "e a retribuição de quem a realizar". *Hadith* encontrado em Buḫārī, *Ṣaḥīḥ* 97-15; Muslim, *Ṣaḥīḥ* 122:70, 48/95; Tirmiḏī, *Sunan* 39:15; Nasā'ī, *Sunan* 23:24; Ibn Māja, *Sunan*, *Muqaddima* 14:15; Dārimī, *Sunan*, *Muqaddima* 43; Ibn Ḥanbal, *Musnad* 2:504, etc. Para mais referências v. *Fut.* III: 363, p. 405. O Šayḫ cita frequentemente este *hadith*. V., p. ex., *Fut.* IV: 384; VI: 142-143; VIII: 414, 557; IX: 457; XII: 402; XIII: 37, 545; XIII:37 (também em conexão com o versículo 57:27 que se refere à *rabbāniyya*) e 545; XIV: 464.

seguinte também está relacionado com este nome: "... e um monacato (*rabbāniyya*) que foi instaurado por eles (*ibtadaʿū-hā*) *[os cristãos] sem que Nós o tivéssemos prescrito...*" (C. 57:27)[523] – isto é, que eles o fundaram (*anšaʾū*) como sua nova instituição (*ibtidāʾ*)[524] – "... mas não o observaram com o devido cuidado (*riʿāya*)"[525] – *e nestas palavras há uma atitude favorável em princípio para com a instituição do monacato* – apesar de não proceder da inspiração *profética* revelada (*waḥy munazzal*) e convinda por disposição divina.

---

523. O texto completo do versículo diz: "Depois deles, Nós mandamos Nossos outros enviados, assim como Jesus, filho de Maria, a quem demos o *Evangelho*. Pusemos nos corações daqueles que o seguiram mansidão (*raʾfa*), misericórdia (*raḥma*) e o monacato (*rabbāniyya*), que, não obstante, foi instaurado por eles [os cristãos] – sem que Nós o tivéssemos prescrito – por seu desejo de satisfazer a Allāh, mas não o observaram com o devido cuidado. Então, concedemos aos que creram, dentre eles, seu prêmio, mas muitos deles foram perversos" (C. 57:27).
Entende-se, conforme esta primeira leitura, que o monacato é de instituição divina. Mas há uma segunda interpretação possível segundo a qual "'Nós pusemos' teria como objeto direto 'mansidão' e 'misericórdia', mas não 'monacato', que seria, então, de instituição humana". V. J. Cortés, *El Corán*. Esta segunda leitura é a que convém ter em conta aqui – talvez por isso Ibn ʿArabī cita este fragmento separadamente – e a ela responde nossa tradução na seção da "adoção". Neste versículo percebe-se, de fato, uma atitude de aprovação para com a instauração do monacato como tal, pois este era um princípio suscetível de ter sido observado corretamente. O que se repreende no versículo é o procedimento particular dos perversos que – segundo se entende – desvirtuaram-no.
Ibn ʿArabī cita o *hadith* anterior e este versículo como fundamento escrito da legitimidade da instituição humana – sempre, subentenda-se, que esta não transgrida os preceitos da revelação. Isto não implica, contudo, que o autor aconselhe ou aprove a inovação (*bidʿ*) em matéria religiosa se esta pressupõe uma corrupção das tradições proféticas.

524. Isto é, como inovação. Sobre as inovações, v. as obras de Muḥammad b. Waḍḍāḥ al-Qurṭubī, *Kitāb al-bidaʿ* (*Tratado contra as inovações*), ed., trad., estudo e índices por Mª. Isabel Fierro, Madrid, 1988; e de Abū Bakr al-Ṭurṭūšī, *K. al-ḥawādīṯ wa-l-bidaʿ* (*O Livro das novidades e das inovações*), estudo e trad. de Mª. Isabel Fierro, Madrid, 1993.

525. Fragmento do mesmo versículo citado na nota anterior.

الْبَاقِي

[96] Al-Bāqī

O Subsistente, o Perpétuo,
o Eterno, o Permanente, o Constante

1. Dependência (*ta'alluq*):

Necessitas d'Ele – Glorificado seja – para incluir-te entre aqueles cujos estados (*ḥālāt*) mantêm-se *permanentemente* naquelas coisas que são causa de felicidade (*sa'āda*) e de imunidade (*najāt*) a toda adversidade.[526]

2. Realização (*taḥaqquq*):

Em Sua realidade essencial, o Subsistente é aquele que subsiste por Si mesmo e a quem não se pode atribuir a inexistência (*'adam*) *de modo algum*.

3. Caracterização (*taḫalluq*):

Dentre os servos, o permanente (*al-bāqī*) é quem permanece constantemente em sua condição de servo (*'ubūdiyya*) de Allāh – Enaltecido seja –, com integridade,[527] sem intrometer-se e confundir-se com nenhum aspecto da condição senhorial (*rubūbiyya*). De fato, assim como o Verdadeiro (*al-Ḥaqq*) permanece (*bāqī*) em Sua condição senhorial (*rubūbiyya*) e não convém que seja *considerado* servo, do

---

526. Na realidade, para te fazer constante na realização – interna e externa – de Suas prescrições, em cujo cumprimento residem as causas secundárias (*asbāb*) da felicidade e da imunidade.

527. Lit. "com pureza de essência".

mesmo modo convém ao servo ser constante (*bāqī*) na *plena assunção de* sua servidão, interiorizando-a em todos os seus estados anímicos, e não convém que seja *considerado* senhor (*rabb*) de modo algum, sob nenhum aspecto.[528]

Disse um *dos conhecedores*: "O gnóstico (*ʿārif*) tem a face enegrecida[529] tanto neste mundo como na vida ulterior".[530] Isto é mencionado

---

528. Este é um dos temas capitais do pensamento akbariano. Servo e Senhor permanecem em suas respectivas condições ontológicas, sem confusão. Não obstante, o tratamento sutil que Ibn ʿArabī dá à questão da relação entre ambas as condições não permite uma aproximação redutiva. V., p. ex., *Fut.* I, p. 2, onde se lê o verso: "O Senhor é uma realidade (*ḥaqq*) e o servo é uma realidade (*ḥaqq*). Se pudesse saber qual deles está sujeito às prescrições legais!". Sobre as noções akbarianas de "servo" e "senhor", v. S. Ḥakīm, *Muʿjam*, pp. 506-513 e 765-778, e M. Chodkiewicz, *Océan...*, pp. 150-160.

529. A expressão "tem a face enegrecida" (*musawwad al-wajh*) está associada a outra acepção da mesma raiz – verbo *sāda* – que significa também, em sentido figurado, "estar submetido". A frase quer dizer, pois, que, por sua intransponível e inevitável condição de servo, o místico, conhecedor direto das realidades místicas e amigo de Deus, está necessariamente submetido ao seu Senhor tanto nesta vida como na outra, pois o conhecimento não anula a servidão mas, ao contrário, implica sua mais alta e completa realização. V. nota *infra*.

530. O autor volta a citar esta frase em *Fut.* III: 126, onde conta que "quando se perguntou a um dos homens *da Via* acerca do atributo *distintivo* do gnóstico (*ʿārif*), ele respondeu: '*O gnóstico* tem o rosto enegrecido tanto no mundo como na Última Morada'. Ainda que se refira aos estados que mencionamos (*a saber, que a condição espiritual destes homens passa despercebida entre as pessoas e que tais homens não incorrem no ilícito nem em segredo nem em público*), esta sentença com a expressão 'a negrura do rosto' quer dizer 'a completa dedicação de todos seus instantes, tanto no mundo como na Última Morada, às teofanias que o Verdadeiro lhe manifesta'. A nosso ver, quando a Realidade divina se epifaniza diante dele, o ser humano não vê outro, no espelho do Verdadeiro (*mir'āt al-Ḥaqq*), que não a si mesmo e sua própria morada (*maqām*). Sendo um ser engendrado e dado que o engendrado (*kawn*) é escuridão (*ẓulma*) à luz do Verdadeiro, o ser humano não pode, portanto, contemplar outra coisa que sua escuridão (*sawād*). E o rosto de uma coisa é sua realidade (*ḥaqīqa*) e sua essência (*ḏāt*)" (p. 154).
No *Kitāb al-ʿAbādila* de Ibn ʿArabī se lê: "E o *homem* perfeito (*kāmil*) é negro de rosto neste mundo e na Última Morada por sua constância na contemplação incessante". Ms. Šehid Ali Paša 2862, fol. 11b, (cf. O. Yahya, *Fut.* II: 126, p. 155).
O Šayḫ também fala sobre este assunto numa passagem de sua obra *Tajalliyāt ilāhiyya*: "Eles são desconhecidos (*majhūlūn*) neste mundo e na Última Morada. São, em ambos

no *Livro da Brancura e da Negrura*,[531] e a face (*wajh*) significa aqui a realidade última (*ḥaqīqa*), a essência (*ḏāt*), a entidade (*ʿayn*) *da pessoa*.

---

os mundos, aqueles de rosto escurecido pela intensidade da proximidade e pelo abandono [lit. "demolição"] das formalidades (*takalluf*)" (nº 83 ed. O. Yahya / nº 82 ed. Hyderabad).

Mais referências em Ibn ʿArabī, v. *K. al-Tajalliyāt al-ilāhiyya* (*wa-kitāb kašf al-ġāyāt*), ed. O. Yahya, Teerã, 1988, p. 475, nº 433, nota 827 (v. *supra* 42-3), onde se inclui também a referência a este tratado (*Kašf al-maʿnà*...) sem que se precise nada, por outro lado, acerca da obra *Kitāb al-bayāḍ wa-l-sawād*.

531. O autor desta obra era até então, pelo que sabemos, ignorado pelos pesquisadores. Brockelmann não menciona este *Kitāb al-bayāḍ wa-l-sawād* nos índices de GAL-SIII. Ibn ʿArabī também cita este título numa passagem de *Fut*.: "O autor de *A Brancura e a Negrura* (*ṣāḥib al-Bayāḍ wa-l-sawād*) relata em seu livro que um certo homem de espírito disse: 'O gnóstico tem a face enegrecida'..." (cf. Fut. III, p. 372, 1.26). O nome do autor aparece numa nota adicionada ao fol. 21a da cópia do *Kitāb al-ʿAbādila*, ao manuscrito Yusuf Aga 4859 (Biblioteca de Konya). Trata-se de al-imām Abū l-Ḥasan ʿAlī b. al-Ḥasan al-Kirmānī.

الوَارِث

[97] Al-Wāriṯ

O Herdeiro, Aquele que lega, Aquele que dá em herança

1. Dependência (*ta'alluq*):

Necessitas d'Ele – Glorificado seja – para obter a permissão de conformar e adaptar tua conduta ao modelo exemplar (*sunna*) de Seu Profeta – que a bênção e a paz estejam com ele[532].

---

532. No Islām, em geral, a conduta do crente deve adequar-se aos usos do profeta Muḥammad, modelo máximo de *taḫalluq*, em quem se manifestam em completa harmonia as qualidades dos Nomes. Estes usos e tradições relativos a todos os aspectos da vida constituem a *Suna*, a Tradição reunida nos *hadiths* transmitidos pelos autores especialistas desta Tradição.
A questão da herança espiritual é colocada do mesmo modo no sufismo. Por meio desta herança, o herdeiro de um profeta atualiza a condição espiritual própria da modalidade profética que este representa e a gnose que dela emana. V., p. ex., Chodkiewicz, *Sceau*, pp. 215-216.
O herdeiro não é, pois, um simples imitador, mas aquele que efetivamente se reveste dos traços próprios da modalidade espiritual em questão, representada por um profeta em particular. Um *walī* (amigo de Deus) pode ser herdeiro (*wāriṯ*) das santidades "crística" (*'isawiyya*), abraâmica, mosaica, muḥammadiana, davídica, ou outros modos de "amizade espiritual" (*walāya*). Em todo *walī* predomina um ou outro tipo de espiritualidade que o caracteriza sem excluir os demais. Por seu caráter onímodo e por reunir "a totalidade das palavras", a espiritualidade muḥammadiana é considerada a mais completa.
Na vida de Ibn 'Arabī, por exemplo, a condição de discípulo de Jesus – que ele chama de seu "primeiro mestre" – precede a realização de sua condição de herdeiro de Muḥammad. Cf. Addas, *Ibn 'Arabī ou la Quête du Soufre Rouge*, Gallimard, Paris, 1989, pp. 58-59, 72-73 e 105-106. Sobre a distinção entre o herdeiro espiritual e o sábio transmissor, v. Su'ād Ḥakīm, *Ibn 'Arabī wa-mawlid lūġa jadīda*, Beirute, 1991, pp. 35-37.

2. Realização (*taḥaqquq*):

O Herdeiro é aquele a quem *todas* as posses são devolvidas, uma vez retiradas das mãos de seus proprietários, com a *chegada da* morte, esteja ou não junto ao Herdeiro aquele que é despojado. *E isto segundo Sua Palavra*: “Nós herdaremos a terra e quem existir sobre ela [i.e. seus habitantes]. E a Nós eles retornarão” (C. 19:40).

3. Caracterização (*taḫalluq*):

Dentre os servos, o herdeiro é aquele que herda dos profetas suas ciências, suas obras e seus estados,[533] depois de devolvidos ao Criador. *Disse o Enviado – que a bênção e a paz estejam com ele –*: “Os sábios (*ʿulamāʾ*) são os herdeiros dos profetas”.[534] *E Allāh – Enaltecido seja – disse*: “Este é o Jardim que vos dei como herança” (C. 7:43); “Este é o Jardim que daremos em herança aos Nossos servos que tiverem temido (*taqī*) *a Deus*” (C. 19:63); *e das moradas* dos incrédulos (*maqāmāt al-kuffār*), disse o Profeta: “quando entrarem no Fogo e não puderem dele sair...”; *e disse Allāh dos que se apegam a* este mundo inferior: “Esses são os que trocaram a Direção pelo extravio” (C. 2:175).[535] E, *segundo Sua Palavra*, o justo (*ṣāliḥ*) herdou a obediên-

533. A condição de herdeiro compreende três legados: conhecimento, realização prática e, por último, estados e carismas espirituais. A condição de herdeiro só é completa se compreender estes três aspectos. Por isso se distingue o herdeiro do sábio exotérico, que não tem experiência direta dos estados.

534. Sobre este *hadith*, v. as referências de *Fut.* II (OY), p. 505. O Šayḫ trata amplamente desta questão na introdução a *Mašāhid al-asrār*, ed. H. Taher, “Sainthood and Prophecy”, *ALIF*, nº 5, 1985, Cairo, pp. 7-38. Ao se tratar de um tema delicado com respeito aos teólogos exotéricos do *kalām* [literalmente, “palavra”, um dos nomes do Corão, que mais tarde, tornou-se o nome da teologia ou disciplina que procurava defender os princípios da fé através do uso de argumentos racionais], Ibn ʿArabī considerou necessário reunir aqui um bom número de referências escriturárias nas quais se apoia a ideia sufi da “herança espiritual”. *Hadith* citado em *Fut.*II: 564; III: 322; IV: 117; V: 522; XI: 381; XIII: 543 e XIV: 327.

535. “Esses são os que trocaram a Direção pelo extravio, o perdão pelo castigo. Como podem permanecer inabaláveis ante o Fogo?” (C. 2:175). V. também C. 2:16, onde se repete exatamente a frase citada.

cia (*ṭāʿa*) da terra: "E eles disseram: 'Nós viemos, obedientes (*ṭāʾiʿūn*)!'" (C. 41:11).[536] "A terra é de Allāh e é dada em herança a quem Ele quer dentre Seus servos. O final *feliz* é para os tementes (*muttaqūn*) *a* Allāh" (C. 7:128).[537]

---

536. Versículo (citado *supra* em 61-2) em que céu e terra manifestam sua obediência ao Senhor do universo. Sobre o simbolismo da terra, v. o ensaio de H. Corbin, *Corps spirituel et terre celeste*, Paris, 1979, especialmente os capítulos "A Terra que foi criada dos restos da argila de Adão [e que a Terra da Verdadeira Realidade]" (pp. 164-172) – onde o autor traduz parte do cap. VIII de *Fut.* – e "Em que sentido o corpo do fiel é a terra de seu Paraíso", (pp. 250-266) – onde traduz passagens da obra em persa *K. Iršād al-ʿawāmm* do Šayḫ Muḥammad Karīm Ḫān Kirmānī (m. 1870/1288), da Escola Šayḫita.
Por isso, há uma relação direta entre o temor de Deus por parte do servo (*taqwà*) – ao qual se referem os versículos 19:63 e 7:128 aqui citados – e a herança do Jardim original (*awraṯ-tumū-hā*, 7:43, que está em tempo perfectivo) – corpo arquetípico dado em herança desde sua origem –, a Terra de Deus que o homem herdará como corpo espiritual.

537. "Moisés disse a seu povo: 'Implorai a ajuda de Allāh e tende paciência! A terra é de Allāh e é dada em herança a quem Ele quer de Seus servos. O final feliz é para os que temem a Allāh'" (C. 7:128).

الرشيد

[98] Al-Rašīd

Aquele que dirige, o Condutor,
o Guia, Aquele que mostra o caminho

1. Dependência (*ta'alluq*):

Necessitas d'Ele – Glorificado seja – para conduzir-te pelo *caminho reto* (*aršada*), para aquilo em que reside tua felicidade *eterna* (*sa'āda*).

2. Realização (*taḥaqquq*):

O Condutor é o Mentor (*muršid*) *que te mostra o caminho reto* para os fins *mais* elevados (*ma'ālī-l-umūr*).[538] Disse Allāh – Enaltecido seja –: "Antes, concedemos sua retidão (*rušd*) a Abraão".[539]

3. Caracterização (*taḫalluq*):

Dentre os servos, o orientador (*rašīd*) é o que já conheceu de antemão as questões *elevadas* (*umūr*), pois as realizou e verificou. Assim, *como resultado de seu conhecimento*, faz o que convém fazer, quando e como convém fazê-lo, do mesmo modo que evita o que convém deixar, quando e como convém.

---

538. Isto é, aos objetos sublimes.

539. O texto completo do versículo diz assim: "Antes, concedemos a Abraão, a quem conhecíamos bem, sua retidão" (C. 21:51).

الصَّبُورُ

[99] Al-Ṣabūr

O Paciente, o Constante, o Perseverante

1. **Dependência (*ta'alluq*):**

Necessitas d'Ele – Glorificado seja – para que não cesse de outorgar-te Seu gracioso dom (*ni'ma*) de bem-estar e prosperidade (*'āfiya*) em tua vida religiosa (*dīn*), *em tua vida* neste mundo e em tua vida ulterior.

2. **Realização (*taḥaqquq*):**

O Paciente, nome intensivo *morfologicamente*, é o que, mesmo sendo muito ofendido, contém-se *a si mesmo* abstendo-se, por sua mansidão, de qualquer represália *possível*, ainda que tenha a capacidade de exercê-la.

Allāh disse: "Aos que molestam a Allāh e a Seu Enviado..." (C. 33:57); por Sua mansidão (*ḥulm*), Ele permite que isto ocorra pois, apesar de Seu poder para fazê-lo – Enaltecido seja –, Ele se abstém de revidar suas injúrias imediatamente.

3. **Caracterização (*taḫalluq*):**

Dentre os servos, o paciente (*ṣabūr*) é aquele que, diante da nocividade ou da agressividade (*aḏāya*) de *outros* homens (*ḫalq*) para com ele, contém-se a si mesmo, abstendo-se (*ḥabasa nafsa-hu 'an*) de qualquer represália para com eles e da vingança pelo castigo – se fosse capaz de tal coisa –, ou então, – *se não o fosse* – abstendo-se de amaldiçoá-los ou desejar-lhes mal algum, rogando, ao contrário, *nestes termos*: "Nosso Senhor! Perdoa aos meus, pois são ignorantes!". Nisto consiste, pois, a adoção *deste nome*.

Num sentido distinto ao da adoção,[540] o perseverante (*al-ṣabūr*) é aquele que persevera nos esforços das obras de adoração (*'ibādāt*), tais como a realização completa da ablução (*wuḍū'*) após tudo o que causa um estado de impureza ritual (*makārih*),[541] ou o sofrimento provocado pela hostilidade dos inimigos *da causa* de Allāh – Enaltecido seja – e o confronto (*muḥāraba*) com eles, tanto no exterior como no interior.

"Allāh diz a Verdade (*ḥaqq*) e guia pelo Caminho reto" (C. 33:4).[542]

---

540. Porque Deus não está submetido a obras de adoração, nem ao esforço que elas implicam, a perseverança na realização não faz parte propriamente da adoção dos traços divinos desse nome.

541. Entre as coisas que causam um estado de impureza ritual, depois das quais a ablução é, então, necessária, estão o contato com o sangue, a eliminação de urina, o contato sexual... Outras coisas, como a ejaculação, exigem um banho purificador completo, a ablução maior ou *iġtisāl*. Ibn 'Arabī dedica às questões relativas à pureza (*ṭahāra*) o extenso cap. 68 de *Fut.* (I, pp. 329-386), traduzido ao inglês por Eric Winkel, *Mysteries of Purity*, Notre Dame, Indiana, 1995.

542. Esta sentença corânica é uma das mais recorrentes na obra de Ibn 'Arabī, que a cita com uma frequência significativa – por exemplo, quase cem vezes no capítulo 558 de *Fut.* – para concluir seções ou capítulos de suas obras, ou, como neste caso, para finalizar um tratado completo. Já falei sobre alguns significados desta frase (cf. "On divine Love to Beauty", *JMIAS*, XVIII, p. 19 e nota 20), assinalando o caráter inclusivo e totalizador de seus termos.
Diz o versículo: "Allāh não colocou em homem algum dois corações em seu peito [...] Nem fez que vossos filhos adotivos fossem vossos próprios filhos. Isso é o que vossas bocas dizem. E Allāh diz a Verdade e guia pelo Caminho reto" (C. 33:4).
A palavra humana, que inclui a falsidade, contrapõe-se à Palavra Divina, onde ela não pode existir. Com estas palavras finais, Ibn 'Arabī parece indicar que seu discurso, como exegese inspirada da Palavra divina, está fundado na Verdade e é um guia fidedigno do Caminho espiritual, e que o leitor, em última instância, deve deixar-se guiar pela Palavra divina, da qual ele é somente um intérprete.

CONCLUSÃO

Assim se cumpre o propósito (*ġaraḍ*) de nosso ditado (*imlā'*) sobre esta disciplina (*fann*). Nós nos limitamos, neste tratado, a comentar os nomes cuja explicação Abū Ḥāmid al-Ġazālī – que Allāh o tenha em Sua misericórdia – incluiu em sua obra *al-Maqṣad al-asnà*. "Louvor a Allāh, o Senhor dos mundos" (C. 1:2).

E *o ditado deste tratado* ocorreu na *zāwiya*[543] do Imã Abū Ḥāmid [al-Ġazālī], situada na parte norte da Grande Mesquita de Damasco (*šimālī jāmi' Dimašq*), no mês de Ramadã do ano 621 da Hégira,[544] em resposta à demanda (*is'āf*) daquele que nos pediu para tratarmos da questão, nosso companheiro (*ṣāḥib*) o alfaqui e imame Šaraf al-Dīn Abū Muḥammad 'Abd al-Wāḥid b. Abū Bakr b. Sulaymān al-Ḥamawī – que Allāh ilumine sua visão interior (*baṣīra*) e nos ajude a alcançar aquilo a que aspiramos.

Que Allāh conceda a bênção e a graça ao nosso senhor Muḥammad, Selo dos profetas (*ḫātm al-nabiyyīn*), sua linhagem e todos os seus companheiros.

---

543. Centros de oração destinados a abrigar os mestres e seus alunos, ou melhor, lugar onde a adoração, o *ḏikr*, meditação e estudos são realizados de acordo com as práticas de uma ordem sufi particular (N.E.).

544. Isto é, entre 16-09-1224 e 15-10-1224 d.C. Data da última redação conhecida do tratado.

COMENTÁRIO A
OS MAIS BELOS NOMES DIVINOS

(Šarḥ al-asmā' al-ḥusnà)

I. INTRODUÇÃO

Nesta segunda parte – referidada com o termo *Šarḥ* em outras seções –, apresenta-se a tradução integral do cap. 558 de *Futūḥāt* sobre os Nomes de Deus.[545] Neste comentário sucinto, Ibn ʿArabī segue basicamente a lista tradicional dos 99 Nomes transmitida por Walīd b. Muslim al-Dimašqī, segundo a versão de Tirmiḏī,[546] mas não se ajustando a ela estritamente, como no caso de *Kašf al-maʿnà*. Assim, ele insere mais alguns nomes que não aparecem nela (*al-Rabb, al-Ġāfir, al-Jawād, al-Saḫī, al-ʿĀlim, al-ʿAllām*), suprimindo outros (*Mālik al-mulk, Ḏū-l-jalāl wa-l-ikrām*), agrupa em pares os nomes contados separadamente na lista de Walīd (*al-Muʿizz al-Muḏill, al-Qawī al-Matīn, al-Wāḥid al-Aḥad, al-Muqaddim al-Muʾaḫḫir, al-Awwal al-Āḫir, al-Ẓāhir al-Bāṭin, al-Ḍārr al-Nāfiʿ*), ou então muda sua posição quanto

545. Cf. *Fut.*, IV, pp. 322-326. Pode-se consultar também a ed. de M. Maḥmūd al-Ġurāb, *al-Fiqh ʿinda-l-Šayḫ al-Akbar...*, Damasco, 1981, pp. 102-109, tirada diretamente da anterior, apesar dos erros e omissões. Esta versão, de fato, não acrescenta nada mais que a pontuação – que facilita a leitura – e os *hadiths* e citações corânicas entre aspas – coisa que omite em várias seções (v., p. ex., nº 48 e nº 54) e que, às vezes, confunde (v. *al-Ḥakīm*, p. 105) – sem referência alguma, pois não tem anotações. Este texto foi cotejado também com o manuscrito autógrafo de *Fut.* conservado no Türk Islam Eserleri Müzesi (Evkaf Musesi 1877), livro 33, ff. 119a-127a, que eu remeto às vezes à enumeração.

546. Cf. Guimaret, *Noms*, pp. 73-77.

à ordem mais habitual (*al-Wālī, al-Mutaʿālī, al-Badīʿ, al-Māniʿ*), geralmente para agrupar nomes sucessivos da mesma raiz ou de significado análogo (tal é o caso de *al-Ġafūr* e *al-Karīm*). Especialmente relevantes – como variante da lista de Walīd – estão as sequências dos nomes de raízes *ġ-f-r* e *ʿ-l-m* e o agrupamento dos nomes relacionados com a noção de "dom divino" (*al-Wahhāb, al-Karīm, al-Jawād, al-Saḫī, al-Razzāq*).

Se cada um dos sete pares de nomes associados fosse contado como um só nome, teríamos 96 nomes, e se os dois nomes de cada par fossem contados separadamente, 103 no total. O cômputo geral se resolve se cada uma das duas sequências de três nomes de raiz *ġ-f-r* e *ʿ-l-m* é contada como um único nome. O resultado total, contando os nomes associados em pares separadamente, é então de 99 (103-4 = 99). Este é o método adotado aqui para a enumeração[547], ausente no original, conforme a tradição dos 99 nomes.

Esta contribuição akbariana revela o cuidado de Ibn ʿArabī em diferenciar as nuances dos traços que caracterizam cada nome. Se, na perspectiva da Unidade essencial, todos os nomes designam um mesmo "nomeado", na perspectiva da diversidade, não há dois sinônimos idênticos.

As traduções dos nomes podem ser completadas, em muitos casos, por adjetivos, advérbios, sufixos ou prefixos que expressem superioridade, perfeição, excelência etc., tais como Super-, Oni-, o superlativo -íssimo, supra-, Todo..., Mais..., Infinitamente..., Muito..., Perfeitamente..., Auto... etc. O significado de um Nome também pode ser expresso por sintagmas ou frases verbais complexas de caráter explicativo, mas aqui se optou por buscar nomes simples, que se aproximassem ao máximo do conteúdo semântico e da forma gramatical do nome árabe original.

---

547. A numeração não coincide com a de *Kašf.* A correspondência deve ser encontrada, pois, consultando-se o índice alfabético de correspondências

As diversas acepções de um nome exigem várias traduções ao português. Ainda que se juntem outras, a fim de ampliar a compreensão de seu significado, as variantes da tradução de um nome foram escolhidas em conformidade com explicação dada por Ibn ʿArabī neste texto, ao longo do qual o Šayḫ al-Akbar responde a uma mesma questão subjacente, implícita na própria estrutura da resposta.

À dupla pergunta tácita "quais são Seus Nomes e por que Ele tem – i.e. que significa com relação a Ele – cada um destes Nomes? ", Ibn ʿArabī responde: "Ele é '*tal nome*' por *tal e qual coisa*". Geralmente, ele introduz a explicação com expressões afins como "por", "porque", "quanto a", "com relação a" (*bi-, li-, bi-kawni-Hi, min ḥayṯu, bi-nisba...*), etc., ainda que o nome, às vezes, seja seguido imediatamente por uma definição. Portanto, esta fórmula omitida "Por que Se chama [nome]? Chama-Se [nome] porque..." poderia – com certas variantes – antepor-se a cada explicação. As traduções propostas foram acrescentadas em negrito depois da transcrição dos termos árabes. Outras possibilidades podem ser consultadas nos capítulos correspondentes de *Kašf al-maʿnà*.

II. ORDEM DOS NOMES

Šarḥ al-asmā' al-ḥusnà

[1] *Allāh*
[2] *ar-Raḥmān*
[3] *ar-Raḥīm*
[4] *ar-Rabb*
[5] *al-Malik*
[6] *al-Quddūs*
[7] *as-Salām*
[8] *al-Mu'min*
[9] *al-Muhaymin*
[10] *al-ʿAzīz*
[11] *al-Jabbār*
[12] *al-Mutakabbir*
[13] *al-Ḫāliq*
[14] *al-Bāri'*
[15] *al-Muṣawwir*
[16.1] *al-Ġaffār*
[16.2] *al-Ġāfir*
[16.3] *al-Ġafūr*
[17] *al-Qahhār*
[18] *al-Wahhāb*
[19] *al-Karīm*
[20] *al-Jawād*
[21] *as-Saḫī*
[22] *ar-Razzāq*
[23] *al-Fattāḥ*
[24.1] *al-ʿAlīm*
[24.2] *al-ʿĀlim*
[24.3] *al-ʿAllām*
[25] *al-Qābiḍ*
[26] *al-Bāsiṭ*
[27] *al-Rāfiʿ*
[28] *al-Ḫāfiḍ*
[29] *al-Muʿizz*
[30] *al-Muḏill*
[31] *as-Samīʿ*
[32] *al-Baṣīr*
[33] *al-Ḥakam*
[34] *al-ʿAdl*
[35] *al-Laṭīf*
[36] *al-Ḫabīr*
[37] *al-Ḥalīm*
[38] *al-ʿAẓīm*
[39] *aš-Šakūr*
[40] *al-ʿAlī*
[41] *al-Kabīr*
[42] *al-Ḥafīẓ*
[43] *al-Muqīt*
[44] *al-Ḥasīb*
[45] *al-Jalīl*
[46] *al-Raqīb*
[47] *al-Mujīb*
[48] *al-Wāsiʿ*
[49] *al-Ḥakīm*
[50] *al-Wadūd*

[51] *al- Majīd*
[52] *al-Bāʿiṯ*
[53] *aš-Šahīd*
[54] *al-Ḥaqq*
[55] *al-Wakīl*
[56] *al-Qawī*
[57] *al-Matīn*
[58] *al-Walī*
[59] *al-Ḥamīd*
[60] *al-Muḥṣī*
[61] *al-Mubdi'*
[62] *al-Muʿīd*
[63] *al-Muḥyī*
[64] *al-Mumīt*
[65] *al-Ḥayy*
[66] *al-Qayyūm*
[67] *al-Wājid*
[68] *al-Wāḥid*
[69] *al-Aḥad*
[70] *aṣ-Ṣamad*
[71] *al-Qādir*
[72] *al-Muqtadir*
[73] *al-Muqaddim*
[74] *al-Mu'aḫḫir*
[75] *al-Awwal*
[76] *al-Āḫir*
[77] *aẓ-Ẓāhir*
[78] *al-Bāṭin*
[79] *al-Barr*
[80] *al-Tawwāb*
[81] *al-Muntaqim*
[82] *al-ʿAfū*
[83] *ar-Ra'ūf*
[84] *al-Wālī*
[85] *al-Mutaʿālī*
[86] *al-Muqsiṭ*
[87] *al-Jāmiʿ*
[88] *al-Ġanī*
[89] *al-Muġnī*
[90] *al-Badīʿ*
[91] *aḍ-Ḍārr*
[92] *al-Nāfiʿ*
[93] *an-Nūr*
[94] *al-Hādī*
[95] *al-Māniʿ*
[96] *al-Bāqī*
[97] *al-Wāriṯ*
[98] *ar-Rašīd*
[99] *aṣ-Ṣabūr*

III. TRADUÇÃO

Em nome de Deus, O Onicompassivo, o Misericordioso

[1] Ele é ***Allāh*** – Louvado e Exaltado seja – quanto a tudo que se refere à Sua Ipseidade (*huwiyya*) e à Sua Essência (*ḏāt*).

[2] *ar-Raḥmān*, o **Onicompassivo**, pela universalidade de Sua graça (*raḥma*) onímoda que todas as coisas compreende.

[3] *ar-Raḥīm*, o **Misericordioso**, em virtude daquilo no qual Ele Se empenha em favor de Seus servos contritos [119b].[548]

[4] *ar-Rabb*, o **Senhor**, pelos bens que existenciou para Sua criatura (*ḫalq*).

[5] *al-Malik*, o **Rei**, com relação à Sua soberania sobre os céus e a terra, como Dono (*malīk*) e Senhor (*rabb*) de todas as coisas.

[6] *al-Quddūs*, o **Santíssimo**, por Sua Palavra: "E não estimaram a Allāh em seu devido valor" (C. 39:67),[549] e por Sua transcendência (*tanzīh*) com respeito a tudo aquilo que Lhe é atribuído.

[7] *as-Salām*, **a Paz, a Saúde**, por Sua incolumidade em relação a tudo

548. Acrescentei entre colchetes a numeração que corresponde ao manuscrito autógrafo de *Fut.* cujo texto é reproduzido em edição fac-símile reduzida, após a edição crítica de *Kašf.*

549. V. *infra* a nota 561 sobre este versículo (*Šarḥ* nº 25), a cujo texto que vem em seguida também faz alusão.

o que se refere a Ele, dentre aquilo que é execrável que Seus servos Lhe atribuam.

[8] *al-Mu'min*, **o Fiel, o Protetor**, com relação ao que Seus servos declaram fidedigno,[550] e pela proteção (*amān*) que lhes outorga quando cumprem Seu pacto *primordial* (*ʿahd*).

[9] *al-Muhaymin*, **o Zelador**, o Amparador de Seus servos na totalidade dos estados em que se encontram, sejam favoráveis ou adversos.[551]

[10] *al-ʿAzīz*, **o Poderoso, o Triunfador**, por Sua vitória sobre quem tenta vencê-Lo ou enfrentá-Lo, já que é invencível e incombatível, e pela impossibilidade de opor-se a Ele, dada a elevação de Sua santidade.

[11] *al-Jabbār*, **o Avassalador, o Constritor**, por aquilo a que Ele compele Seus servos, tanto em suas obrigações necessárias como na escolha de *seu livre-arbítrio*, pois eles estão em Seu punho.

[12] *al-Mutakabbir*, **o Altivo**, pelo que chega às almas fracas como resultado de Seu descenso (*nuzūl*) até elas, *quando Ele desce* ocultando suas bondades sutis a quem pretende aproximar-se *d'Ele* por meio da definição e da quantidade, *recorrendo a referências tais como* palmo (*šibr*), côvado, braça, pressa, deferência,[552] contentamento, admiração, riso e coisas semelhantes a estas.[553]

[13] *al-Ḫāliq*, **o Criador**, pela predeterminação (*taqdīr*)[554] e existenciação (*ījād*) *de tudo aquilo que existe.*

---

550. Ou então, "porque Ele é verídico com Seus servos".

551. Lit. "sejam a seu favor ou contra eles". Expressão que se refere especialmente à qualidade dos estados quanto a seu valor na Balança onde as obras serão pesadas.

552. O texto diz *tabšīš* ao invés de *tabaššuš*. Sobre esta noção, v. Maḥmūd Ġurāb, *al-Fiqh ʿinda-l-Šayḫ al-Akbar*, p. 129.

553. Sobre estes termos, todos eles referidos a Deus em diversos *hadiths* ou passagens corânicas, v. os comentários de Ibn ʿArabī recompilados por Maḥmūd Ġurāb, *Ibid.*, pp. 126-134. O autor refere-se aqui à atitude dos antropomorfistas.

554. V. Chittick, *Sufi Path*, p. 389, nota 16. A predeterminação consiste em estabelecer e predefinir os estados das coisas antes que estas existam. Cf. S. Ḥakīm, *Muʿjam*, pp. 426-427.

[14] *al-Bārī'*, **o Produtor**, pelas criaturas[555] que Ele existenciou a partir dos elementos.

[15] *al-Muṣawwir*, **o Modelador, o Formador**, pelas formas que Ele revela na Poeira *primordial* (*habā'*) e pelas formas da teofania (*tajallī*) que revela aos olhos daqueles diante dos quais Se epifaniza[556] e que Ele atribui a Si mesmo, tanto as formas ignoradas ou as conhecidas, tanto as que são compreensíveis como as incompreensíveis.

[16.1] *al-Ġaffār*, **Aquele que cobre** (com um véu), por aqueles dentre Seus servos que Ele protege[557] e vela.

[16.2] *al-Ġāfir*, **Aquele que perdoa**, porque a Ele se refere a afável facilidade (*yasīr*).

[16.3] *al-Ġafūr*, **o Perdoador**, Aquele que recobre, pelos véus (*sutūr*) que Ele desdobra, tanto *por meio* de seres *compostos* engendrados (*akwān*) como daquilo que não é engendrado (*ġayr akwān*).

[17] *al-Qahhār*, **o Opressor, o Dominador** de quem, por ignorância, disputa com Ele e não se arrepende.

[18] *al-Wahhāb*, **o Magnânimo, o Dador**, pelos dons que Ele agraciadamente concedeu *a Seus servos* para favorecê-los, não como uma remuneração, nem com o intuito de ser agradecido ou recordado por isso.

[19] *al-Karīm*, **o Generoso**, o que concede a Seus servos aquilo que Lhe pediram.

---

555. Os seres elementares engendrados por composição dos quatro elementos (*muwalladāt al-arkān*).

556. Aqui, o pronome, no masc. pl., parece referir-se, não obstante, às "formas" (fem. pl.), neste caso, "formas humanas", à imagem, entenda-se, da forma divina (v. o *hadith* relativo à "forma" em *Kašf*, 4-3 e 9-3). O Formador é o que "abre" ou "ilumina", isto é, aquele que faz aflorar as formas na Matéria-Prima e revela as formas teofânicas aos [lit. "nos"] olhos de quem – segundo outra leitura – revela-se diante de tais formas *humanas*, isto é, em Seus próprios olhos. V. o *hadith* citado em *Kašf*, 4-3 e 69-3, segundo o qual Ele é o olho com o qual vê o servo que Ele ama.
Há uma alusão implícita ao *Hadith* da Transformação, comentado na introdução de *Kašf*.

557. Mais uma vez, com a ideia implícita de protegê-los cobrindo-os com uma cortina.

[20] *al-Jawād*, **o Provedor**, o que dá antes do pedido para que Lhe agradeçam, a fim de que – *em retribuição a seu agradecimento* – Ele aumente *a provisão*, e d'Ele se recordem, a fim de que lhes retribua *por isso recordando-Se deles*.

[21] *as-Saḫī*, **o Cumpridor**, porque outorga a cada coisa sua criação (*ḫalq*) e cumpre com seu direito (*ḥaqq*).

[22] *ar-Razzāq*, **o Provedor, o Provisor, o Sustentador**, pelas provisões e pelo sustento que concede aos que precisam de alimento, sejam minerais, vegetais, animais ou seres humanos, independentemente de sua condição, sejam crentes ou incrédulos.

[23] *al-Fattāḥ*, o **Revelador**, **Aquele que abre**, porque abre as portas das bênçãos, do castigo e do pesar.

[24.1] *al-ʿAlīm*,[558] **o Sapientíssimo, o Onisciente**, pela abundância de Seus conhecimentos.[559]

[24.2] *al-ʿĀlim*, **o Conhecedor**, **o Sabedor** de Sua própria Unidade essencial (*aḥadiyya*).

[24.3] *al-ʿAllām*, **o Onissapiente, o Onisciente, o Conhecedor** incessante do oculto (*al-ġayb*),[560] que é um vínculo específico privativo (*taʿalluq ḫāṣṣ*) *deste nome. O reino invisível* do oculto é infinito, enquanto *o reino* do manifesto (*šahāda*) é finito, pois a existência

---

558. O esquema morfológico *faʿīl* é ambivalente e pode ter tanto um sentido ativo, correspondente ao expresso pelo part. at. *fāʿil* (v. *infra* "*ʿālim*") como um sentido passivo, correspondente à forma *mafʿūl*. Como ressalta M. Chodkiewicz: "Desta ambivalência dos Nomes divinos em *faʿīl* mencionados no Corão, Ibn ʿArabī extrairá consequências doutrinais maiores mostrando que, por exemplo, *al-ʿAlīm* (...) designa Deus como sendo ao mesmo tempo *al-ʿālim* (Aquele que sabe) e *al-maʿlūm* (Aquele que é sabido): o único Conhecedor e o único Conhecido em toda coisa comhecida" (*Océan*, p. 37). Cf. *Fut.* III, p. 300. V. *infra*, nº 59 (*al-Ḥamīd*). O terceiro nome da raiz, *al-ʿAllām*, é forma intensiva.

559. Lit. "pela abundância das coisas sabidas por Ele" ou, forçando a leitura, "d'Ele" (*kaṯrat maʿlūmāti-Hi*).

560. V. C. 59:22.

(*wujūd*), segundo o parecer de alguns especuladores, é a causa do testemunho presencial (*šuhūd*) e da visão (*ru'ya*). Seja como for, o mundo do testemunho (*šahāda*) tem um caráter particular (*ḫuṣūṣ*). Assim, quem postula que a causa da visão é a predisposição (*istiʿdād*) do visível, o objeto da visão (*mar'ī*), *deve ter em conta o fato de que* somente a Realidade *divina* (*al-Ḥaqq*), os possíveis existenciados e os que ainda não foram existenciados podem ser contemplados (*mašhūd*), diferentemente do impossível (*muḥāl*) que, como conhecimento omisso não manifesto, não entra no domínio da visão e do testemunho.

[25] *al-Qābiḍ*, (1) **o Cingidor**, (2) **o Perceptor**, assim chamado (1) pelas coisas estarem em Seu punho (*qabḍa*) *segundo Sua Palavra*: "... e a terra inteira estará em Seu punho no *Dia da Ressurreição*" (C. 39:67),[561] e (2) porque "a dádiva (*ṣadaqa*) vai à mão do Compassivo (*yad al-Raḥmān*) *antes de chegar à mão de quem pede*",[562] de modo que *o Perceptor* a recolhe.

[26] *al-Bāsiṭ*, **o Abastecedor**, **o Munificente**, por todo sustento que Ele fornece – cuja provisão não contém iniquidade –, que é a quantidade predeterminada conhecida (*qadr maʿlūm*),[563] pois Ele – Enaltecido seja – toma e retém dela [120b] o que quer, para dar prova *e encorajamento* (*ibtilā'*) e pelo benefício (*maṣlaḥa*) implícito *de tal retenção*, e dela provê o que Ele quer, pelo que *tal provisão* contém de prova e utilidade.

[27] *ar-Rāfiʿ*, **o Exaltador**, porque em Sua mão – Enaltecido seja – está a Balança cuja justa medida (*qisṭ*) eleva e faz descer: *o Exaltador* eleva quem Ele quer para outorgar soberania, exaltar e enriquecer.

---

561. O versículo completo diz: "Não estimaram a Allāh com o devido valor. No Dia da Ressurreição, toda a terra estará em Seu punho, os céus estarão dobrados em Sua mão direita. Glória a Ele! Está por cima do que Lhe associam". V. *supra*, nº 6.

562. V. a nota a este mesmo *hadith* em *Kašf*, 21-2.

563. V. *infra* nº 86.

[28] *al-Ḫāfiḍ*, o **Humilhador, o Degradador**, porque destitui e afasta a soberania de quem Ele quer, derruba quem quer e empobrece quem quer; o Bem – que é a Balança (*ḫayr*) – está em Sua mão e Ele satisfaz plenamente os direitos dos merecedores, o que, nesta circunstância, não deriva do procedimento operativo do dom gratuito (*muʿāmalat al-imtinān*), mas do cumprimento e da satisfação dos direitos (*istīfāʾ al-ḥuqūq*), que é uma aspecto parcial da graça geral (*imtinān*), cujo alcance é universal.

[29/30] *al-Muʿizz al-Muḏill*, o **Enobrecedor e o Envilecedor, o Honrador e o Humilhador**, pois enobrece *Seu servo* com a obediência (*ṭāʿa*) a Ele e *o* envilece com a oposição (*muḫālafa*) a Ele. Neste mundo (*dunyā*), Ele honra com a riqueza que dá a quem a dá, pela certeza (*yaqīn*) que outorga aos Seus e pela autoridade (*riʾāsa*), o governo (*wilāya*) e a capacidade de disposição (*taḥakkum*) com que agracia *a Seus servos* no cosmos (*ʿālam*) pela execução da palavra e do poder. *E Ele é chamado al-Muḏill* por aquilo com o que humilha os tiranos opressores e os soberbos, e por aquilo com o que humilha, na vida mundana, alguns dos crentes (*muʾminūn*) para, *em seguida*, honrá-los na Vida Ulterior (*āḫira*) e por aquilo com o que rebaixa aqueles que, por sua fé e sua obediência, Ele faz herdeiros da modéstia e da humildade (*ḏilla*) neste mundo.[564]

[31] *as-Samīʿ*, o **Ouvinte, Aquele que tudo ouve** que escuta as súplicas de Seus servos quando O invocam e Lhe suplicam em suas necessidades. Assim, Ele lhes responde *necessariamente* em virtude de Seu nome "o Ouvinte", pois Ele mesmo – Enaltecido seja –, ao

---

564. Refere-se aqui à perfeita realização da servidão (*ʿubūdiyya*), morada espiritual própria dos "herdeiros". O Šayḫ alude a uma sentença que cita em várias passagens. "Abū Yazīd, que se conta entre o Povo da Revelação, relata que, numa de suas visões, Deus lhe disse: 'Aproxima-te de Mim por meio daquilo que Eu não tenho: a humildade (*ḏilla*) e a pobreza". *Fut.* III, p. 316. Sobre outras referências a comentários de Ibn ʿArabī acerca desta sentença, v. Chittick, *Sufi Path*, p. 387, nota 11.

referir-se à escuta, fez alusão *à obrigação de responder, punindo os que, na realidade, não escutam*, com estas palavras: "Não sejais como os que dizem 'Nós ouvimos' e não ouvem" (C. 8:21). Sabe-se que, *no contexto ao qual se referem estas palavras*, apesar de terem atendido, com seus ouvidos, o chamado de Deus (*daʿwat al-Ḥaqq*), não obstante, eles não responderam à convocação.[565] Desse modo é como o Verdadeiro, enquanto Ouvinte, trata Seus servos reciprocamente.[566]

[32] *al-Baṣīr*, **o Vidente, o Onividente**, é aquele que vê tudo o que se refere a Seus servos, conforme manifestou quando disse a Moisés e a Aarão: "Eu estou convosco, ouvindo e vendo" (C. 20:46), e *antes* lhes disse: "Não temais!"[567] [121a], pois Sua visão (*baṣar*) confere a proteção (*amān*) *ao servo quando Ele o olha*. Este é o significado de *al-Baṣīr*, não somente o fato de que Ele o contempla e o vê e nada mais: quer lhe assista ou desampare, quer dele cuide com solicitude quer o negligencie e o abandone *em aparência*, Ele está vendo *o servo* em sua realidade essencial (*ḥaqīqa*).

[33] *al-Ḥakam*, **o Juiz, o Árbitro**, pelas sentenças pelas quais Ele dispõe e distingue entre os servos no Dia da Ressurreição (*yawm al-qiyāma*), e por todas as disposições prescritas *na revelação* (*aḥkām mašrūʿa*) e as confidências, instituídas como lei, que Ele revelou ao mundo; tudo isso faz parte do nome *al-Ḥakam*.

[34] *al-ʿAdl*, **o Justo, o Equitativo**, porque Ele decide conforme a justa verdade (*ḥaqq*) e por haver estabelecido a religião monoteísta *primigê-*

---

565. Ou então, "à exortação". Desprende-se deste texto que a verdadeira escuta, tal como o autor a entende – baseando-se na passagem corânica– inclui também a resposta consecutiva, sem a qual não é uma escuta completa.

566. Ibn ʿArabī usa aqui a forma de reciprocidade da raiz *ʿ-m-l* para significar que a escuta e a resposta são mútuas: se o servo responde, Deus responde.

567. Parte do mesmo versículo: "Ele disse: 'Não temais! Eu estou convosco, ouvindo e vendo'" (C. 20:46).

nia (*al-milla al-ḥanīfiyya*).[568] *Conforme Sua Palavra:* "[o Enviado] disse: "Senhor meu, julga-nos com a justa verdade (*ḥaqq*)!'" (C. 21:112),[569] pelo qual toma partido por Ele,[570] pois, *por outro lado*, Ele estabeleceu uma disposição com relação ao desejo passional (*hawà*), em virtude da qual quem quer que se deixe levar por este se extravia da Senda de Allāh.

[35] *al-Laṭīf*, **o Sutil, o Bondoso, o Benevolente** com Seus servos, aos quais faz chegar a cura (*'āfiya*) *quando estão doentes* por meio de remédios *que, às vezes, são* desagradáveis. Não há nada mais velado, por exemplo, que o sutil princípio curativo contido naqueles remédios que, sendo dolorosos, no entanto, produzem saúde (*šifā'*) e descanso. No momento em que o remédio (*dawā'*) é usado, não há sinal algum *de seu efeito benéfico*, pois, ainda que saibamos que seu uso produz a cura, não podemos sentir esse imperceptível princípio curativo, devido à sua sutileza (*laṭāfa*). *Isto no que consiste o aspecto da sutileza.*

Por outro lado, ao aspecto de Sua benevolência (*luṭf*) corresponde Sua "presença efetiva oculta" (*sarayān*) nos atos de *todos* os seres existentes (*mawjūdāt*), à qual se refere Sua Palavra: "Allāh vos criou e [criou tudo] o que fazeis" (C. 37:96).[571] Nós, no entanto, não

---

568. O Šayḫ usa aqui o termo *ḥanīfiyya* aludindo "à religião de Abraão, que foi um *ḥanīf*, não um associador" (C. 2:135). Diz outro versículo: "Professa a Religião como *ḥanīf*, segundo a natureza primigênia (*fiṭra*) que Allāh deu aos homens! [...]" (C. 30:30).

569. Na tradução, mudei a expressão *qul*, "dize", que aparece tanto no ms. autógrafo como em ambas as edições citadas *supra*, por *qāla* "disse", segundo o texto corânico: "Disse [lit. Muḥammad 'disse']: 'Senhor meu, julga-nos com a justa verdade! Nosso Senhor é o Compassivo, Aquele de quem se implora ajuda contra aquilo que vós alegais [de Deus]'" (C. 21:112).

570. Ou então, lit. "o que é uma inclinação (*mayl*) a ela". A ambiguidade do pronome permite ambas as leituras. Afinal, a justa verdade (*ḥaqq*) é Ele, o Verdadeiro (*al-Ḥaqq*).

571. Diz a passagem: "Adorais o que vós mesmos esculpistes, / enquanto Allāh vos criou e ao que fazeis?" (C. 37: 95-96). Isto é, "os ídolos, obra de vossas mãos", ou então, "a vós e vossas obras". Versículo citado em *Kašf*, 7-3.

vemos as obras senão como das criaturas mesmas, mesmo sabendo que, *na realidade*, somente Allāh é o autor (*ʿāmil*), o único agente que realiza tais obras, o que seria possível testemunhar-se se não fosse por Sua graça benevolente (*luṭf*) *que, por cortesia, oculta-o.*

[36] *al-Ḫabīr*, **o Sagaz conhecedor, o Informado, o Examinador**, pelo que Ele sabe de Seus servos por experiência, ao colocá-los à prova. Esta prova experiencial (*iḫtibār*) é evocada em Sua Palavra: "*Nós devemos provar-vos* até sabermos" (C. 47:31).[572] Desta maneira, Ele verifica se Lhe atribuímos a ocorrência do saber (*ḥudūṯ al-ʿilm*) ou não.[573] Observa também esta outra bondade (*luṭf*) divina: *em razão da analogia entre ambas as cortesias*, Allāh uniu o nome *al-Ḫabīr* ao nome *al-Laṭīf*, ao dizer *no Corão*: "o Sutil, o Bem Informado (*al-Laṭīf al-Ḫabīr*)" (C. 6:103).[574]

[37] *al-Ḥalīm*, **o Clemente, o Indulgente, o Longânime**, é o que concede um prazo *com indulgência e mansidão* (*amhala*), sem ser descuidado ou negligente (*mā ahmala*), nem se apressar para castigar quem age mal por ignorância, ainda que este tenha capacidade para saber *acerca de seu erro* [121b] e poder perguntar e observar para aprender.

[38] *al-ʿAẓīm*, **o Incomensurável**, *que está* nos corações dos gnósticos,[575] aqueles que O conhecem verdadeiramente.

---

572. V. *Kašf*, 32-2.

573. Isto é, se reconhecemos no acontecer do conhecimento um exercício cognitivo de Deus, ou então se atribuímos a nós mesmos a faculdade e o ato de conhecer, usurpando, assim, a atribuição do saber divino (*ʿilm*), atributo do qual os crentes, como servos ontologicamente indigentes, só podem ser considerados investidos, nunca donos.

574. Assim também em C. 67:14 e, sem artigo, em C. 22:63, 31:16 e 33:34. Vemos que a contiguidade de dois termos corânicos é, segundo os critérios hermenêuticos do Šayḫ, razão suficiente para considerar que há algum tipo de vínculo especial entre ambos, já que, na Palavra revelada, tudo deve ser necessariamente significativo e consciente.

575. Ou então, "o que é Grandioso nos corações dos conhecedores". V. *hadith* citado em *Kašf*, 5-3.

[39] *aš-Šakūr*, **o Agradecido, o Reconhecido**, pelo fato de pedir (*ṭalab*) a Seus servos que acrescentem, entre suas obras, aquelas pelas quais Ele lhes agradece e deles[576] se lembra, respeitando, com obediência a Ele, os limites, os direitos, os mandatos e as proibições que Ele prescreveu *na Lei revelada*. Ao dizer "Se agradeceis, dar-vos-ei mais [de Minha graça]" (C. 14:7),[577] Ele estabelece um trato de reciprocidade com Seus servos pedindo-lhes, assim, em virtude de Seu nome o "Agradecido" (*al-Šakūr*), que se esforcem em realizar aquilo pelo que Ele lhes agradecerá.

[40] *al-ʿAlī*, **o Altíssimo, o Excelso, o Sublime**, tanto em Sua ocupação (*ša'n*)[578] como em Sua Essência (*ḏāt*), com respeito a tudo o que está ligado às características (*simāt*) da contingência (*ḥudūṯ*) e aos atributos dos acidentes (*muḥdaṯāt*).

[41] *al-Kabīr*, **o Grandioso, o Magnífico, o Supremo, Superior** aos *ídolos* que os associadores (*mušriqūn*) haviam eregido como deuses (*āliha*).

Por isso que *Abraão*, o Íntimo (*al-Ḫalīl*) *de Allāh*, disse – na passagem em que mostra a seu povo a prova irrefutável (*ḥujja*)[579] – que Allāh, segundo sua afirmação verídica, é o que *realmente* havia quebrado os ídolos (*aṣnām*), adotados como deuses *pelos idólatras*, até fazê-los em pedaços (*juḏāḏ*), apesar da pretensão de seus adoradores *que*, *conforme outra passagem*, *desculpavam-se* dizendo:

---

576. Alusão ao versículo "Então, lembrai-vos de Mim, que Eu Me lembrarei de vós! Agradecei-Me e não Me renegueis!" (C. 2:152). A recordação (*ḏikr*) tem, portanto, um caráter de reciprocidade.

577. Citada em *Kašf*, 36-2. A forma verbal da expressão "Eu vos darei com acréscimo" é da mesma raiz (*z-y-d*) do termo *ziyāda*, "aumento", usado antes.

578. O termo *ša'n* remete a um versículo corânico, frequentemente citado por Ibn ʿArabī com relação à ideia da permanente renovação da criação a cada instante, no qual se diz "cada dia Ele tem uma ocupação (*ša'n*) em alguma coisa nova" (C. 55:29).

579. Para uma melhor compreensão deste comentário é aconselhável a prévia leitura da passagem C. 21:51-73.

"Nós só os adoramos para que eles nos aproximem mais de Allāh" (C. 39:3),[580] de modo que *os mesmos associadores* Lhe atribuíram, de fato, a supremacia (*kubr*) – Enaltecido seja – sobre seus deuses. Assim, Abraão – que a Paz esteja com ele – disse: "Não! É o Superior (*kabīr*) a eles quem fez isso" (C. 21:63).[581] Neste ponto há uma pausa (*waqf*)[582] e em seguida continua dizendo: "Interrogai-os a respeito, se é que eles são capazes de falar". Se eles tivessem a capacidade de falar, teriam reconhecido sua condição de servos manifestando que Allāh é o Grande, o Altíssimo, o Incomensurável.

[42] *al-Ḥafīẓ*, **o Conservador, o Preservador**, porque é onicompreensivo e circunda[583] todas as coisas para preservar sua existência; pois as coisas são suscetíveis de ser ou de não ser.[584] Ele preserva a existência daquele a quem Ele – Exaltado seja – quer existenciar e a quem *Seus nomes* dão existência, e preserva a inexistência daquele que Ele não quer que exista e que para fique na inexistência (*ʿa-*

---

580. Versículo citado integralmente em *Kašf*, 2-2.

581. Isto é, quem destruiu os ídolos. Depois de referir-se à destruição dos ídolos (*aṣnām*) por parte de Abraão, que "fê-los em pedaços (*juḏāḏ*) (C. 21:58)," a passagem citada diz: "Eles disseram: 'Abraão! Foste tu que fizeste isso com nossos deuses?' / 'Não! Foi o maior deles (*kabīru-hum*) quem o fez. Então, interrogai-os a respeito, se é que eles são capazes de falar!'" (C. 21:62-63). Observe-se que a interpretação que Ibn ʿArabī faz deste versículo, neste contexto, difere da usual. O Šayḫ não considera que a resposta de Abraão seja um engano e se refira ao grande ídolo mencionado em C. 21:58, mas ele compreende que Abraão proclama a verdade, a doutrina correta (*iʿtiqād ṣaḥīḥ*), ao manifestar que não foi ele – como mero instrumento – quem os fez em pedaços, mas verdadeiramente foi Deus, o Grande, o Superior (*kabīr*) aos ídolos.

582. O Šayḫ precisa que neste ponto há uma pausa para assinalar a conveniência de sua leitura: o texto diz em seguida "interrogai-os", com o pronome no plural e não "interrogai-o", o que indica que se refere aos ídolos quebrados e não ao que havia ficado ileso.

583. Esta "compreensibilidade" (*iḥāṭa*), a ideia de um cerco que abarca e contém todas as coisas, é representada por um círculo que encerra todas as esferas.

584. No sentido de que podem existir (*wujūd*) ou permanecer em estado latente na inexistência (*ʿadam*).

dam), de modo que, enquanto a preserve, ele não pode existir de maneira efetiva, e Ele pode preservá-la para sempre ou então por um tempo determinado.

[43] *al-Muqīt*, o **Alimentador, o Determinador, o Provedor**, pelos alimentos que Ele determina e destina na terra e pelas coisas que inspira (*awḥà*) no céu, pois Ele – Exaltado seja – fornece [122a] o alimento (*qūt*) a todo aquele que é sustentado[585] conforme a medida predeterminada.[586]

[44] *al-Ḥasīb*, o **Contador** (1), o **Suficiente** (2), pois (1) Ele enumera as graças (*niʿam*) que te oferece para mostrar-te Seu favor e Sua bondade (*minna*) contigo quando tu renegas isso com ingratidão e, no entanto, por Sua benevolência e Sua generosidade, não se vinga de ti; e (2) porque Ele te basta e é Suficiente (*kāfī*) para ti com relação a tudo. Não há deus senão Ele, o Onisciente, o Sábio (*al-ʿAlī al-Ḥakīm*).[587]

[45] *al-Jalīl*, o **Majestoso**, porque Ele é inacessível e nem a vista (*baṣar*), nem a visão interior (*baṣīra*) podem percebê-Lo. *Neste sentido*, Ele está elevado, mas, por outro lado, Ele descende – porque está entre Seus servos "onde quer que eles estejam" (C. 58:7) – como corresponde à Sua glória (*jalāl*). Isto é certo a tal ponto que, *segundo o hadith*, Ele disse em Seu descenso (*nuzūl*): "Eu estive doente e não Me visitaste, estive faminto e não Me alimentaste, Eu tive sede e não Me deste de beber",[588] e Ele se revela a Si mesmo entre Seus

---

585. Lit. "fornece o alimento a tudo aquilo que se nutre (*mutaqawwit*)", seja o dos corpos ou dos corações – o que dá título à célebre obra de Abū Ṭālib al-Makkī, *Qūt al-qulūb* ("O alimento dos corações") –, relacionado com a inspiração celeste.

586. Alusão a C. 15:21. V. *supra*, *Šarḥ*, nº 26 e *infra*, *Šarḥ*, nº 86.

587. Ambos os nomes aparecem lado a lado em mais de vinte ocasiões no Corão.

588. Sobre este *hadith*, v. *Kašf*, 42-2 (*al-Jalīl*), nota 286. Isto corresponde ao aspecto de Beleza do nome "o Majestoso", que contém implicitamente seu contrário, o nome "o Belo".

servos na mesma situação (*manzila*) que eles, *pondo-se no lugar do enfermo, do faminto e do sedento*, manifestando assim a propriedade (*ḥukm*) deste nome divino.

[46] *ar-Raqīb*, (1) **o Guardião, o Vigilante**, (2) **o Observador, o Controlador**, (1) pelo fato de estar ocupado *de modo permanente* em preservar Sua criação (*ḫalq*),[589] o que Ele Se impôs a Si mesmo, não sendo, assim, em absoluto uma carga para Si; e (2) porque Ele faz saber a Seus servos que, dado que Ele os observa, eles devem ter reserva e pudor para com Ele, para que Ele não os veja nas coisas que lhes vetou e não os perca *de vista* nas coisas que lhes ordenou.

[47] *al-Mujīb*, **Aquele que satisfaz**, **o Complacente**, **o Respondedor**, é Aquele a quem, em virtude de Sua proximidade e de Sua escuta,[590] a invocação de Seus servos é dirigida, conforme *se desprende daquilo que* Ele comunicou a Seu respeito – *segundo Sua Palavra*: "E quando Meus servos te perguntarem por Mim, [dize que] estou perto e respondo (*ujību*) à súplica daquele que ora quando Me invoca" (C. 2:186)[591] –, ao Se descrever a Si mesmo como Falante (*Mutakallim*), pois o "Respondedor" é aquele que tem a capacidade de resposta (*ijāba*), a qual consiste em atender ao apelo (*talbiya*)".[592]

---

589. Ou então "cuidar do homem".

590. Allāh é Ouvinte (*samī'*) e está Próximo (*qarīb*). Seus atributos de proximidade e de "receptividade" fazem alusão a ambos os Nomes. Hamadānī introduz seu comentário do nome *al-Mujīb* com esta mesma definição. Cf. *Ḥaqā'iq*, ms. Asir Efendi 431, fol. 73a.

591. Diz o versículo completo: "E quando Meus servos te perguntarem por Mim, [dize que] estou perto e respondo (*ujību*) à súplica daquele que ora quando Me invoca. Que eles Me escutem, pois, e creiam em Mim! Talvez assim sejam bem dirigidos" (C. 2:186). O mesmo versículo é citado em *Kašf*, 45-2 (*al-Mujīb*).

592. O termo *talbiya*, *maṣdar* ou nome de ação da forma verbal *labbà*, significa "responder 'aqui estou (*labbayk*)', acudir à súplica, comparecer". O termo alude à prece islâmica que começa dizendo: "Senhor meu, aqui estou diante de Ti (*labbayk*)!". A expressão implica presença, receptividade e disponibilidade.

[48] *al-Wāsiʿ*, **o Imenso, o Vasto, o Onicompreensivo, o Abarcador, o Liberal** que dá com generosidade,[593] pelo que Ele desprende de Sua misericórdia (*raḥma*) *onímoda* que tudo compreende, a qual foi criada (*maḫlūqa*) e em razão da qual Ele tem compaixão de todas as coisas e retira Sua cólera (*ġaḍab*) de Seus servos. Observa com atenção, pois há um segredo maravilhoso (*sirr*) *contido* em Sua Palavra: "Minha misericórdia (*raḥma*) abrange (*wasiʿat*) todas as coisas" (C. 7:156)[594] e em Sua Palavra: "Tudo [122b] é perecível (*hālik*) exceto Sua Face" (C. 28:88).[595]

[49] *al-Ḥakīm*, **o Doutíssimo, o Sapientíssimo, o Prudente, o Judicioso,** aquele que dispõe e ordena, fazendo cada coisa descender e se manifestar conforme sua própria categoria (*manzila*), situando-a no grau (*martaba*) que lhe corresponde. *Deus disse – Enaltecido seja –*: "Aquele a quem é concedida a sabedoria (*ḥikma*) recebeu um grande bem (*ḫayr*)" (C. 2:269),[596] e disse também, referindo-se a Si mesmo, que em Sua mão está o Bem (*ḫayr*).[597] *O Profeta* – que a bênção e a paz estejam com ele – disse *a este respeito*: "Todo o Bem (*ḫayr*) está inteiramente em Tuas mãos", de modo que não

593. Lit. "o que estende o dom" (*ʿaṭā'*). Trata-se, portanto, de outro dos nomes de "dom", com os significados de "Liberal" e "Enriquecedor". Mas também significa "aquele que contém o que Ele despende".

594. Citada também em *Kašf*, 46-1 e nota 315.

595. Diz o versículo completo: "Não invoqueis outro deus junto com Allāh! Não há outro deus senão Ele! Tudo é perecível, exceto Ele [lit. 'exceto Sua Face (*wajh*)']! D'Ele é o julgamento! E a Ele retornareis!" (C. 28:88).

596. Diz o versículo completo: "Ele concede a sabedoria a quem quer. E aquele a quem é concedida a sabedoria recebe um grande bem. Mas não se deixam admoestar senão os dotados de discernimento" (C. 2:269). O termo *ḥikma* tem o mesmo morfema radical que o nome *al-Ḥakīm*.

597. Alusão a C. 3:26, onde se diz: "O Bem está em Tua mão".

resta nenhum outro bem *distinto que não esteja em Suas mãos*, mas "o mal (*šarr*) não provém de Ti".[598]

[50] *al-Wadūd*, **o Amoroso, Aquele cujo amor é constante, o Amigo afável** que mantém *com constância* Seu amor por Seus servos, sem que suas faltas de obediência possam diminuir o precedente amor (*maḥabba*) a eles, pois *tais rebeldias* só lhes sobrevêm a não ser por efeito de uma disposição do Decreto *divino* (*qaḍā'*) e da predestinação (*qadar sābiq*), mas não para produzir a expulsão (*ṭard*) e o afastamento *da Presença divina, pois Ele já disse*: "para que Allāh perdoe tuas faltas precedentes e últimas" (C. 48:2);[599] assim prevalece o perdão (*maġfira*) aos amados (*muḥabbūn*).[600]

[51] *al-Majīd*, **o Nobre, o Glorioso, o Honorável**, pois a Ele pertence a nobreza (*šaraf*) de tudo o que se pode qualificar com *o atributo da* nobreza, pois a nobreza do universo reside naquilo que remete a Allāh, a saber, naquilo que Ele criou e realizou. Assim, sua nobreza não é própria, nem é nobre por si mesmo, pois, na realidade, o *verdadeiramente* Nobre (*šarīf*) é Aquele cuja nobreza é inerente à sua própria essência e somente Allāh é, pois, nobre por Si mesmo.

---

598. Lit. "não remete a Ti", "não se remonta a Ti". Ibn 'Arabī explica que "o mundo da criação e da composição requer o mal (*šarr*) por sua própria essência; [...enquanto] o Mundo da Ordem é o Bem *puro* (*ḫayr*) no qual não há mal *algum*". Cf. *Fut.* II, p. 575, lss. 25-26. Sobre estas noções de bem e mal – este último entendido como ausência de bem e inexistência – v. também Chittick, *Sufi Path*, "Good and Evil", pp. 290-291.

599. O versículo completo diz: "Para que Ele perdoe tuas faltas precedentes e últimas, aperfeiçoe Sua graça em ti e dirija-te por uma senda reta" (C. 48:2).

600. O *Šayḫ* especifica no texto que este termo – que poderia ser confundido graficamente com o part. at. "amantes" (*muḥibbūn*), mais comum nesta forma – é aqui particípio passivo (*ism maf'ūl*). Provavelmente o autor usa a quarta forma no lugar do part. pas. da primeira (*maḥbūb*), mais frequente, como alusão ao *hadith* em que Deus diz: "E o servo não deixa de aproximar-se de Mim [...] até que Eu o amo e quando Eu o amo..." (v. *Kašf*, 4-3 e 69-3), no qual se usa a quarta forma.

[52] *al-Bāʿiṯ*, **o Ressuscitador, o Expedidor, Aquele que envia**, em sentido universal (*ʿumūm*) ou particular (*ḫuṣūṣ*). Em sentido geral (*ʿumūm*), porque Ele "envia" os possíveis da inexistência (*ʿadam*) à existência (*wujūd*), e este envio (*baʿṯ*) não é considerado senão por aqueles que postulam que os possíveis (*mumkināt*) têm entidades imutáveis (*aʿyān ṯubūtiyya*), mesmo se não deixam claro o que nós indicamos aqui; e porque o Ser (*wujūd*) é a própria entidade do Verdadeiro (*ʿayn al-Ḥaqq*),[601] *fica claro que* ninguém os[602] enviou, *isto é, não enviou os possíveis da existência potencial à efetiva* senão Allāh mesmo, por meio do nome *al-Bāʿiṯ* em particular.

---

601. Isto é, a Existência é idêntica ao Verdadeiro; a Existência-encontro é a mesma Realidade divina, Deus como Realidade. Para uma interpretação correta desta formulação, que não pode ser confundida com a doutrina panteísta, v. W. Chittick, "La Unidad del Ser", *POSTDATA*, XV, verão 1995, pp. 30-41. S. H. Nasr esclarece este ponto em termos ambíguos: "A doutrina essencial do sufismo, especialmente na interpretação de Muḥyī l-Dīn e sua Escola, é a da unidade transcendental do Ser (*waḥdat al-wujūd*), pela qual muitos estudiosos modernos acusaram-no de ser um panteísta, um panteísta e um monista existencial e, mais recentemente, de seguir o que se denomina misticismo natural. No entanto, todas estas acusações são falsas, já que confundem as doutrinas metafísicas de Ibn ʿArabī com a filosofia, e não consideram o fato de que o caminho da gnose não está separado da graça e da santidade. As acusações de panteísmo contra os sufis são duplamente falsas pois, em primeiro lugar, o panteísmo é um sistema filosófico, enquanto Muḥyī l-Dīn e outros como ele nunca declararam sua adesão a nenhum tipo de 'sistema' e, em segundo lugar, porque o panteísmo implica uma continuidade substancial entre Deus e o Universo, enquanto o Šayḫ seria o primeiro a sustentar a absoluta transcendência de Deus sobre todas as categorias, inclusive aquela de substância. Os críticos que acusam os sufis de panteísmo esquecem a diferença fundamental entre a identificação *essencial* da ordem manifesta, com seu Princípio ontológico, e sua identidade e continuidade *substancial*. Este último conceito é metafisicamente absurdo e contradiz tudo o que dizem Muḥyī l-Dīn e outros sufis com respeito à Essência divina [...] É verdade que Deus reside nas coisas, mas o mundo não 'contém' Deus, e qualquer termo que implique este último sentido não é apropriado para descrever a doutrina de *waḥdat al-wujūd*". Cf. Ibn ʿArabī y los sufíes", *POSTDATA*, XV, verão 1995, pp. 17-18.

602. Ibn ʿArabī concorda com frequência um feminino plural (neste caso *mumkināt*), ao qual corresponderia um pronome de referência no feminino singular (*-hā*), com um pronome no masculino plural (*-hum*) que alude à condição vital e consciente, não puramente objetal, daquilo que é denominado.

Para além disso estão, em sentido particular (*ḫuṣūṣ*), o envio de um estado a outro,[603] como no caso da missão *profética* dos mensageiros (*ba'ṯ al-rusul*), o envio do mundo ao Istmo (*barzaḫ*),[604] *isto é, desde este mundo ao mundo intermediário*, tanto no *curso do* sonho como *na passagem da* morte, e desde o Istmo à Ressurreição (*qiyāma*). Todo envio a um *novo* estado (*ḥāl*), ou *a uma nova condição de* uma entidade (*'ayn*)[605] que ocorre no universo, depende do nome *al-Bā'iṯ*, que é um dos nomes mais extraordinários que o Real (*al-Ḥaqq*) atribuiu a Si mesmo para fazer-Se conhecer a Seus servos.

[53] *aš-Šahīd*, [123a] **a Testemunha (universal), Aquele que dá testemunho a Si mesmo** de que não há divindade senão Ele e dá testemunho, em favor de Seus servos, daquilo em que residem o Bem (*ḫayr*) e a Felicidade (*sa'āda*) para eles, de tudo que *Seus enviados* transmitiram sobre a obediência a Allāh e a Seu Enviado e todos os nobres traços de caráter (*makārim al-aḫlāq*) que eles manifestaram. Do mesmo modo, Ele *é a Testemunha que* dá testemunho contra eles das transgressões (*muḫālafāt*), das desavenças e dos vis traços de caráter (*safsāf al-aḫlāq*) em que incorreram, para assim fazê-los ver a graça (*minna*) e a generosidade (*karam*) divinas em virtude das quais Ele lhes perdoa, cobrindo e apagando suas faltas. Assim, finalmente, em seu retorno (*ma'āl*) junto a Ele, eles alcançam a graça geral (*šumūl al-raḥma*), cuja amplitude

---

603. Lit. "o envio aos estados" (*al-ba'ṯ fī-l-aḥwāl*). Por exemplo, como é explicado em seguida, do estado de homem comum à condição de enviado.

604. Também referido como Istmo (entre dois mares), barreira e ponte, o termo *barzaḫ* é tratado nos textos sufis denotando uma condição intermediária entre o Mundo divino, do Um, onde tudo é indiferenciado, e o mundo do muito, do criado. Seria assim um reino intermediário que é palco da passagem ou estado de evolução do ser humano de uma condição à outra, numa espécie de condição preparatória para a morte dentro da própria morte, algo similar à posição que o purgatório ocupa na religião católica (N.E.).

605. Isto é, seu envio do estado latente à existência efetiva, e vice-versa.

(*sa'a*) os protege, pois fazem parte da totalidade das coisas *que a divina compaixão abraça.*[606]

Deus não faz sair da inexistência (*'adam*) estas coisas chamadas de "transgressão" (*muḫālafa*) para fazê-las aflorar na existência (*wujūd*), a não ser por meio de Sua graça (*raḥma*), pois elas são criadas (*maḫlūqa*) da graça (*raḥma*) e o lugar (*maḥall*) onde se realizam é a causa (*sabab*) de sua existência, pois elas não se manifestam por si mesmas, a não ser unicamente por meio do transgressor (*muḫālif*).[607]

Já sabes, pois, que elas são criadas da graça e que, *como todas as coisas*, celebram o louvor[608] de seu Criador (*Ḫāliq*). *Pois, assim como glorificam seu Criador* e sabendo que não ocorrem por si mesmas, elas pedem perdão[609] para o lugar (*maḥall*) onde se atualizam, a fim de que a existência de suas entidades (*'ayn*) se torne manifesta.

[54] *al-Ḥaqq*, **a Verdade, o Ser, o Verdadeiro, a Realidade** *divina*, **o Real,** *é o verdadeiro* Ser (*wujūd*) "que o falso (*bāṭil*) não atinge" – que é a inexistência (*'adam*)[610] – "nem entre Suas duas mãos, nem por

---

606. Na edição de M. Ġurāb, p. 106, o resto do comentário deste nome é omitido, talvez porque, nestas linhas, o autor trata com audácia a polêmica questão da origem e da natureza das obras transgressivas (*muḫālafāt*).

607. O *muḫālif* é o lugar (*maḥall*) e a causa *secundária* (*sabab*) da manifestação da transgressão (*muḫālafa*).

608. Alusão a C. 17:44. V. *infra*, *Šarḥ*, nº 55 (*al-Wakīl*).

609. As transgressões, a fim de poderem se manifestar, pedem a Deus que perdoe (*istiġfār*) e "cubra" (v. *supra*, em nº 16, os nomes de raiz *ġ-f-r*) o lugar em que se atualizam, isto é, o homem pelo qual se realizam.
Segundo o autor, "... a desobediência (*ma'ṣiya*), quando *o gnóstico* está presente nela com Allāh, está viva (*ḥayya*) e dotada de um espírito divino (*rūḥ ilāhī*) que, até o Dia do Juízo, pede *a Allāh* que lhe perdoe *por havê-la realizado*, e Allāh transforma em bom (*ḥasan*) o que nela era mau, assim como substitui seu castigo *correspondente* por recompensa". Cf. *Fut.* II, p. 652. Sobre esta perspectiva da desobediência e sobre a noção de "imunidade do lugar *de manifestação*" (*'iṣmat al-maḥall*), isto é, do Homem, isento de toda culpa (v. C. 48:2, onde tal isenção se refere a Muḥammad), v. S. Ḥakīm, *Mu'jam*, pp. 806-811.

610. V. o comentário do Šayḫ sobre o verso de Labīd que o Profeta celebrava (*Kašf*, 52-3, *al-Ḥaqq*, nota 350). As noções de *ḥaqq*, a "verdade", e *bāṭil*, o "falso", opõem-se recorrentemente no Corão (v. C. 8:8, 13:17, etc.).

detrás (*ḫalf*) d'Ele" (C. 41:42).[611] A expressão "entre Suas duas mãos (*min bayna yaday-Hi*)"[612] está relacionada com Sua Palavra: "...diante do que criei com Minhas duas mãos" (C. 38:75);[613] e a expressão "por detrás d'Ele (*min ḫalfi-Hi*)" remete ao dito do Enviado de Deus – que a bênção e a paz estejam com ele –: "Não há um lugar ao qual apontar (*marmà*) atrás de Allāh (*warā' Allāh*)",[614] a propósito do qual ele *literalmente* atribui a Allāh um "atrás" (*warā'*) que é aquilo que vem depois, a parte de trás (*ḫalf*). Assim, Ele é um Ser real (*wujūd ḥaqq*) que não procede do não-ser (*'adam*) e que *o* não-ser não sucede, diferentemente da criação (*ḫalq*) que procede da inexistência (*'adam*) e a qual a inexistência[615] sucede de um modo imperceptível. Pois a Existência e a existenciação (*ījād*) não se interrompem, e não há *nada próprio* do cosmos no cosmos, seja neste mundo ou na Última Morada, a não ser existência (*wujūd*)

---

611. A passagem diz assim: "Os que não creem na Admoestação [*o Corão*] quando esta lhes chega... E, por certo, ela é uma *Escritura* excelente, / o falso (*bāṭil*) não lhe chega [lit. 'o falso não lhe vem nem pela frente nem por trás'], é a revelação procedente de um Sábio, Louvável" (C. 41:41-42). Não obstante, neste contexto, Ibn 'Arabī entende, diferentemente da interpretação usual, que a frase se refere a Deus, a quem "o falso não Lhe chega nem pela frente [lit. 'entre Suas mãos] nem por detrás d'Ele", pois em seguida justifica sua interpretação com duas referências escritas, demonstrando que as expressões "entre Suas mãos" e "detrás d'Ele" referem-se a Deus. De qualquer modo, segundo a interpretação mais comum desta passagem corânica, o nome *al-Ḥaqq*, "a Verdade", definido aqui como o *wujūd* "completamente inacessível ao falso", refere-se também de modo alusivo ao *Corão*, à *Escritura* da Existência. Cf. S. Ḥakīm, 'al-Qur'ān al-kabīr', *Mu'jam*, p. 908.

612. A expressão foi traduzida "ao pé da letra" para se entender o comentário, ainda que, em geral, seria traduzida por 'nem pela sua frente', pois tal é seu sentido na língua em uso. Sirva esta passagem como mais um exemplo da prática akbariana de leitura, não só literal, mas *ultraliteral*, "ao pé da letra".

613. Versículo citado em *Kašf*, 4-3 (v. nota 91).

614. Este *hadith* não se encontra em *Concordance*. V. Lane, *Lexicon,* sobre *marmà* (segundo *Tāj al-'arūs*).

615. Na incessante renovação da criação a cada instante. O que se diz da criação (*ḫalq*) entenda-se também do homem, a criatura (*ḫalq*) por excelência.

e testemunho (*šuhūd*)[616] sem término [123b] ou interrupção, entidades (*aʿyān*)[617] que se tornam manifestas e são contempladas.

[55] *al-Wakīl*, **o Procurador, o Advogado, o Valedor**, a quem Seus servos confiam o cuidado de seus interesses (*maṣāliḥ*): em virtude desta mesma atenção (*naẓar*) a suas necessidades, Ele lhes ordena que usem em doações (*infāq*) uma proporção determinada *de suas riquezas*. Depois de terem-No tomado *e reconhecido plenamente* como Valedor (*wakīl*), Ele lhes delega *o cuidado de seus interesses*: num sentido, os bens (*amwāl*) Lhe pertencem, mas Ele lhes encarregou – como vice-regentes – de se ocuparem deles; em outro sentido, os bens pertencem *aos servos*, de modo que são eles que Lhe delegam a guarda. Os bens são dos servos somente em virtude do benefício (*manfaʿa*) que lhes proporcionam, mas eles Lhe pertencem, pois, *como todas as coisas*, estão imersos numa glorificação *permanente* (*tasbīḥ*) para celebrar Seu louvor.[618] Sendo assim, quem considera a glorificação (*tasbīḥ*) afirma que Allāh não criou o cosmos senão para que Ele fosse adorado,[619] mas quem dirige sua atenção ao proveito (*manfaʿa*) considera que

---

616. O *wujūd* corresponde a Deus e o *šuhūd* corresponde ao servo. "Deus está presente e Se encontra em todas as coisas, e o homem testemunha essa presença e descoberta na medida de sua capacidade. *Wujūd* como tal pertence ao Não-manifesto, embora suas reverberações preencham o cosmos. Ao contrário, *šuhūd* é a visão da revelação de si e pertence ao reino do Manifesto". Cf. Chittick, *Sufi Path*, pp. 226-227.

617. Observa-se mais uma vez a interação alusiva de dois significados do termo *ʿayn*: pl. *aʿyān*, "entidade"; pl. *ʿuyūn*/*aʿyun*, "olho".

618. Alusão a C. 17:44: "Os sete céus, a terra e seus habitantes O glorificam. Não há nada que não O glorifique, com louvor, mas vós não compreendeis sua glorificação (*tasbīḥ*). Ele é Longânime, Indulgente".

619. Lit. "para Sua adoração" (*li-ʿibādati-Hi*). Alusão ao versículo: "Não criei os *jinns* e os homens a não ser para Me adorarem (*li-yaʿbudūnī*)" (C. 51:56). Isto é, para que o homem, cumprindo sua função cognitiva, sirva ao propósito do cosmos, que é – segundo o *hadith* do Tesouro Oculto (v. *Muʿjam*, p. 1266) – conhecer a Deus, quem manifestou o cosmos por Sua vontade de Se fazer conhecer.

Allāh somente criou o universo para que cada parte dele seja útil e beneficie a outra.[620]

O primeiro proveito (*manfaʿa*) mútuo corresponde à existenciação (*ījād*), pois *Allāh* existenciou os lugares (*maḥāll*) *de manifestação* para que todos os existentes (*mawjūdāt*) que não podem existir *de modo efetivo*, a não ser num lugar *epifânico* (*maḥall*), possam beneficiar-se da existência;[621] e Ele existenciou aquilo que não existe por si mesmo para que se beneficie com isso aquele que não pode prescindir da produção dos acidentes (*ḥawādiṯ*), nem estar livre deles.[622] Assim, a existência de cada um de ambos depende da *existência* do outro,[623] mas de modo que não implica "encadeamento causal recíproco" (*dawr*),[624] o que os impediria de acontecer (*wuqūʿ*).

[56/57] *al-Qawī al-Matīn*, **o Forte, o Firme**, é o que tem a força (*ḏū-l-quwwa*) para *vencer* a resistência (*ʿizza*)[625] de alguns ou de todos os possíveis em geral, isto é, o fato de que eles não aceitam os opostos.[626] É a esta força (*quwwa*) que se deve a criação do Mundo da Imaginação (*ʿālam al-ḫayāl*), *criado* para que nele possa se manifestar a síntese dos contrários (*al-jamʿ bayna-l-aḍdād*), pois a percepção sensível (*ḥiss*) ou o intelecto (*ʿaql*) não permitem, por si

---

620. A edição damascena de Maḥmūd Ġurāb omite o resto do comentário sobre este nome.

621. Isto é, para que possam se manifestar os acidentes, as propriedades ou os efeitos dos Nomes, que são os fenômenos ou criações – coisas, entidades, formas – do cosmos, pelos quais os Nomes se tornam manifestos. V. Chittick, *Sufi Path*, p. 39.

622. Isto é, o lugar *epifânico* (*maḥall*) onde os acidentes se tornam manifestos: o Homem Universal.

623. Lit. "de seu companheiro".

624. V. a definição que Jurjānī faz do termo *dawr*, *Taʿrīfāt*, trad. Gloton, p. 200 (nº 744).

625. Lit. "a inacessibilidade".

626. Lit. "a não-recepção dos contrários" (*ʿadam al-qubūl li-l-aḍdād*). Poderíamos chamar esta resistência dos possíveis de *incontrariabilidade*, a tendência a não receber e reunir os contrários, faculdade pela qual alguma coisa não pode ser o seu oposto.

só, a união entre dois opostos, enquanto a Imaginação, entretanto, não impede tal combinação. Assim, a autoridade (*sulṭān*) [124a] e a força do Forte manifestam-se unicamente na criação da faculdade imaginativa (*quwwa mutaḫayyila*) e do Mundo Imaginal,[627] que se aproxima – quanto à significação (*dalāla*) – à Realidade *divina* (*al-Ḥaqq*), pois o Verdadeiro (*al-Ḥaqq*) "é o Primeiro e o Último, o Manifesto e o Oculto" (C. 57:3).[628] Quando perguntaram a Abū Sa'īd al-Ḫarrāz: "Por meio do quê conheceste tu a Allāh – Enaltecido seja?". Ele respondeu: "Pelo fato de Ele reunir os opostos". Logo recitou o versículo citado.

Se tudo isto não fosse *dito* de uma Única Entidade (*'ayn wāḥid*), *estas palavras* seriam inúteis pois, *de fato*, ninguém nega *a diversidade* das relações (*nisab*). Uma mesma pessoa pode ter múltiplas relações e ser, assim, pai, filho, tio materno ou paterno, ou outros, mas tal pessoa continua sendo ela mesma e não outra.

Nada consegue apreender verdadeiramente a Forma divina (*ṣūra*)[629] exceto a Imaginação (*ḫayāl*), algo que ninguém pode negar, pois qualquer pessoa encontra *a imaginação* em si mesma e a contempla em seus sonhos, vendo existir (*mawjūd*) nela aquilo cuja existência é impossível.

---

627. Esta tradução, tirada do latim *Mundus imaginalis*, proposta por H. Corbin, para diferenciar o mundo objetivo da Imaginação ativa do mundo meramente imaginário [v. H. Corbin, *L'Imagination créatrice dans le soufisme d'Ibn 'Arabī*, Flammarion, Paris, 1958 (2ª edição 1975), pp. 11-13], foi adotada de modo praticamente unânime tanto nas traduções francesas, inglesas, espanholas, entre outras. Em seguida se assinala que a expressão "mundo imaginal" se aproxima da significação da Realidade que designa o nome *al-Ḥaqq*.

628. V. *Kašf*, 73/74-2, onde também são citados este versículo e a célebre frase de al-Ḫarrāz que é mencionada em seguida. Em sua edição, Maḥmūd Ġurāb omite, a partir deste ponto, o resto do comentário sobre este nome, sem indicação alguma. V. *Fut.* IV, p. 325, lss. 5-9.

629. Lit. "tomar posse da Forma". Isto é, nada pode "adquirir" a capacidade de reunir os opostos, nada a possui exceto a Imaginação.

"Allāh é o Sustentador (*al-Razzāq*), o Forte (*Ḏū-l-quwwa*), o Firme (*al-Matīn*)" (C. 51:58).

[58] *al-Walī*, **o Amigo protetor, o Defensor vitorioso, o Auxiliador**, que ajuda (*al-Nāṣir*) a quem O ajuda,[630] pois Seu auxílio vitorioso (*naṣr*) é uma recompensa. *De fato*, Ele já ajudou e salvou aquele que crê *firmemente* n'Ele *atribuindo-Lhe toda vitória.*[631] Assim, o crente (*mu'min*) recebe o auxílio (*naṣr*) de Allāh *necessariamente* pela via da obrigação (*ṭarīq al-wujūb*),[632] segundo Sua Palavra: "Era Nosso dever (*ḥaqq*) auxiliar (*naṣr*) os crentes" (C. 30:47),[633] semelhante ao caráter obrigatório da misericórdia (*wujūb al-raḥma*) que Ele Se prescreve a Si mesmo ao dizer – Enaltecido seja –: "Vosso Senhor prescreveu a Si mesmo a misericórdia (*raḥma*)..." para quem comete o mal por ignorância "...mas logo se arrepende e se encaminha..."(C. 6:54).[634]

Que relação isto tem com a amplitude (*ittisā'*) *da graça que tudo abarca*? O auxílio (*naṣr*) de Allāh se assemelha à misericórdia obrigatória (*raḥmat al-wujūb*),[635] diferenciando-se, portanto, da miseri-

630. O servo "auxilia" Deus obedecendo com fé a Seus preceitos e pelo reconhecimento de que somente Sua é a assistência vitoriosa, pois, "[...] O auxílio (*naṣr*) não vem senão de Allāh..." (C. 3:126). "Associam-lhe deuses [...] e que não podem oferecer-lhes auxílio (*naṣr*) nem se auxiliar a si mesmos?" (C. 7:192). V. *Kašf*, 56.

631. Pelo auxílio e a vitória da fé que Ele lhe inspirou.

632. Deus Se impôs a Si mesmo, segundo o versículo citado em seguida, a obrigação (*wujūb*), o dever (*ḥaqq*) de auxiliar Seus crentes fiéis (*mu'minūn*). Como no caso anterior, Maḥmūd Ġurāb omite, em sua edição, a partir deste ponto, o resto do comentário sobre este nome, sem indicação alguma. V. *Fut.* IV, p. 325, lss. 10-18.

633. Versículo citado em *Kašf*, 56-2 (*al-Walī*) e nota 368.

634. O versículo completo, dirigido a Muḥammad e referido aos crentes, diz: "Quando vierem a ti os que creem em Nossos sinais, dize: 'Que a Paz esteja convosco!' Vosso Senhor prescreveu a Si mesmo a misericórdia (*raḥma*), de modo que se um de vós comete o mal por ignorância, mas logo se arrepende e se encaminha... Ele é Indulgente, Misericordioso" (C. 6:54).

635. Neste versículo, Deus prescreve a Si mesmo a misericórdia para com os contritos, como Se prescreveu o auxílio aos crentes no versículo anterior. Trata-se, pois, de

córdia onímoda do dom de graça (*raḥmat al-imtinān al-wāsiʿ*), pois nós não vimos, naquilo que nos revelou – Enaltecido seja – *referência alguma a* um auxílio incondicional (*nuṣra muṭlaqa*). Somente achamos *referências* ao auxílio restrito (*nuṣra muqayyada*), seja pela *condição* da fé (*īmān*) – *pela qual ajuda os crentes* – [124b] ou por Sua Palavra: "Se auxiliardes Allāh, Ele vos auxiliará" (C. 47:7),[636] *em virtude da qual Ele ajuda aqueles que O ajudam.*

E eis aqui um dos segredos (*sirr*) de Allāh – Enaltecido seja – *que se manifesta*, às vezes, no fato de os associadores saírem vitoriosos sobre os crentes. Medita atentamente sobre isto e tu o encontrarás, se Deus quiser.

Desse modo, *o auxílio* não vem até que tenhamos fé n'Ele, mas quando a fé (*īmān*) se fortalece em quem a tem por o que seja, Ele lhe dá a vitória (*naṣr*) sobre aquele *cuja fé é* mais débil, por comparação.

Isto que eu disse não se referia à Sua Palavra: "aqueles que creem (*yu'minūn*) na falsidade (C. 29:52) ...", onde Ele chama os crentes (*mu'minūn*) *de associadores*. De qualquer modo, *com relação a este versículo*, verifica-se que, a respeito de sua fé no falso,[637] não a tinham por tratar-se do falso, mas porque acreditavam naquilo em que crê o Povo da Verdade (*ahl al-Ḥaqq*) em relação ao Verdadeiro (*al-Ḥaqq*),[638] em virtude do quê Ele lhes atribuiu *neste versículo*

---

um auxílio e de uma misericórdia prescritos, não gerais, mas restritos a "crentes" e "contritos".

636. O começo deste comentário remete a este versículo: "Crentes! Se auxiliardes a Allāh, Ele vos auxiliará e firmará vossos passos" (C. 47:7). Aprecia-se novamente o duplo sentido ativo-passivo do esquema *faʿīl*: o Auxiliador-Auxiliado. V. M. Chodkiewicz, *Sceau*, p. 37.

637. Isto é, nos múltiplos deuses.

638. A doutrina da Unidade transcendental do Ser exige que toda fé seja de fato, em última instância, fé n'Ele pois não há, na realidade, outro além do Único.

a condição da fé (*īmān*). E é porque esta correspondia de fato a algo distinto daquilo que eles tinham como crença (*iʿtiqād*) que o Verdadeiro a denominou para nós "a falsidade", e não em razão do que eles imaginaram.

[59] *al-Ḥamīd*, **o Louvador, o Louvado, o Louvável**, porque Ele é o que louva (*ḥāmid*) pela língua de todo aquele que Ele louva e por Si mesmo e porque Ele é, *em última instância*, o louvado (*maḥmūd*) em tudo aquilo que se exalta, pois todo louvor Lhe é finalmente dirigido.[639]

[60] *al-Muḥṣī*, **o Compreendedor, o Contador, o Enumerador** que registra e compreende todas as coisas enumeráveis,[640] tanto as letras (*ḥurūf*) como as entidades da existência,[641] pois a finitude (*tanāhī*) – que o cômputo *divino* (*iḥṣā'*) compreende – não corresponde senão aos seres existenciados (*mawjūdāt*). Assim, esta *coisidade* (*šay'iyya*)[642] *das coisas enumeráveis* é a *coisidade* da existência efetiva (*šay'iyyat al-wujūd*)[643] e, segundo Sua Palavra,

---

639. Ele é o sujeito e o objeto último de todo louvor, aquele que, afinal, louva a Si mesmo por Si mesmo (*bi-nafsi-Hi*) ou por meio de outro, o único Louvado e o único Louvador. O duplo caráter ativo-passivo da forma *faʿīl* manifesta-se plenamente aqui. V. *supra*, nº 24-1.

640. Lit. "o que controla o número (*ʿadad*) de qualquer coisa (*šay'*)". O caráter quantitativo deste nome não exclui o caráter qualitativo desta "enumeração" (*iḥṣā'*). Quando o *hadith* diz "quem os enumerar [i.e. 'quem repetir os 99 Nomes'] entrará no Paraíso", é evidente que não se refere a uma enumeração puramente mecânica.

641. O autor distingue entre as letras, como elementos constitutivos da linguagem e da existência enquanto *Logos*, das entidades individuais existentes (*aʿyān wujūdiyya*), as "palavras" que resultam da articulação das letras. *Al-Muḥṣī* não só compreende as letras, mas também todas as suas possíveis combinações concretas.

642. A condição de ser coisa ou objeto. V. nota *infra*.

643. A *coisidade* da existência efetiva (*šay'iyyat al-wujūd*) em oposição à *coisidade* da inexistência (*šay'iyyat al-ʿadam*) ou à *coisidade* da existência imutável (*šay'iyyat al-ṯubūt*). V. *Muʿjam*, pp. 667-669. Por erro, a edição de M. Ġurāb diz aqui *šay'a*, "vontade", no lugar de *šay'iyya* (v. ms. fol. 124b).

"Ele enumera cada coisa (*šay'*) em seu exato número" (C. 72:28).[644]

[61] *al-Mubdi'*, **o Produtor, o Originador, o Iniciador**, é aquele que começa a criação-Homem (*ḫalq*) com a existenciação (*ījād*) no segundo e no último grau (*rutba*) – pois não há um terceiro – [125a] que compreende tudo o que tenha se manifestado ou se manifeste do cosmos. O primeiro grau é o da Realidade *divina*, o Verdadeiro (*al-Ḥaqq*), que é o Primeiro (*al-Awwal*), de modo que a criação-Homem (*ḫalq*), quanto à sua existência, não pode jamais estar no primeiro *grau*, pois somente o último lhe corresponde. Mas a Realidade *divina* está com ele – *com o homem/criação* – no último, pois Ele está com o cosmos (*'ālam*) – *i.e., com os homens* – "onde quer que estejam" (C. 58:7),[645] e também chamou *a Si mesmo* o Último. Sabe disso!

[62] *al-Mu'īd*, **o Recriador, o Restaurador, o Reprodutor** da entidade do ato (*al-Mu'īd 'ayn al-fi'l*), como Criador (*Ḫāliq*), Agente (*Fā'il*), O que dispõe (*Jā'il*) e Executor (*'Āmil*), pois quando Ele termina a criação de uma coisa, volta a *criar* outra criação (*ḫalq āḫar*), já que não há coisa alguma que se repita no cosmos *duas vezes de maneira*

---

644. "*[...] E Ele abarca tudo o que se refere a eles [aos enviados]* e enumera cada coisa, em seu exato número" (C. 72:28).

645. Várias alusões simultâneas se entretecem neste comentário: Deus é "o Primeiro e o Último" (C. 57:3) (v. *Kašf*, 73/74-2 e nº 56-57 *supra*). A Realidade divina (*al-Ḥaqq*) se contrapõe à criação (*ḫalq*), termo que designa também a criatura por excelência, o ser humano, que faz alusão, aqui, à realidade do Homem Perfeito (*al-Insān al-Kāmil*) como microcosmos. Um primeiro grau ontológico da existenciação – não sujeito à temporalidade – corresponde à existência de Deus, o Primeiro, como Realidade divina e Princípio original. Um segundo grau corresponde ao Homem-criação, isto é, o cosmos em seus dois aspectos micro e macrocósmico, e ao nome divino "o Último", Deus como Fim, co-presente, neste grau, com o Homem-cosmos, isto é, o servo ou os servos, "onde quer que estejam" (C. 58:7). Esta passagem imediata entre um nome no singular (p. ex. *'ālam*) e outro nome, referência ou pronome no plural, ou vice-versa, é um recurso alusivo frequentemente usado pelo Šayḫ em seus escritos. O termo "cosmos" concorda com um plural "onde quer que estejam", porque sua singularidade, a singularidade do Homem Perfeito – finalidade e espírito do cosmos –, integra a totalidade dos homens, cujas múltiplas manifestações participam de uma mesma realidade essencial.

idêntica, pois *as coisas* são somente semelhanças (*amṯāl*)[646] contingentes *incessantemente renovadas*; elas são a nova criação (*ḫalq jadīd*),[647] entidades (*aʿyān*) que passam a existir.

[63] *al-Muḥyī*, o **Vivificador**, é aquele que vivifica com a existência toda entidade mutável suscetível de existenciação,[648] de modo que o Verdadeiro (*al-Ḥaqq*) a faz existir em sua existência.

[64] *al-Mumīt*, o **Mortificador**, o **Matador** que dá a morte *à entidade existenciada* no instante seguinte,[649] sem que o tempo de sua existência seja excedido. Pois sua separação (*mufāraqa*) e sua passagem (*intiqāl*) são próprias do estado de existência à qual a morte corresponde, e ela retorna à sua condição de imutabilidade (*ṯubūt*), pois é impossível que volte a existir depois daquilo até se extinguir e, devido à sua infinitude (*ʿadam al-tanāhī*), ela não pode se extinguir.[650] Compreende, então!

[Inciso: o recitador invisível]

Estava pondo por escrito este capítulo quando, no momento de abordar esta questão, escutei que alguém recitava uns versos num

646. Sobre este termo e outros da mesma raiz, v. Chittick, *Sufi Path*, p. 117. As coisas que se sucedem na incessante produção, ainda que possam parecer repetidas ou idênticas em sua continuidade aparente, são sempre, na realidade, imagens semelhantes (*amṯāl*) – nunca as mesmas – recriadas a cada instante numa nova criação.

647. A criação perpetuamente renovada, segundo a interpretação do Šayḫ, à qual se refere o versículo: "Então, Nós estamos exaustos com a primeira criação? Não! Mas eles estão em dúvida diante de uma nova criação (*ḫalq jadīd*)" (C. 50:15). V. também C. 55:29 (v. *supra*, *Šarḥ*, nº 40). Sobre esta doutrina akbariana, v. Chittick, "The New Creation", *Sufi Path*, pp. 96-112.

648. Lit. "que tenha a propriedade de ser existenciável (*ḥukm qubūl al-ījād*)".

649. Lit. "segundo".

650. A partir daqui, a ed. de M. Ġurāb omite o texto que o Šayḫ introduz no comentário, como um inciso, do nome *al-Mumīt*. O inciso deve-se ao sincronismo entre a redação desta seção e a recitação relatada por Ibn ʿArabī. Por fidelidade ao estilo do autor, ela foi traduzida integralmente.

canto da casa (*bayt*) *onde eu me encontro*. Apesar de ter escutado sua voz, não pude ver semblante algum, nem sei a quem eram dirigidos seus versos,[651] que diziam assim:

"Transmite teu legado,[652] pois logo partirás
a uma estação (*manzil*)[653] em que encontrarás proveito,
lograda por ser daqueles
que sabem aceitar os conselhos.[654]

Ao lado da casa já clamou
aquele que anuncia *a chamada* da morte [125b].
À Sua *presença* Ele já te convocou,
não respondas, pois, com prantos *nem lamentos*!

D'Ele, um emissário (*rasūl*) te chegou
com o maior dom,[655] em que o encontro
de teu Senhor está *anunciado*
e nele estão todos os benefícios".[656]

E, com relação à visão de Allāh, *o encontro* está próximo, ainda que em relação a nós possa estar longe, como Ele disse *na sura chamada* "Os degraus *celestiais*": "Eles o veem distante, mas Nós o vemos próximo" (C.70:6-7).

---

651. Se não fosse por esta observação, eu teria pensado que os versos recitados pelo "visitante" invisível eram dirigidos ao Šayḫ. A edição de *Futūḥāt* de 1293, baseada na primeira redação da obra (acabada em 629 H.), retoma esse poema com o mesmo comentário dessa segunda redação (v. vol. IV, p. 419). De qualquer modo, estes versos – em metro *mujtaṯṯ* – estão, sem dúvida, intimamente relacionados com o nome *al-Mumīt* que o autor comentava no momento de escutá-los.

652. Isto é, lega *teu saber*. Lit. "faze testamento", ou então, "dá conselho".

653. Alusão à Última Morada.

654. Isto é, merecida por aqueles que, receptivos aos comunicados, seguem as indicações da revelação profética.

655. A revelação profética.

656. Cf. *Fut*. IV, p. 325, lss. 27-33; ms. ff. 125a-125b.

[65] *al-Ḥayy*, **o Vivo, o Vivente** que vive por Si mesmo e realiza (*taḥqīq*) o que Se atribui a Si mesmo – *o atributo da Vida* –, que não pode ser atribuído senão ao que Ele determinou para ser vivente (*ḥayy*).

[66] *al-Qayyūm*, **o Autosubsistente, o Imutável, o Mantenedor**, porque Ele cuida da subsistência[657] de toda alma (*nafs*) com o que lhe corresponde.

[67] *al-Wājid*,[658] **o Perfeito, o Opulento, o Encontrador, o Auto-Existente, o Autossuficiente**, pelo que Ele procura e alcança,[659] pois Ele é infalível e nada Lhe escapa, nem Lhe falha, assim como, *ao contrário*, quem procura conhecê-Lo, na realidade, não pode alcançá-Lo.[660]

[68/69] *al-Wāḥid al-Aḥad*, **o Um-Único**, em virtude de Sua Divindade *absoluta* (*ulūha*), pois não existe divindade senão Ele.

[70] *aṣ-Ṣamad*, **o Confortador, o Amparador, o Suporte *universal*** em cuja proteção se pode confiar em *todas* as situações, pela qual O tomamos como Valedor (*Wakīl*).

[71] *al-Qādir*, **o Livre, o *Todo*-Poderoso, o Capacitador**, é o que infunde o poder determinante (*iqtidār*) nos recipientes (*qawābil*) nos quais Ele quer que este poder se manifeste, exclusivamente.

[72] *al-Muqtadir*, **o Poderoso, o *Oni*potente *executor*, o Determinador** que determina o que fazem nossas mãos,[661] pois, ainda que a ação (*ʿamal*) se manifeste por meio de nossas mãos, a força executora (*iqtidār*) Lhe pertence. Pois toda mão (*yad*) *que opera* no cosmos é a mão de Allāh, dado que, afinal, o poder operante (*iqtidār*) Lhe

---

657. Lit. "pela subsistência (*qiyām*) ... de toda alma (*nafs*) com o que ela tenha ganhado". Poderia entender-se também "a subsistência de cada alento" (*nafas*).

658. Este nome tem a mesma raiz lexical que *wujūd*, "existência-encontro".

659. Isto é, porque Ele sempre consegue o que procura.

660. Lit. "... o buscador (*ṭālib*) de Seu conhecimento (*maʿrifa*)", pois é Deus mesmo quem encontra (*al-Wājid*) e, portanto, o único que verdadeiramente pode conhecer-Se a Si mesmo tal como Ele é.

661. Isto é, nossas obras.

pertence, de modo que Ele – Enaltecido seja – é Todo-Poderoso *capacitador* (*Qādir*) por Si mesmo e Onipotente *executor* (*Muqtadir*) por nós.

[73/74] *al-Muqaddim al-Mu'aḫḫir*, **o Aproximador e o Afastador, o Adiantador e o Retardador**, que adianta quem Ele quer para o que Ele quer e atrasa quem Ele quer quanto ao que Ele quer.

[75/76] *al-Awwal al-Āḫir*, **o Primeiro e o Último**, *o Primeiro* por necessidade[662] – *enquanto Ser Necessário preeterno* –, e *o Último* porque tudo *finalmente* retorna a Ele.[663]

[77/78] *aẓ-Ẓāhir al-Bāṭin*, **o Manifesto e o Oculto, o Exterior e o Interior**, que Se manifesta a Si mesmo e não cessa de manifestar-Se, e o que Se oculta de Sua criação (*ḫalq*) sem nunca deixar de ocultar-Se. Assim, Ele jamais pode ser conhecido [126a].

[79] *al-Barr*, **o Bom, o Benfeitor, o Benévolo, o Bondoso**, por Sua beneficência (*iḥsān*), Suas graças e Seus favores, com os quais Ele agraciou a Seus servos.

[80] *al-Tawwāb*, **o Remissório, aquele Que sempre retorna**, porque Ele Se volta contra Seus servos para que eles se arrependam[664] e retorna *a eles* com a recompensa por seu arrependimento (*tawba*).

[81] *al-Muntaqim*, **o Vingador, o Castigador**, que castiga quem Lhe desobedece para purificá-lo neste mundo[665] com a aplicação dos limites *prescritos na Lei* e com os sofrimentos que se manifestam no

---

662. Na filosofia neoplatônica árabe, Deus é chamado *wājib al-wujūd*, termo adotado por Ibn ʿArabī, ao qual remete aqui ao referir-se à necessidade do Primeiro, o "Ser Necessário", conceito que Jurjānī define assim: "Aquele cuja existência provém de sua essência e que não necessita absolutamente de nada". Cf. *Taʿrīfāt*, nº 1792.

663. Alusão a C. 11:123. "A Allāh pertence o Invisível dos céus e da terra. Ele é o fim de toda determinação [...]". Com relação a estes nomes, v. *supra*, *Šarḥ*, nº 56/57 e nº 61.

664. No sentido de que eles "voltem" a seu Senhor.

665. De modo que fique purificado de seu erro antes do Juízo Final.

cosmos (*ʿālam*);[666] tudo que se trata de uma represália *aparente* (*intiqām*) e de uma graça oculta (*jazā' ḫafī*) que nem todos percebem, pois inclusive a dor da criança de colo é uma graça (*jazā'*).[667]

[82] *al-ʿAfū*, **o Absolvedor, o Indulgente, Aquele que apaga** a diferença na excelência (*tafāḍul*) da dádiva (*ʿaṭā'*) quanto à escassez ou à abundância.[668] E, dado que nas diferentes classes de dons há ineludivelmente escassez ou abundância, é preciso que o perdão (*ʿafw*) *do Absolvedor* seja extensivo e compreenda *a ambas*, pois, como *no caso do nome* o Majestoso (*al-Jalīl*),[669] *ele inclui* necessariamente os opostos (*aḍdād*).

[83] *ar-Ra'ūf*, **o Benévolo, o Piedoso**, pela *atitude de* bondade misericordiosa (*ṣalāḥ*) e a crescente piedade *em resposta a ela* que se manifesta entre os servos, o que é recíproco (*maqlūb*)[670] e constitui um dos aspectos da compaixão (*šafaqa*).

---

666. Segundo a ed. cairota e o ms. autógrafo (f.126a). Na ed. de Maḥmūd Ġurāb, lê-se: "e dos sofrimentos que deve padecer o transgressor (*ẓālim*)", onde o editor leu erroneamente *ẓālim* ao invés de *ʿālam*.

667. Lit. "retribuição". Se o lactante não experimentasse e expressasse sua necessidade de alimento, esta passaria inadvertida. Este exemplo ilustra a ideia de que toda dor tem um aspecto oculto de graça. Conforme se desprende do texto, no caso dos tormentos espirituais, o sofrimento desempenha uma dupla função de purificação e de orientação: por um lado, o calor do fogo possibilita a sublimação, por outro, os sintomas de uma doença mostram sua existência e indicam a necessidade de cura. Neste sentido, a dor serve de guia no caminho para a felicidade assinalando os limites. Se não doesse quando uma criança se aproximasse do fogo e se queimasse, poderia sem temor consumir-se em suas chamas. Na cosmovisão akbariana, toda manifestação da majestade divina oculta uma graça. Para ilustrar este ponto, Ibn ʿArabī usa com frequência a imagem do remédio de efeito curativo mas de aparência desagradável (cf. *Fut.* XII: 254 e XIII: 550 e 564).

668. O autor parece aludir ao versículo 6:160, citado em *Kašf*, 80-3. Em sua edição, Maḥmūd Ġurāb omite parte do texto que segue.

669. O que implica "subida" e "descida" e apresenta dois aspectos contrários de incomparabilidade e de similaridade: como nome de Majestade ele se opõe ao nome de Beleza *al-Jamīl*. V. *supra*, *Šarḥ*, nº 45 e *Kašf*, 80-3.

670. Na relação entre servo e servo, mas também entre o Senhor e Seu servo.

[84] *al-Wālī*, **o Governador, o Advogado** que governa por Si mesmo tudo aquilo que Ele administra. Ele rege as entidades imutáveis produzindo nelas a existenciação; governa os seres existenciados (*mawjūdāt*) adiantando ou retardando quem Ele quer; dispõe com equidade e justiça; outorga e favorece.

[85] *al-Mutaʿālī*, **o Altíssimo, o Sublime, o Supremo, o Exaltado**, que sobrepuja todo aquele que aspira à elevação (*ʿulū*) na terra e pretende aquilo que não lhe corresponde e o que não tem direito algum.

[86] *al-Muqsiṭ*, **o Equitativo** é aquele que dá em virtude da justa distribuição (*taqsīṭ*), segundo Sua Palavra: "e não a fazemos descer senão na medida determinada (*qadr maʿlūm*)" (C. 15:21),[671] que é a distribuição equitativa (*taqsīṭ*).

[87] *al-Jāmiʿ*, **o Reunidor, o Totalizador, o Congregador** que reúne todo ser existente (*mawjūd*) em Sua existência (*wujūd*).

[88] *al-Ġanī*, **o Rico, o Independente, o Autossuficiente**, que pode prescindir dos mundos e bastar-se *sem necessidade deles.*

[89] *al-Muġnī*, **o Enriquecedor** é aquele que confere *ao servo*[672] o atributo da suficiência (*ġinà*),[673] fazendo-o saber que Sua ciência do cosmos (*ʿālam*) está subordinada a seu objeto.[674] [126b] Assim, *neste*

---

671. O versículo completo diz: "E não há nada, sem que estejam junto de Nós seus tesouros. Mas não a fazemos descer senão na medida determinada".

672. Tenha-se presente, nesta seção, a correspondência entre as noções de "servo" e "cosmos": o servo enquanto cosmos, o cosmos enquanto servo.

673. Lit. "riqueza", entendida como aquilo que faz independente.

674. Isto é, o saber que Deus tem do universo depende do objeto de Seu saber (*ʿilmu-Hu bi-l-ʿālam tābiʿ li-l-maʿlūm*), e não o contrário, pois trata-se de uma presciência total do que está predestinado e, portanto, ela "segue" necessariamente seu objeto, do qual não cabe divergir. Pode-se traduzir também por "sua ciência", em cujo caso o pronome se referiria à ciência do servo. O termo *ʿālam* tem a mesma raiz lexical que *ʿilm*. De fato, as grafias consonantais de "sabedor" (*ʿālim*) e "cosmos" (*ʿālam*) são idênticas, em que há uma alusão à condição microcósmica do homem adâmico, a quem Deus ensinou os nomes.

sentido, o cosmos não lhe dá nada de si mesmo,[675] de modo que o servo não depende de sua influência e da influência sobre ele,[676] sabendo que não existe nele senão o que deve existir.

[90] *al-Badīʿ*, **o Inovador, o Inventor, o Incomparável**, que não cessa de introduzir permanentemente novidades em Sua criação (*ḫalq*); pois Ele cria as semelhanças (*amṯāl*)[677] e as dessemelhanças (*ġayr al-amṯāl*), dado que necessariamente há ao menos um aspecto (*wajh*) pelo qual uma imagem (*maṯal*) se distingue de seu semelhante (*miṯl*), e Ele é o Inovador deste aspecto distintivo.

[91/92] *aḍ-Ḍārr al-Nāfiʿ*, **o Prejudicador e o Benfeitor, o Contrariador e o Favorecedor** é aquele que contraria o que não concorda com a intenção final (*ġaraḍ*) e aquele que favorece o que concorda com ela.

[93] *an-Nūr*, **a Luz**, por todas as entidades do cosmos que se manifestam e porque Ele dissipa a escuridão (*ẓulma*) que a atribuição dos atos (*nisbat al-afʿāl*) ao cosmos (*ʿālam*) implica.[678]

[94] *al-Hādī*, **o Guia**, por tudo que Ele elucida e indica aos que O conhecem[679] sobre a situação a Seu respeito.

[95] *al-Māniʿ*, **o Defensor**, aquele que retém *os possíveis*, mantendo-os na possibilidade (*imkān*) *antes* de enviá-los *à existência efetiva.*

---

675. Poderia entender-se também que "*o Enriquecedor* não dá nada de Si mesmo *ao servo*" ou também que "'o saber' não dá nada de si mesmo ao 'cognoscível'". A ambiguidade polivalente das referências pronominais, sem dúvida consciente por parte do autor, manifesta-se ao longo deste comentário, dando lugar a uma trama de alusões que permite uma gama de leituras diversas.

676. O servo – ou então, a ciência – é independente da influência do cosmos e da influência no cosmos.

677. Na incessante renovação da criação. V. *supra*, *Šarḥ*, nº 62 (*al-Muʿīd*).

678. Entenda-se, por extensão, "ao homem". Sobre estes e outros significados do nome *Nūr*, v. *Kašf*, 93-1 e nota 504.

679. Ou então, segundo uma leitura *ultraliteral* que a hermenêutica akbariana legitima: "aos instruídos por Ele" (*ʿulamāʾ bi-Hi*).

Esta retenção (*imsāk*) deve-se unicamente a uma sabedoria *divina* (*ḥikma*) que Sua onisciência (*ʿilm*) determina Sua criação (*ḫalq*).

[96] *al-Bāqī*, **o Perpétuo, o Eterno, o Permanente**, posto que – diferentemente das entidades *manifestas* dos seres existenciados (*aʿyān al-mawjūdāt*) *que podem deixar a existência efetiva* depois de haver existido – Ele é incessante.[680] Assim, a este Nome correspondem a permanência da existência (*dawām al-wujūd*) e a continuidade da existenciação (*dawām al-ījād*).

[97] *al-Wāriṯ*, **o Herdeiro**, pelo que Lhe restituímos *das coisas que nos havia confiado*, particularmente *após a morte*, em nossa passagem (*intiqāl*) ao Istmo (*barzaḫ*).

[98] *ar-Rašīd*, **o Diretor, o Condutor, Aquele que mostra o caminho**, por aquilo ao qual Ele orienta e encaminha Seus servos ao fazê-los saber que Ele – Enaltecido seja – "está na Senda Reta" (C. 11:56) e apanha pelo topete todo ser que caminha (*dābba*),[681] de modo que não existe ninguém que não esteja naquela Via (*ṣirāṭ*),[682] e o final ao qual con-

---

680. Lit. "Não pode admitir fim (*zawāl*) algum", pois sua principal característica é a continuidade (*dawām*).

681. A expressão "pegar pelo topete" (*nāṣiya*) é usada neste mesmo versículo cujo texto completo diz: "Eu confio em Allāh, meu Senhor e vosso Senhor. Não há ser animal algum que Ele não apanhe pelo topete! Por certo, meu Senhor está na senda reta (*ʿalà ṣirāṭ mustaqīm*)" (C. 11:56). Assim, "não há ser vivo (*dābba*) algum que Ele não tenha apanhado pelo topete (*nāṣiya*)". Como expressão figurada, ela significa, no uso comum, "ter bem agarrado" ou "dominar" mas, neste contexto, "apanhar pelo topete" significa, segundo a interpretação do Šayḫ, "guiar". Sobre a interpretação do nome al-Rašīd e dos termos empregados aqui, v. *Fuṣūṣ* (cap. X, pp. 106 e ss.) que desenvolve o que Ibn ʿArabī aborda aqui de modo sucinto. O termo *dābba*, entendido normalmente como "ser vivo que caminha", refere-se aqui, de fato, – segundo o que o autor precisa em *Fuṣūṣ* – "a tudo o que não é o Verdadeiro" (*kullu mā siwā l-Ḥaqq dābba*, p. 106).

682. A sintaxe peculiar desta frase, própria do estilo akbariano, permite também ler; "pois não há ninguém mais além daquele que está naquela Senda", o que se pode entender num duplo sentido: (1) Por um lado, todos os seres são guiados, pois Ele está no Caminho Reto e os leva agarrados, (2) por outro lado, na realidade, somente Ele existe verdadeiramente e, portanto, não há ninguém mais além d'Ele no Caminho Reto.

duz a retidão (*istiqāma*) é a misericórdia (*raḥma*). Allāh não concedeu a Seus servos uma graça (*niʿma*) tão grande como a de apanhar pelo cabelo – *isto é, de guiar* – todo ser que caminha, de modo que não há ninguém que não caminhe com Ele pela Senda Reta.

[99] *aṣ-Ṣabūr*, **o Paciente**, que suporta e tolera as ofensas que, segundo Sua Palavra, causam-Lhe "aqueles que molestam a Allāh e a Seu Enviado..." (C. 33:57),[683] pois, tendo o poder (*iqtidār*) para fazê-lo, Ele não se apressa em puni-los, mas adia *Seu* castigo[684] para que ele se dê por meio de nossas mãos [127a]. *Pois a nós incumbe* resguardá-Lo daquilo, fazendo represálias contra eles, de modo que Ele nos louve,[685] já que não nos fez conhecer *estas ofensas*, atribuindo-se o nome o Paciente, senão para que *nós mesmos* as eliminemos e as afastemos d'Ele.

683. Versículo citado em *Kašf*, 7-3 (*al-Muʾmin*) e 99-2 (*al-Ṣabūr*).

684. Conforme se dá a entender em seguida ao versículo citado.

685. Ainda que, na realidade, é a Si mesmo quem Ele louva, pois Ele é o verdadeiro agente da ação que se realiza através das mãos dos servos. Há neste texto uma alusão implícita ao versículo: "Não éreis vós que os matavam, era Allāh Quem os matava. Quando atiravas [areia], não eras tu [o Profeta] quem a atirava, mas Allāh Quem a atirava, para pôr os crentes à prova com uma bela prova vinda d'Ele. Allāh tudo ouve, tudo sabe" (C. 8:17).

ÍNDICE DE CORRESPONDÊNCIAS

NOMES	Nº ŠARḤ	Nº KAŠF
al-ʿAdl	34	30
al-ʿAfū	82	80
al-Aḥad	69	--
al-Āḫir	76	74
al-ʿAlī	40	37
al-ʿAlīm	24.1	20
al-ʿĀlim	24.2	--
al-ʿAllām	24.3	--
Allāh	1	1
al-Awwal	75	73
al-ʿAẓīm	38	34
al-ʿAzīz	10	9
al-Badīʿ	90	95
al-Bāʿiṯ	52	50
al-Bāqī	96	96
al-Bāri'	14	13
al-Barr	79	77
al-Baṣīr	32	28
al-Bāsiṭ	26	22
al-Bāṭin	78	76
al-Ḍārr	91	91
Ḏū-l-jalāl wa-l-ikrām	--	83

NOMES	Nº ŠARḤ	Nº KAŠF
al-Fattāḥ	23	19
al-Ġaffār	16.1	15
al-Ġāfir	16.2	--
al-Ġafūr	16.3	35
al-Ġanī	88	88
al-Hadī	94	94
al-Ḥafīẓ	42	39
al-Ḥakam	33	29
al-Ḥakīm	49	47
al-Ḥalīm	37	33
al-Ḥamīd	59	57
al-Ḥaqq	54	52
al-Ḥasīb	44	41
al-Ḥayy	65	63
al-Ḫabīr	36	32
al-Ḫāfiḍ	28	23
al-Ḫāliq	13	12
al-Kabīr	41	38
al-Karīm	19	43
al-Laṭīf	35	31
al-Malik	5	4
Mālik al-mulk	--	82
al-Māniʿ	95	90
al-Matīn	57	55
al-Majīd	51	49
al-Mājid	--	66
al-Mu'aḫḫir	74	72
al-Mubdi'	61	59
al-Muḏill	30	26
al-Muġnī	89	89

NOMES	Nº ŠARḤ	Nº KAŠF
al-Muhaymin	9	8
al-Muḥṣī	60	58
al-Muḥyī	63	61
al-Muʿīd	62	60
al-Muʿizz	29	25
al-Mu'min	8	7
al-Mumīt	64	62
al-Muntaqim	81	79
al-Muqaddim	73	71
al-Muqīt	43	40
al-Muqsiṭ	86	86
al-Muqtadir	72	70
al-Muṣawwir	15	14
al-Mutaʿālī	85	85
al-Mutakabbir	12	11
al-Mujīb	47	45
al-Nāfiʿ	92	92
al-Nūr	93	93
al-Qābiḍ	25	21
al-Qādir	71	69
al-Qahhār	17	16
al-Qawī	56	54
al-Qayyūm	66	64
al-Quddūs	6	5
al-Rabb	4	--
al-Rāfiʿ	27	24
al-Raḥīm	3	3
al-Raḥmān	2	2
al-Raqīb	46	44
al-Rašīd	98	98

NOMES	Nº ŠARḤ	Nº KAŠF
al-Ra'ūf	83	81
al-Razzāq	22	18
al-Ṣabūr	99	99
al-Šahīd	53	51
al-Saḫī	21	--
al-Šakūr	39	36
al-Salām	7	6
al-Ṣamad	70	68
al-Samīʿ	31	27
al-Tawwāb	80	78
al-Wadūd	50	48
al-Wahhāb	18	17
al-Wāḥid	68	67
al-Wakīl	55	53
al-Walī	58	56
al-Wāriṯ	97	97
al-Wāsiʿ	48	46
al-Wājid	67	65
al-Jabbār	11	10
al-Jalīl	45	42
al-Jāmiʿ	87	87
al-Jawād	20	--
al-Ẓāhir	77	75

ÍNDICE DE VERSÍCULOS CORÂNICOS CITADOS NOS TEXTOS DO *ŠARḤ* E *KAŠF*

Cada versículo é seguido pelo lugar ou lugares em que ele é citado ou aludido com a indicação dos números do capítulo e da seção separados por um hífen – p. ex., 42-2 (nome *al-Jalīl*, *taḥaqquq*) – se a menção aparece em *Kašf*, ou a indicação do número do parágrafo do "Comentário dos mais belos nomes divinos" (*Šarḥ*) em que se encontra – p. ex., nº 3 (*al-Raḥīm*).

1:2	V. *Kašf*, "Conclusão" (*ḫitām*).
2:16	V. 97-3 (*al-Wāriṯ*).
2:28	V. 62-2 (*al-Mumīt*).
2:30	V. 4-1 (*al-Malik*) e 9-3 (*al-ʿAzīz*).
2:31	V. *Kašf*, "Conclusão" (*ḫitām*).
2:135	V. nota em nº 33 (*al-Ḥakam*).
2:152	V. nota em nº 39 (*al-Šakūr*).
2:172	V. *Kašf*, "Conclusão" (*ḫitām*).
2:175	V. 97-3 (*al-Wāriṯ*).
2:186	V. 45-2 (*al-Mujīb*) e nº 47 (*al-Mujīb*).
2:260	V. 10-3 (*al-Jabbār*).
2:269	V. nº 49 (*al-Ḥakīm*).
3:9	V. 87-2 (*al-Jāmiʿ*).
3:26	V. nº 49 (*al-Ḥakīm*).
3:126	V. nº 58 (*al-Walī*).
3:169	V. 63-1 (*al-Ḥayy*).
3:178	V. 22-2 (*al-Bāsiṭ*).

4:34	V. 64-3 (*al-Qayyūm*).
4:35	V. 29-3 (*al-Ḥakam*).
4:56	V. 60-2 (*al-Muʿīd*).
4:116	V. C. 4:48. V. 93-2 (*al-Nūr*).
5:32	V. 61-3 (*al-Muḥyī*) e 62-3 (*al-Mumīt*).
5:56	V. 56-3 (*al-Walī*).
5:64	V. 42-2 (*al-Jalīl*).
5:109	V. 87-2 (*al-Jāmiʿ*).
5:110	V. 10-3 (*al-Jabbār*) e 69-3 (*al-Qādir*).
6:54	V. nº 58 (*al-Walī*).
6:103	V. 42-2 (*al-Jalīl*).
6:103	V. nº 36 (*al-Laṭīf*).
6:149	V. 82-2 (*Mālik al-mulk*).
6:160	V. 80-3 (*al-ʿAfū*).
7:8-9	V. 23/24-2 (*al-Ḫāfiḍ al-Rāfiʿ*).
7:22	V. 36-2 (*al-Šakūr*).
7:27	V. C. 7:26.
7:59	V. 2-2 (*al-Raḥmān*).
7:128	V. 97-3 (*al-Wāriṯ*).
7:156	V. 2-2 (*al-Raḥmān*), 3-2 (*al-Raḥmān*), 46-1 (*al-Wāsiʿ*), e nº 48 (*al-Wāsiʿ*).
7:180	V. *Kašf*, "Introdução" (*muqaddima*).
7:192	V. nº 58 (*al-Walī*).
8:8	V. nota em nº 54 (*al-Ḥaqq*).
8:17	V. nota em nº 99 (*al-Ṣabūr*).
8:21	V. nº 31 (*al-Samīʿ*).
8:40	V. *Kašf*, "Conclusão" (*ḫitām*).
9:6	V. 94-3 (*al-Hādī*).
9:43	V. 32-3 (*al-Ḫabīr*).
11:7	V. 32-2 (*al-Ḫabīr*).
11:56	V. alusão em nº 98 (*al-Rašīd*).

11:107	V. C. 85:16. V. 11-2 (*al-Mutakabbir*).
11:123	V. nota em nº 75-76 (*al-Awwal wa-l-Āḫir*).
14:7	V. 36:2 (*al-Šakūr*) e nº 39 (*al-Šakūr*).
15:21	V. nº 86 (*al-Muqsiṭ*).
17:2-3	V. 53-2 (*al-Wakīl*).
17:23	V. 56-3 (*al-Walī*).
17:43	Alusão em 85-2 (*al-Mutaʿālī*).
17:44	V. 61-2 (*al-Muḥyī*). Alusões em nº 53 (*al-Šahīd*) e nº 55 (*al-Wakīl*).
17:110	V. 2-2 (*al-Raḥmān*).
18:60-82	Alusão em 2-2 (*al-Raḥmān*).
19:40	V. 97-2 (*al-Wāriṯ*).
19:63	V. 97-3 (*al-Wāriṯ*).
20:8	V. nota em *Kašf*, “Introdução” (*muqaddima*).
20:14	V. 68-3 (*al-Ṣamad*).
20:46	V. nº 32 (*al-Baṣīr*).
20:50	V. 30-3 (*al-ʿAdl*).
20:114	V. 85-3 (*al-Mutaʿālī*).
21:47	V. 23/24-1 (*al-Ḫāfiḍ al-Rāfiʿ*).
21:51	V. 98-2 (*al-Rašīd*).
21:58	V. nº 41 (*al Kabīr*)
21:62-63	V. nº 41 (*al-Kabīr*).
21:112	V. nº 33 (*al-Ḥakam*).
22:18	V. 61-2 (*al-Muḥyī*).
24:2	V. 3-3 (*al-Raḥīm*) e 81-3 (*al-Ra'ūf*).
24:41	V. 61-2 (*al-Muḥyī*).
25:45-46	V. 21-2 (*al-Qābiḍ*).
25:60	V. 2-2 (*al-Raḥmān*).
26:83-84	V. 57-3 (*al-Ḥamīd*).
27:30	V. 2-2 (*al-Raḥmān*).
28:82	V. 22-2 (*al-Bāsiṭ*).

28:83	V. 57-3 (*al-Ḥamīd*).
28:88	V. nº 48 (*al-Wāsiʿ*).
29:52	V. nº 58 (*al-Walī*).
29:62	V. 22-2 (*al-Bāsiṭ*).
30:30	V. nota em nº 33 (*al-Ḥakam*).
30:41	V. 56-3 (*al-Walī*).
30:47	V. 56-2 (*al-Walī*) e nº 58 (*al-Walī*).
31:14	V. 36-3 (*al-Šakūr*).
32:11	V. 62-3 (*al-Mumīt*).
33:4	V. 99-3 (*al-Ṣabūr*).
33:57	V. 7-3 (*al-Mu'min*), 99-2 (*al-Ṣabūr*) e nº 99 (*al-Ṣabūr*).
37:95-96	V. nº 35 (*al-Laṭīf*) e 7-3 (*al-Mu'min*).
38:75	V. 4-3 (*al-Malik*), 9-3 (*al-ʿAzīz*) e nº 54 (*al-Ḥaqq*).
39:3	V. 2-2 (*al-Raḥmān*) e nº 41 (*al-Kabīr*).
39:36	V. 41-2 (*al-Ḥasīb*).
39:67	V. nº 6 (*al-Quddūs*) e nº 25 (*al-Qābiḍ*).
39:68	V. 63-1 (*al-Ḥayy*).
40:35	V. 11-3 (*al-Mutakabbir*).
40:60	V. 1-3 (*Allāh*).
41:11	V. 61-2 (*al-Muḥyī*) e 97-3 (*al-Wāriṯ*).
41:41-42	V. nº 54 (*al-Ḥaqq*).
41:46	V. 12-3 (*al-Ḫāliq*).
42:11	V. 9-2, 9-3 (*al-ʿAzīz*), 11-2 (*al-Mutakabbir*) e 42-2 (*al-Jalīl*).
42:27	V. 22-2 (*al-Bāsiṭ*).
42:51	V. 53-2 (*al-Wakīl*).
45:15	V. 12-3 (*al-Ḫāliq*).
47:7	V. nº 58 (*al-Walī*).
47:31	V. 32-2 (*al-Ḫabīr*) e nº 36 (*al-Ḫabīr*).
48:2	V. nº 50 (*al-Wadūd*) e nº 53 (*al-Šahīd*).
48:10	V. 69-3 (*al-Qādir*).
50:15	V. nº 62 (*al-Muʿīd*).

50:16	V. 42-2 (*al-Jalīl*).
50:44	V. 87-2 (*al-Jāmiʿ*).
51:56	Alusão em nº 55 (*al-Wakīl*).
51:58	V. nº 56 (*al-Qawī*).
55:7-9	V. 23/24-1 (*al-Ḫāfiḍ al-Rāfiʿ*).
55:29	V. nota em nº 40 (*al-ʿAlī*) e nº 62 (*al-Muʿīd*).
57:3	V. 73/74-2 (*al-Awwal al-Āḫir*); nº 56-57 (*al-Qawī al-Matīn*) e nota de nº 61 (*al-Mubdiʾ*).
57:7	V. 53-3 (*al-Wakīl*).
57:18	V. 21-2 (*al-Qābiḍ*).
57:27	V. 95-3 (*al-Badīʿ*).
58:7	V. 42-2 (*al-Jalīl*) e nº 61 (*al-Mubdiʾ*).
59:22	V. nº 24 (*al-ʿAllām*).
59:23	V. nota em 11-3 (*al-Mutakabbir*).
59:24	V. 11-3 (*al-Mutakabbir*), 13-2 (*al-Bāriʾ*) e 14-2 (*al-Muṣawwir*).
62:1-2	V. 50-3 (*al-Bāʿiṯ*).
65:3	V. 41-2 (*al-Ḥasīb*).
67:2	V. 32-2 (*al-Ḫabīr*).
67:14	V. nota de nº 36 (*al-Laṭīf*).
68:4	V. 34-2 (*al-ʿAẓīm*).
70:6-7	V. nº 66 (*al-Mumīt*).
72:26-28	V. nº 60 (*al-Muḥṣī*).
73:9	V. 52-2 (*al-Wakīl*).
73:20	V. 21-2 (*al-Qābiḍ*) e 68-3 (*al-Ṣamad*).
78:6-7	V. 48-2 (*al-Wadūd*).
83:7-10	V. 23/24-2 (*al-Ḫāfiḍ al-Rāfiʿ*).
83:18-21	V. 23/24-2 (*al-Ḫāfiḍ al-Rāfiʿ*).
85:16	V. 11-2 (*al-Mutakabbir*).
95:4-5	V. 23/24-2 (*al-Ḫāfiḍ al-Rāfiʿ*).
112:1-4	V. 68-1 (*al-Ṣamad*).

SINAIS, SIGLAS E ABREVIATURAS UTILIZADAS

Sinais

Itálico: texto explicativo, subentendido no original, adicionado à tradução para facilitar a leitura e, neste caso, evitar nota.

[ ] texto adicionado para completar uma citação, ou de caráter explicativo, leitura ou tradução variante, referência de folio do ms. base, ou outros mss. na edição do texto árabe.

[...] texto omitido (na tradução, na citação parcial de um versículo, etc.).

( ) na edição crítica, o texto entre parênteses foi adicionado

Siglas e referências de livros, revistas e mss.

C. – Abreviatura de Corão, seguida do número da sura e do número do versículo citado. Ex. C. 12: 5 (sura nº 12: versículo nº 5). V. *El Corán*, trad. J. Cortés, Herder, Barcelona, 1986 (3ª ed.); *El Corán*, trad. J. Vernet, Planeta, Barcelona, 1983.

Concordance – Wensinck, A. J., et. al.; *Concordance et indices de la tradition musulmane*, Brill, Leiden, 1936-69.

Concordancias – H. Kassis e K. Kobbervig; *Las concordancias del Corán*, IHAC, Madri, 1987.

Contemplaciones – Ibn ʿArabī; *Las Contemplaciones de los Misterios* (*Mašāhid al-asrār*), ed. e trad. de S. Hakim y P. Beneito, ERM, Múrcia, 1994.

Dévoilement Ibn ʿArabī; *Le Dévoilement des effets du voyage* (*K. al-Isfār ʿan natā'ij al-asfār*), trad. por D. Grill, Éd. de l'Éclat, Combas, 1994.

Divine World – Graham, W; *Divine Word and Prophetic Word in Early Islam*, Mouton, Haia, 1977.

EI – *Encyclopédie de l'Islam* (*EI*[1]: 1ª edição; *EI*[2]: 2ª edição).

Essai – Massignon, L.; *Essai sur les origines du lexique technique de la mystique musulmane*, Vrin, Paris, 1954 (2ª ed.).

Fuṣūṣ – Ibn ʿArabī, *Fuṣūṣ al-ḥikam*, ed. crítica de A. A. ʿAfīfī, Beirute, 1946.

Fut./Futūḥāt – Ibn ʿArabī, *al-Futūḥāt al- makkiyya*, Cairo, 1329 p., (IV vols.). Quando é feita referência à edição crítica de O. Yahya, Cairo, 1392/1972 – (cujos primeiros XIV vols. foram consultados – dos 37 que compõem a edição completa –, correspondentes aos volumes I e II da edição cairota), é citado o volume seguido dos pontos e número/s da epígrafe (p. ex. *Fut.* VI: 55-57), ou se especifica (OY), vol. e pág.

GAL – Brockelmann, C.; *Geschichte der Arabischen Literatur*, Leiden, 1945-1949.

Ḥaqā'iq – ʿAlī Hamadānī, Ḥaqā'iq al-asmā' atribuído a Ṣadr al-Dīn Qūnawī, ms. Asir Ef. 431/21a-113a (865 H.).

Iluminations – Chodkiewicz, M., et. al., *Les Illuminations de La Mecque. Textes choisis / The Meccan Illuminations*, Sindbad, Paris, 1988.

IC – Asín Palacios, M.; *El Islam cristianizado: Estudio del sufismo a través de las obras de Abenarabí de Murcia*, Madri, 1931 (1ª ed.); Hiperión, Madri, 1981.

Imaginación – Corbin, Henry; *La Imaginación creadora en el sufismo de Ibn* ʿArabī, trad. de M. Tabuyo e A. López, Ed. Destino, Barcelona, 1993. *L'Imagination créatrice dans le soufisme d'Ibn ʿArabī*, Flammarion, Paris, 1958 (2ª ed. 1975).

Iṣṭilāḥāt – Ibn ʿArabī, *Iṣṭilāḥāt aš-Šayḫ al-Akbar Muḥyī-l-Dīn Ibn al-ʿArabī*, introd. e ed. de Bassām ʿAbd al-Wahhāb al-Jābī. Dār al-Imām Muslim, Beirute, 1990 (*Muʿjam iṣṭilāḥāt al-ṣūfiyya,* pp. 22-39).

Iṣṭilāḥāt – Qāšānī, ʿAbd al-Razzāq; *Iṣṭilāḥāt al-Ṣūfiyya*, ed. Muḥammad Kamāl Ibrāhīm, Cairo, 1981.

JMIAS – JOURNAL OF THE MUHYIDDIN IBN ʿARABI SOCIETY, Oxford.

Kašf – Ibn ʿArabī, *Kašf al-maʿnà.*

Le Livre d'enseignement – Ibn ʿArabī, *Le Livre d'enseignement par les formules indicatives des gens inspirés (K. al-Iʿlām bi-išārāt ahl al-ilhām)*, trad. de M. Vâlsan, Paris, 1985.

Maqṣad – Ġazālī, Abū Ḥāmid; *Al-Maqṣad al-asnā' fī šarḥ ma'ānī asmā' Allāh al-ḥusnà*, (ed. e introd. de F.A. Shehadi), Dār al-Mashriq, Beirute, 1971. *The Ninety-nine Beautiful Names of God (Al-Maqṣad al-asnā')*, trad. e notas de D.B. Burrell e N. Daher, The Islam Texts Society, Cambridge, 1992.

Mašāhid – V. *Contemplaciones* (edição do texto árabe).

Miškāt – Ibn 'Arabī; *La Niche des Lumières (Miškāt al-anwār)*, trad. de Muhammad Vâlsan, Paris, 1983.

Mu'jam – Ḥakīm, S.; al-Mu'jam al-*ṣūfī*, Ed. Dandara, Beirute, 1981.

Noms – Gimaret, D.; *Les noms divins en Islam*, Cerf., Paris, 1988.

Océan – Chodkiewicz, M.; *Un océan sans rivage: Ibn 'Arabī, le Livre et la Loi*, Éd. du Seuil, Paris, 1992.

Quête – Addas, C.; *Ibn 'Arabī ou la quête du Soufre rouge*, Gallimard, Paris, 1989.

RG – Repertório Geral das obras de Ibn 'Arabī, realizado por Osman Yahya em sua *Histoire et classification de l'oeuvre d'Ibn 'Arabī*, Damasco, 1964. A abreviação é seguida de um número correspondente ao número sob o qual a obra aparece no repertório de O. Yahya.

Rasā'il – *Rasā'il Ibn 'Arabī*, Hyderabad, 1948.

Šarḥ – Ibn 'Arabī; (*Šarḥ asmā› Allāh al-ḥusnà*), cf. Fut., IV, pp. 322-326; ms. autógrafo de *Fut.*, Evkaf Musesi 1887 (Türk Islam Eserleri Müzesi).

Šarḥ al-asmā' – Ŷurŷānī, 'Alī b. Muḥammad; *Šarḥ al-asmā' al-ḥusnà min al-mawāqif*, ms. 2237 de Berlim, (Mq. 427/f. 20a-22b) —atribuído a 'Abd al—Raḥmān Ŷāmī com o título *Šarḥ asmā› Allāh al-ḥusnà*—; ms. Laleli 2433/fols. 127a—131a (nº 17), Istambul (taclīq; šawāl, 968 H.).

Šarḥ kalimāt – Ibn 'Arabī (recompilação de M. Gurāb); *Šarḥ kalimāt al--ṣūfiyya,* Matba'at Zayd b. Ṯābit, Damasco, 1981.

Šarḥ ma'ānī asmā' – Qušayrī; *Šarḥ ma'ānī asmā' Allāh al-ḥusnà,* ms. Yeni Cami 705/22b-130b (865 H.).

Sceau – Chodkiewicz, M.: *Le Sceau des Saints: Prophétie et sainteté dans la doctrine d'Ibn 'Arabī,* Gallimard, Paris, 1986.

Sufi Path – Chittick, W.; *The Sufi Path of Knowledge (Ibn al-'Arabī's Metaphysics of Imagination*), SUNY, Nova York, 1989.

Tadbīrāt – Ibn 'Arabī, *K. al-Tadbīrāt al-ilāhiyya fī iṣlāḥ al-mamlaka al--insāniyya* (RG: 716) ; ed. S. H. Nyberg, *Kleinere Shriften des* Ibn 'Arabī, Leiden, 1919, pp. 101—240 do texto árabe.

Tao – Murata, S.; *The Tao of Islam*, SUNY, Nova York, 1992.

Taʿrīfāt – Jurjānī, ʿAlī b. Muḥammad, *K. al-Taʿrīfāt*, trad. de M. Gloton, Teerã, 1994.

Traité – Fleisch, H.; *Traité de Philologie Arabe*, Dar el-Machreq, Beirut, 1990 (2ª ed.), II vols.

Traité sur les Noms – Rāzī, Fajr al-Dīn; *Traité sur les Noms divins,* trad. e notas por M. Gloton, Dervy-Livres, Paris, 1986 (vol. I) e 1988 (vol. II).

A maior parte da Bibliografia está citada acima, mas há mais a ser garimpado como:

Corbin, Henry, *Corps spirituel et terre céleste*, Paris, 1979; trad. de C. Crespo, *Cuerpo espiritual y tierra celeste*, Siruela, Madri, 1996.

O Alcorão do Helmi Nasr (como está no Muhammad)

Bibliografia

'Abd al-Razzāq al-Qāšānī, *Laṭā'if al-iʿlām fī išārāt ahl al-ilhām*, editada por Saʿīd ʿAbd al-Fattāḥ, Dār al-kutub al-miṣriyya, Cairo, II vols. 1416/1996.

'Abd al-Salām Hārūn, *Muʿjam al-šawāhid al-ʿarabiyya*, Maṭbaʿat al-Ḫanjī, Cairo, 1972, II vols.

'Alī b. Muḥammad, *K. al-Taʿrīfāt*, trad. de M. Gloton, Teerã, 1994, p. 334, nº 1355.

Ḥakīm, S., *al-Muʿjam al-ṣūfī*, Ed. Dandara, Beirute, 1981 (abrev. *infra Muʿjam*).

Abū Bakr al-Ṭurṭūšī, *K. al-ḥawādīṯ wa-l-bidaʿ* (*O Livro das novidades e das inovações*), estudo e trad. de Ma. Isabel Fierro, Madrid, 1993.

Addas, *Ibn ʿArabī ou la Quête du Soufre Rouge*, Gallimard, Paris, 1989.

al-Šajarī, *K. al-Amālī*, II.

al-Ašʿarī, *K. Šajarat al-yaqīn*, intr., ed. e trad. de Concepción Castillo, Madrid, 1987;

al-Baġdādī (ʿAbd al-Qādir b. ʿUmar), *Ḫizānat al-adab*, ed. ʿAbd al-Salām Muḥammad Hārūn, Maktabat al-Ḫanjī, Cairo, 1981, vol. II, pp. 255-257.

al-Jāḥiẓ, *K. al-Bayān wa-l-tabyīn*, ed. ʿAbd al-Salām Hārūn, Cairo, 1948--1950 (IV vols.), I, p. 8

al-Marzūqī (Aḥmad b. Muḥammad), *Šarḥ dīwān al-ḥamāsa*, ed. de Aḥmad Amīn e ʿAbd al-Salām Hārūn, IV. vols., Cairo, 1951-1956, vol. 1, pp. 183--188 (nº 36);

al-Marzūqī, *Šarḥ dīwān al-ḥamāsa*, Cairo, 1951, pp. 25-27

Al-Rāzī, *Traité sur les noms divins*. Introdução, tradução e notas de Maurice Gloton, edições Al-Bouraq, Beyrouth, 2000.

Al-Ġazālī, *Les Secrets du Jeûne et du Pélerinage*, Ed. Tawhid, Lyon, 1993, p. 117

al-Tadbīrāt al-ilāhiyya, ed. Nyberg, cap. V, p. 145.

Asín Palacios M., *El Islam Cristianizado: Estudio del sufismo a través de las obras de Abenarabí de Murcia*, Madrid 1931 (1ª edição); Hiperión, Madrid, 1981 (abrev. *infra IC*), pp. 452-455.

Asín Palacios, *Abenhazam de Córdoba*, III, Ed. Turner, Madrid, 1984, pp. 177--192.

Asín Palacios, *La escatología musulmana en la Divina Comedia*, Madrid, 1984 (1ª ed. 1919)

Badawī, ʿAbd al-Raḥmān, *Šaṭaḥāt ṣūfiyya*, Dar al-Qalam, Beirute, 1978 (3ª ed.).

C. Addas, *Quête*, pp. 311-312.

Cf. Wright W., *A Grammar of the Arabic Language*, Cambridge University Press, éd. 1971

Chodkiewicz, M. *et al*., Les *Illuminations de La Mecque*, Sindbad, Paris, 1988, pp. 108-116.

Chodkiewicz, M., *Le Sceau des Saints: Prophétie et sainteté dans la doctrine d'Ibn 'Arabî*, Gallimard, Paris, 1986 (abrev. *infra Sceau*), pp. 111-143.

Chodkiewicz, M., *Un océan sans rivage: Ibn ʿArabī, le Livre et la Loi*, Ed. du Seuil, Paris, 1992 (abrev. *infra Océan*), pp. 70-72.

Corbin, *Imaginación*, pp. 169-170 e 361-362/Corbin, H., *L'Imagination créatrice dans le soufisme d'Ibn ʿArabī*, 2ª edição, Flammarion, 1958

El Libro de la Escala de Mahoma, Siruela, Madrid, 1996.

Emir ʿAbd el-Kader, *Ecrits spirituels,* intr. e trad de M. Chodkiewicz, Seuil, Paris, 1982, pp. 27-28 e 187.

Eric Winkel, *Mysteries of Purity*, Notre Dame, Indiana, 1995.

Fleish, H., *Traité de Philologie arabe*, Dar el-Machreq, Beirute, 1990 (2ª edição), II vols (abrev. *infra Traité*), 53h-k, pp. 265-266.

G. Vajda, *La Transmission du savoir en Islam*, Londres, 1983, pp. 4-5.

Gimaret, D., *Les noms divins en Islam*, Cerf, Paris, 1988 (abrev. *infra: Noms*), pp. 51-68.

Graham, W., *Divine Word and Prophetic Word in Early Islam*, Mouton, La Haye, 1977, (abrev. *infra Divine Word*), pp. 134-35
H. Corbin, *Corps spirituel et terre celeste*, Paris, 1979
H. Corbin, *Cuerpo espiritual y tierra celeste*, Siruela, Madrid, 1996, pp. 159--167.
H. Corbin, *L'Imagination créatrice dans le soufisme d'Ibn ʿArabī*, Flammarion, Paris, 1958 (2ª edição 1975).
H. Kassis e K. Kobbervig, *Las concordancias del Corán*, IHAC, Madrid, 1987 (abrev. *infra Concordancias*), pp. 128-129.
Ibn 'Arabī, *Fut*. II, p. 562, lss. 7 e 10-11; trad. Claude Addas, em *Ibn 'Arabī et le voyage sans retour*, Le Seuil, Paris, 1996.
Ibn 'Arabī, *Futūḥāt makkiyya*. I, p.3, 1.17
Ibn 'Arabī, *Iṣṭilāḥāt aš-Šayḫ al-Akbar Muḥyī-l-Dīn Ibn al-'Arabī: Muʿjam iṣṭilāḥāt al-ṣūfiyya*, introd. e ed. de Bassām 'Abd al-Wahhāb al-Jābī. Dār al-Imām Muslim, Beirute, 1990, 80 pp. (pp. 74-75).
Ibn 'Arabī, *Las Contemplaciones de los Misterios (Mašāhid al-asrār)*, ed. e trad. S. Ḥakīm e P. Beneito, ERM, Murcia, 1994 (abrev.*infra Contemplaciones*), pp. x-xi.
Ibn 'Arabī, *Las Contemplaciones de los Mistérios* (*Mašāhid al-asrār*), ed. e trad. S. Ḥakīm e P. Beneito, ERM, Murcia, 1994, pp. iii e iv.
Ibn Jinnī, *K. al-Ḫaṣā'iṣ*, II, Cairo, 1952, p. 27
Ibn ʿArabī, *al-Dīwān al-Kabīr*, ed. Bombay, s. d., pp. 107-110.
Ibn ʿArabī, *El secreto de los Nombres de Dios*, introdução, edição, tradução e notas de Pablo Beneito, Editoria Regional de Murcia, Murcia, 1996 – 2ª edição revista, 1997
Ibn ʿArabī, *Iṣṭilāḥāt al-Šayḫ Muḥyī l-Dīn Ibn ʿArabī,* ed. Bassām ʿAbd al--Wahhāb al-Jābī, Dar al-Imām Muslim, Beirute, 1990
Ibn ʿArabī, *K. al-Tadbīrāt al-ilāhiyya fī iṣlāḥ al-mamlaka al-insāniyya* (RG: 716); ed. S. H. Nyberg, *Kleinere Shriften des* Ibn ʿArabī, Leiden, 1919 (pp. 101 e 240 do texto árabe), cap. V, pp. 144-45
Ibn ʿArabī, Ibn ʿArabī, *La parure des 'abdāl'*, trad. francesa de M. Vâlsan, Paris, 1992 (1ª ed. 1950).
Ibn ʿArabī, *Le Dévoilement des effets du voyage* (*K. al-Isfār ʿan natā'ij al-asfār*), trad. de D. Grill, ed. de l'Eclat, Combas, 1994 (abrev. *infra Dévoilement*).

Ibn ʿArabī, *Le Livre d'enseignement par les formules indicatives des gens inspirés (K. al-Iʿlām bi-išārāt ahl al-ilhām)*, trad. de M. Vâlsan, Paris, 1985, pp. 52-53.

Ibn ʿArabī, *Le livre des chatons des sagesses*, trad. Charles André Gilis, ed. Al-Bouraq, Paris, 1998, vol. II, p. 650. V. C. 18: 60-82.

Ibn ʿArabī, *Le Secret des Noms de Dieu*. Introduction, édicion critique et notes de Pablo Beneito, Les Éditions Albouraq – Héritage Spirituel – [ou seria: Dar Albouraq], Beyrouth-Liban, 2010

Ibn ʿArabī, *Sufis of Andalusia*, trad. R.W.J. Austin, Beshara Publications, 1971

Ibn ʿArabī, v. *K. al-Tajalliyāt al-ilāhiyya* (*wa-kitāb kašf al-ġāyāt*), ed. O. Yahya, Teerã, 1988.

J. Jomier, "Le nom divin 'al-Raḥmān' dans le Coran", *Mélanges Massignon*, Damasco, 1975, II, pp. 365-366

J. Morris, "Seeking God's Face", *JOURNAL OF THE MUHYIDDIN IBN 'ARABI SOCIETY*, Oxford (abrev. *infra JMIAS*), XVI, 1994, pp. 1-38

J. Ribera, "La música de las cantigas", *Disertaciones y Opúsculos*, Madrid, 1928

Jurjānī, ʿAlī b. Muḥammad, *Kitāb al-Taʿrīfāt*, trad. de M. Gloton, Teerã, 1994 (abrev. *infra Taʿrīfāt*), def. 1652 e 1655.

M. Maḥmūd al-Ġurāb, *al-Fiqh ʿinda-l-Šayḫ al-Akbar...*, Damasco, 1981, pp. 102-109

Massignon, L., *Essai sur les origines du lexique technique de la mystique musulmane*, Vrin, Paris, 1954 (2ª edição) (abrév. *infra Essai*)

Mir Valiuddin, *Contemplative disciplines in sufism*. East-West Publications, Londres, 1980

Muḥammad b. Waḍḍāḥ al-Qurṭubī, *Kitāb al-bidaʿ* (*Tratado contra as inovações*), ed., trad., estudo e índices por Ma. Isabel Fierro, Madrid, 1988.

Muḥammad Ibn Šākir al-Kutubī, *Fawāt al-wafayāt* – ed. Iḥsān ʿAbbās, Dār Ṣādir, 1973, Beirute, vol. IV, p. 226; ed. Muḥammad Muḥyī-l-Dīn ʿAbd al-Ḥamīd, Cairo, 1951-1953.

Murata S., *The Tao of Islam*, SUNY, New York, 1992

Osman Yahya. *Histoire et classification de l'oeuvre d'Ibn ʿArabī*, Damasco, 1964.

Pablo Beneito, "An Unknown Akbarian of the Thirteenth-Fourteenth Century: Ibn Ṭāhir, the Author of *Laṭā'if al-iʿlām*, and His Works", ASAFAS Special Paper, Kyoto University, Kyoto, 2000.

Pablo Beneito, *El secreto de los nombres de Dios*, pp. xxxv-xxxviii ('Certificados de audición del 621 H.').

Paul Ballanfat, "Légitimité de l'herméneutique dans le commentaire des traditions du prophète de Rūzbehān Baqlī", *ANNALES ISLAMOLOGIQUES*, nº XXXI, p. 28, nota 29.

Qāšānī, 'Abd al-Razzāq, *Iṣṭilāḥāt al-ṣūfiyya*, Cairo, 1981 (abrev. *infra Iṣṭilāḥāt*), p. 106, def. 284-286.

Qays Ibn al-Ḫaṭīm al-Awsī. *Dīwān Qays Ibn al-Ḫaṭīm*, ed. Nāṣir al-Dīn al-Asad, Dār Ṣādir, Beirute, 3ª ed., 1991, p. 46.

Rāzī, Faḫr al-Dīn, *Traité sur les noms*, trad. e notas de M. Gloton, Dervy-Livres, Paris, 1986 (vol. I) e 1988 (vol. II) (abrev. *infra Traité sur les noms*), p. 38, nota 3.

Rodinson, *Mahomet*, 3ª ed., Paris, 1975, p. 149

Ġazālī Abū Ḥāmid, *Al-Maqṣad al-asnā' fī šarḥ ma'ānī asmā' Allāh al-ḥusnà*, ed. e introd. de F. A. Shehadi), Dār al-Mashriq, Beirute, 1971 (abrev. *infra Maqṣad*), pp. 182-183.

Stephen Hirtenstein, "Between the Secret Chamber and the Well-trodden Path. Ibn 'Arabī's exposition of the *wajh al-ḫāṣṣ*", *JMIAS*, XVIII, 1995, pp. 41-56.

Su'ād Ḥakīm, *Ibn 'Arabī wa-mawlid lūġa jadīda*, Beirute, 1991.

Tadbīrāt, ed. Nyberg, cap. V, p. 145.

V. J. Nurbakhsh, *Sufi symbolism: volume VII*, Londres, 1993, pp.95-138

V. Vincent J. Cornell, *The Way of Abū Madyan: The works of Abū Madyan Shu'ayb*, Cambridge, 1996, p.149.

W. Chittick em Chodkiewicz, M. *et al.*, *Les Illuminations de La Mecque. Textes choisis / The Meccan Illuminations*, Sindbad, Paris (abrev. *infra Illuminations*), pp. 108-116.

W. Chittick, "Assuming the [Character] Traits of God", *The Sufi Path of Knowledge Ibn 'Arabî's Metaphysics of Imagination*, SUNY, New York, 1989 (abrev. *infra Sufi Path*), pp. 21-22 e 283-86.

Wensinck, A. J. *et al.*, *Concordance et indices de la tradition musulmane*, Brill, Leiden, 1936-1969 (abrev. *infra: Concordance*), vol. II, pp. 550-552.

بمن رفع ذلك عنه بالاستفهام منهم فصرنا على ذلك فانه ما عرفنا
به مع اتصافه بالصبر لا المرفع ذلك عنه ونكشف ضر استحضر
بما اعطته حضرة الحضرات من هذا البلاء فلنتنبه للاسماء
واما الكنايات فنقول فيها لفظا ما معنا وسواء جاءت في كلام
الرسول عن الله تعالى او في كتاب الله فلنستكمل القصة والضمير
ونحكم على تلك الكناية بما يعطيه الحال في القصة المذكورة لا يزاد
في ذلك ولا ينقص منه والباب متسع المجال فلنقتصر به على
ما ذكرناه والله يقول الحق وهو يهدي السبيل

انتهى السفر الثالث والثلاثون بانتهاء
الباب من سفر التجزئة والله الهادي
يتلوه في الرابع والثلاثين

سمع جميع هذا الجزء وهو الثالث والثلاثون من الفتوح المكي على منشئه الشيخ الامام العالم المحقق
ابي عبد الله محمد بن علي بن احمد الطائي الحاتمي رضي الله عنه بقراءة العالم الفاضل تاج الدين عباس
بن عمر بن يحيى بن سعد الانصاري ... السيد الشريف كمال الدين احمد بن عبد الله بن احمد العلوي
وكاتب السماع محمد بن عبد القادر بن عبد الخالق الانصاري ... بمجلس ... منزله
يوم الجمعة سادس شوال سنة ثلاث وثلاثين وستمائة بمنزل الشيخ بدمشق والحمد لله ... العالم
صح ذلك [illegible]

تمت بحمد الله

بسم الله الرحمن الرحيم

منشورات عطّار

الإرث العرفاني

كتاب كشف المعنى

عن سر أسماء الله الحسنى

للشيخ الأكبر محيي الدين ابن العربي

تحقيق الدكتور بابلو بينيتو

للشيخ الأكبر

محيي الدين ابن العربي

كتاب كشف المعنى

عن سرّ أسماء الله الحسنى

تحقيق الدكتور بابلو بينيتو

منشورات عطّار

ساو باولو، البرازيل

٢٠١٩

[مقدمة]

بسم الله الرحمن الرحيم

قال الله تعالى: ﴿ وَلِلَّهِ ٱلْأَسْمَاءُ ٱلْحُسْنَىٰ فَٱدْعُوهُ بِهَا ﴾، فهذا دليل على أنّه سبحانه قد عيَّنها لنا في كتابه وعلى لسان رسوله –صلَّى الله عليه وسلَّم–، "وهي تسعة وتسعون" كما صحَّ في الخبر، ولكن ما وصلنا إلى تعيينها على الجملة من طريق صحيح. وأسماء الحقّ تعالى على قسمين: منها ما علَّمها إيَّانا ومنها ما استأثر بها في علم غيبه فلم يعلمها أحد من خلقه، وقد ورد هذا في الصحيح.

والأسماء التي علَّمها إيَّانا على قسمين: أسماء تجري مجرى الأعلام كاسمه الله وأسماء تجري مجرى النعوت. والأسماء التي تجري مجرى النعوت على قسمين: أسماء تدلُّ على صفات تنزيه وأسماء تدلُّ على صفات أفعال.

والأسماء الإلهيَّة على قسمين: أسماء استأثر بها سبحانه في علمه دون خلقه وأسماء علَّمها عباده. والأسماء التي علَّمها عباده قسمان: قسم تعرفه عامَّة عباده وهي التي بأيدي أكثر الناس وقسم لا يعرفه إلَّا الخواصّ من عباده كالاسم الأعظم ومجموع أسماء الإحصاء وشبه ذلك وغيره.

فالأسماء التي علَّمها عباده قد أظهر الله أعيانها وأحكامها، والأسماء التي

استأثر بها دون خلقه أخفى أعيانها وأظهر أحكامها في التجلّيات حيث كانت، وإليها الإشارة من الشارع بالتحوّل والتبدّل الإلهيّ في الصور في التجلّي في القيامة على ما ذكره مسلم. والناس في هذه التجلّيات على قسمين : طائفة تعرف أنّ هذه التجلّيات عن هذه الأسماء وطائفة لا تعرف.

وللعبد بأسماء الحقّ تعالى تعلّق وتحقّق وتخلّق : فالتعلّق افتقارك إليها مطلقاً من حيث ما هي دالّة على الذات ؛ والتحقّق معرفة معانيها بالنسبة إليه سبحانه وبالنسبة إليك ؛ والتخلّق أن تُنسَب إليك على ما يليق بك كما تُنسَب إليه سبحانه على ما يليق به.

فجميع أسمائه سبحانه يمكن تحقّقها والتخلّق بها إلاّ الاسم الله عند من يجريه مجرى العَلَميّة فيقول إنّه للتعلّق خاصّةً إذ كان مدلوله الذات، كما قلنا بمجموع مراتب الألوهيّة.

وأسماء الحقّ تعالى القديمة التي يذكر بها نفسه من كونه متكلّماً لا تتّصف بالاشتقاق ولا بالتقدّم ولا بالتأخّر، وهي غير مكيّفة ولا محدودة. وأمّا الأسماء التي بأيدينا التي ندعوه بها فهي على الحقيقة أسماء تلك الأسماء، وفيها يمكن الاشتقاق من أسماء المعاني لا من المعاني، وقد يُحتمَل أن تكون أسماء المعاني مشتقّةً من هذه الأسماء التي هي أسماء الأسماء ؛ وهذه الأسماء التي بأيدينا هي التي تطلب المعاني بحكم الدلالة، لا الأسماء القديمة. فمن قال إنّ الاسم غير المسمّى أراد هذه، أعني أسماء الأسماء، فإنّها ألفاظ وألقاب ؛ ومن قال إنّ الاسم هو المسمّى أراد الأسماء القديمة، إذ الوحدانيّة هناك من جميع الوجوه فلا تعداد.

معرفة الأسماء الإلهيّة على طريق التعلّق والتحقّق والتخلّق

[١] الاسم الله

من رأى أنّ هذه اللفظة، لفظة الله، بمنزلة الاسم العلم واحتجّ بأنّها تنعت ولا يُنعَت بها منع من التخلّق بها إذ التخلّق اكتساب النعوت ؛ ومن رأى أنّها اسم لمجموع الصفات الإلهيّة جوّز التخلّق بها كسائر الأسماء الإلهيّة.

التعلّق بهذا الاسم افتقارك إليه من حيث الجمع ممّا يجوز أن تكون عليه على الحدّ المشروع من غير تخصيص شيء بعينه.

التحقّق بهذا الاسم معرفة ما يجب لمدلول هذا الاسم وما يستحيل وما يجوز على وجه من يقول إنّ ثمّ إمكاناً بالنظر إليه سبحانه ؛ ومن التحقّق بهذا الاسم أيضا معرفة ما يُنسَب إلينا من هذا المجموع الذي يدلّ عليه هذا الاسم على الوجه اللائق بنا.

التخلّق بهذا الاسم أن تقوم في جمعيّتك بمجموع مدلول هذا الاسم من حيث الأسماء التي لا تُعرَف ومن حيث الأسماء التي تُعرَف، فتكون في العالم مجهول النعت والوصف بوجه، وتكون مؤثّراً في العالم بأسره بوجه،

وغير العالم بنسبة خاصّة : ﴿ٱدۡعُونِيٓ أَسۡتَجِبۡ لَكُمۡ[1]﴾ ولكن لا تُطلَق، وتكون مقصوداً للعالم بوجه. فمن حصّل هذه المراتب فقد تخلّق بالاسم الله، لا من حيث علميّته بل من حيث مفهوم ما يتّصف به مدلوله لكونه ينعت.

وكما يستحيل أن يُدعَى بهذا الاسم مطلقاً من غير تقييد بحال من الأحوال وإن لم يظهر في النطق، كذلك يستحيل أن يُقصَد التخلّق بهذا الاسم مطلقاً من غير تقييد بحال من الأحوال وإن لم يظهر في نطق القاصد، ولكن من شرط المتخلّق به معرفة حال القاصد على التعيين وإلاّ فما تخلّق به.

---

[1] (غافر : 10)

[٢] الاسم الرحمن

التعلّق : افتقارك إلى هذا الاسم في تحصيل الاسم الذي يجهله منك عالَم الخلق دون عالَم الأمر.

التحقّق : هذا الاسم يجري في الدلالة مجرى الأسماء الأعلام كاسمه الله فينعت ولا يُنعَت به. ﴿ قَالُواْ وَمَا ٱلرَّحۡمَٰنُ﴾ ؟ فأنكروه، فلو كانت هذه اللفظة من كلامهم بطريق الاشتقاق ما أنكروها، ولو كانت معلومةً عندهم مثل الاسم الله ما أنكروها أيضا. قيل لهم ﴿ ٱعۡبُدُواْ ٱللَّهَ﴾ فلم يقولوا "وَمَا الله" ؟ بل قالوا في حقّ الشركاء ﴿ مَا نَعۡبُدُهُمۡ إِلَّا لِيُقَرِّبُونَآ إِلَى ٱللَّهِ زُلۡفَىٰٓ [2]﴾ فلهذا أجريناه مجرى الأعلام وإن كان يطلبه الاشتقاق من الاسم "الرحمة"، فما عرفت العرب هذه اللفظة بالألف واللام ولكن قد نُقل مضافاً في "رحمن اليمامة"، فلا أدري هل كان له هذا الاسم بعد أن جاء النبيّ صلّى الله عليه وسلّم باسم الرحمن أو قبل ذلك.

فالذي يمنع وجوده بالألف واللام، فإن قيل في كتاب سليمان إلى بلقيس ﴿ بِسۡمِ ٱللَّهِ ٱلرَّحۡمَٰنِ ٱلرَّحِيمِ﴾، قلنا : قد وقع التعريف على المعنى ولا ننكره، وكلامنا إنّما هو في لفظة الرحمن باللسان العربيّ. ولمّا كتب

---

[2] (الزمر : 3)

النبيّ صلّى الله عليه وسلّم الكتاب بينه وبين المشركين كتب ﴿بِسۡمِ ٱللَّهِ ٱلرَّحۡمَٰنِ ٱلرَّحِيمِ﴾، قال المشركون: "ما نعرف ٱلرَّحۡمَٰنِ" وإنّما كانوا يكتبون باسمك اللّهمّ. وممّا يؤيّد إجراءه مجرى الأسماء والأعلام قوله تعالى: ﴿قُلِ ٱدۡعُواْ ٱللَّهَ أَوِ ٱدۡعُواْ ٱلرَّحۡمَٰنَۖ أَيّٗا مَّا تَدۡعُواْ فَلَهُ ٱلۡأَسۡمَآءُ ٱلۡحُسۡنَىٰۚ﴾ فجعل مدلول اسم الله مدلول اسم الرحمن ولهذا قال "فَلَهُ" ولم يقل "فلهما".

ونسبة العبد من هذا الاسم في التحقّق نسبته في الاسم "الله" وقد تقدّم الكلام فيه، فتحقّق العبد من هذا الاسم الذي يفارق به الاسم الله أن يكون له اسم من طريق وجه الحقّ ممّا بينه وبين ربّه لا يطّلع عليه غير الله تعالى حتّى لو ظهر وقع الإنكار عليه كما وقع على الاسم الرحمن.

قيل لبعض العارفين: كم الأبدال؟ قال: أربعون نفساً. قيل له: لِمَ لا تقول أربعون رجلاً؟ قال: قد يكون فيهم النساء. "كلّهم ينكر بعضهم على بعض" يشير إلى هذا الاسم الخاصّ الذي بين كلّ واحد منهم وبين ربّه إذا ظهر لصاحبه، ومنه ظهور الخضر لموسى عليهما السلام بما أنكر عليه.

التخلّق: بهذا الاسم كالتخلّق بالاسم الله على السواء، وقد تقدّم في الاسم الله غير أنّ هذا الاسم لمّا كان فيه رائحة من الاشتقاق لا يجري مجرى الاسم الله الذي ليس بمشتقّ، فلهذا الاسم الرحمة العامّة، وهي رحمة

الإيجاد، وهو قوله تعالى : ﴿ وَرَحْمَتِي وَسِعَتْ كُلَّ شَيْءٍ [3] ﴾ فعمّ، ومن هذه الرحمة العامّة الرحمة التي تتعاطف بها الموجودات بعضها على بعض في كلّ حين وبها يرحم كلّ موجود نفسه. وقوله تعالى : ﴿ فَسَأَكْتُبُهَا [4] ﴾ يأتي في الاسم الرحيم، وهذه مسألة خلاف بيننا وبين المعتزلة. فمن التخلّق أن تكون رحمة العبد لجميع ما سوى الله من غير تمييز ولا تفريق بوجه يقتضي له العموم من غير أن تتعلّق به مذمّة شرعيّة. قال إبراهيم عليه السلام : "تعلّمتُ الكرم من ربّي" والله الموفّق للسداد.

---

[3] (الأعراف : 156)
[4] (الأعراف : 156)

[٣] الاسم الرحيم

التعلّق : افتقارك إلى هذا الاسم في تحصيل الرحمة الخاصّة التي هي سعادة الأبد.

التحقّق : الذات تقتضي أن يكون في الوجود بلاء وعافية، فليس رفع المنتقم بأولى من رفع المنعم، فتفطّن.

هذا الاسم هو المتعلّق بكلّ خير ليس في طيّه ضرر وبكلّ ضرر في طيّه خير. ويمكن أن يكون له ﴿ فَسَأَكْتُبُهَا لِلَّذِينَ يَتَّقُونَ [5] ﴾ فجعلها مقيّدةً بعد الإطلاق العامّ، ونسبتها للعبد على هذا الحدّ.

التخلّق : رحمة العبد بكلّ من أمره الحقّ أن يرحمه. ﴿ وَلَا تَأْخُذْكُم بِهِمَا رَأْفَةٌ فِي دِينِ ٱللَّهِ [6] ﴾. "كان عليه السلام إذا غضب لله لا يقوم لغضبه شيء"، وفي الصحيح "إنّ الله يغضب يوم القيامة (غضباً)".

---

[5] (الأعراف : 156)
[6] (النور : 2)

[٤] الاسم الملك

التعلّق : افتقارك إلى طلب التأييد من الملك الحقّ سبحانه فيما استخلفك فيه ﴿ إِنِّي جَاعِلٌ فِي ٱلْأَرْضِ خَلِيفَةً [7] ﴾، "وكلّكم راعٍ".

التحقّق : الملك هو الذي ينفذ أمرُه إذا اقترنت به إرادتُه ولا يعتاص عليه شيء ممّا يريد إجراءه في ملكه، وبهذه النسبة يكون للعبد.

التخلّق : إذا كانت إرادة العبد إرادة الحقّ لا بدّ من وقوع المراد فيصحّ عليه اسم الملك، "ولا يزال العبد يتقرّب إليّ بالنوافل فأكون سمعه وبصره ويداً ومُؤيِّداً"، من افتقر إلى الله افتقر إليه كلّ شيء. حقيقة الاستخلاف قوله : ﴿ لِمَا خَلَقْتُ بِيَدَيَّ [8] ﴾ وقوله صلّى الله عليه وسلّم : "إنّ الله خلق آدم على صورته".

وقد يكون الملك بمعنى "الشديد"، فيكون على هذا وصفاً خاصًّا من الملك في الملك. قال ابن الخطيم يصف طعنةً : "مَلَكْتُ بِهَا كَفِّي فَأَنْهَرْتُ فَتْقَهَا" أي شددت.

---

[7] (البقرة : 30)
[8] (السد : 75)

[٥] الاسم القدّوس

التعلّق : افتقارك إلى هذا الاسم في تقديس ذاتك عمّا قيل لك تنزّه عنه خُلقاً وفعلاً.

التحقّق : القدّوس هو المُنزَّه الذات عمّا لا يجوز عليه مطلقاً.

التخلّق : تنـــزيه ذاتك معنىً وحسّاً وجملةً وتفصيلاً عمّا يعطيه سفساف الأخلاق والمذامّ الشرعيّة والهمم القاصرة عن المكانة الزلفى لأجل قوله : "ما وسعني أرضي و لا سمائي و وسعني قلب عبدي".

فالقدّوس لا يكون له التعلّق الاختصاصيّ إلاّ بالمقدَّس، فقدّس ذاتك.

[٦] الاسم السلام

التعلّق : افتقارك إلى هذا الاسم بسلامة ذاتك من وقوع ما يلحقك بالعيب، وإن وقع فمن بقائه واستحكامه.

التحقّق : السلام (هو) البراءة من كلّ ما يستحيل عليه.

التخلّق : الفرق بين هذا الاسم والقدّوس (هو) أنّ التنزيه في حقّ العبد إنّما وقع بعد حصول ما ينبغي أن يتقدّس عنه، والسلام قد يكون بهذه المثابة وقد يكون ابتداءً يسلّمه من قيام العيب به.

فالثاني الذي هو السلام من استمراره هو الذي ينبغي أن يكون تخلّقاً، والذي يكون ابتداءً يكون خُلقاً عنايةً إلهيّة.

[٧] الاسم المؤمن

التعلّق: افتقارك إليه في أن يعطيك التصديق بما جاء عنه وتكون مصدّقاً فإنّ معناه المصدّق؛ وافتقارك أيضا أن يعطيك قوّةً بها يحصل الأمان في كلّ نفس من جهتك على حسب ما يليق من العِرض والمال والدم.

التحقّق: المؤمن هو الذي يصدّق أنبياءه فيما ادّعوه من التبليغ عنه بالمعجزة على الطريق الخاصّ إذا قامت مقام صدق رسوليّ فهو مصدّق، وهو الذي يعطي الأمان أيضًا في نفس من شاء من عباده، وبهذه النسبة يكون للعبد.

التخلّق: إذا صدّق العبد كلّ خبر في العالم فهو مؤمن ﴿وَٱللَّهُ خَلَقَكُمۡ وَمَا تَعۡمَلُونَ [9]﴾ فعمّ تصديقه؛ وإذا أمنت النفوس فيما يمكن أن تتأذّى منه في حقّه أو في حقّ غيره فقد أعطى الأمان في نفوسهم فهو مؤمن أيضًا ﴿إِنَّ ٱلَّذِينَ يُؤۡذُونَ ٱللَّهَ وَرَسُولَهُۥ [10]﴾.

---

[9] (الصافات : 96)
[10] (الأحزاب : 57)

[٨] الاسم المهيمن

التعلّق : افتقارك إليه أن يجعلك من أمّة محمّد صلّى الله عليه وسلّم المصدّقين به.

التحقّق : المهيمنيّة (هي) الشهادة على الأشياء ومهيمناً عليها فلذلك يندرج فيه الحفيظ والرقيب إذا أراد بالشهود الحفظ ومراعاة الحركات والسكنات.

التخلّق : ﴿لِّتَكُونُواْ شُهَدَآءَ عَلَى ٱلنَّاسِ[11]﴾ وهو كلّ مصوّت فإنّ النَوْس (هو) الصوت وبه سُمّي الناس على ما قيل ؛ وأتمّ من هذا أن تكون شاهداً على من هو شاهد عليك بأن ترقب أفعاله في العالم فتقف على مواضع حِكَمه.

---

[11] (البقرة : 143)

[٩] الاسم العزيز

التعلّق : افتقارك إلى أن يكون الحقّ سمعك وبصرك فإنّ هذا المقام جامع للمنع والغلبة وهما مدلولان لهذا الاسم.

التحقّق : ﴿ لَيْسَ كَمِثْلِهِۦ شَىْءٌ [12] ﴾ ، على زيادة الكاف أو فرض المثل.

التخلّق : ﴿ لَيْسَ كَمِثْلِهِۦ شَىْءٌ [13] ﴾ ، ﴿ إِنِّى جَاعِلٌ فِى ٱلْأَرْضِ خَلِيفَةً [14] ﴾ ، ﴿ لِمَا خَلَقْتُ بِيَدَىَّ [15] ﴾ ، "إنّ الله خلق آدم على صورته" والكاف للصفة، ووقع التنزيه فنفى المثل عن المثل. فالمثليّة لغويّة لا عقليّة لأنّ القرآن نزل بلسان العرب. فهذا حظّ العبد من هذا الاسم.

---

[12] (الشورى : 12)
[13] (الشورى : 12)
[14] (البقرة : 30)
[15] (السد : 75)

[١٠] الاسم الجبّار

التعلّق : افتقارك إليه في تحصيل الأمر المؤثّر في انقياد الأمر إليك من جوارحك وباطنك وكلّ من تعلّقت إرادتك بحمله على ما يريد.

التحقّق : الجبّار من "جبرته" لا من "أجبرته"، فإنّ "فعّال" لا يأتي من "أفعلت" في لسان العرب إلاّ حرفاً واحداً وهو "درّاك" من "أدرك".

والجبّار هو الذي يجبر ما سواه على ما يريد إمضاءه فيه أو منه ولا يقف شيء لإجباره.

التخلّق : الفعل بالهمّة، ﴿ فَتَنفُخُ فِيهَا فَتَكُونُ طَيْرًا بِإِذْنِي [16] ﴾، ﴿ ثُمَّ ٱدْعُهُنَّ يَأْتِينَكَ سَعْيًا [17] ﴾ .

---

[16] (المائدة : 110)
[17] (البقرة : 260)

[١١] الاسم المتكبّر

التعلّق : افتقارك لهذا الاسم أن ينيلك هذه المرتبة من حيث أنّها حقيقة لك، مجاز عنده.

التحقّق : ليس كبرياؤه عن تفعّل وإنّما لّما كان ينزل إلينا في ألطافه الخفيّة، مثل فرحه بتوبة عبده وما أشبه ذلك، ثمّ ظهر عندك بعد هذا في ﴿ فَعَّالٌ لِّمَا يُرِيدُ [18] ﴾ ، وفي ﴿ لَيْسَ كَمِثْلِهِۦ شَىْءٌ [19] ﴾ صار عندك متكبّراً عن مشاهدة هذا المشهد.

التخلّق : اكتساب الكبرياء هو التكبّر، والاكتساب لا يكون إلاّ للعبد فهو أولى بهذا، ﴿ كَذَٰلِكَ يَطْبَعُ ٱللَّهُ عَلَىٰ كُلِّ قَلْبِ مُتَكَبِّرٍ جَبَّارٍ [20] ﴾ ، فوصف العبد به. وحظّ المتخلّق السعيد منه أن يتكبّر في عبوديّته التي هي محلّ الآثار عن أن يؤثّر فيه كون أصلاً، فهو متكبّر عنها لا عليها ؛ فبعَنْ يكون محموداً إلاّ أن يكون مشروعاً، وبعَلَى يكون مذموماً إلاّ أن يكون مشروعاً، مع سلامة الباطن ولا بدّ.

---

[18] (هود : 107)
[19] (الشورى : 11)
[20] (غافر : 35)

[١٢] الاسم الخالق

التعلّق : افتقارك إليه في الإصابة في التقدير ؛ وافتقارك إليه أيضاً في المعونة على إيجاد ما كُلّفت من الأعمال.

التحقّق : الخالق مقدّر الأشياء قبل إيجاد أعيانها ثمّ موجد أعيانها في الرتبة الثانية من تقديرها، فهذا معنى الخالق.

التخلّق : بعد سؤال ما ذكرناه في التعلّق يعطيه الله تعالى العلم بتقدير الأشياء فيخترعها في نفسه أحسن اختراع على أبدع نظام، ثمّ يظهر أعيانها على يده إيجاداً، فيكون مقدّراً موجداً لما قدّره ؛ ولو لم يكن كذلك لبطلت حقيقة التكليف ولبطل قوله تعالى : ﴿ مَّنْ عَمِلَ صَٰلِحًا فَلِنَفْسِهِۦ [21] ﴾ وكلّ عمل أضيف للخلق فعله لولا ما علم الله أنّ ثمّ نسبة للعبد في الإيجاد لما أثبت له ذلك ولا أضافه إليه، والله أصدق القائلين، وأيسرها أن يخلق الله تعالى الفعل للعبد عند إرادته ذلك الفعل.

---

[21] (فصلت : 46)

[١٣] الاسم البارئ

التعلّق : افتقارك إليه كافتقارك إلى "الخالق" الذي هو بمعنى "الموجد"، وافتقارك إليه أيضاً كافتقارك إلى "السلام"، فهو جامع.

التحقّق : مثل (تحقّق) "الخالق" بمعنى "الموجد"، وقد يكون أيضاً الذي لم يرجع إليه من خلقه الخلق وصف لم يكن عليه، ولذلك "الخالق البارئ" أي السالم ممّا ذكرناه. فإنّ العادة جرت في المخلوقين أنّ من اخترع شيئًا لم يُسبَق إليه في غاية الإبداع والإتقان يجد في نفسه أثراً لذلك من فرح وابتهاج، والحقّ بريّ من ذلك وبارئ.

التخلّق : دخل عمر بن الخطّاب على أبي بكر الصدّيق رضي الله عنهما وأبو بكر مريض. قال : كيف أصبحت ؟ فقال : باريّاً إن شاء الله تعالى. أراد سالماً من المرض, فتخلّق العبد من هذا الاسم أن يكون باريّاً من أن تؤثّر فيه الأكوان والأغيار، بل هو المؤثّر فيها لتحقّقه بربّه.

[١٤] الاسم المصوّر

التعلّق : افتقارك إليه في تصوّر المعاني التي إذا قامت بك أنزلتك عليه.

التحقّق : هو الموجد الأعراض، وهي الرتبة الثالثة من التقدير وإيجاد الأعيان، أعني الجواهر، ولهذا جاءت في القرآن على الترتيب ﴿ٱلْخَـٰلِقُ ٱلْبَارِئُ ٱلْمُصَوِّرُ[22]﴾.

التخلّق : هو معلوم في العبد بالضرورة فلم يبق إلاّ أن يُنبَّه على إيجاد صور مخصوصة تكون فيها سعادته، وهي صور العبادات والمعارف التي كُلِّف فعلها.

---

[22] (الحشر : 24)

[١٥] الاسم الغفّار

التعلّق : افتقارك إليه في ستر يحفظك من شقاوة الأبد.

التحقّق : هو بالنظر إلى إيجاد الخلق ما سترهم به عن أن تفني مهجهم وأعيانهم سبحات وجهه، ثمّ أنزِل إلى كلّ ستر يمنع وجوده من ضرر.

التخلّق : كمثله، وأن تستر من غيرك ما تحبّ أن يُستَر منك، وأن تستر نفسك من المخالفة بستر الموافقة ظاهراً وباطناً، وأن تستر مقامك في الموطن الذي لا تعطي الحقيقة كشفه، وهذا التخلّق يُحتاج إليه في الدار الآخرة في وقت التجلّي في صورة الإنكار، وأنت تعرفه ويلزمك الأدب أن تستره في ذلك الموطن ولا تنبّه عليه حتّى توافق الحقّ فيما أراده.

[١٦] الاسم القهّار

التعلّق : افتقارك إليه في النصرة والتأييد.

التحقّق : هذا الاسم في مقابلة ما خلق الله في خلقه من الدعاوى في الربوبيّة.

التخلّق : لمّا كلّف العبد ردع شهواته وأعدائه بالاستيلاء عليهم، فردعهم وأسرهم وظهر عليهم صحّ له نصيب من هذا الاسم، وهو الذي يكثر منه القهر في مقابلة المنازعين.

[١٧] الاسم الوهّاب

التعلّق : افتقارك إليه في رفع الأغراض في نفس الأعمال.

التحقّق : هو المعطي لينعم، معرًّى عن جميع المقاصد المتعلّقة بالعطاء من المعطي، وهذا يُتصوَّر حقّاً وخلقاً.

التخلّق : يتصوّر هذا المقام من العبد، فإذا قام به سُمّي وهّاباً وهو الذي تكثر هباته على هذا الحدّ، لا لعوض ولا لغرض.

[١٨] الاسم الرزّاق

التعلّق : افتقارك إليه في قيامك في العالَم به ليحتاجوا إليك في بقاء ذواتهم.

التحقّق : هو الذي يوصل إلى كلّ موجود سواه ما به بقاؤه، وهو الذي يُسمَّى رزقه سواء كان من غذاء الأرواح أو الأشباح.

التخلّق : إذا أثّر كلام العبد في قلب السامع بما تعطيه سعادته وأعطاه ممّا في يده ممّا هو مستخلف فيه، فاستعمله ذاك المعطى له في نفسه لبقاء بنيته وكثر هذا منه، فقد تخلّق بهذا الاسم.

[١٩] الاسم الفتّاح

التعلّق : افتقارك إليه أن يهبك المفاتيح على اختلاف صنوفها ويعطيك الإذن باستعمالها.

التحقّق : السبب الموجب لإظهار ما كان خلف هذه المغاليق على مراتبها لأعين الناظرين على مراتبها حسّاً ومعنًى.

التخلّق : بعدما تحصل للعبد هذه المفاتيح من أيّ اسم كان، الوهّاب والكريم والجوّاد وأخواته من الأسماء، إن يفتح بها مشكلات الأمور المعنويّة الإلهيّة والروحانيّة والطبيعيّة المتعلّقة بالأغراض وغير الأغراض لأعين البصائر والأبصار على قدر حاجة المفتوح له، فمن حصل له هذا المقام فهو الفتّاح لا الفاتح.

[٢٠] الاسم العليم

التعلّق : افتقارك إلى تعيين ما يصحّ أن تكون به متخلّقاً من هذا الاسم.

التحقّق : العليم بنية مبالغة، وهو التعلّق بحقائق الأمور على ما هي عليه، وجوداً وعدماً ونفياً وإثباتاً، على جهة الإحاطة بها حقيقةً لا على التناهي فيكون جهلاً.

التخلّق : هو ما يقع للعبد بحكم الكسب من العلوم التي تكون عن الاستنباط خاصّةً من غير أن يعلمه غيره، وإن كانت مستفادةً من نظره ولكن نظره راجع إلى ذاته، فبهذا يصحّ التخلّق بهذا الاسم، إذ علم الله لا يكون له مستفاداً من الغير ومن طريق الخلق، ما فُطر عليه من العلوم فما استفادها من الغير.

[٢١] الاسم القابض

التعلّق : افتقارك إليه في حسن الأدب فيما تقبضه منه من العطايا والمواهب حسّاً ومعنًى، وافتقارك إليه أيضاً فيما تقبضه للغير ممّا أنت مستخلف فيه على الحدّ المشروع.

التحقّق : قال الله تعالي : ﴿ وَأَقْرِضُواْ ٱللَّهَ قَرْضًا حَسَنًا [23] ﴾، فيقبضه منك ليعود به عليك مضاعفاً، و"قرضاً حسناً" موضع تعلّم الأدب، "الإحسان أن تعبد الله كأنّك تراه". فهو المعطي والآخذ، "الصدقة تقع بيد الرحمن" ومن هذا الباب : ﴿ ثُمَّ قَبَضْنَـٰهُ إِلَيْنَا قَبْضًا يَسِيرًا [24] ﴾ في الظلّ الممتدّ. ووجه آخر في التحقّق، وهو الذي يقبض أي يطوي ما لا يريد نشره عموماً في الأرواح والأجساد.

التخلّق : حظّ العبد من هذا الاسم أن يكون قابضاً ما يعطيه الله من يده، لا من يد غيره، إذ لا ملك لغير الله ولا معطي إلاّ الله تعالى. ثمّ إنّ العبد إذا تخلّق بهذا الاسم يقبض بكلامه قلوب من شاء من خلق الله تعالى إلى جناب الحقّ من بسطها في الأكوان والأغيار عموماً أيضاً حسّاً ومعنًى.

---

[23] (الحديد : 18)
[24] (الفرقان : 46)

[٢٢] الاسم الباسط

التعلّق: افتقارك إليه في أن يجري على يديك ما فيه أفراح العباد بما لا تنتهك فيه حرمةً مشروعةً.

التحقّق: البسط لا يكون إلاّ في مقبوض بخلاف القبض فإنّه قد يكون عن بسط وعن لا بسط. فالباسط، الذي هو الحقّ، يعمّ نفعه بما تقتضيه ذوات المبسوط عليهم ويخصّ بما تقتضيه سعادة بعض العباد. وقد يكون في البسط العامّ مكر خفيّ. فهذه أحوال مختلفة: بحال منها ﴿وَلَوْ بَسَطَ ٱللَّهُ ٱلرِّزْقَ لِعِبَادِهِۦ لَبَغَوْا۟ [25]﴾، وبحال منها ﴿ٱللَّهُ يَبْسُطُ ٱلرِّزْقَ لِمَن يَشَآءُ مِنْ عِبَادِهِۦ وَيَقْدِرُ [26]﴾، وبحال منها ﴿إِنَّمَا نُمْلِى لَهُمْ لِيَزْدَادُوٓا۟ إِثْمًا [27]﴾، وقوله صلّى الله عليه وسلّم: "أغيث كغيث الكفّار".

التخلّق: "لا تمنعوا الحكمة أهلها فتظلموهم". البسط العامّ الذي به يكون العبد باسطاً لا يصحّ للحدود المشروعة، وإن كان له أن يمكر بالأعداء في الله ببسط يكون فيه هلاكهم، ولكن فيه ما فيه، ولكن يكون باسطاً عامّاً في مقام الحقيقة والتوحيد وصنعة الإرشاد والدعاء إلى الله تعالى فيدعو الخلق إليه من باب الرغبة لكلّ جنس بما يليق به، وهذا متصوّر وقد أقمنا فيه وتخلّقنا به ورأينا له بركةً، فهذا هو الباسط تخلّقاً.

---

[25] (الشورى : 27)
[26] (العنكبوت : 62)
[27] (آل عمران : 178)

[٢٣-٢٤] الاسم الخافض الرافع

التعلّق: افتقارك إليه في التوفيق في إقامة الوزن لك وعليك في العالم وبينك وبين الحقّ.

التحقّق: الخافض الرافع يخفض للسعداء موازينهم بثقلها إلى أسفل ليرفعهم في درجاتهم إلى علّيين، الرافع موازين الأشقياء بالخفّة إلى أعلى ليخفضهم في سجّين إلى ﴿أَسْفَلَ سَافِلِينَ[28]﴾، فهو الخافض الرافع أولياءه، والخافض الرافع أعداءه. فكلّ مخفوض في العالم دنيا وآخرةً وحسّاً ومعنًى فبخفضه، وكلّ مرفوع في العالم دنيا وآخرةً وحسّاً ومعنًى فبرفعه.

التخلّق: إذا خفض العبد من خفضه الله، وإن كان مرفوعاً عظيم السلطان عليّ الشأن ماضي الكلمة، فهو الخافض تخلّقاً. وإذا رفع العبد من رفعه الله، وإن كان مخفوضاً حقيراً مهاناً في عشيرته غير منظور إليه، فهو الرافع تخلّقاً. فإنّه يحتاج إلى كشف يعلم به الرفيع عند الله تعالى والوضيع، ينتج له التخلّق ذلك الكشف؛ فليس كلّ من أثّر الرفعة في العالم أو ضدّها يكون متخلّقاً.

---

[28] (التين : 5)

[٢٥–٢٦] الاسم المعزّ المذلّ

التعلّق : افتقارك إليه في إقامة جاه من استند إليك وإذلال من تكبّر على الله لا عليك.

التحقّق : المعزّ مفيد العزّ لمن استند إليه، وإن كان ذليلاً ؛ والمذلّ ملبس الذلّ من تعاظم عليه، وإن كان عزيزاً.

التخلّق : إذا حمى العبد نفسه بهمّته، لا بسبب ظاهر، كان عزيزا ؛ وإذا عُظّم غيره من أجله، بصرف خاطره إليه وهمّته حتّى يلبسه عزّاً، يعظّمه من أجله ذلك المحترم له، كان معزّاً. والمذلّ على هذا المجرى، فإن أثّر فيه فليس بمعزّ ويستأنف أحكام هذه الصفة. ولا بدّ في جميع هذه التخلّقات من الميزان المشروع، ومهما اختلّ فليس هو مقصود أهل طريق الله في التخلّق بالأسماء.

[٢٧–٢٨] الاسم السميع البصير

التعلّق : افتقارك إليه في نفوذ هاتين القوّتين إطلاقاً من غير تقييد.

التحقّق : السميع المطلق (هو) المدرك كلّ مسموع حيث كان ؛ والبصير (المطلق هو) المدرك كلّ مُبصَر حيث كان لا على حدّ معلوم من قرب وبعد ووجود وعدم.

التخلّق : أن يُقام العبد في اكتساب نفوذ هاتين القوّتين على الإطلاق، من غير تقييد ولا تحديد، بأن يسمع ما أُمِر أن يسمع فيه ومنه وأن يبصر لما أُمِر أن يبصر فيه وإليه، ندباً ووجوباً. فإذا تحقّق بهذه النعوت أحبّه الله تعالى، وإذا أحبّه الله كان سمعه وبصره، كما ورد في الصحيح. فمن أبصر بحقّ وسمع بحقّ لم يخف عليه مسموع ولا مبصر.

[٢٩] الاسم الحكم

التعلّق : افتقارك إليه ليوفّقك على سرّ القدر وتحكّمه في الخلائق.

التحقّق : الحكم ذو الحكم والقضاء والقدر على الإطلاق. فالقضاء سبق الحكم أزلاً، والقدر تعيين الوقت، والحكم إظهار القضاء في المقضيّ وفي المقضيّ به حالة وجوده في زمان تقديره عن سابقة قضائه.

التخلّق : إذا وُفّقت للأسباب الموصّلة إلى تحصيل هذا الاسم بتمشية الحكم الصحيح المشروع في ذاتك بينك وبين نفسك وفي غيرك وحكمت للحقّ على نفسك وحكمت للعالم على نفسك أيضاً ولم تحكم لنفسك على أحد، حينئذ يكون جنى ثمرتك تحصيل هذا الاسم في ذاتك، فيصير الاسم وصفه وهو الذي استوهبه في التعلّق، فتحكم في الأشياء بحكم الله بمشاهدة قضاء الله في أوان تقدير الله، كلّ ذلك عن معاينة وتحقيق؛ فإن نُصبت حَكَماً يوماً ما من قوله تعالى ﴿ فَٱبۡعَثُواْ حَكَمًا مِّنۡ أَهۡلِهِۦ [29] ﴾، فلتعلم أنّ الله تعالى قد ابتلاكَ بأن أنزلك في خلقه منـــزلته. وهذا الاسم هو الذي أعطى المجعولين خلفاء في الأرض ابتلاءً وتكريماً : فابتلاؤه لمن لم يحكم بما ذكرناه في التخلّق، وإكرامه لمن أشهده الحقّ تعالى من نفسه ما ذكرناه، فهو الحكم سبحانه. ويتعلّق بهذا الاسم أيضاً ترتيب الحكمة وهي بالاسم الحكيم أظهر، فلنتركها إلى الاسم الحكيم.

---

[29] (النساء : 35)

[٣٠] الاسم العدل

التعلّق : افتقارك إليه في تحصيله وتعيين محالّ تصريفه.

التحقّق : العدل الميل إلى الحقّ الحُكميّ والحِكَميّ كما أنّ الجور الميل عنهما، وكلاهما ميل. فلهذا لا يكون إلاّ ميلاً خاصّاً، وهو إعطاء كلّ ذي حقّ حقّه بعد وجود الطلب من المستحقّ لحقّه، إمّا بالطلب بالنطق وإمّا بالحال وإما بحصول شرطه إن كان له شرط من زمان أو مكان أو حال.

التخلّق : (هو) أن تميل إلى الحقّ على ما ذكرناه، ولكن بالحقّ لا بنفسك، فكما أنّك تطلب من الحقّ العدل في حكمه عليك كذلك يطلب منك العدل في حكمك عليه بما تطلبه منه على حدّ ما شرعه لك؛ ثمّ تمضي في العالم هذه الصفة على هذا النحو، فمن كان بهذه المثابة فقد تخلّق باسمه العدل.

[٣١] الاسم اللطيف

التعلّق : افتقارك إليه سبحانه في أن يطلعك على خفيّ أفضاله لتشكر ومكره لتحذر.

التحقّق : اللطيف هو الخفيّ في ذاته عن أن يُدرَك، وفي فعله عن أن يُشهَد ؛ وإيصاله المرافق من حيث لا يُشعَر بها.

التخلّق : أن يُقام العبد في ذكر النفس وعبادة السرّ عن نفسه فكيف عن غيره، وإيصال المصالح إلى أربابها عن غير معرفة منهم بأنّه موصلها إليهم، حسّاً ومعنًى وخلقاً وحقّاً. وإذا فعل ذلك فقد تخلّق، وينتج له هذا التخلّق الوقوف على الأسرار الإلهيّة وخفايا أحكامه في خلقه، ويندرج تحت هذا الاسم الرحمن الرحيم وما في ضمنهما.

[٣٢] الاسم الخبير

التعلّق : افتقارك إليه سبحانه في أن يطلعك على ما في علمه فيك قبل كونك.

التحقّق : ﴿ وَلَنَبۡلُوَنَّكُمۡ حَتَّىٰ نَعۡلَمَ ٱلۡمُجَٰهِدِينَ مِنكُمۡ وَٱلصَّٰبِرِينَ وَنَبۡلُوَاْ أَخۡبَارَكُمۡ [30] ﴾، ﴿ لِيَبۡلُوَكُمۡ أَيُّكُمۡ أَحۡسَنُ عَمَلاً [31] ﴾، فهو (سبحانه) يعلم بأنّه سيكون كذا، ثمّ وقع الاختبار فظهر ما كان قد تعلّق به العلم لمن قام به ذلك الابتلاء، فتعلّق به العلم بأنّه كائن لا بأنّه سيكون في حال كونه، فيُسمَّى من هذا التعلّق خبيراً.

التخلّق : ليس للعبد اختبار في كون من الأكوان إلاّ أن يقوم بذلك الكون دعوًى، فحينئذ قد تعيّن للعبد اختباره من حيث دعواه. فالعلم الذي يحصل له عقيب هذا الاختبار يُسمَّى به خبيراً، ﴿ عَفَا ٱللَّهُ عَنكَ لِمَ أَذِنتَ لَهُمۡ حَتَّىٰ يَتَبَيَّنَ لَكَ ٱلَّذِينَ صَدَقُواْ وَتَعۡلَمَ ٱلۡكَٰذِبِينَ [32] ﴾ وهذا من العلم الخفيّ بالنسبة إلينا لا بالنسبة إلى الله تعالى، وقد ورد النهي عن المخابرة.

---

[30] (محمد : 31)
[31] (الملك : 2)
[32] (التوبة : 43)

[٣٣] الاسم الحليم

التعلّق : افتقارك إليه سبحانه في إمضاء الهمّة والتمكّن والاقتدار من فعلها حيث توجّهت.

التحقّق : ترك المؤاخذة بالذلّة عند وقوعها خاصّةً مع التمكّن والاقتدار.

(**التخلّق**) : وهكذا هي في التخلّق.

[٣٤] الاسم العظيم

التعلّق : افتقارك إليه سبحانه في أن تكون عظيماً عنده لا عند الكون إلاّ أن تكون مبلّغاً عن الله أمراً، فيجب أن تقابَل بالاحترام وتثبت عظمتك في قلوب السامعين ليُتلقَّى أمر الله بالحرمة، فتكون في هذا الطلب والافتقار إليه فيه ساعياً في تعظيم الحقّ عند الكون، لا في تعظيم نفسك.

التحقّق : العظمة على الإطلاق لا تكون إلاّ لمن استحقّ اسم الألوهيّة، وما سوى هذا فتعظيم إضافيّ وهو التخلّق.

(**التخلّق**) : العظمة حال يقوم بنفس المعظِّم، لا بنفس المعظَّم، وقد يكون المعظَّم بتلك المنزلة وقد لا يكون. قال أمير المؤمنين هارون الرشيد من هذا الباب :

مَلَكَ الثَلاَثُ الآنِسَاتُ عِنَانِي — وَحَلَلْنَ مِنْ قَلْبِي بِكُلِّ مَكَانِ
مَا لِي تُطَاوِعُنِي البَرِيَّةُ كُلُّهَا — وَأُطِيعُهُنَّ وَهُنَّ فِي عِصْيَانِي
مَا ذَاكَ إِلاَّ أَنَّ سُلْطَانَ الْهَوَى — وَبِهِ قَوَيْنَ أَعَزُّ مِنْ سُلْطَانِي

[٣٥] الاسم الغفور

التعلّق : افتقارك إليه سبحانه في إسبال الستر مطلقًا بينك وبين ما يُتوقَّع وقوعه بك من الضرر على ما أجراه فيك ممّا تتعلّق به المذمّة حسّاً ومعنًى.

التحقّق : هو بنية مبالغة في تحقّق المنعوت بها. (قيل في) شعر :

"ضَرُوبٌ بِنَصْلِ السَّيْفِ سُوقَ سِمَانِهَا إِذَا عَدِمُوا زَاداً فَإِنَّكَ عَاقِرُ"

لو كان ضرّاباً على وزن "فعّال" مثل الغفّار لنحر هذه الإبل للمُعدَمين الزاد وغيرهم. فصار الغفور تعلّقاً خاصّاً تميّز به عن الغفّار.

(التخلّق) : والتخلّق به على حدّ التحقّق؛ فالتحقّق علمه والتخلّق اكتساب أثره.

[٣٦] الاسم الشكور

التعلّق : افتقارك إليه سبحانه أن لا يحجبك عن ملاحظة رؤيته فيما أنعم به عليك كما قال لـــموسى عليه السلام : "اشكرني حقّ الشكر. قال : (يا ربِّ) وكيف أقدر على ذلك ؟ قال : إذا رأيت النعمة منّي فقد شكرتني حقّ الشكر".

التحقّق : بالشكر يُستخرَج المخزون من النعم الخفيّة في علمه وجوده سبحانه، و﴿ لَئِن شَكَرۡتُمۡ لأَزِيدَنَّكُمۡ [33] ﴾، والشكر تعلّق بثناء خاصّ ليس يعمّ عموم الحمد، فإنّه الثناء عليه بما هو منه، ومنه الشكر، وهو موضع السرّ الذي غار الحقّ تعالى عليه، فأمر بستره، ﴿ وَطَفِقَا يَخۡصِفَانِ عَلَيۡهِمَا مِن وَرَقِ ٱلۡجَنَّةِ [34] ﴾ لأنّه سرّ إيجاد الأعيان الكامنة وسريان اللذّة السارية في جميع النشأة.

التخلّق : والتخلّق بهذا الاسم ظاهر لا خفاء فيه، ﴿أَنِ ٱشۡكُرۡ لِي وَلِوَٰلِدَيۡكَ إِلَيَّ ٱلۡمَصِيرُ [35] ﴾ للسببيّة.

---

[33] (إبراهيم : 7)
[34] (الأعراف : 22)
[35] (لقمان : 14)

[٣٧] الاسم العليّ

التعلّق : افتقارك إليه سبحانه في تحصيل درجة في القربة منه ليس فوقها درجة ينالها سواك.

التحقّق : العليّ بنية مبالغة في العلوّ يكون له بها أقصاها بخلاف "الأعلى". فإذا نُسِبَ العليّ إلى ما دون أقصاها فما أنصف، وهذا سارٍ في جميع النسب التي يصحّ بها وصف العليّ بالعلوّ على كلّ موجود معنىً وحِسّاً.

التخلّق : الحائز قصب السبق في معالي الأمور ومتعلّقات العلم ومكارم الأخلاق والغوص في دقائق الفهوم من البشر ينبغي أن يُسمَّى عليًّا.

[٣٨] الاسم الكبير

التعلّق : افتقارك إليه سبحانه في كمال ذاتك بتحلّيك بكبريائه في عالمك.

التحقّق : بنية "فعيل" لا تقتضي المفاضلة، فلا يكون فوقه أكبر منه. فالكبير من حاز درجة الكبرياء على الإطلاق بحسب ما تقتضيه ذاته.

التخلّق : تحلّي النفس بأوصاف الكمال كلّها التي في قوّة الكون أن يتّصف بها ؛ فمن حصلت له فهو الكبير الذي لا أكبر منه في المخلوقات.

[٣٩] الاسم الحفيظ

التعلّق : افتقارك إليه سبحانه في حفظ ذاتك وطلب التأييد في حفظ غيرك.

التحقّق : "الحفيظ" بنية مبالغة، وهو الحفيظ لذاته ولغيره ممّا يناقض صلاح المحفوظ حِساً ومعنًى. وما ثمّ من حصل في هذه المرتبة بحكم الذات لكنّه مقيّد بأمر واحد خاصّ إلاّ الخمسة من الأعداد وحدها، فإنّها تحفظ نفسها وتحفظ العشرين خاصّةً ؛ والحفيظ على الإطلاق هو الله تعالى.

التخلّق : أن يُقام العبد في حفظ نفسه وفي حفظ غيره على حدّ ما أُمِر به، وقد يحفظ بهمّته وإن لم يتعلّق به أمر ؛ ومن التخلّق بهذا الاسم أن يغضب لله. نظم :

"إذاً لَقَامَ بِنَصْرِي مَعْشَرٌ خَشِنٌ عِنْدَ الحَفِيظَةِ إنْ ذُو لُوثَةٍ لانَا"

[٤٠] الاسم المقيت

التعلّق : افتقارك إليه في أن يهبك صفةً واحدةً تقابل بها أحوالاً مختلفةً لما فيها من القوّة.

التحقّق : المقيت معطي القوت وهو الرزق الخاصّ الذي تقوم به بنيتك بخلاف "الرزّاق" ؛ والمقيت هو مقدّر الأوقات والأقوات أي العالم بها.

التخلّق : أن يُقام العبد في إعطاء قدر الحاجة للمحتاج من غير مزيد، حسًّا ومعنًى ؛ وأن يكون عالماً بوقت ذلك وقدره.

[٤١] الاسم الحسيب

التعلّق : افتقارك إليه سبحانه في أن يعينك على محاسبة أنفاسك، وافتقارك إليه أيضًا في أن يرزقك كفايةً في القيام بما كلّفك حتّى يكون فيك اكتفاء بذلك.

التحقّق : الاسم الخبير من بعض وجوهه اللحوق بالاسم الحسيب، وقد يكون له تعلّق بالاسم الكافي : ﴿ أَلَيْسَ ٱللَّهُ بِكَافٍ عَبْدَهُۥ [36] ﴾، ﴿ وَمَن يَتَوَكَّلْ عَلَى ٱللَّهِ فَهُوَ حَسْبُهُۥٓ [37] ﴾، ووجوه الكفاية متعدّدة لا تنحصر.

التخلّق : إذا قام العبد بما كلّفه الحقّ القيام به فقد كفى المقوم عليه تدبير نفسه، وكذلك أيضاً إذا حاسب نفسه ظاهراً وباطناً في الخطرات والحركات بالنقد والتمحيص فهو حسيب بالمعنيين.

---

[36] (الزمر : 36)
[37] (الطلاق : 3)

[٤٢] الاسم الجليل

التعلّق : افتقارك إليه سبحانه في أن يهبك المقام الذي إن رام أحد الوصول إليك فيه لم يستطع ؛ وافتقارك أيضاً إلى أن يرزقك من التواضع إلى حدّ أن يتمكّن منك أصغر الموجودات وأحقرها بقدر وسع طاقته لطفاً منك ورحمةً به.

التحقّق : حقيقة هذا الاسم ﴿لَيْسَ كَمِثْلِهِۦ شَىْءٌ [38]﴾، وحقيقته أيضاً نزوله إلى عباده "هل من تائب فأتوب عليه ؟ هل من داعٍ فأستجيب له ؟"، ﴿مَا يَكُونُ مِن نَّجْوَىٰ ثَلَٰثَةٍ إِلَّا هُوَ رَابِعُهُمْ وَلَا خَمْسَةٍ إِلَّا هُوَ سَادِسُهُمْ وَلَآ أَدْنَىٰ مِن ذَٰلِكَ وَلَآ أَكْثَرَ إِلَّا هُوَ مَعَهُمْ أَيْنَ مَا كَانُواْ [39]﴾، ﴿وَنَحْنُ أَقْرَبُ إِلَيْهِ مِنْ حَبْلِ ٱلْوَرِيدِ [40]﴾، "جعت فلم تطعمني وظمئت فلم تسقني ومرضت فلم تعدني" الحديث بكماله، وهو صحيح خرّجه مسلم.

ومن تحقّق هذا الاسم الحديث "كذّبني ابن آدم وشتمني ابن آدم"، ومنه قيل في الله ما قيل، وذلك لنزوله لعباده في قلوبهم منزلةً اجترؤوا عليه فيها وقالوا ﴿يَدُ ٱللَّهِ مَغْلُولَةٌ [41]﴾ وغير ذلك.

---

[38] (الشورى : 11)
[39] (المجادلة : 7)
[40] (ق : 16)
[41] (المائدة :64)

التخلّق : إذا انفرد العبد في نفسه مع الحقّ وكان معه حيث لا أين ولا حيث ولا فهم واستُهْلِكَ فيه حتّى يكون في ذلك المقام كما قال بعض العرفاء :

"ظَهَرْتَ لِمَنْ أَبْقَيْتَ بَعْـدَ فَنَائِـهِ فَكَانَ بِلاَ كَـوْنٍ لِأَنَّـكَ كُنْتَـهُ"

وقال الآخر :

"فَلَوْ تُسْأَلُ الأَيَّامُ مَا اسْمِيَ مَا دَرَتْ وَأَيْنَ مَكَانِي مَا دَرَيْنَ مَكَانِـي"

وذلك من الوجه الذي له من ربّه في إيجاده وإبقائه لا من وجه سببه، فإذا حصل في هذا المقام فهو جليل. ومن هذا الاسم أيضًا كان النبيّ صلّى الله عليه وسلّم يمازح العجوز ويقول للصغير : "يا أبا عُمَيْر ما فعل النُغَيْر ؟"، ومن هذا الباب استطالة من استطال عليه من المشركين. ومن حصل في هذا المقام فهو جليل أيضاً.

[٤٣] الاسم الكريم

التعلّق : افتقارك إليه سبحانه أن يهبك مكارم الأخلاق ويمنع عنك سفسافها.

التحقّق : الكريم في العطاء هو الذي لا يردّ سائلاً، وهو الذي له الصفات الحسنى بكلّ وجه.

التخلّق : إذا اتّصف الإنسان بمكارم الأخلاق واجتنب سفسافها فقد تخلّق. وإذا أخِذ هذا الاسم في العطاء فالكريم هو الذي يعطي بعد السؤال، والجواد (هو الذي يعطي) قبل السؤال، والسخيّ المعطي قدر الحاجة، والمؤْثر المعطي ما هو محتاج إليه وجوداً وتقديراً، والواهب المعطي لينعم، وهذا كلّه اصطلاح.

[٤٤] الاسم الرقيب

التعلّق : افتقارك إليه سبحانه في طلب مراعاة حدوده من غير سهو.

التحقّق : الرقيب (هو) الذي لا يغفل عمّا يكون عليه أهل مملكته من حركاتهم وسكناتهم وحاجاتهم، فيعطي ويحصي.

التخلّق : من راقب في قلبه آثار ربّه ليفرّق بينها وبين آثار هواه وشيطانه، وراقب أيضًا ما يدخل عليه من خلل من خارج وما يظهر عنه من خلل من داخل، وراقب ما أمره الله تعالى من مراقبته من أهل وتبع له، فقد تخلّق باسمه الرقيب.

[٤٥] الاسم المجيب

التعلّق : افتقارك إليه سبحانه في قبول الدعاء، وأن يرزقك أن لا تدعوه بما نهاك أن تدعوه به وفيه.

التحقّق والتخلّق : جمعتهما آية ﴿ وَإِذَا سَأَلَكَ عِبَادِى عَنِّى فَإِنِّى قَرِيبٌ أُجِيبُ دَعْوَةَ ٱلدَّاعِ إِذَا دَعَانِ فَلْيَسْتَجِيبُواْ لِى[42] ﴾، وكما أنّك إذا دعوته تحبّ إجابته كذلك يريد إجابتك فيما دعاك إليه.

[42] (البقرة : 186)

[٤٦] الاسم الواسع

التعلّق : افتقارك إليه سبحانه في أن يسعك كلّ شيء وأن تسعكَ رحمته المقيّدة وإن كان التقييد صفتنا لا صفته تعالى، ولكن يجب على الانسان أن يرغب فيما رغّبه الله تعالى فيه، فإنّه قال : ﴿ فَسَأَكْتُبُهَا لِلَّذِينَ يَتَّقُونَ[43] ﴾، فقيَّدَهَا، فكأنّي سألت أن أكون من المتّقين.

التحقّق : الواسع على الحقيقة هو الذي يسع كلّ شيء ولا يسعه شيء.

(التخلّق) : إذا حصل العبد في مقام "ما وسعني أرضي ولا سمائي ووسعني قبل عبدي المؤمن" فقد تخلّق بهذا الاسم. قال أبو يزيد رضي الله عنه : "لو أنّ العرش وما حواه مائة ألف ألف مرّة إلى فوق ذلك في زاوية من زوايا قلب العارف ما أحسّ به".

ومن هذا الاسم يتحمّل الأذى والجفاء ويجد بها لكلّ شيء وجهاً إلى الحقّ.

---

[43] (الأعراف : 156)

[٤٧] الاسم الحكيم

التعلّق : افتقارك إليه سبحانه أن يرزقك وضع الأشياء مواضعها وترتيب الأمور في محالّها وأزمانها وأمكنتها.

التحقّق : لهذا الاسم وجه إلى القضاء، وقد ذكرناه في الاسم "الحكم"، ووجه إلى الحكمة وهو ترتيب الأشياء في مواضعها ومعرفة المناسبات بين الأشياء.

التخلّق : فمن حصل له معرفة هذه الأشياء في العلوم والتعليم والأعمال، وأن يدعو الله بالاسم المناسب لحاجته على التخصيص، فقد تخلّق بهذا الاسم.

[٤٨] الاسم الودود

التعلّق : افتقارك إليه سبحانه في ثبات ودّه وودّ من أمر بودّه في نفسك.

التحقّق : الودّ (هو) الإقامة على المحبّة والثبات فيها، ﴿وَٱلْجِبَالَ أَوْتَادًا [44]﴾ ويُقال في الوتد "وَتَد" و"وَدّ" لإثباته وثباته ؛ والمحبّ من خلص حبّه وصفا، والودود من ثبت حبّه.

التخلّق : إذا ثبت حبّ الله عزّ وجلّ وحبّ من أمر بحبّه في قلب العبد على كلّ حال يطرأ من المحبوب، ممّا يوافق وممّا لا يوافق، سُمّي ودوداً.

---

[44] (النبأ : 7)

[٤٩] الاسم المجيد

التعلّق : افتقارك إليه سبحانه في تشريف ذاتك بما أثنى عليه من الصفات.

التحقّق : الشريف (هو) من كان شرفه لذاته من حيث أنّها لا تشبّه الذوات ولا يجوز عليها ما يجوز على الممكنات، ومن كانت صفاته من الشرف بحيث لا يجوز عليها ما يجوز على الصفات الشريفة للممكنات، فهو أحقّ باسم المجيد على المبالغة.

التخلّق : الشرف للعبد، من اسمه المجيد، (هو) التخلّق بأخلاق الله على الإطلاق. فمن حصل بهذه المنزلة فهو مجيد على المبالغة في الممكن.

[٥٠] الاسم الباعث

التعلّق : افتقارك إليه سبحانه في أن يرزقك الإفادة عن همّة مؤثّرة في المستفيد حالاً.

التحقّق : الباعث على الإطلاق من يبعث لا عن باعث حتّى لا يكون مبعوثاً لباعثه ؛ وذلك لا يكون إلاّ الله وحده. ويحتاج هذا الفصل إلى نظر وتحقيق يفكّر فيه من ينظر في كلامنا هذا.

التخلّق : لا يصحّ البعث المقصود هنا إلاّ بعد الموت، فإنّ الله تعالى يقول : ﴿ هُوَ ٱلَّذِى بَعَثَ فِى ٱلْأُمِّيِّـۧنَ رَسُولاً مِّنْهُمْ [45] ﴾ ؛ وهل يكون الموت عن حياة أو لا ؟ فيه نظر كلّ مولود يُولَد على الفطرة فهو حيّ، ثمّ يغلب عليه بهذا التركيب الطبيعيّ موت القلب بالجهل وموت الجوارح بالمخالفات، فإذا أحييته من هذا الموت بالعلم الشريف على ضروبه، وأحييته بالموافقة من موت المخالفة التي كان فيها عموماً، حسًّا ومعنًى، كنت باعثاً ولكن عن باعث لا بدّ من ذلك.

---

[45] (الجمعة : 2)

[٥١] الاسم الشهيد

التعلّق : افتقارك إليه في أن يرزقك مشاهدته حيث كانت، وأن يرزقك الحياء منه.

التحقّق : الشهيد هو الحاضر الذي يراك حين تقوم، والشهيد (هو) المشهود أيضاً لأنّ بنية "فعيل" تقتضي ذلك. فهو المشهود سبحانه في كلّ شيء وعند كلّ شيء وقبل كلّ شيء وبعد كلّ شيء على حسب طبقات القوم، وهو الشاهد على كلّ شيء مع كلّ شيء.

التخلّق : إذا عرفت أنّك مشهود له اجتهد "ألاّ يراك حيث نهاك ولا يفقدك حيث أمرك"، وإذا كنت شاهدا له لزمك الحياء منه، وقد جمعهما خبر واحد صحيح : "اعبد الله كأنّك تراه فإن لم تكن تراه فإنّه يراك".

[٥٢] الاسم الحقّ

التعلّق : افتقارك إليه ألاّ تنطق إلاّ بحقّ ولا تمشي إلاّ بحقّ ولا تتحرّك ولا تسكن إلاّ بحقّ لحقّ.

التحقّق : الحقّ أقصى درجاته الواجب الوجود لذاته.

التخلّق : وقوفك على العلم الذي تعرف به أنّك واجب الوجود به لا بنفسك، وموضع الاشتراك (هو) الوجوب لا الوجود ؛ فالعبد إذن ليس بباطل من هذا الوجه، لأنّ الباطل هو العدم والألفاظ الدالّة عليه وجود فهي حقّ، وإن كان مدلولها لا شيء. وإنّما يُقال فيما سوى الله تعالى باطل، كما قال لبيد :

"أَلاَ كُلُّ شَيْءٍ مَا خَلاَ اللهَ بَاطِلُ وَكُلُّ نَعِـيمٍ لاَ مَحَالَـةَ زَائِـلُ"

لّما كان وجود هذا الشيء مستفاداً فليس له من حيث ذاته إلاّ العدم وقبول الوجود.

[٥٣] الاسم الوكيل

التعلّق : افتقارك إليه أن يوفّقك أن تتّخذه وكيلاً.

التحقّق : الوكالة مطلقة ومقيّدة ودوريّة وهي اسم مفعول تحتاج إلى جعل جاعل. ولّما فطر الله تعالى العباد وجعلهم خلف حجاب الأغيار والنظر إلى الأسباب خاطبهم من خلف هذا الحجاب أن يتّخذوه وكيلاً في مصالحهم. ومن عموم الوكالة أن يُفوَّض إليه أن يوكّل من شاء. فوكّل الأنبياء صلوات الله عليهم في التعريف بأسباب المصالح والسعادة وتعيينها، وأنّ الرشد في استعمالها والسفه في إهمالها. فقال تعالى : ﴿لَآ إِلَٰهَ إِلَّا هُوَ فَٱتَّخِذۡهُ وَكِيلٗا [46]﴾، وقال تعالى : ﴿أَلَّا تَتَّخِذُواْ مِن دُونِي وَكِيلٗا [47]﴾ يعني الأسباب التي احتجب بها وخاطبك من خلفها : ﴿وَمَا كَانَ لِبَشَرٍ أَن يُكَلِّمَهُ ٱللَّهُ إِلَّا وَحۡيًا أَوۡ مِن وَرَآيِٕ حِجَابٍ [48]﴾.

التخلّق : ﴿وَأَنفِقُواْ مِمَّا جَعَلَكُم مُّسۡتَخۡلَفِينَ فِيهِ [49]﴾، فقد وكّلك فيما استخلفك فيه من أهل ومال وعمل وملك، وتعلّم أنّ للوكالة شروطاً إن لم يفِ بها الوكيل لم يصحّ تصرّفه، فإذا تصرّفت به وله وعنه كنت وكيلاً محموداً. فهذا الاسم من دون سائر الأسماء بعيد أن يُوجَد فيه معنى فاعل.

---

[46] (المزمل : 9)
[47] (الإسراء : 2)
[48] (الشورى : 51)
[49] (الحديد : 7)

[٥٤] الاسم القويّ

التعلّق : افتقارك إليه سبحانه في ظهورك على من قاومك فيما تريد أن تفعله، ممّا أمرته به فيمانع في ذلك.

التحقّق : القويّ على الحقيقة من لا يُغالَب ولا يُقاوَم وأن يكون تحت قوّته كلّ ما سواه.

التخلّق : القويّ من أعطاه الله تعالى القوّة على حمل ما كُلّف من أثقال العبادات، حسًّا ومعنًى. وعن هذا الاسم تكون الانفعالات عن هذا الشخص بهمتّه، وتنفعل له أجرام العالم، علوها وسفلها. وشأن هذا الاسم عجيب وأمره عظيم : "ليس الشديد بالصرعة وإنّما الشديد الذي يملك نفسه عند الغضب". قالت الملائكة في حديث طويل : "يا ربّ هل خلقت شيئاً أشدّ من الريح ؟ قال : نعم، المؤمن يتصدّق بيمينه فيخفيها عن شماله".

[٥٥] الاسم المتين

التعلّق : افتقارك إليه سبحانه في الحفظ والعصمة عن تأثير شيء فيك، منك أو من غيرك.

التحقّق : المتين في قوّته هو الذي لا يتأثّر بشيء في نفسه ولا يؤثّر فيه شيء بهمّته وفعله، إذ المتانة مقام أحمى.

التخلّق : المتين من العباد الصلب في دينه الذي لا يؤثّر فيه الأهواء، ولا يتأثّر في نفسه بما تتجلّى له به الحقيقة برؤية الحقّ في الأشياء ولا سيّمَا في موقف السواء. فمن حصل في هذا المقام فهو المتين ؛ فمن كونه قويًّا يؤثّر ومن كونه متيناً لا يتأثّر.

[٥٦] الاسم الوليّ

التعلّق : افتقارك إليه في أن يجعلك من أوليائه.

التحقّق : الناصر من كونه محبًّا وإذا كان هذا فهو الذي يتولّى عباده الصالحين بأمور خاصّة، فيتخصّص بها المولّى عليه فيُسمَّى وليًّا. وقد جعل الله تعالى هذه اللفظة لعباده المختصّين به، فسمّاهم أولياء الله تعالى، وهم الذين أحبّهم الله تعالى، واصطفاهم ونصرهم : باطناً حقًّا، وظاهراً قد يكون ولا يكون.

التخلّق : ﴿ وَمَن يَتَوَلَّ ٱللَّهَ وَرَسُولَهُۥ وَٱلَّذِينَ ءَامَنُواْ فَإِنَّ حِزْبَ ٱللَّهِ هُمُ ٱلْغَٰلِبُونَ [50] ﴾، ﴿ وَكَانَ حَقًّا عَلَيْنَا نَصْرُ ٱلْمُؤْمِنِينَ [51] ﴾، وهنا سرّ فابحث عليه في ظهور الأعداء على المؤمنين وغلبتهم إيّاهم، والله يفتح عين بصيرتك وقد نبّه على ذلك بقوله تعالى : ﴿ ظَهَرَ ٱلْفَسَادُ فِى ٱلْبَرِّ وَٱلْبَحْرِ [52] ﴾ الآية، وكذلك ﴿ وَقَضَىٰ رَبُّكَ أَلَّا تَعْبُدُوٓاْ إِلَّآ إِيَّاهُ [53] ﴾.

---

[50] (المائدة : 56)
[51] (الروم : 47)
[52] (الروم : 41)
[53] (الإسراء : 23)

[٥٧] الاسم الحميد

التعلّق : افتقارك إليه سبحانه في أن يجعلك محموداً من جميع الوجوه.

التحقّق : الحميد هو الذي له عواقب الثناء، وهو المثنى عليه بأفعاله وبما يكون منه وبما هو عليه، هذا إذا كان بمعنى اسم المفعول ؛ والذي له من نسبة الفاعليّة فيكون مثنياً على نفسه بما هو عليه، وعلى غيره بما يكون منه تعالى وهذا غاية الكرم : أن يعطيك ويثني عليك بما أعطاك.

التخلّق : المحمود من العباد (هو) الذي له عواقب الثناء أي تبقى له إلى عاقبته : ﴿ وَٱلْعَـٰقِبَةُ لِلْمُتَّقِينَ [54] ﴾، ﴿ وَٱجْعَل لِّى لِسَانَ صِدْقٍ فِى ٱلْأَخِرِينَ [55] ﴾. وأشرف الحمد وأتمّه حمد الحمد وحمد الحامد إذا كان الحامد الحقّ تعالى. فإنّ الشرف كلّه في من شرّفه الحقّ بالثناء عليه :

"وَلَوْ سَكَتُوا أَثْنَتْ عَلَيْكَ الْحَقَائِبُ"

وقال الآخر (شعر) :

"شَهِدَتْ بِمَفْخَرِكَ السَّمَوَاتُ الْعُلَى   وَتَنَزَّلَ الْقُرْآنُ فِيكَ مَدِيحاً"

وحمد الحمد الذي نبّه عليه بعض السادة، وهو أبو الحكم ابن برّجان، (هو) الحمد لله حمداً يوافي هو نفسه.

---

[54] (الأعراف : 128)
[55] (الشعراء : 84)

[٥٨] الاسم المحصي

التعلّق : افتقارك إليه سبحانه في إحصاء ما أنت عليه ممّا أمرك الحقّ به من حفظه.

التحقّق : المحصي على الحقيقة هو المحيط بحقيقة المحصى، عدماً كان أو وجوداً.

التخلّق : المحصي من العباد من مكّنه الله تعالى ممّا سأله في تعلّق هذا الاسم.

[٥٩] الاسم المبدئ

التعلّق : افتقارك إليه سبحانه في إخلاص النيّة فيما تظهره من الأعمال وتنشئه على طريق القربة إلى الله تعالى.

التحقّق : إبداء الأشياء ابتداءً في أعيانها وإبداء إظهارها وإن كانت ظاهرةً له أو لنفسها. وتتعرّض هنا مسألة بين طائفتين كبيرتين وهي : هل للأشياء عين ثابتة في العدم أم لا ؟ واشتركا مع هذا الخلاف في أنّه مبدأ لوجودها وهو المقصود.

التخلّق : يظهر بما يخترعه العبد من الأفعال في نفسه وعلى يده ممّا لم يُسبَق إليه في علمه أو في نفس الأمر، ومنه "من سنّ سنّةً حسنةً" فقد أبِيح له إنشاء العبادات على حال مخصوص معيّن.

[٦٠] الاسم المعيد

التعلّق : افتقارك إليه سبحانه في المداومة على ما أمرك بفعله من العبادات وإن كان ليس عيّنها.

التحقّق : الإعادة ردّ الشيء إلى الحالة التي فارقها، وهي مسألة خلاف. والتحقيق أنّها مثلها لا عينها وعينها لا مثلها من وجهين مختلفين ؛ فالمدبّر يُعاد إلى تدبيره والمدبّر لا يلزم أن يكون بعينه ﴿كُلَّمَا نَضِجَتْ جُلُودُهُم بَدَّلْنَـٰهُمْ جُلُودًا غَيْرَهَا [56] ﴾.

التخلّق : إحداث الفعل على صورة ما مضى يُسمَّى إعادةً وإن لم يكن عينه لشبهه في الصورة. ومن التخلّق إعادة الفعل، الذي أنشأه فيك ونسبه إليك، عليه سبحانه ؛ وهو روح العبادة حيث لم تغب عنك مشاهدة الحقّ في هذه العبادة.

---

[56] (النساء : 56)

[٦١] الاسم المحيي

التعلّق : افتقارك إليه سبحانه في إحياء قلبك بحياة العلم وإحياء جوارحك بحياة الطاعات.

التحقّق : المحيي من أعطى الحياة لكلّ موجود حتّى سبّح بحمده. فمن ظهرت حياته سُمّي حيًّا، ومن بطنت حياته فلا بدّ أن يكون نامياً أو غير نامٍ، فإن كان نامياً فقد يُسمَّى حيًّا، وإن كان غير نامٍ سُمّي جماداً ؛ هذا المستقرّ عند أهل الكشف. وأمّا الحقّ سبحانه فإنّه قال تعالى وتقدّس : ﴿ وَإِن مِّن شَيْءٍ إِلَّا يُسَبِّحُ بِحَمْدِهِۦ [57] ﴾، ﴿ كُلٌّ قَدْ عَلِمَ صَلَاتَهُۥ وَتَسْبِيحَهُۥ [58] ﴾، ﴿ أَلَمْ تَرَ أَنَّ ٱللَّهَ يَسْجُدُ لَهُۥ مَن فِي ٱلسَّمَٰوَٰتِ وَمَن فِي ٱلْأَرْضِ وَٱلشَّمْسُ وَٱلْقَمَرُ وَٱلنُّجُومُ وَٱلْجِبَالُ وَٱلشَّجَرُ وَٱلدَّوَآبُّ [59] ﴾ الآية. وقال تعالى للسماوات والأرض : ﴿ ٱئْتِيَا طَوْعًا أَوْ كَرْهًا قَالَتَآ أَتَيْنَا طَآئِعِينَ [60] ﴾، وأهل الكشف من ملك ونبيّ ووليّ عاينوا قيام الحياة بالجمادات.

التخلّق : من أحيا أرضاً ميتةً ﴿ وَمَنْ أَحْيَاهَا فَكَأَنَّمَآ أَحْيَا ٱلنَّاسَ جَمِيعًا [61] ﴾، ومن اشتغل بالفكر والاستبصار فقد أحيا نفسه أيضاً، وقد استحقّ أن يُسمَّى باسم المحيي.

---

[57] (الإسراء : 44)
[58] (النور : 41)
[59] (الحج : 18)
[60] (فصلت : 11)
[61] (المائدة : 32)

[٦٢] الاسم المميت

التعلّق : افتقارك إليه سبحانه في أن يعصمك من أن تكون ممّن أمات قلبه بالغفلة عن ذكر الله وما في ضمنه.

التحقق : مزيل الحياة ممّن قامت به. واختلفوا في الحيّ قبل وجود الحياة فيه، هل يُسمَّى ميّتاً أو لا ؟ ﴿ وَكُنتُمْ أَمْوَٰتًا فَأَحْيَٰكُمْ [62] ﴾، ولم تتقدّمهم حياة.

التخلّق : ﴿ مَن قَتَلَ نَفْسًا بِغَيْرِ نَفْسٍ أَوْ فَسَادٍ فِى ٱلْأَرْضِ فَكَأَنَّمَا قَتَلَ ٱلنَّاسَ جَمِيعًا [63] ﴾، ﴿ قُلْ يَتَوَفَّىٰكُم مَّلَكُ ٱلْمَوْتِ ٱلَّذِى وُكِّلَ بِكُمْ [64] ﴾، ومن أمات ما كان حيّاً من البدع والضلالات لا شكَّ أنّه مميت ولكن بنسبة سعاديّة، إذ يلزم هذا في النقيض.

---

[62] (البقرة : 28)
[63] (المائدة : 32)
[64] (السجدة : 11)

[٦٣] الاسم الحيّ

التعلّق : افتقارك إليه سبحانه في اتّصال حياتك بالحياة الآخرة. قال الله تعالى : ﴿ وَنُفِخَ فِي ٱلصُّورِ فَصَعِقَ مَن فِي ٱلسَّمَـٰوَٰتِ وَمَن فِي ٱلْأَرْضِ إِلَّا مَن شَآءَ ٱللَّهُ [65] ﴾ وقال تعالى : ﴿ بَلْ أَحْيَآءٌ عِندَ رَبِّهِمْ يُرْزَقُونَ [66] ﴾.

التحقّق : الحيّ من كانت حياته لنفسه غير مستفادة من غيره. وتحت هذا مسألة كبيرة بين نفاة الصفات ومثبتيها أعياناً زائدةً، ليس هذا موضعها.

التخلّق : قال رسول الله صلّى الله عليه وسلّم : "أمّا أهل النار، الذين هم أهلها، (إنّهم) لا يموتون فيها ولا يحيون" خرّجه مسلم.

الحيّ من العباد من حيي سرّه بنور الله وقلبه بذكر الله وجوارحه بطاعة الله، ومن اتّصف بهذه الحياة كانت له الحياة الدائمة في دار السعادة التي نفاها الحقّ عن الأشقياء.

---

[65] (الزمر : 68)
[66] (آل عمران : 169)

[٦٤] الاسم القيّوم

التعلّق : افتقارك إليه سبحانه في أن يرزقك المعونة فيما أمرك به من القيام على من كُلّفت القيام به.

التحقّق : القيّوم، على الحقيقة، هو الذي يقوم بنفسه ويقوم به كلّ من سواه على جهة الافتقار إليه في ذاته ولوازمها.

التخلّق : ﴿ ٱلرِّجَالُ قَوَّٰمُونَ عَلَى ٱلنِّسَآءِ ﴾[67]، فمن قام من العباد بحاجات من استند إليه وكثر ذلك منه فهو قيّوم.

---

[67] (النساء : 34)

[٦٥] الاسم الواجد

التعلّق : افتقارك إليه سبحانه في أن يهبك حالاً عدم تعيين حاجة.

التحقّق : الواجد من لا يعوزه شيء البتّة، وهو أقصى مراتب الواجدين.

التخلّق : إذا حصل العبد في مقام لا يعوزه شيء ولا يحتاج إلى شيء، لمعرفته ذوقاً أنّ كلّ شيء فيه صلاحه وبقاؤه معيّن عند الحقّ مدّخر له عندما اتّخذه وكيلاً، فإنّ الشخص إذا علم أنّ وكيله قد ادّخر له في بيته جميع ما يحتاج إليه في جميع سنته فهو واجد لكلّ شيء يحتاج إليه في سنته، والسنة في حقّ العبد المتخلّق وفي حقّ الحقّ عبارة عن الأبد الذي لا نهاية لبقائه، فقد صحّ له اسم الواجد.

[٦٦] الاسم الماجد

التعلّق : افتقارك إليه سبحانه في إعطاء شرف ما من غير تعيين.

التحقّق : نسبة الشرف على الجملة إليه من غير تفصيل.

التخلّق : كذلك أيضاً نسبة الشرف بما يقوم به من الأوصاف الشريفة من حيث الجملة. والمجيد بنية مبالغة بها يقع التفصيل لهذا الشرف الجمليّ، فيُقال شريف من حيث كذا ومن حيث كذا إلى ما لا يتناهى.

[٦٧] الاسم الواحد

التعلّق : افتقارك إليه سبحانه في أن يجعلك وحيد وقتك في همّك به وفي همّتك.

التحقّق : الواحد على الحقيقة هو الذي يتّصف بالوحدة من جميع الوجوه ولا يقبل الكثرة بوجه من الوجوه، وهذه مسألة كبيرة فيها للعلماء كلام كثير.

التخلّق : "إذا بُويع لخليفتين فاقتلوا الآخر منهما"، فينبغي للعبد أن يستعدّ بالتوجّه الكلّيّ إلى جانب الحقّ تعالى، والتخلّق بما في الوسع الإمكانيّ بالأخلاق الإلهيّة، ليحصل له رتبة القطبيّة، ليكون واحد الزمان في وقته لا يشاركه فيها أحد، إذ لا بدّ في كلّ زمان من واحد لا ثاني له، وهذا مقام مكتسب.

[٦٨] الاسم الصمد

التعلّق : افتقارك إليه في أن يجعل من الفرج بيدك حتّى تكون ملجأ لكلّ وارد من الحقّ تعالى ومن الخلق وأن تكون في حال تركيبك من الطهارة على ما كنت عليه قبل وجودك.

التحقّق : الصمد، على الحقيقة، الذي يُلجَأ إليه في جميع الأمور دقيقها وجليلها معلومها ومجهولها.

التخلّق : إذا اكتسب الإنسان بتخلّقه الخُلق الإلهيّ واتّصف بمكارم الأخلاق وكان موضع نظر الحقّ من العالم لجأت إليه النفوس كلّها لتحقّقها بحصول أغراضها وإرادها، علواً وسفلاً حقًّا وخلقاً. وليس من شرطه أن يكون (المتخلّق بهذا الاسم) معلوماً في عالم التركيب. ﴿ وَأَقْرِضُواْ ٱللَّهَ قَرْضًا حَسَنًا [68] ﴾ ﴿ فَٱعْبُدْنِى وَأَقِمِ ٱلصَّلَوٰةَ لِذِكْرِىٓ [69] ﴾. هو حضرة ظهور آثار الأسماء.

---

[68] (الحديد : 18)
[69] (طه : 14)

[٦٩] الاسم القادر

التعلّق : افتقارك إليه سبحانه أن يرزقك التمكّن بما أمرك الله تعالى من الأفعال.

التحقّق : القادر هو الذي إذا شاء فعل من غير مانع ولا دافع.

التخلّق : إذا كانت يد العبد يد الحقّ تعالى فهو التمكّن المطلوب من التخلّق : ﴿ إِنَّ ٱلَّذِينَ يُبَايِعُونَكَ إِنَّمَا يُبَايِعُونَ ٱللَّهَ يَدُ ٱللَّهِ فَوْقَ أَيْدِيهِمْ [70] ﴾ ؛ يقول الله تعالى : "فإذا أحببته كنت سمعه الذي يسمع به وفيه ويده التي يبطش بها" الحديث، ومن بطش بحقّ فلا مانع له ولا دافع ؛ ﴿ فَتَنفُخُ فِيهَا فَتَكُونُ طَيْرًا بِإِذْنِى [71] ﴾، ولا يُشترَط في هذا الاسم إيجاد الفعل لكن يُشترَط فيه التمكّن منه إذا شاء بغير مانع.

---

[70] (الفتح : 10)
[71] (المائدة : 110)

[٧٠] الاسم المقتدر

التعلّق : افتقارك إليه سبحانه في استعمالك فيما أمِرت به.

التحقّق : المقتدر لا يكون له إلاّ حالة الإيجاد للمكوّنات، وبهذا ينفصل عن القادر كالمكتسب حال الكسب.

التخلّق : من شرط هذا الاسم في المتخلّق وجود الفعل كما ذكرنا من غير مانع للتمكّن الذي حصل له من الاسم القادر. فمن شرطه في هذا الاسم ظهور الفعل ولا بدّ من جهة الحقيقة، وإن أطلِق عليه من غير ظهور الفعل فهو مجاز.

[٧١-٧٢] الاسم المقدّم المؤخر

التعلّق : افتقارك إليهما في أن يجعلك من السابقين المقرّبين وأن يعصمك من التأخّر عن هذه المسابقة والتقريب.

التحقّق : المقدّم المؤخّر من قدّم نفسه أو غيره إلى أمر ما وأخّر نفسه أو غيره عن أمر ما.

التخلّق : إذا قدّم الإنسان من أمره الحقّ بتقديمه من ذاته أو غيره فهو المقدّم، وإذا أخّر من أمره الحقّ بتأخيره فهو المؤخّر.

[٧٣-٧٤] الاسم الأوّل الآخر

التعلّق : افتقارك إليه سبحانه أن يجعلك أوّلاً في التقدّم إلى الطاعات وآخراً في الانفصال عنها إذا كانت محدودةً بمكان أو زمان أو هيئة كالدخول إلى المسجد والخروج منه والتهجير والانتشار.

التحقّق : الأوّل المقصود هنا الذي لا مُفتتَح لوجوده، والآخر هو الذي لا نهاية لوجوده. وليس ثمّة موجود يوصف بالضدّين من وجه واحد إلاّ الحقّ تعالى.

قيل لأبي سعيد الخرّاز : بِمَ عرفتَ الله تعالى ؟ قال : بجمعه بين الضدّين. ثمّ تلا : ﴿ هُوَ ٱلْأَوَّلُ وَٱلْآخِرُ وَٱلظَّـٰهِرُ وَٱلْبَاطِنُ [72] ﴾.

التخلّق : "من عرف نفسه عرف ربّه"، فصحّت الأوّليّة للعبد في المعرفة لأنّه الدليل، وصحّت الآخريّة للحقّ فإنّه المدلول، وصحّت الأوّليّة للحقّ في الوجود فإنّه الموجد، وصحّت الآخريّة للعبد في الوجود لأنّه الموجود، فهو الأوّل والآخر.

---

[72] (الحديد : 3)

[٧٥-٧٦] الاسم الظاهر الباطن

التعلّق : افتقارك إليه سبحانه في أن يظهرك في المواطن التي يرتضيها ويسترك في المواطن التي لا يرتضيها.

التحقّق : الظاهر بآثاره وأفعاله، الباطن بذاته ؛ الظاهر بألوهيّته، الباطن بحقيقته.

التخلّق : الظاهر بالأفعال الحميدة لربّه، الباطن عن الصفات المذمومة أن تقوم به. الحقّ سبحانه لا يبطن عن نفسه وهو ظاهر لذاته ؛ وهل الموجودات تتّصف بالباطن في حال عدمها أو هي مشهودة له سبحانه على مذهب من يقول بأنّ لها أعياناً ثابتةً حال عدمها، وعلى مذهب من يقول إنّ الوجود للرؤية ليس علّةً، وعلى مذهب من يقول إنّ العلم تصوّر المعلوم.

[٧٧] الاسم البرّ

التعلّق : افتقارك إليه سبحانه في أن يجعلك ممّن أحسن عبادته على الوجه الثاني.

التحقّق : المحسن من أنعم على المشاهدة. والإيجاد للأعيان من أكبر الإحسان، ولا يكون إلاّ عن مشاهدة. ويتأيّد قول القائل "إنّ للأشياء أعياناً ثابتةً حال عدمها".

التخلّق : من عمّ إحسانه المحتاج وغير المحتاج حسّاً ومعنًى وسواء كان عن طلب أو غير طلب (فهو برّ). فإن كان (إحسانه) عن طلب فالمحسن ذو إحسانين : إحسان بقبول السؤال وإحسان بإعطاء المسؤول فيه.

العبد مُطالَب بإقامة الفرض ؛ العبد مُنعِم بالنوافل على نفسه. فهذا حظّه من الاسم البرّ.

[٧٨] الاسم التوّاب

التعلّق : افتقارك إليه في كلّ حال.

التحقّق : التوّاب الرجّاع عن كلّ حال إلى كلّ حال أو إلى الترك وهو عدم.

التخلّق : التوّاب من العباد الذي يرجع عن نفسه وعن غيره إلى ربّه في كلّ حال.

[٧٩] الاسم المنتقم

التعلّق : افتقارك إليه سبحانه في أن يعصمك من نقمه وإن كانت مستلذّةً.

التحقّق : المنتقم الذي يآخذ بالذنب فلا يعفو ولا يصفح.

التخلّق : إقامة الحدود من العباد على الوجه المشروع على الإطلاق من مؤمن وكافر.

[٨٠] الاسم العفوّ

التعلّق : افتقارك إليه سبحانه في أن يعفو عنك، فإنّه عفوّ يحبّ العفو.

التحقّق : العفوّ من كثر إحسانه وقلّت مؤاخذته.

التخلّق : على هذا الحدّ ولكن بشرط الجرائم لا بدّ من ذلك لا الإحسان المبتدأ؛ وهذا الاسم من الأضداد : ﴿ مَن جَآءَ بِٱلْحَسَنَةِ فَلَهُۥ عَشْرُ أَمْثَالِهَا ۖ وَمَن جَآءَ بِٱلسَّيِّئَةِ فَلَا يُجْزَىٰٓ إِلَّا مِثْلَهَا [73] ﴾، وقد لا يُؤاخَذ بها من هذا الاسم وأخواته.

---

[73] (الأنعام : 160)

[٨١] الاسم الرؤوف

التعلّق : افتقارك إليه سبحانه أن يجعل في قلبك رأفةً ورحمةً بنفسك وغيرك.

التحقّق : الرأفة وإن كانت مثل الرحمة فإنّ لها وجهاً إلى الإصلاح.

التخلّق : إذا عرض العبد نفسه إلى المصالح المطلوبة منه، وإن كانت شاقّةً في الوقت، فإنّه قد رأف بها ؛ ولذا قال تعالى : ﴿ وَلَا تَأۡخُذۡكُم بِهِمَا رَأۡفَةٞ فِي دِينِ ٱللَّهِ [74] ﴾ أي شفقة طبيعيّة تؤدّيك إلى تعطيل الحدّ أو نقصه.

---

[74] (النور : 2)

[٨٢] الاسم مالك الملك

التعلّق : افتقارك إليه سبحانه في أن يشغلك بعبوديّتك في ربوبيّته عمّا ملّكك.

التحقّق : مالك الملك، على الحقيقة، من لا يُتصوَّر في حقّ ملكه عتق ولا حرّيّة، ولا تقوم لملكه عليه حجّة بوجه من الوجوه فيصير المالك مملوكاً لتلك الحجّة : ﴿ قُلْ فَلِلَّهِ ٱلْحُجَّةُ ٱلْبَٰلِغَةُ [75] ﴾.

التخلّق : إذا ملك العبد نفسه بربّه لم تقم لنفسه عليه حجّة ولا اتّصفــ(ــت) بالحرّيّة عنه يوماً ما، لأنّ الشيء لا يخرج عن نفسه، فبهذا القدر يصحّ أن يكون مالك الملك.

---

[75] (الأنعام : 149)

[٨٣] الاسم ذو الجلال والإكرام

هذا بلغة حِميَر.

التعلّق : افتقارك إليه سبحانه أن يجعلك محلاًّ لتعظيمه وإكرامه.

التحقّق : ذو الجلال ذو العظمة أن تُدرَك حقيقته، وذو الإكرام أن يتجلّى لعباده حتّى يرَوْه كما يرَوْن الشمس بالظهيرة ليس دونها سحاب. "ذو" بمعنى "الذي" أي الذي الجلال والإكرام من صفته؛ بلغة طيّئ (يُقال) : "وبئر ذو حفرت وذو طويت".

التخلّق : تحصيل هاتين الصفتين فيك حتّى تكون جليلاً على الوجهين : ذو جلال من حيث حقيقتك وعبوديّتك فإنّك عبد حقير فقير وذو عظمة بربّك حيث جعلك مقصوداً وقرن معرفة نفسك بمعرفته فيعظم الدليل لعظم المدلول. وذو إكرام أيضاً به سبحانه لأنّه أمرك بأن تكرم أسماءه وكلامه وذاته بالتنزيه عمّا لا يجوز عليها وعمّا يجوز على المرقوم منها حيث هي دلالة عليها من حصول وصول النجاسات الحُكميّة والعينيّة إليها، وأن تكرم من خلقه من أمرك بإكرامه، وجوباً وندباً. فأنت ذو الجلال والإكرام على قدرك، وهكذا في كلّ اسم تخلّقت به.

[٨٤] الاسم الوالي

التعلّق : افتقارك إليه سبحانه في إجراء العدل وإسباغ الفضل على من جعل أمره تحت ولايتك.

التحقّق : الوالي من وُلّي أمور الخلق كلّهم و لم يل أمره في خلقه غيره : ﴿كُلَّ يَوْمٍ هُوَ فِي شَأْنٍ[76]﴾ ؛ ويندرج في هذا الاسم استعمال جميع الأسماء المتعلّقة بالكون.

التخلّق : الوالي من العباد من ولاّه الحقّ أمر نفسه وأمر غيره، فأسبغ عليهم فضله، وأقام فيه وفيهم عدله، فحينئذ يكون متخلّقاً بهذا الاسم. فإن جار فهو والٍ ولكن غير متخلّق، وهكذا كلّ اسم. فإنّ الغرض من التخلّق بهذه الأسماء (هو) أن تُنسَب إليك على حدّ ما نُسبَت إلى الحقّ، ولكن من الوجه الذي يليق بك.

---

[76] (الرحمن : 29)

[٨٥] الاسم المتعالي

التعلّق : افتقارك إليه سبحانه أن يرزقك التواضع فإنّه "من تواضع لله رفعه الله".

التحقّق : المتعالي هو الذي إذا نسبت إليه أمراً ممّا يقتضي التنزيه كان حقًّا وتعالى إلى أمر آخر لم يبلغه علمك، فكيف إذا تنسب إليه ما لا يليق به وليس العليّ كذلك. تعالى الله عمّا يقول الظالمون علوّاً كبيراً.

التخلّق : المتعالي من العباد من إذا قامت به صفة محمودة يتعالى عن الوقوف معها إلى ما هو أعلى منها، لعلمه أنّ عند ربّه ما هو أعلى من ذلك، هكذا دائماً. ﴿ وَقُل رَّبِّ زِدْنِي عِلْمًا [77] ﴾ فقد طلب فوق ما حصل له.

---

[77] (طه : 114)

[٨٦] الاسم المقسط

التعلّق : افتقارك إليه في أن يجعلك ممّن عدل في أحكامه.

التحقّق : المقسط هو الذي يأخذ للمظلوم من الظالم في نفسه وفي غيره إلاّ أن يعفو المظلوم، وأسماء العفو كثيرة.

التخلّق : على هذا الحدّ.

[٨٧] الاسم الجامع

التعلّق : افتقارك إليه سبحانه في أن يجمعك عليه فإنّك عبد آبق شارد.

التحقّق : الجامع، على الحقيقة، من جمع الصفات العلى والأسماء الحسنى في ذاته مع نسبة الوحدة له من جميع الوجوه، والجامع أيضاً من إذا جمع لا يقدر غيره على تفريق ذلك الجمع. إنّ الله ﴿ جَامِعُ ٱلنَّاسِ لِيَوْمٍ لَّا رَيْبَ فِيهِ [78] ﴾، ﴿ يَوْمَ يَجْمَعُ ٱللَّهُ ٱلرُّسُلَ [79] ﴾، ﴿ ذَٰلِكَ حَشْرٌ عَلَيْنَا يَسِيرٌ [80] ﴾.

التخلّق : المتخلّق من العباد بهذا الاسم من تخلّق بالأخلاق الإلهيّة أجمعها التي وصل إليها علمه، وجمع مكارم الأخلاق، وجمع عباد الله على طاعة الله تعالى.

---

[78] (آل عمران : 9)
[79] (المائدة : 109)
[80] (ق : 44)

[٨٨-٨٩] الاسم الغنيّ المغني

التعلّق : افتقارك إليه سبحانه أن يشغلك به عن سؤاله، لا ليعطيك؛ وافتقارك إليه أيضاً إذا ردّك إليك أن تفيض على غيرك ممّا أعطاك من هذين الاسمين فتستغني وتغني.

التحقّق : الغنيّ من كان غنيّاً بذاته لا بغيره، والمغني من أغنى غيره بحيث أن لا تقوم به حاجةً إليه تشغله، أو لا يعيّن حاجة لعلمه بأنّ بيده المصالح.

التخلّق : إذا حصّل العبد من الغنى بربّه بحيث يشغله ذكره عن مسألته عظمةً وجلالاً، ولا يخطر له خاطر في حاجة لغيبته عن نفسه بربّه، فيكون غنيًّا. وإذا أكسب غيره بحسن تربيته إيّاه ونفوذ همّته هذا الوصف الذي اتّصف به، كان مغنياً.

[٩٠] الاسم المانع

التعلّق : افتقارك إليه سبحانه في أن يرزقك الذبّ عن دينه وحمايته ممّا يؤدّي إلى إفساده.

التحقّق : جميع الممكنات متوجّهة بذاها إلى الوجود في حال عدمها وإلى عدمها في حال وجودها، فمن منع من إيجادها أو إعدامها فهو مانع ؛ غير أنّ لفظة المانع أكثر ما تُطلَق فيمن يمنع وقوع المفسدة والشرور.

التخلّق : من منع نفسه بحمى الله تعالى ومنع نفسه من قيام ما لا يرضي الله تعالى به ومنع غيره أيضاً فهو المانع تخلّقاً، لا من منع المنافع على اختلافها فإنّ ذلك بخل. فكلّ من منع من أهل هذا الطريق منفعةً فإنّما منعها لمصلحة يراها، فهو حكيم.

[٩١-٩٢] الاسم الضارّ النافع

التعلّق: افتقارك إليه سبحانه في دفع ما يضرّك في دينك ودنياك وآخرتك، وإعطاء ما ينفعك في دينك ودنياك وآخرتك، حسًّا ومعنًى.

التحقّق: الضّار معطي الضرر الذي هو الألم خاصّةً وأسبابه، سواء كان سببه مستلذًّا أو غير مستلذّ؛ والنافع معطي النفع الذي هو اللذّة وأسبابه، سواء كان ذلك السبب ملائماً أو غير ملائم حسًّا ومعنًى.

التخلّق: الضارّ من عباد الله الصالحين من أضرّ من أجل الله تعالى إيثاراً لجناب الله تعالى، والنافع من نفع عباد الله تعالى وكلّ منتفع بما أمكنه ممّا لا يتعدّى في ذلك حدّاً مشروعاً، حسًّا ومعنًى.

[٩٣] الاسم النور

التعلّق : افتقارك إليه سبحانه أن يجعلك نوراً يُهتدَى بك.

التحقّق : النور هو الذي يأنف لذاته، وينفر من أن يُنسَب إليه ما لا يليق به ولا تقتضيه ذاته، ولذلك قال : ﴿ إِنَّ ٱللَّهَ لَا يَغۡفِرُ أَن يُشۡرَكَ بِهِۦ [81] ﴾، فجعله من أكبر الكبائر إذ النور في اللغة هو النفور، ولمّا كان منفّراً للظلمة سُمّي نوراً، يُقال : "نارت الغزالة إذا نفرت من الصائد"، ولمّا ظهرت الأشياء لأعين البصائر والأبصار بالنور، وكان أصل ظهور الأشياء في أعيانها وجوده سبحانه، سمّى نفسه نوراً توصيلاً.

التخلّق : من نفرت عنه الأشياء كلّها خوفاً على نفسها أن تُلحَق بالعدم أو العمى أو الغشي كان اسم النور بالذي نُفر عنه أولى.

قال عليه الصلاة والسلام : "اللّهمّ اجعلني كلّي نوراً"، فجعله معصوماً يُقتدَى به ويُهتدَى.

---

[81] (النساء : 48)

[٩٤] الاسم الهادي

التعلّق : افتقارك إليه سبحانه في الهداية من عنده فيما يُوصَل إليه ممّا فيه سعادتك.

التحقّق : الهدى البيان والهادي المبيّن طريق السعادة من طريق الشقاوة وطريق المنافع من طريق المضارّ، في العلوم والأعمال والأحوال.

التخلّق : المبلّغ من العباد بيان الحقّ بهذه الطرق فهو هاديهم بلسان الحقّ : ﴿ فَأَجِرْهُ حَتَّىٰ يَسْمَعَ كَلَـٰمَ ٱللَّهِ [82] ﴾. "إنّ الله قال على لسان عبده : سمع الله لمن حمده" في الصلاة، وهو خبر صحيح.

[82] (التوبة : 6)

[٩٥] الاسم البديع

التعلّق : افتقارك إليه سبحانه في نفي المماثلة في علوّ المقام عند الله تعالى في جنسك.

التحقّق : قد يكون البديع من لا مِثل له، وقد يكون البديع المبدع شيئاً لم يُسبَق إليه في علمه.

التخلّق : بما يعطي السعادة من هذا الاسم "من سنّ سنّةً حسنةً فله أجرها وأجر من عمل بها"، ﴿ وَرَهۡبَانِيَّةً ٱبۡتَدَعُوهَا [83] ﴾، أي أنشؤوها ابتداءً، ﴿ فَمَا رَعَوۡهَا حَقَّ رِعَايَتِهَا [84] ﴾ مع أنّها لم تكن عن الوحي المنـــزّل المعهود الحكميّ.

---

[83] (الحديد : 27)
[84] (الحديد : 27)

[٩٦] الاسم الباقي

التعلّق : افتقارك إليه سبحانه في أن يجعلك ممّن استمرّت حالاته على أسباب السعادة والنجاة من كلّ مكروه.

التحقّق : الباقي، على الحقيقة، من كان بقاؤه لنفسه فلا يجوز عليه العدم.

التخلّق : الباقي من العباد من بقي في عبوديّته مع الله تعالى دائماً سالم الذات لا يتحرّج بشيء من الربوبيّة، كما أنّ الحقّ باقٍ في ربوبيّته لا ينبغي أن يكون عبداً كذلك العبد ينبغي أن يكون باقياً في عبوديّته عند نفسه مستصحب الحال فيها لا ينبغي أن يكون ربًّا بوجه من الوجوه ولا بنسبة من النسب. قال بعضهم : "العارف مسوّد الوجه في الدنيا والآخرة" (وهذا) مذكور في "كتاب البياض والسواد"، والوجه هنا حقيقته وذاته وعينه.

[٩٧] الاسم الوارث

التعلّق : افتقارك إليه سبحانه في أن يوفّقك للاقتداء بسنّة نبيّه صلّى الله عليه وسلّم.

التحقّق : الوارث من ترجع الأملاك إليه بعد انتزاع أيدي الملاّك عنها بالموت، وسواء كان المنتزَع منه عند الوارث أو لا ﴿ إِنَّا نَحْنُ نَرِثُ ٱلْأَرْضَ وَمَنْ عَلَيْهَا وَإِلَيْنَا يُرْجَعُونَ [85] ﴾.

التخلّق : الوارث من العباد من ورث الأنبياء في علومهم وأعمالهم وأحوالهم بعد انقلابهم إلى بارئهم : "العلماء ورثة الأنبياء"، ﴿ تِلْكُمُ ٱلْجَنَّةُ أُورِثْتُمُوهَا [86] ﴾، ﴿ تِلْكَ ٱلْجَنَّةُ ٱلَّتِى نُورِثُ مِنْ عِبَادِنَا مَن كَانَ تَقِيًّا [87] ﴾. مقامات الكفّار منها "حين دخلوا النار فلم يخرجوا منها"، وفي الدنيا ﴿ ٱشْتَرَوُا۟ ٱلضَّلَٰلَةَ بِٱلْهُدَىٰ [88] ﴾. ورث الصالح من الأرض طاعتها: ﴿ قَالَتَآ أَتَيْنَا طَآئِعِينَ [89] ﴾ و﴿ إِنَّ ٱلْأَرْضَ لِلَّهِ يُورِثُهَا مَن يَشَآءُ مِنْ عِبَادِهِۦ ۖ وَٱلْعَٰقِبَةُ لِلْمُتَّقِينَ [90] ﴾.

---

[85] (مريم : 40)
[86] (الأعراف : 43)
[87] (مريم : 63)
[88] (البقرة : 16)
[89] (فصلت : 11)
[90] (الأعراف : 128)

[٩٨] الاسم الرشيد

التعلّق : افتقارك إليه سبحانه في أن يرشدك إلى ما فيه سعادتك.

التحقّق : (الرشيد هو) المرشد إلى معالي الأمور. قال الله تعالى : ﴿ وَلَقَدْ ءَاتَيْنَآ إِبْرَٰهِيمَ رُشْدَهُۥ [91] ﴾.

التخلّق : الرشيد من العباد هو الذي قد عرف الأمور وحقّقها، فهو يعمل ما ينبغي لمّا ينبغي كما ينبغي ويترك ما ينبغي لمّا ينبغي كما ينبغي.

---

[91] (الأنبياء : 51)

[٩٩] الاسم الصبور

التعلّق : افتقارك إليه سبحانه في أن لا يزيل عنك نعمةً من عافية في دينك ودنياك وآخرتك.

التحقّق : الصبور بنية مبالغة، هو الذي يُؤذَى كثيراً ويمسك عن الانتصار والانتقام، فإن كان قادراً فلحلمه : ﴿ إِنَّ ٱلَّذِينَ يُؤۡذُونَ ٱللَّهَ وَرَسُولَهُۥ [92] ﴾، فلم ينتقم في حال أذيّتهم مع قدرته تعالى على ذلك.

التخلّق : الصبور من العباد من حبس نفسه عند إيذاء الخلق إيّاه عن الانتصار والمجازاة بالانتقام منهم، إن كان قادراً، أو الدعاء عليهم، بل يقول : "اللّهمّ اغفر لقومي فإنّهم لا يعلمون". فهذا هو التخلّق. ومن غير التخلّق الصبور من حبس على مشاقّ العبادات كإسباغ الوضوء على المكاره ومقاساة الأعداء في الله تعالى ومحاربته إيّاهم، ظاهراً وباطناً.

﴿ وَٱللَّهُ يَقُولُ ٱلۡحَقَّ وَهُوَ يَهۡدِي ٱلسَّبِيلَ [93] ﴾.

---

[92] (الأحزاب : 57)
[93] (الأحزاب : 4)

(ختام الكتاب)

نجز الغرض من الإملاء في هذا الفنّ، واقتصرنا فيه على الأسماء التي خرّجها أبو حامد الغزاليّ رحمه الله في كتاب "المقصد الأسنى" ﴿وَٱلْحَمْدُ لِلَّهِ رَبِّ ٱلْعَالَمِينَ [94]﴾، وذلك بزاوية الإمام أبي حامد بشماليّ جامع دمشق في شهر رمضان إحدى وعشرين وستّمائة إسعافاً لمن سألنا في ذلك، وهو صاحبنا الفقيه الإمام شرف الدين أبو محمّد عبد الواحد بن أبي بكر بن سليمان الحمويّ نوّر الله بصيرته ونفعنا وإيّاه بما قصدناه، وصلّى الله على سيّدنا محمّد خاتم النبيّين وآله وصحبه أجمعين وسلّم وبالله التوفيق.

---

[94] (الأنعام : 45)

شرح أسماء الله الحسنى

الجزء الأخير من الباب 558 من كتاب الفتوحات المكية

للشيخ الأكبر محيي الدين ابن عربي

صورة مصغرة طبق الأصل بخط المؤلف

تنبيهان؟

ازله طاهمة ووليا شفيعا ه وبشكر به وشكره اذ بيناه ه
وبا ستفهامه ابانا عن امور بعلمها اخبرناه ه وبتلاوة تنزيل
كلامه العزيز بالنهار حدثناه ه وبه في ظلام الليل سامرناه ه
ه وفي الصلاة عندما نقول ويقول ناجيناه ه وعند سفرنا
في اهلينا استخلفناه ه وعند طلبه منا نصره دينه نصرناه
ه واذ لم نطلب سواه شاهدا وغائبا واعتمدنا عليه في كل
حال حططناه ه وبمحاسبتنا نفوسنا وهو السريع الحساب
سابقناه ه وما سمانا الى اهل اتساعليه واعطتنا الحظوة
لديه لنا الخاشع والذليل والفقير ما ملناه ه وبكونه
سمعنا سمعناه ه وبصرنا ابصرناه ورائيناه ه وبما
اوجدنا له بكلام العلة عبرناه ه وفي اعتمارنا الذي شرع
لنا زرناه ه وفي بيته الذي اذن فيه بالحج الله قصدناه
واملناه ه ولنيل جميع اغراضنا اردناه ه وذلك لما
نسب الرحمة من الاسما الحسنى دون غيرها من الاسما وان كانت
اسماؤه في الحقيقة الا انه عبر بها عن النعت بالحسنى فهو عز وجل
الله من حيث هويته وذاته   الرحمان بعموم رحمته التي
وسعت كل شي   الرحيم بما اوجب على نفسه للتائبين من

عباده ٥ الرب مالك او هو مصلح المصالح لخلقه ٥ الملك
بنسبة ملك السماوات والارض اليه فانه رب كل شيء ومليكه
٥ القدوس بقوله وما قدروا الله حق قدره وتنزيهه عن كل
ما وصف به ٥ السلام بسلامته من كل ما نسب اليه مما كره
من عباده ان ينسبوه اليه ٥ المؤمن بما صدق عباده وبما
اعطاهم من الامان اذا اوفوا بعهده ٥ المهيمن على عباده بما
هم فيه من جميع احوالهم بما لهم وعليهم ٥ العزيز لغلبته من
غالبه اذ هو الذي لا يغالب وامتناعه في علو قدسه ان يقاوم
٥ الجبار بما جبر عليه عباده في اضطرارهم واختيارهم
منهم في قصده ٥ المتكبر لما اصطلح القوم الضعفة
من نزوله اليهم في خفي اللطافة من تقربه بالهرولة والنزول من
شبر وذراع وباع وهرولة وتبشبش وفرح وتعجب وضحك
وامثال ذلك ٥ الخالق بالتقدير والايجاد ٥ البارئ بما
اوجده من مولدات الاركان ٥ المصور بما فتح في الهباء من الصور
وفي اعين المتجلي لهم من صور التجلي المنسوبة الى الله ما ذكرنا
وما عرف وما اعطيك بها وما لم ندخل تحت احاطة ٥ الغفار
بما ستر من عباده المؤمنين ٥ الغافر بنسبته اليهم اليه

ه الغفور ما اسدل من الستور من الاكوان و عين الاكوان ه الغفار
من تجاوز عن عباده بجهالة ولم يتب ه الوهاب ما انعم به من
العطا لينعم لا جزا ولا ليشكره ويذكره ه الكريم المعطي
عباده ما سألوه منه ه الجواد المعطي قبل السؤال ليشكروه
ويرحمهم ويذكروه ويثيبهم ه السخي ما عطا كل شي خلقه
وتوفيته حقه ه الرزاق ما اعطى من الارزاق لكل متغذ من
معدن ونبات وحيوان وانسان من غير اشتراط كفر ولا ايمان ه
الفتاح ما فتح من ابواب النعم والعقاب والعذاب ه العليم
بكثرة معلوماته ه العالم بما هو به نفسه ه العلام بالغيب
فهو تعلق خاص والغيب لا يتناهى والشهادة متناهية اذا كان
الوجود سبب الشهود والرؤية كما راه بعض النظار وعلى كل
حال والشهادة خصوص وان من يقول ان العلة في الرؤية استعداد
المرئي فما ثم مشهود الا الحق وما وجد من الممكنات وما لم يوجد
ونفى المحال معلوما غيبا لم يدخل تحت الرؤية ولا الشهادة ه
القابض ذوات الاشيا في قبضته وذوات الصور بيده بين
الرحمان وقبضها ه الباسط ما بسطه من الرزق الذي
لا يعلم البغي بسطه وهو القدر المعلوم وانه يعلم بقبض كما

سا من ذلك لما فيه من الاسفلات المطلقة ويبسطه ما فيها من ذلك لما
فيه من الاسفل والمظلمة ه الرافع من دونه يعلى بنبوته السرار
لمحض العبد ويرفعه ويرفع لبيوت الملك من يشاء ويعز من يشاء
ويغني من يشاء ه الخافض لينزع الملك ممن يشاء ويذل من يشاء
ويفقر من يشاء بيده الخير وهو الميزان فيوتي المعوقين بستحقها
وفي منزه الحال لا يكون بعاملة الاسباب ما ان استنفذ المعفون من بعض
الامتنان اعم في التعلق ه المعز المذل ما عز بطاعته واذل
بمخالفته وفي الدنيا اعز بما اتى من المال من اتاه وبما اعطى من النفس
لاهله وبما انعم به من الرياسة والولاية والتحكم في العالم بامضاء
الكلمة والقهر وبما اذل به الجبابرة والمتكبرين وبه اذل به في الدنيا
بعض المؤمنين ليعزهم في الاخرة ومنهم من اورثهم الذلة في الدنيا
لايمانهم وطاعتهم ه السميع دعا عباده اذا دعوه في
مهماتهم فاجابهم من اشبه السميع فانه يتعلق ذكره في حرا السمع
فقال ولا تكونوا كالذين قالوا سمعنا وهم لا يسمعون ويعلم انهم
سمعوا دعوة الحق باذانهم ولكن ما اجابوا اذ دعوا اليه وما كذا
يعامل الحق عباده من كونه سميعا ه البصير بامور عباده
لما قال لموسى وهرون انني معكما اسمع وارى فقال المهالا تخافا

ماذا أعطى نصره إلا من هو لك معين النصر لا أنه يشهده
ويراه فعلك فانه يراه حقيقة سوا نصره او خذله او اعتنى به او اهمله
٥ الحكم ما يفصل به من الحكم بين العامة بين عباده وما انزل
في الرسائل من الاحكام المشروعة والنواميس الوضعية الحكمية كل
ذلك من الاسم الحكم ٥ العدل يحكم بالحق وامامة الملة الحنيفية
فلا يرى الحكم بالحق من سبيل الله اذ من جعل للهوى حكما من اتبعه ضل
عن سبيل الله ٥ اللطيف بعباده فانه يوصل اليهم العافية مندرجة
في الادوية الكريهة فاخفى من ضرب الثالث في الادوية المولدة المتضمنة
الشفا والراحة لا يكون فانه لا اثر لها في وقت الاستعمال مع علمنا
بانها في نفس استعمال ذلك الدوا ولا نحس بها للطافتها ومن باب
لطفه سريانه في افعال الموجودات وهو قوله والله خلقكم وما
تعملون ولا نرى الاعمال الا من المخلوقين ونعلم ان العامل لتلك الاعمال
انما هو الله ولولا لطفه لشوهد ٥ الخبير بما اختبر به عباده
وهو اختباره قوله حتى نعلم وهو يعلم فنسب الله حدوث العلم
ام لا فانظر ما احسن اثر اللطف ولذلك قرن الخبير باللطيف
فقال اللطيف الخبير ٥ الحليم هو الذي امهل وما اهمل ولم
يسارع بالمؤاخذة لمن عمل سوا بجهالة مع تمكنه ان لا يمهل

وان يسال ويشكر حتى يعطى ه الحكيم في قلوب العارفين به ه
الشكور الطالب الزيادة من عباده فيما شكرهم عليه وذكرهم به
من طاعته والوقوف عند حدوده ومن يعمل ولم يشكر لم
يزد نعمه فبذلك يعامل عباده فطلب منهم يكونوا شكورا ان يهبا لغوا
فيما شكرتم عليه ه العلي في شانه وذاته عما يليق بسمات الحدوث
ه الكبير فيما نصبه المشركون من الالهة ولمن اعمال الطلب في معرض
الحجة على بطلان اعتقاده الصحيح ان الله هو الذي كسر الاصنام المعبودة
الميتة حتى جعلها جذاذا مع دعوى عابديها بقولهم ما نعبدهم الا ليقربونا
الى الله زلفى ونسبوا الكبر له تعلى بطل المعتم فقال ابراهيم عليه السلام
بل فعله كبيرهم هذا الوقف ويستدل هنا فسلوهم ان كانوا ينطقون
فلو نطقوا لاعترفوا بانهم عبيد وان الله هو الكبير العلي العظيم
ه الحفيظ بكونه بكل شيء محيط ما جناه بالاشيا ليحفظ
عليها وجودها ما بدا قابلة للعدم كما هي قابلة للوجود فمن شا
سبحانه ان يوجده فاوجده حفظ عليه وجوده ومن لم يشا ان يوجد
وشا ان يبقيه في العدم حفظ عليه العدم فلا يوجد ما دام يحفظ عليه
العدم فاما ان يحفظه داما او الى اجل مسمى ه المقيت بما قدر في
الارض من الاقوات وبما اوحى في السما من الامور فهو سبحانه يعطي

قوت كل متقوت على مقدار معلوم ٥ الحسيب اذا عدد عليك
نعمه ليريك منته عليك لما عدد ما اعطى وما اخذ لك لحلمه وكرمه
وبما هو كافيك عن كل شيء لا اله الا هو العلي الحكيم ٥
الجليل لكونه عز ملكه بورك لا مقدار ولا اقطار فتعالى ونزل
بحيث انه مع عباده اينما كانوا كما يليق بجلاله الى ان بلغ
في نزوله ان قال للعبد مرضت فلم تعدني وجعت فلم تطعمني
وظمئت فلم تسقني فانزل نفسه من عباده منزلة عباده من
عباده فهذا من ذلك سر الاسم الجليل ٥ الرقيب لما
هو عليه من لزوم الحفظ لخلقه فانه لك لا يغفله وليعلم
عباده انه اذا راهم يستحيون منه فلا يراهم حيث نهاهم
ولا يفقدهم حيث امرهم ٥ المجيب من دعاه لقربه وسماعه
دعا عباده كما اخبر عن نفسه واذا سالك عبادي عني
فاني قريب اجيب دعوة الداع اذا دعان فوصف نفسه بانه
متكلم اذ المجيب من كان ذا اجابة وهي التلبية ٥ الواسع
العطا بما بسطه من الرحمة التي وسعت كل شيء وهي مخلوقة
فرحم بها كل شيء وبها ازال غضبه عن عباده فانظر
فتنبه لسر عجيب في قوله ورحمتي وسعت كل شيء وقوله كل

سوى ما لك الا وجهه ه الحكيم ما نزل الكل سوى منزلته وجعله
في مرتبته ومن اوتي الحكمة فقد اوتي خيرا كثيرا وهو قال عن نفسه
ان بيده الخير وقال صلى الله عليه وسلم والخير كله بيديك فلم
يبق منه شيئا والشر ليس اليك ه الودود الثابت حبه
في عباده فلا يؤثر فيما سبق لهم من المحبة معاصيهم فانها ما نزلت بهم
الا بحكم القضاء والقدر السابق لا للطرد والبعد ليغفر لك الله
ما تقدم من ذنبك وما تاخر فسبقت المغفرة للتحبيب اسم الودود ه
المجيد لما له من الشرف على كل موصوف بالشرف فان شرف العالم
بما هو منسوب الى الله انه خلقه وفعله فما هو شرفه بنفسه
فالشرف على الحقيقة من شرفه بذاته وليس الا الله ه الباعث
عموما وخصوصا فالعموم بما بعث الممكنات الى الوجود من العدم
وهو بعث لم يشعر به كل احد الا من ولا ايمان للمحجاب اعيانا ثبوتية
والى بعثهم على ما اشهدنا الله القائل بهذا ولما كان الوجود عين الحق
فما بعثهم الا الله بهذا الاسم خاصة ثم خصوص البعث في الاحوال
كبعث الرسل والبعث من الدنيا الى البرزخ نوما وموتا ومن البرزخ
الى القيامة وكل بعث في العالم في حال وعن هذا الاسم الباعث
فهو من اعجب اسم تسمى الحق به تعريفا لعباده ه الشهيد

لنفسه فانه لا الاه الا هو وللعباد ما فيه الخير والسعادة فالهم
بما جاءوا به من طاعة الله وطاعة رسوله وما كانوا عليه من
مكارم الاخلاق وتجنبهم ما كان فيه من المخالفات والمعاصي
وسفساف الاخلاق لبرته منة الله وكرمه بهم حيث غفر لهم وعفا
عنهم وكان سبب الهم عنده الشمول الرحمة ودخولهم في سعتها
اذ كانوا من جملة الاشيا وان تلك الاشيا المسماة مخالفة لم
يبرزها الله من العدم الى الوجود الا برحمته فهي مخلوقة من الرحمة
وكان المحل الذي قامت به سببا لوجودها الا انها لا تقوم بنفسها
وانما تقوم بنفس المخالف وقد علمت انها مخلوقة من الرحمة ونسبة
تجد خالقها فهي تستغفر للمحل الذي قامت به حتى كفهو وجود
عينها لعلمها بانها لا تقوم بنفسها ○ المنة الوجود الذي
لا ياتيه الباطل وهو العدم من بين يديه ولا من خلفه فمن بين يديه من قوله
لما خلقه سوى في نسخه لقول رسول الله صلى الله عليه وسلم
ليس وراء الله مرمى فنسب اليه الورا وهو الخلق فهو موجود
مولى عن عدم ولا يعقبه عدم بخلاف الخلق فانه عن عدم ويعقبه
العدم من حيث لا يشعر به فان الوجود والايجاد لا ينقطع فما ثم
في العالم من العالم الا وجود وشهود دنيا واخرة من غير انتهائها

ولا انقطاع ما أعطاه تكثيره متيسّر ٥ الوكيل الذي وكّله
عباده على النظر في مصالحهم فكل من النظر في مصالحهم
إذ أمرهم بالإنفاق على حد معيّن واستعطفهم فيه بعدما اقترفوه
وكلا فالأحوال له بوجه فاستخلفهم فيها والأحوال لهم بوجه
فوكلوه في النظر فيها فمن لهم فيما بدا لهم من المنفعة ومن
له تمام علمه من تسبيحه لحمده فهذا تفسير التسبيح قال
إن الله ما خلق العالم إلا لعبادته ومن أعني المنفعة قال
إن الله ما خلق العالم إلا لينتفع بعضه بعضا أول المنفعة
فهم للإيجاد فأوجد التمام لينتفع بالوجود من لا يقوم
من الموجودات إلا بمحل وأوجد من لا قيام له بنفسه لينتفع
به من لا يستغني عن قيام الحوادث به ولا تعرّى عنها فوجود
كل واحد منهما موقوف على صاحبه من وجه لا يدخله الدور
فيستحيل الوقوع ٥ القوي المتين فهو ذو القوة لما في
بعض الممكنات أو فيها كلها من العزة ومن عدم القبول
للأضداد وكل من القوة فطر عالم الخيال لتكثر فيه الجمع
من الأضداد لأن الحس والعقل يمتنع عندهما الجمع بين
الضدين والخيال لا يمتنع عنده ذلك فما ظهر سلطان القو

ولا قوته الا في علو القوة المتخيلة وعالم الخيال فله امر في
الدلالة على الحق فان الحق هو الاول والاخر والظاهر
والباطن فلا يحصر المرائي فما عرف الله قال بجمعه
من الصور يتجلى فيه الاية وان لم تكن من عين واحدة والا
فما فيها فائدة فان النسب لا تنكر فلو السمع الواحد قد
تكثر نسبته فتكون ابا وابنا وعما وخالا وامثال ذلك وهو
هو لا غيره فما جاز الصورة على الحقيقة الا الخيال ومنزلة
ما لا يسع احدا انكاره فانه يجده في نفسه ويبصره في
منامه فيرى ما هو محال الوجود موجودا فتنبه لقوله ان الله
هو الرزاق ذو القوة المتين ٥ الولي هو الناصر من
نصره فنصرته مجازاة ومن امر به فقد نصره فالمؤمن يأخذ
نصر الله من طريق الوجوب فانه قال وكان حقا علينا نصر
المؤمنين مثل وجوب الرحمة لمن عمل سوءا قال تعالى كتب ربكم على
نفسه الرحمة لمن عمل سوءا بجهالة ثم تاب من بعده واصلح
وان من امر انسانا بهما فنصرة الله تشبه رحمة الوجوب
وتعارض رحمة الامتنان الواسعة فانه ما ارانا فيها اجرنا
له تعالى نصرة مطلقة وانما اراها مقيدة اتباعا لا يسارع

وأما قوله إن تنصروا الله ينصركم ففيها سر من أسرار الله تعالى
في ظهور المشركين على المؤمنين في أوقات فتربص تعثر عليه
إن شاء الله فما ورد في يؤمن به إلا أن الإنسان إذا قوي في
صاحبه بما كان مثله القهر على الأضعف والشيطان يخرج
ذلك وقوله تعالى أما ترى قوله والذين آمنوا بالباطل فسماهم
مؤمنين ولكن بمعنى في إيمانهم بالباطل أنهم ما آمنوا به
من دونه بالباطل وإنما آمنوا به من كونهم اعتقدوا فيه ما
اعتقد أهل الحق في الحق فمن هنا نسب الإيمان إليهم وما
هو في نفس الأمر على غير ما اعتقدوه فسماه الحق لنا بالباطل
لأن من حيث ما توهمتموه ٥ الحميد فيما هو حامد بلسان
كل حامد ومن نفسه وبما هو محمود بكل ما هو مثنى عليه
وعلى نفسه ما من عواقب الثناء عليه تعود ٥ المحصي
كل شيء عددا من موجود وأعيان وجوده إذ كان الشيء ما
لا يدخل إلا في الموجودات فما خرج الإحصاء من الشيئية
شيئية الوجود في قوله وأحصى كل شيء عددا ٥
المبدي هو الذي ابتدأ الخلق بالإيجاد في الرتبة الثانية
وكل ما ظهر من العالم ويظهر فهو فيها وما ثم رتبة ثالثة

من الاخر والاول للحق فهو الاول ما الخلق من حيث وجوده
لا يكون في الاول ابدا وانما له الاخر دائما فهو معه في الاخر
فانه مع العالم اينما كانوا وهو تسمى بالاخر ما علم ه
البصير عين العمل من حيث ما هو حال وما علو ما على عامل
فهو اذا اخلق شيا وفرغ خلقه عاد الى الخلق اخر لانه ليس في
العالم شيء يتكرر وانما هي امثال تحدث وهي الخلق الجديد واعيان
توجد ه المحي بالوجود دل عين ثابتة لما حكم قبول الايجاد
ما وجد ما المتن ه المميت في الزمان الذي هو ما زاد من
زمان وجود ما فهما زمنهما واسعا لها الحال الوجود الذي كان
لها موت وهو من حيث الى حكمها من الموت الذي حال لها فمن
المحال وجود ما يعود لك من تفرع ومن لا تفرغ لعموم السامي
فهنا ما فهم وفي لعسر هذا الباب في هذه المسالة سمعت
منشدا ينشد من زاوية البيت لا ارى له شخصا لا في اسمع
الصوت ولا ادري لمن يخاطب بذلك الكلام وهو

اوهي ما انت رائي لمنزل الدر ائح

فيه لانه ليس له قبول الصالح

فهو صاح في جانب الدار للمنية طائح

ومن عاذ الله فلا يخب بالثواب ع

ومن اتاك رسول منه يخبر الثنا ع

لقاء ربك فيها وفيه ذلك الصالح ع

فهو ما نسبه الى رؤية الله قريب ومن يكون بالنسبة السابقة لا
مثل قوله في المعارج انهم يرونه بعيدا ونراه قريبا ه الحق
لنفسه فهو ما نسب الله فلا اتصف به الا من سبكه ان
يكون حيا ه القيوم لقيامه على كل نفس بما كسبت ه الواجد
بالجيم لما طلب فلحق فلا يفوته هارب فلا ملجأ في الحقيقة
الا الله معرفته ه الماجد من حيث الوحدة فلا الا الا ه الاحد
الصمد الذي يلجأ الله في الامور ولهذا احد ما، وكلا ه
العاد ومعنا الناقد الا فتقار في القوابل الذي يرى منها
ظهور الاسرار الا عنه ه المقتدر ما عمله اوبنا ما الافتقار
له والعمل يظهر من اداتنا فكل يوم في العالم لما عمل من الله
ملك الاسرار لله فهو يعلى ما دل لنفسه نعتقد بنا ه المقدم
المؤخر من شاء لما شاء ومن شاء عما شاء ه الاول الاخر
بالوجود وبرجوع الامر كله الله ه الظاهر الباطن لنفسه
يظهر فما زال ظاهرا وعن خلقه بطن فما زال باطنا فلا يعرف
ابدا

ه البر بإحسانه ونعمه والآلاء التي أنعم بها على عباده ه
التواب لرجوعه على عباده ليتوبوا ورجوعه بالجزاء
على توبتهم ه المنتقم ممن عصاه تظهر آثاره من ذلك
في الدنيا بإقامة الحدود وما يعم من العالم من الآلام
ما لها علة إلا انتقام وجزاء خفي لا يشعر به كل أحد من آلام
الرضيع جزاء ه العفو لما أعطاه من التفاضل في
القلة والكثرة وأنواع الأعطيات على أصنافها لا بد أن
يدخلها القلة والكثرة فلا بد أن يعطي العفو فإنه لا بد من الأضداد
كالجليل ه الرؤوف بما ظهر في العباد من الصلاح والإطلاع له
من المغلوب وهو ضرب من الشفقة ه الولي لنفسه على كل
من ولي عليه هو الولي على الأعمال الباقية ما أثرها إلا بهاد لنفسه
على كل من ولي عليه وولي على الموجودات ذات معتن من سوا أقرب شيئا
وحكم معدل وأعلى وأفضل ه المتعال على من أراد علوا في الأرض
وادعى له ما ليس له بحق ه المقسط هو ما أعطى بحكم المقسط
وهو قوله وما ننزله إلا بقدر معلوم وهو المقسط ه الجامع
لوجوده الكل بوجوده ه الغني عن العالمين بهم ه المغني من
أعطاه صفة الغنى فإن أوقفه على أن علمه بالعالم تابع للمعلوم

فإذا بحكاه من نفسه حسا فاستغنى عن الأثر فيه منه لعلمه بأنه لا يوجد
فيه إلا ما كان عليه ○ الدائم الذي لم يزل في خلقه على الدوام من بعدها
لأنه يخلق الأمثال ويخبر الأمثال ولا بد من وجه به تتميز الشكل عن مثله فهو
الدائم من ذلك الوجه ○ الظاهر الباطن بما لا يراموا الغرض وما يوافقه
○ النور لما ظهر من أعيان العالم وإزالة ظلمة نسبة الأفعال إلى العالم
○ الهادي بما أبانه للعلماء به ما هو الأمر عليه في نفسه ○
المانع لا بكار أرسال ما يمسكه وما وضع الأسباب إلا لحكمة اقتضاها
عليه في خلقه ○ الباقي حيث لا يقبل الزوال لما قبلته أعيان
الموجودات بعد وجودها فله دوام الوجود ودوام الإيجاد ○
الوارث لما خلفناه عند انتقالنا إلى البرزخ خاصة ○
الرشيد بما أرشد الله عباده في تعريفه إياهم بأنه تعالى على
صراط مستقيم في أخذه بناصية كل دابة فما ثم إلا من هو على
ذلك الصراط والاستقامة ثم آلتنا إلى الرحمة فما أنعم الله على
عباده بنعمة أعظم من كونه آخذا بناصية كل دابة فما ثم إلا من يمشي
به على الصراط المستقيم ○ الصبور على ما أوذي به في
قوله إن الذين يؤذون الله ورسوله فما يعجل لهم في العقوبة مع
اقتداره على ذلك وإنما أخر ذلك ليظهر منه ما يكون على أيدينا